에밀 상

세창클래식 010

에밀 (상)

초판 1쇄 인쇄   2021년 2월 19일
초판 1쇄 발행   2021년 2월 26일

—

지은이   장 자크 루소
옮긴이   이용철 · 문경자
펴낸이   이방원
편 집   정우경 · 김명희 · 안효희 · 정조연 · 송원빈 · 최선희 · 조상희
디자인   손경화 · 박혜옥 · 양혜진   **영 업**   최성수

—

펴낸곳   세창출판사
      신고번호 제300-1990-63호   **주소** 03735 서울시 서대문구 경기대로 88 냉천빌딩 4층
      전화 02-723-8660   **팩스** 02-720-4579   **이메일** edit@sechangpub.co.kr   **홈페이지** http://www.sechangpub.co.kr
      블로그 blog.naver.com/scpc1992   **페이스북** fb.me/Sechangofficial   **인스타그램** @sechang_official

—

ISBN   979-11-6684-002-9 94370
      979-11-6684-001-2 (세트)

에밀 상

장 자크 루소 지음

이용철 · 문경자 옮김

세창클래식 010

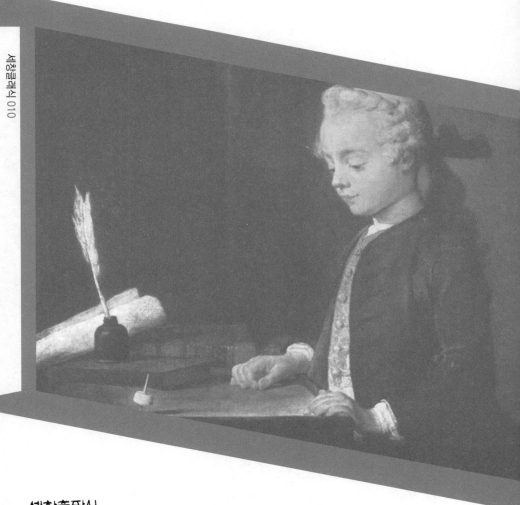

세창출판사

"

우리는 고칠 수 있는 병을 앓고 있다.
만약 병을 고치고 싶다면,
선량하게 태어난 우리는 자연으로부터
도움을 받을 수 있을 것이다.

"

(세네카, 『분노에 관하여』, 11권 13장)

차례

머리말

순서도 없고 그다지 일관된 맥락도 없이 반성과 관찰을 기록한 이 글은 사려 깊은 한 훌륭한 어머니를 기쁘게 하려고 쓰기 시작한 것이다.[1] 처음에 나는 그저 몇 페이지 분량의 의견서를 쓸 생각이었다. 그런데 생각과 달리 나도 모르게 주제에 이끌려서, 안에 담긴 내용으로 봐서는 너무도 방대하고 다루는 주제에 비해서는 너무도 보잘것없는 그런 저작이 되어 버렸다. 나는 오랫동안 이 책을 출판할지 말지 망설였다. 그리고 작업에 몰두하면서 나는 한 권의 책을 만들 정도가 되려면 몇 개의 소책자를 써 본 것만으로 충분치 못하다는 것을 자주 느꼈다. 좀 더 낫게 만들어 보려고 노력을 기울였지만 허사였다.

그럼에도 불구하고 나는 이 책을 있는 그대로 세상에 내놓아야겠다고 생각하고 있다. 왜냐하면 사람들의 관심을 이쪽으로 돌리는 것이 중요하

---

1   이 어머니는 뒤팽 부인의 며느리 슈농소 부인을 말한다. 루소는 1756년 레샤르메트에서 시작한 여러 저술 작업에 대해 언급하면서 『에밀』에 대해 다음과 같이 말한다.

    "얼마 전부터 일종의 교육 체계를 생각하고 있었는데, 일찍이 슈농소 부인이 아들에 대한 남편의 교육 때문에 불안해하면서 내게 생각해 보라고 부탁한 것이었다"(『고백록』, 9권).

그런데 『고백록』 8권에서는 『에밀』에 대해 말하면서 "20년 동안의 성찰과 3년간의 작업"이 필요했다고 말하는데, 이것은 『에밀』에 대한 구상이 마블리 씨 댁에서 가정교사를 하던 시절(1740-1741)에 시작되었음을 보여 준다. 아마 루소는 교육에 대한 글을 쓸 생각을 막연히 갖고 있다가, 슈농소 부인의 부탁을 받고서야 진지하게 작업을 시작했던 것으로 보인다. 그는 1747년에 이 집에서 몇 달 동안 기거한 적이 있다 — 옮긴이.

고, 나의 생각이 잘못되었다 하더라도 이를 통해 내가 다른 사람들에게 올바른 생각을 갖게 한다면 내가 시간을 완전히 허비한 것만은 아닐 것이라고 여기기 때문이다. 은신처에 숨어서 자신의 글을 대중에게 내놓는 사람은, 그를 찬미하는 사람도 없고 그 글을 옹호해 주는 자기편도 없고 또 사람들이 그 글에 대해 어떻게 생각하고 뭐라고 말하는지조차 모르므로, 만약 그의 생각이 틀렸을 경우 그의 오류를 사람들이 검토하지도 않고 그냥 받아들일까 봐 두려워할 필요가 없다.

나는 좋은 교육의 중요성에 대해서는 별로 말하지 않을 것이다. 또한 현행 교육이 나쁘다는 사실을 증명하는 데도 신경을 쓰지 않을 것이다. 그런 일은 나보다 먼저 많은 다른 사람들이 이미 해 놓았고, 나는 모두가 다 알고 있는 것들로 책 한 권을 가득 채우고 싶은 마음은 조금도 없다. 다만 아주 오래전부터 더 나은 실천 방법을 제시할 생각을 하는 사람은 없고, 기존의 것에 반대하는 목소리만 있어 왔다는 점을 지적해 두고 싶다. 우리 시대의 문학과 지식은 건설적이기보다 파괴적인 경향을 훨씬 더 많이 보이고 있다.[2] 사람들은 대가의 어조로 비판을 일삼는데, 새로운 제안을 하려면 고상한 철학자가 듣기에는 좀 거슬리더라도 그와 다른 어조를 취해야 한다. 이른바 공익성만을 목적으로 삼는다는 수많은 글들이 있지만, 모든 유용성들 가운데 으뜸이라 할 인간을 만드는 기술은 여

2　루소는 최초 출세작인 『학문예술론(*Discours sur les sciences et les arts*)』에서부터 "학문과 예술의 진보는 우리들의 참된 행복에 아무것도 더해 주지 않았고, 우리들의 풍속을 부패시켰고, 더 나아가 풍속의 부패가 순결한 취미를 훼손시켰다"라고 말한다. 학문, 예술, 기술 등 문명과 문화의 소중한 가치라고 간주되는 것들이 루소의 비판 앞에서는 인간의 악덕을 부추기는 것으로 나타난다. 그것들은 인간의 삶을 자유와 미덕이라는 그 진정한 원천으로부터 멀어지게 하고 마침내 삶의 진실한 의미를 박탈한다 — 옮긴이.

전히 등한시되고 있다. 내가 다루려는 주제는 로크[3]의 저서[4] 이래로 아주 새로운 것이지만, 내 책이 나온 이후로도 그의 책이 여전히 새로운 것으로 남게 될까 심히 염려된다.

사람들은 유년기에 대해 전혀 알지 못한다. 따라서 유년기에 대해 가지고 있는 잘못된 생각을 토대로 논의를 전개하면 할수록, 점점 더 갈피를 못 잡고 헤매게 될 것이다. 가장 현명하다는 사람들도 어린아이들이 배울 수 있는 것은 고려하지 않고 어른들이 알아 두어야 할 것들에 집착한다. 그들은 어른이 되기 전의 어린아이가 어떤 존재인지 생각해 보지도 않고 어린아이에게서 늘 어른을 찾는다. 설령 나의 방법 전체가 공상적이고 잘못된 것이라 하더라도, 사람들이 언제든지 내가 관찰한 바를 이용할 수 있도록 하기 위해 내가 가장 몰두해 온 연구가 바로 이것이다. 무엇을 해야 하는지에 대해서는 내가 잘못 보았을 수도 있지만, 다루어야 할 소재는 제대로 보았다고 생각한다. 그러므로 여러분의 제자를 더 제대로 연구하는 일부터 시작하라. 왜냐하면 여러분이 그들을 전혀 모르고 있다는 것은 매우 확실하기 때문이다. 만약 여러분이 이런 관점에서 이 책을 읽는다면, 그것이 여러분에게 쓸모없는 일이 되리라 생각하지는 않는다.

이른바 체계적이라 할 만한 부분에 대해 말하자면, 여기서 체계적이라

---

3 John Locke(1632-1704): 영국의 철학자로 영국 경험론 철학의 시조로 평가받는다. 로크는 데카르트 의 본유관념을 부인하면서 경험과 감각으로부터 반성이 나온다고 보았다. 한편 정치적인 면에서는 절대주의에 대한 반대와 권력 분립을 선호하는 입장으로 인하여 정치적 자유주의의 창시자가 되었 다. 그는 사회란 계약에 근거를 두어야 하며, 군주가 그 권리를 넘어선다면 자연권을 지키기 위한 시 민들의 반란은 정당하다고 주장했다. 그의 사회계약설은 루소에게 강한 영향을 미쳤다 — 옮긴이.
4 로크의 『아동 교육론』(1693) — 옮긴이.

함은 곧 자연의 진행을 말하는 것인데, 바로 그 부분이 독자를 가장 당황하게 할 것이다. 또한 바로 그 부분 때문에 아마도 나를 공격할 것 같은데, 그들이 틀린 것도 아닐 것이다.[5] 사람들은 교육론이라기보다 교육에 관한 한 망상가의 몽상을 읽는다고 생각할지도 모른다. 어쩌겠는가? 내가 쓰는 것은 다른 사람의 사상에 대해서가 아니라 나 자신의 생각에 대해서이다. 나는 다른 사람들과 전혀 다르게 본다. 나의 그런 점은 오래전부터 사람들의 비난을 받아 왔다. 그러나 내가 다른 사람들의 눈을 갖고 다른 사람의 생각을 내 것이라 하는 것이 내 마음대로 되는 일일까? 그렇지 않다. 내가 할 수 있는 일은 내 견해만 고집하지 않는 것, 그리고 내가 어느 누구보다 더 현명하다고 생각하지 않는 것이다. 또한 내가 마음대로 할 수 있는 것은 의견을 바꾸는 것이 아니라 내 생각을 경계하는 일이다. 이상이 내가 할 수 있는 전부이며 또 실제로 하고 있는 일이다. 때때로 내가 단정적인 어조로 말을 하는 것은 독자를 압박하려는 것이 아니라, 내가 생각한 그대로 독자에게 말하기 위해서이다. 나 자신이 조금도 의심하지 않는 것을 무엇 때문에 의혹의 형식으로 제안하겠는가? 나는 내 머릿속에서 일어나는 생각을 정확히 그대로 말하고 있다.

---

5 그러나 루소는 『루소, 장 자크를 판단하다: 대화』의 「세 번째 대화」에서 자신의 글이 "진실이 아닐 수는 있지만 모순적인 것은 아무것도 포함하지 않은 연관적인 체계"라고 말한다. 그는 "자연은 인간을 행복하고 선량하게 만들었지만 사회가 인간을 타락시키고 비참하게 만든다"라는 생각을 자신의 대원칙으로 제시한다. 그러면서 『에밀』에 대해 다음과 같이 말한다.

"특히 『에밀』, 그렇게나 많이 읽혔지만 거의 이해되지 못하고 제대로 평가받지 못한 이 책은 단지 인간의 타고난 선량함에 대한 개론서일 뿐으로, 인간의 체질과 무관한 악과 오류가 어떻게 외부로부터 들어와서 서서히 그 체질을 변질시키는지를 보여 주기 위한 것입니다"(『루소, 장 자크를 판단하다: 대화』, 「세 번째 대화」).

사실 루소는 『에밀』이 자신의 대원칙을 가장 잘 보여 주고 있다고 생각하여 자신의 생각을 잘 이해하려면 『에밀』부터 읽을 것을 권한다 — 옮긴이.

나는 내 의견을 자유롭게 진술하지만 권위를 세우겠다는 생각은 조금도 없기 때문에, 언제나 거기에 내가 그렇게 생각하는 이유를 덧붙였다. 누구나 그 이유를 검토해 보고 나를 판단할 수 있도록 하기 위해서이다. 하지만 내가 아무리 내 생각을 옹호하겠다고 고집부리지 않는다 하더라도, 그 때문에 나의 견해를 제시해야 하는 의무마저 소홀히 여기는 것은 아니다. 왜냐하면 다른 사람들의 의견과 반대되는 내 의견에 근거가 되는 준칙들이 아무래도 상관없는 것은 아니기 때문이다. 그것들이야말로 진위眞僞 여부를 반드시 알아야 할 원칙들, 또한 인류를 행복하게 또는 불행하게 만드는 원칙들에 속한다.

사람들은 내게 실현 가능한 것을 제안해 보라고 끊임없이 되풀이해서 말한다. 이는 마치 내게, 사람들이 지금 하고 있는 그대로 하라고 제안하든지 아니면 적어도 기존의 악과 조화롭게 결합될 수 있는 그런 선을 제안하라고 말하는 것과 같다. 그런데 몇몇 분야들에 대해서는 바로 그런 기획이 나의 것보다 훨씬 더 공상적일 수도 있다. 왜냐하면 위와 같이 결합될 경우 선은 악화되고 악은 개선되지 않기 때문이다. 어중간한 타협책을 취하느니 차라리 모든 면에서 기존의 행동 방식을 그대로 따르는 편이 더 나을 것이다. 인간은 상반되는 두 개의 목표를 동시에 추구할 수 없기 때문에, 그렇게 하는 편이 모순이 적을 것이다. 부모들이여, 실현 가능한 일은 여러분이 하기를 원하는 일인데, 내가 여러분의 의향에 대해서도 책임을 져야 하는가?

어떤 종류의 계획에서든 반드시 다음과 같은 두 가지 사항을 고려해야 한다. 첫째는 그 계획이 절대적으로 좋아야 한다는 것이고, 둘째는 그 일을 실천에 옮기기 쉬워야 한다는 것이다.

첫 번째 사항에 대해서는, 계획이 그 자체로 받아들여질 만하고 실현될 수 있으려면 그 계획이 가진 좋은 점이 도리에 맞는 것이기만 하면 된다. 이를테면, 제안된 교육이 인간에게 적합하고 인간의 마음에 잘 들어맞기만 하면 된다는 것이다.

두 번째 고려 사항은 몇몇 상황들에서 주어진 관계에 따라 달라진다. 그 관계란 사물과의 우연적인 관계로서, 따라서 필연적이지 않고 무한히 변화할 수 있다. 그러므로 어떤 교육이 스위스에서는 실현될 수 있지만 프랑스에서는 그렇지 못할 수도 있다. 또 어떤 교육은 부르주아들에게서 실현될 수 있고, 귀족들에게서 실천 가능한 교육이 또 따로 있다. 실천에 옮기기가 쉬운지 어려운지도 수많은 상황에 따라 좌우되어서, 그 방법을 이런저런 나라에 또 이런저런 신분에 일일이 적용시켜 보는 방법 외에 달리 그 상황을 결정짓기는 불가능하다. 그런데 이와 같은 모든 개별적인 적용은 지금 나의 주제에서 본질적인 것은 아니기 때문에 내 계획에는 포함되어 있지 않다. 다른 누군가가 각자 염두에 두고 있는 지방이나 국가에 대해 그렇게 하고 싶어 한다면, 그가 그 일을 맡을 수 있을 것이다. 나로서는 사람들이 태어나는 곳 어디서나 내가 제안한 대로 인간을 양성할 수만 있다면 그것으로 충분하다. 또한 내가 제안한 대로 인간을 양성하여 그 자신을 위해서 그리고 남을 위해서 더 나은 일을 하게 되었다면 그것으로 충분하다. 만약 내가 이 약속을 지키지 못한다면 그것은 분명 나의 잘못일 것이다. 그러나 내가 약속을 지켰는데도 나에게 그 이상을 요구한다면, 그것은 사람들의 잘못일 것이다. 왜냐하면 내가 약속한 것은 그뿐이기 때문이다.

제1권

　모든 것은 조물주의 손에서 나올 때는 선하나, 인간의 손에 들어오면 변질되고 만다. 인간은 어떤 토양에서 자랄 수 있는 산물을 다른 토양에서 억지로 키우려는가 하면, 이 나무에게 저 나무의 열매를 맺게 하려 한다. 그리하여 기후와 환경, 계절을 뒤섞어 뒤죽박죽으로 만들어 버린다. 인간은 자기가 소유한 개, 말, 노예의 사지를 잘라 낸다. 그렇게 모든 것을 뒤집어엎고 모든 것의 형태를 일그러뜨리면서 기형과 괴물을 만들기를 좋아한다. 인간은 어떤 것이든 자연이 만들어 놓은 그대로를 원하지 않는다. 심지어 인간마저도 그렇다. 조련된 말을 다루듯 인간을 자신에게 맞게 길들여야 한다. 그리고 마치 정원수처럼 인간을 자기 마음대로 뒤틀어 놓아야만 한다.

　그렇지만 이런 일조차 하지 않는다면 상황은 더욱 나빠질 수도 있고, 또 우리 인간은 반 정도만 가공되는 것을 원하지도 않는다. 이미 상황이 이렇게 진전된 상태라면, 다른 사람들과 함께 살면서도 태어날 때부터 아무도 보살피지 않은 인간은 그 무엇보다 뒤틀린 존재가 될 것이다. 편견, 권위, 필연, 모범, 또한 우리가 몸담고 있는 모든 사회 제도들이 인간의 본성을 억누를 것이고, 아무것도 제자리에 두지 않을 것이다. 그곳에서 본성은 우연히 길 한가운데에 자라난 관목 같아서, 지나가는 사람들한테 사방으로 부딪히고 이리저리 마구 휘어져서 곧 죽어 버리고 말 것이다.

나는 지금 다정하고 선견지명을 가진 어머니,[1] 바로 당신에게 말을 하고 있다. 사람들이 많이 다니는 큰길을 멀리할 줄 알고, 갓 태어난 관목을 여론의 충격으로부터 보호할 줄 알았던 어머니여! 그 어린 나무가 죽기 전에 물을 주고 가꾸시라. 언젠가 그 나무의 열매들이 당신에게 큰 기쁨을 가져다줄 것이다. 일찍부터 당신 아이의 영혼에 울타리를 둘러치시라. 그 경계를 표시하는 일은 다른 사람도 할 수 있겠지만 오로지 당신만이 거기에 울타리를 칠 수 있다.[2]

1　최초의 교육은 가장 중요한 교육으로서 반박의 여지 없이 여성의 소관이다. 만약 조물주가 그 일을 남성에게 맡기고자 했다면 아마도 남성에게 아이를 양육할 수 있도록 젖을 주었을 것이다. 그러므로 여러분이 교육론을 쓸 때는 언제나 되도록이면 여성에게 말하도록 하라. 왜냐하면 여성이 남성보다 더 가까이에서 아이를 돌볼 수 있을 뿐만 아니라 아이에게 훨씬 더 많은 영향을 미치며, 그 성과 또한 훨씬 더 여성과 관련되기 때문이다. 이는 대부분의 미망인들의 처지가 거의 자식들에 의해 좌우된다는 점에서 확인된다. 그럴 경우 그녀들이 자식을 길러 온 방식이 좋았는지 나빴는지를 그 자식이 분명히 느끼게 해 주기 때문이다. 법률은 항상 평화를 목표로 삼지 미덕을 목표로 삼지 않기 때문에, 언제나 재산에 큰 관심을 갖고 사람에게는 그다지 관심을 보이지 않게 마련이다. 따라서 법률은 어머니에게 충분한 권위를 부여하지 않는다. 그렇지만 어머니의 지위는 아버지의 지위보다 더 확실하며 어머니의 의무가 훨씬 더 고통스럽다. 또한 어머니들의 수고가 가정의 질서를 유지하는 데에 더 중요하다. 일반적으로 어머니가 자식에게 더욱 애정을 갖는 법이다. 아버지를 별로 존경하지 않는 아들이 있다 하더라도 경우에 따라 그는 어떻게 보면 용서받을 수도 있다. 하지만 어떤 경우라도 그를 품에 안아 젖을 먹여 키워 주고 수년간 그만을 돌보느라 자기 자신은 잊고 지내 온 자신의 어머니를 존경하지 않을 정도로 타락한 자식이 있다면, 태양을 바라볼 자격조차 없는 괴물 같은 그 파렴치한 인간의 숨통을 서둘러 끊어 놓아야 할 것이다. 흔히 어머니가 자식을 지나치게 애지중지해서 버릇을 나쁘게 만든다고들 말한다. 이 점에서는 어머니들이 잘못하는 것일 수도 있다. 그렇지만 여러분이 자식을 그르치는 것보다는 덜할 것이다. 어머니는 자식이 행복하기를, 바로 지금부터 행복해지기를 바란다. 이 점에서 그녀는 옳다. 방법이 잘못되었을 때는 그녀를 깨우쳐 주어야 한다. 그러나 아버지들의 야심, 인색함, 횡포, 잘못된 선견지명, 태만, 가혹한 냉담은 어머니들의 맹목적인 애정보다 아이에게 백배는 더 해롭다. 덧붙여 내가 어머니라는 이름에 부여하는 의미를 설명해야 할 텐데, 그 말은 조금 있다 하겠다.

2　나는 포르메 씨[독일 개신교 목사로 1763년 『반(反)에밀』을 출간했다. 장 자크의 저술에 포함된 몇몇 주장 때문에 벌금형에 처해질까 봐 두려워한 루소의 편집인 네올므는 포르메에게 『에밀』에서 문제를 일으킬 소지가 있는 것은 모두 다 삭제해 줄 것을 부탁했다. 포르메는 이에 응해 「사부아 보좌신부의 신앙 고백」을 다른 것으로 대체한 『기독교도 에밀』을 썼는데, 루소는 그를 '뻔뻔한 표절자'로 여기며 용서하지 않았다. 이로 인해 루소는 이 책의 주에서 빈번히 그를 비판한다 — 옮긴이]가 여기서 내가 내 어머니에 대해 말하고 싶어 한다고 생각했고 그의 어떤

식물은 심고 가꾸어 경작되고 인간은 교육을 통해 형성된다. 설사 인간이 태어나면서부터 크고 힘이 강하다 하더라도, 그가 그것을 이용하는 법을 배울 때까지는 그 큰 키와 강한 힘이 그에게 아무런 쓸모가 없을 것이다. 그 때문에 남들이 그를 도울 생각을 하지 않을 것이므로, 그것들은 오히려 그에게 해가 될 것이다.[3] 그리고 아무도 돌보지 않는 상태에 놓여서 자기의 욕구가 무엇인지 알기도 전에 비참하게 죽어 갈 것이다. 사람들은 유아기의 상태를 한탄하는데, 이는 만약 인간이 먼저 어린아이에서부터 출발하지 않았더라면 인류가 멸망했으리라는 사실을 알지 못하기 때문이다.

우리는 연약하게 태어나 힘을 필요로 한다. 우리는 빈손으로 태어나 도움을 필요로 한다. 또한 우리는 어리석게 태어나 판단력을 필요로 한다. 태어날 때는 가지지 못했지만 어른이 되어 필요한 모든 것을 우리는 교육으로부터 제공받는다.

이 교육은 자연이나 인간 또는 사물로부터 우리에게 온다. 우리의 능력과 기관의 내적 발달은 자연의 교육이다. 이러한 발달을 우리가 어떻게 이용할 것인가를 가르쳐 주는 것은 인간의 교육이다. 그리고 우리에게 작용하는 사물들에 대해 우리 자신의 체험을 통해 획득하는 것이 사물의 교육이다.

그러므로 우리는 누구나 이 세 스승에 의해 교육을 받는다. 그들의 다

저서에서 실제로 그렇게 말했다는 소리를 들었다. 이는 포르메 씨를, 아니면 나를 심하게 비웃는 소리이다.

3 겉으로 보기에는 어른과 비슷하지만 말도, 말로 표현되는 생각조차 갖지 못한 어린아이는 어른에게 그들의 도움이 필요함을 알릴 수 없을 것이다. 그가 가진 그 무엇으로도 그 필요를 나타낼 도리가 없는 것이다.

양한 가르침이 제자의 내면에서 서로 모순될 경우, 그는 제대로 교육받지 못해 결코 자기 자신과 조화를 이루지 못할 것이다. 세 스승들의 가르침이 모든 면에서 합치되고 동일한 목표를 지향하는 경우에 제자는 스스로 자신의 목적을 향해 매진하면서 모순 없이 살아갈 것이다. 이러한 제자만이 제대로 교육을 받은 것이다.

그런데 이 서로 다른 세 교육들 중에서 자연의 교육은 우리의 소관이 전혀 아니다. 사물의 교육도 어떤 측면에서만 우리가 관여할 수 있다. 인간의 교육만이 우리가 진정 우리 뜻대로 할 수 있는 유일한 교육이다. 그러나 그것도 단지 가정으로만 그러하다. 과연 누가 한 어린아이 주변에 있는 사람들 모두의 언행을 전적으로 통제할 수 있을 거라고 기대하겠는가?

따라서 교육이 하나의 기술이 되어 버리면 곧바로, 교육이 성공하는 것은 거의 불가능해진다. 왜냐하면 아무도 교육의 성공에 필수적인 세 가지 교육의 일치를 실현할 수 없기 때문이다. 세심한 주의를 기울여서 할 수 있는 일이란 고작 어느 정도 목표에 가까이 다가가는 것일 뿐, 목표에 이르기 위해서는 운이 따라야만 한다.

그 목표란 무엇인가? 그것은 자연의 목표 바로 그것이다. 이는 이미 입증되었다. 세 가지 교육의 일치가 교육의 완성에 필수적인 한, 우리로서는 아무런 힘도 미칠 수 없는 자연의 교육이 다른 두 교육을 이끌어 가야만 한다. 하지만 이 자연이라는 단어는 너무도 의미가 모호한 것 같으니 여기서 그 의미를 규정해 보겠다.

흔히 사람들은 본성[4]이 습성에 불과하다고 말한다.[5] 이것은 무엇을 의미하는가? 강제로 어떤 습관이 든다 해도, 그 습관이 결코 타고난 본성을 압살할 수 없는 경우가 있지 않은가? 가령 수직으로 뻗어 나가려는 힘을 억제당한 식물의 습성이 그러하다. 그 식물을 자유롭게 놓아주어도 그 식물은 강압적으로 구부려 놓은 방향을 그대로 유지한다. 그러나 그 때 문에 수액樹液이 본래의 자기 방향을 변경한 적은 결코 없다. 따라서 그 식물이 계속 성장할 경우, 그것은 다시 수직으로 뻗어 나간다. 인간의 성향도 마찬가지이다. 동일한 상태에 머물러 있는 한 우리는 습관에서 생겨난 매우 자연스럽지 못한 성향들을 지니고 있을 수 있다. 그러나 상황이 바뀌기만 하면 곧 습관은 없어지고 본성이 되살아난다. 교육은 분명 일종의 습관에 불과하다. 그런데 자신이 받은 교육을 잊고 잃어버리는 사람들도 있고 그것을 간직하는 사람들도 있지 않은가? 이러한 차이는 어디에 기인하는 것일까? 자연에 부합하는 습성들에만 한정시켜 본성이라는 명칭을 부여한다면, 이 모호한 말의 뜻을 좀 더 분명히 할 수 있으리라.

우리는 감각 능력을 지니고 태어났으며, 태어나면서부터 다양한 방식으로 우리 주변의 사물들로부터 영향을 받는다. 말하자면 우리는 자신의 감각을 의식하는 순간부터 그 감각을 촉발시키는 사물들을 찾아다니거나 피하게 되어 있다. 처음에는 감각이 우리에게 유쾌한지 불쾌한지에 따라서, 다음에는 자신과 사물들 사이의 관계가 적합한지 부적합한지에

---

4 불어 'nature'는 자연이라는 의미와 본래 그러한 성질, 즉 본성이라는 의미를 동시에 지닌다 — 옮긴이.
5 포르메 씨는 정확히 그렇게 말할 수는 없다고 단언한다. 그렇지만 내가 보기에는 다음의 시구가 바로 그 말을 하고 있는 듯하다. 나는 이 시구에 응답할 생각이었다.

  "자연이란 습성 이외에 아무것도 아니지요."

  동포가 거만해지는 것을 원하지 않은 포르메 씨는 겸손하게도 자기 두뇌의 용량을 인간이 갖는 이해력의 척도로 제시하고 있다.

따라서, 마지막으로 이성이 부여하는 행복이나 완전성의 관념에 근거하여 우리가 사물들에 대해 내리는 판단에 따라서 그렇게 한다. 이러한 성향은 우리의 감수성이 더 민감해지고 지식이 늘어남에 따라 범위가 점점 더 확장되고 확고해지게 된다. 그렇지만 우리의 습관에 얽매여 있는 이 성향들은 우리의 견해에 의해 다소 변질된다. 이렇게 변질되기 전의 성향들이 내가 우리 내면에 있는 본성이라고 부르는 것이다.

따라서 모든 것을 이 본래의 성향으로 되돌려야만 할 것이다. 우리의 세 가지 교육이 단지 다르기만 하다면 그렇게 할 수도 있을 것이다. 그러나 이것들이 서로 상반된다면 어떻게 할 것인가? 한 인간을 그 자신을 위해 교육하는 대신 다른 사람들을 위해 교육하려 할 때는? 그렇다면 조화는 불가능하다. 자연과 싸우든지 사회 제도와 싸우든지 해야 한다면, 인간을 만들 것인지 시민[6]을 만들 것인지 선택을 하는 수밖에 없다. 왜냐하면 사람을 동시에 이 두 유형의 인간으로 만들 수는 없기 때문이다.

모든 부분적인 사회는 그 유대 관계가 긴밀하고 단결력이 강해지면 규모가 큰 사회로부터 이탈하기 마련이다. 애국자라면 누구든지 외국인에 대해 냉혹하다. 외국인들은 단지 인간일 뿐 그들에게는 아무것도 아니기 때문이다.[7] 이런 부정적 측면은 불가피하지만 대수롭지는 않다. 중요한 것은 우리와 더불어 사는 사람들에게 친절하게 대하는 것이다. 스파르타인은 제 나라 밖에서는 야심만만하고 인색하며 편파적이었다. 그러나 그

---

6 여기서 시민은 시의 주민이 아니라 국정에 참여할 수 있는 권리를 가진 사람을 말한다 — 옮긴이.
7 따라서 공화국들 사이의 전쟁은 군주국들 사이의 전쟁보다 훨씬 더 잔혹하다. 하지만 왕들의 전쟁이 온건하다 하더라도, 끔찍한 것은 그들의 평화이다. 그들의 신하가 되기보다는 차라리 그들의 적이 되는 편이 낫다.

들의 성벽 안에서는 무사무욕과 공정함과 화합이 지배적이었다. 주변 사람들에게는 의무를 게을리하면서 멀리 책 속에서 의무를 찾으려는 세계주의자들을 경계하라. 그런 철학자는 자기 이웃을 사랑하는 의무를 면제받으려고 타타르인을 사랑한다.

자연인[8]은 그 자신에게 전부이다. 그러므로 그는 수의 단위인 1이고 절대적 전체이며 자기 자신이나 그의 동료하고만 관계를 맺는다. 사회 속의 인간은 분모에 기인하는 분수의 한 단위에 불과하며 그 가치가 전체, 즉 사회 집단과의 관계 속에 있다. 여기서 전체는 사회 집단이다. 훌륭한 사회 제도란 인간을 자연으로부터 최대한 이탈시켜 그에게서 절대적 존재를 빼앗고 대신 상대적 존재를 부여하는, 그리하여 공통의 단위 속에 자아를 옮겨 놓을 줄 아는 제도이다. 그 결과 각 개인은 더 이상 자신을 단일한 하나의 개체로 생각하지 않고 공통된 단위의 일부분으로 생각하며, 전체 속에서만 자신을 느낄 수 있게 된다. 로마의 시민은 카이우스[9]나 루키우스[10]가 아니라 로마인이었다. 그런데 그마저도 오로지 자신의 조국만을 사랑했다. 레굴루스[11]는 카르타고인 주인들의 재산이 되었기 때문에 자신을 카르타고인이라고 주장했다. 그는 외국인의 자격으로

---

8 루소의 자연인(homme naturel)은 자연 상태의 인간으로, 사회인(homme civil)과 대립되는 개념이다 — 옮긴이.

9 카이우스(Caius)는 많은 로마인들이 쓰던 이름으로 로마의 장군이자 정치가로 유명한 카이사르의 이름도 카이우스이다 — 옮긴이.

10 루키우스(Lucius)는 로마인들이 쓰던 이름으로 로마의 황제들과 여러 집안에서 많이 사용되었다 — 옮긴이.

11 Marcus Atilius Regulus(기원전 307?-기원전 250?): 로마의 장군으로 기원전 255년 아프리카에 진군했다가 패배해 포로가 되었다. 나중에 평화 교섭을 위해 로마에 보내졌으나 원로원에 평화 교섭을 거부할 것을 진언하고 카르타고에 돌아가 고문을 받고 죽었다. 그는 사후 로마인에게 시민의 미덕을 모범적으로 보여 준 인물로 추앙되었다 — 옮긴이.

로마 원로원의 의석을 차지하기를 거부했다. 그러기 위해서는 카르타고 인이 그에게 그렇게 하라고 명령해야만 했다. 그는 사람들이 자신의 목숨을 구하려고 하는 것에 분개했다. 그는 자신의 주장을 관철시켰고 의기양양하게 돌아가 형벌을 받고 죽었다. 내가 보기에 이와 같은 일은 우리가 알고 있는 오늘날의 인간과는 별로 관련이 없는 듯하다.

스파르타인 페다레토스는 삼백 명으로 구성된 위원회에 들어가려고 출두했다가 거절당했다. 그러자 그는 스파르타에 자기보다 훌륭한 사람이 삼백 명이나 있다는 사실에 매우 기뻐하며 돌아갔다. 나는 이런 감정의 표출이 본심에서 우러나온 것이라고 생각한다. 그리고 그렇게 생각할 만한 이유가 있다. 바로 이것이 시민인 것이다.

스파르타의 한 여인이 다섯 명의 아들을 군대에 보내 놓고 전쟁터에서 소식이 오기만을 기다리고 있었다. 마침내 한 노예가 그곳에 왔고, 그녀는 떨면서 그에게 소식을 물어보았다. "당신의 다섯 아들들은 죽었습니다." — "이런 천한 놈 같으니, 내가 너에게 그것을 물어보았더냐?" — "우리가 이겼습니다!" 그러자 어머니는 사원으로 달려가 신들에게 감사를 드렸다. 바로 이것이 시민인 것이다.

사회 질서 속에서 자연적 감정의 우위를 지키려는 사람은 자신이 무엇을 원하는지 알지 못하는 사람이다. 언제나 자기 자신과 모순되고 항상 자신의 성향과 의무 사이에서 방황하는 그는 결코 인간도 시민도 되지 못할 것이다. 그리하여 그는 그 자신에게도 다른 사람들에게도 도움을 주지 못할 것이다. 그는 그저 오늘날의 평범한 인간들 중의 한 사람, 한 명의 프랑스인, 영국인, 부르주아일 것이다. 결국 그는 아무것도 아닌 것이다.

무엇인가가 되기 위해서는, 언제나 자기 자신이면서 분열 없는 하나가 되기 위해서는, 말과 행동이 일치하여야 한다. 즉 취해야만 하는 방침을 항상 확고히 정하고 그것을 분명하게 따르고 그리고 지속적으로 지켜야 한다. 나는 누군가 그런 경이로움을 내게 보여 주기를 기대하고 있는데, 그것은 그가 인간인지 시민인지를 알아보기 위해, 또는 그가 인간인 동시에 시민이기 위해 어떻게 처신하는지 알아보기 위해서이다.

필연적으로 대립되는 이 두 목적에서 서로 반대되는 두 형태의 교육 제도가 비롯된다. 하나는 공동체적인 공공교육 제도이고, 다른 하나는 개별적인 가정교육 제도이다.

여러분이 공공교육의 개념을 이해하고자 한다면 플라톤의 『국가』를 읽어 보라. 그것은 제목만으로 책을 판단하는 사람들이 생각하듯이 정치에 관한 저작이 전혀 아니다. 그것은 일찍이 쓰인 글 중에서 가장 훌륭한 교육론이다.

사람들은 흔히 공상 속의 국가를 참조하게 하려 할 때, 플라톤의 제도를 들먹인다. 그런데 만약 리쿠르고스[12]가 자신이 구상한 제도를 글로 남기기만 했더라면, 나는 그것이 훨씬 더 공상적이었을 거라고 생각한다. 플라톤은 인간의 마음을 순화시켰을 뿐이지만, 리쿠르고스는 그것을 변질시켰다.

공공교육 제도는 더 이상 존재하지 않으며 또 이미 존재할 수도 없다. 더 이상 조국이 없는 마당에 시민도 있을 수 없기 때문이다. 조국과 시민이라는 이 두 단어는 현대 언어에서 지워져야만 한다. 나는 그 이유를 잘

---

12 Lycurgos: 고대 스파르타의 입법자로 알려진 전설적인 인물이다. 그는 델포이의 아폴로 신전에서 신탁을 받고 법률을 만들어 스파르타의 특이한 제도를 제정하였다고 전해진다 — 옮긴이.

알고 있지만 말하고 싶지 않다. 나의 주제와 아무 상관도 없기 때문이다.

　나는 사람들이 학교[13]라 부르는 그 우스꽝스러운 시설들을 공공교육 체제라고 생각하지 않는다.[14] 나는 또한 사교계의 교육도 염두에 두지 않는다. 왜냐하면 두 가지의 상반된 목표를 지향하는 이 교육은 그 둘을 다 놓쳐 버리기 때문이다. 다시 말해 이 교육은 모든 것을 다른 사람들과 관련시키는 것처럼 보이지만 무엇이든 오로지 자기 자신과 결부시키는 이중적인 인간을 만들어 내는 데에만 적합한 것이다. 그런데 이런 눈을 속이는 양동작전은 모든 사람에게 공통된 것이어서 아무도 속이지 못한다. 그것은 죄다 헛수고인 셈이다.

　이와 같은 모순으로부터 우리가 끊임없이 자기 안에서 느끼는 모순이 생겨난다. 자연에 의해 그리고 인간들에 의해 서로 반대되는 길로 이끌려 가며 여러 충동들 사이에서 분열될 수밖에 없는 우리는 우리를 어느 목표로도 이끌지 못하는 일종의 타협책을 따르게 된다. 그리하여 살아가는 동안 내내 우리는 이런 저항 때문에 자신의 뜻을 실현하지 못하고 방황하면서 자기 자신과 일치할 수도 없고, 또 자기 자신에게도 다른 사람들에게도 쓸모 있던 적이 없는 채 삶을 마감하고 만다.

　마지막으로 가정교육 혹은 자연의 교육이 남는데, 오로지 그 자신만을 위해 키워진 인간이 다른 사람들에게 무엇이 되겠는가? 만약 사람들이 정해 놓은 이중의 목표가 하나로 통일될 수만 있다면, 인간이 가진 모순

13　여기서 말하는 학교는 대개 교회에서 운영하는 초중등 사립학교인 콜레주(collège)를 말한다 — 옮긴이.

14　몇몇 학교에는, 특히 파리 대학에는 내가 좋아하고 매우 존경하는 교수님들이 계신다. 나는 그들이 기존의 관례를 따르도록 강요받지만 않는다면 젊은이를 잘 가르칠 수 있는 능력을 충분히 갖추었다고 생각한다. 나는 그들 가운데 한 분에게 그가 구상한 개혁안을 공표하도록 권유하고 있다. 치유책이 있다는 것을 알게 되면 아마 사람들도 결국 악습을 고치고 싶어질 것이다.

들을 제거함으로써 인간은 자신의 행복에 걸림돌이 되는 큰 장해물을 제거할 수 있을 것이다. 과연 그렇게 될지 안 될지 판단하기 위해서는 그가 완전히 성장한 모습을 보아야 할 것이다. 또한 그의 성향을 관찰하고 발전해 가는 모습을 지켜보면서 계속해서 성장 과정을 따라왔어야 할 것이다. 한마디로 말해 자연인을 알아야만 할 것이다. 나는 이 글을 읽고 난 뒤 사람들이 이런 연구에서 몇 걸음이라도 앞으로 나아가게 되리라 믿는다.

이렇게 보기 드문 인간을 만들어 내려면 우리는 무엇을 해야 할까? 아마도 할 일이 많을 것이다. 그런데 그것은 아무것도 행해지지 못하도록 막는 것이다. 맞바람을 맞고 가야만 한다면, 바람이 불어오는 쪽으로 지그재그로 나아가면 된다. 하지만 바다가 거칠어 제자리에 가만히 있으려 한다면 돛을 내려야 한다. 젊은 항해사여, 당신의 닻줄이 풀리지 않도록 또는 닻이 끌리지 않도록 조심하라. 배가 당신이 알아차리기도 전에 표류하지 않도록 말이다.

모든 자리가 지정되어 있는 사회 질서 속에서 사람들은 각자 자기 위치에 맞게 키워지도록 정해져 있다. 자기 위치에 맞는 교육을 받은 개인은 그곳을 벗어나게 되면, 더 이상 아무것에도 적합하지 않게 된다. 교육은 그의 운명이 부모의 직업과 조화를 이루는 한에서만 유용하고, 다른 모든 경우에 학생에게 해롭다. 교육으로 인해 그에게 주입되는 편견만으로도 해로운 것이다. 아들이 아버지의 신분을 이어받아야만 했던 이집트에서 교육은 적어도 한 가지 확실한 목표를 가지고 있었다. 그러나 서열만 남아 있고 거기에 속한 사람들은 끊임없이 바뀌는 우리 사회에서는, 아들을 자신의 신분에 맞게 키우는 것이 그를 불리하게 만드는 것은 아닌지 아무도 알 수 없다.

자연의 질서 속에서 인간은 모두 평등하기 때문에, 모든 인간의 공통된 소명은 인간이라는 신분이다. 인간이라는 신분에 맞게 잘 교육받은 사람이라면 누구든 그것과 관련된 모든 직분을 제대로 완수하지 못할 리가 없다. 내 제자를 군인으로 만들려 하든, 성직자나 변호사로 만들려 하든, 나에게 그런 것은 별로 중요하지 않다. 부모의 직업 이전에 자연은 인간으로서의 삶으로 그를 불러들인다. 삶을 사는 것, 그것이 내가 그에게 가르치고 싶은 직업이다. 내 손에서 벗어날 때 그는, 나도 인정하건대, 법률가도 군인도 성직자도 아닐 것이다. 그렇지만 그는 무엇보다도 먼저 인간일 것이다. 그는 필요할 경우 한 인간이 되어야 할 바가 무엇이든 간에, 누구 못지않게 그렇게 될 수 있을 것이다. 그리고 운명이 그의 자리를 바꾸려 해도 소용이 없어서 그는 언제나 그의 자리에 있을 것이다. "운명이여, 내가 너를 앞질러 가 너를 사로잡았노라. 그리하여 나는 그대가 내게 이를 수 있는 모든 길을 차단하였노라."[15]

우리의 참된 연구는 인간의 조건에 관한 연구이다. 나는 우리 가운데 인생의 행복과 불행을 가장 잘 감당할 줄 아는 사람이 교육을 가장 잘 받은 사람이라고 생각한다. 여기서 진정한 교육이란 훈계보다 실제 훈련으로 이루어진다는 결론이 나온다. 우리는 삶을 시작하면서 배움을 시작한다. 따라서 우리의 교육은 우리와 함께 시작된다. 최초의 선생은 유모이다. 그래서 고대인들에게 교육éducation이라는 말은 우리가 지금은 이 단어에 부여하지 않는 의미를 가지고 있었다. 즉 그것은 수유授乳를 의미했

---

15 키케로가 한 말로 몽테뉴의 『수상록』에 인용되어 있다 — 옮긴이.

다. "산파는 이 세상에 태어나게 하고 유모는 키우며, 교육자는 훈육하고 스승은 지도한다"라고 바로[16]도 말했다. 이처럼 보육, 훈육, 지도는 보육자, 훈육자, 스승이 서로 다른 만큼 그 목표가 서로 다른 세 가지 일이다. 그러나 사람들은 이러한 구별을 잘못 이해하고 있다. 어린아이가 제대로 지도를 받으려면 단 한 사람의 안내자만을 따라야 한다.

그러므로 우리의 견해를 일반화해야 한다. 그리고 우리의 제자에게서 추상적인 인간 즉 살아가면서 부딪칠 수 있는 온갖 사건들에 노출된 인간을 관찰해야 한다. 만약 인간이 한 지방의 토양에 묶여 살도록 태어난다면, 또 일 년 내내 같은 계절이 계속된다면, 각자가 절대로 바꿀 수 없도록 자신의 운명에 매여 있다면 기존의 교육 방법이 어떤 측면에서는 유리할 것이다. 자기 신분에 맞게 키워진 어린아이가 거기서 벗어날 일이 결코 없다면, 다른 신분이 겪는 불행에 처하게 되는 일도 없을 것이다. 하지만 인간사가 얼마나 유동적인지 생각해 본다면 또한 각 세대마다 모든 것을 뒤흔들어 놓는 이 시대의 불안하고 동요하는 정신을 고려한다면, 자기 방에서 절대로 나오지 말아야 하는 것처럼 언제나 하인들에게 둘러싸여 있어야만 하는 것처럼 어린아이를 키우는 것보다 더 몰상식한 방법을 생각해 낼 수 있을까? 이 불행한 아이가 한 발짝이라도 땅위를 걷게 되면, 단 한 단계라도 신분이 낮아지게 되면 그는 파멸하고 말 것이다. 그것은 그에게 고통을 견디는 법을 가르치는 것이 아니라 오히려 그가 고통을 느끼도록 훈련시키는 셈이다.

---

16 Marcus Terentius Varro(기원전 116-기원전 27): 고대 로마의 철학자이자 작가로 로마 최대의 학자로 평가되고 있다 — 옮긴이.

사람들은 자신의 아이를 보호할 생각만 한다. 그런데 그것만으로는 충분치가 않다. 그에게 어른이 되어서 스스로를 보존하고 운명의 타격을 견뎌 내는 법을, 또한 호사와 빈곤에 저항하고 필요하다면 아이슬란드의 얼음 속이든 몰타섬의 불타는 바위 위에서든 살아 나가는 법을 가르쳐야 한다. 그가 죽지 않도록 미리 대비를 해 보았자 소용없는 일이다. 그렇더라도 그는 죽게 될 것이므로. 그리고 그의 죽음이 여러분의 보살핌 때문은 아니라 할지라도, 여러분의 보살핌은 적절치 않을 것이다. 그가 죽지 않도록 하는 것보다 살아갈 수 있게 만드는 것이 더 중요하다. 산다는 것은 숨 쉬는 것이 아니라 행동하는 것이다. 우리의 기관들과 감각들, 능력들 그리고 우리가 생존하고 있다는 느낌을 우리에게 부여하는 우리 자신의 모든 부분들을 사용하는 것이다. 가장 충실하게 산 사람은 가장 긴 세월을 산 사람이 아니라 삶을 가장 많이 느낀 사람이다. 백 살에 땅에 묻혀도 태어나자마자 죽은 것과 마찬가지인 그런 사람도 있다. 그는 젊어서 죽는 것이 더 나았을 수도 있다. 적어도 그때까지는 삶을 구가했을 것이기 때문이다.

우리의 지혜는 모두 노예적인 편견들로 이루어져 있다. 우리의 모든 관습은 굴종과 제약, 구속일 뿐이다. 사회 속의 인간은 노예 상태에서 태어나 살고 죽는다. 태어나자마자 그는 배내옷 속에 봉합되듯이 싸이고, 죽으면 관 속에 갇혀 꼼짝 못 하게 된다. 이처럼 인간의 모습을 하고 있는 한 그는 인간의 제도에 묶여 있다.

신생아의 머리를 주물러 더 적당한 머리 모양을 만들어 낼 수 있다고 떠벌리는 산파들이 있다고 한다. 그것을 묵인하다니! 조물주가 만들어 낸 우리의 머리가 불완전하니, 머리의 외형은 산파를 시켜서 또 머리의 내부는 철학자를 시켜서 우리가 그것을 다듬어야 한다는 것이다. 카리브인은 우리보다 훨씬 더 행복하다.

"어린아이가 어머니의 뱃속에서 나와 사지를 움직이고 뻗는 자유를 누리게 되자마자 사람들은 그에게 새로운 속박을 가한다. 아기를 포대기로 싸서 머리를 움직이지 못하도록 고정시키고, 다리는 쭉 뻗게 또 팔은 몸에 나란히 붙이게 한 채 눕혀 둔다. 아기는 온갖 종류의 내의와 띠로 둘둘 말려 있어서 자세를 바꿀 수도 없다. 숨을 못 쉴 정도로 조여 매지만 않아도, 그리고 입으로 뱉어야 할 물이 저절로 떨어질 수 있게 아기를 옆으로 눕히는 배려만 해 주어도 다행이다. 아기에게는 물이 쉽게 흘러나오도록 머리를 옆으로 돌릴 자유조차 없을 테니 말이다."[17]

신생아는 매우 오랫동안 작은 실 꾸러미처럼 웅크리고 있으므로, 마비가 된 사지를 풀어 주기 위해 사지를 뻗고 움직이는 것이 필요하다. 사람들이 아기의 사지를 펴 주기도 하지만, 그래도 움직이지 못하게 하고 머리도 아기용 모자로 고정시켜 둔다. 마치 어린아이가 살아 있는 것처럼 보일까 봐 겁이라도 내는 듯하다.

그리하여 성장하려는 신체 내부의 충동은 거기에 필요한 운동을 하려 할 때마다 극복할 수 없는 장해물을 발견하게 된다. 아기는 계속해서 헛되이 노력하고 그로 인해 힘만 빠지고 성장은 지체된다. 어머니 뱃속에서 양막羊膜에 싸여 있을 때가 그런 배내옷에 싸여 있을 때보다 차라리 덜 갑갑하고 덜 불편하고 압박을 덜 받았을 것이다. 이러니 나는 아기가

---

17 18세기 프랑스 박물학자이자 철학자인 뷔퐁(Georges Louis Leclerc de Buffon)에게서 나온 인용문이다 — 옮긴이.

태어나 얻는 이득이 무엇인지 모르겠다.

어린아이의 사지를 움직일 수 없게 속박하는 것은 혈액과 체액의 순환 장애를 일으키고, 어린아이가 몸을 단련하고 성장하는 것을 방해하여 체격을 변형시킬 뿐이다. 이처럼 도가 지나친 주의를 기울이지 않는 곳에서는 인간은 모두 키가 크고 힘이 세며 균형이 잘 잡혀 있다. 아기를 포대기로 감싸는 지역에서는 곱사등이, 절름발이, 안짱다리, 발육이 부진한 사람, 구루병 환자 등 그 밖에 온갖 종류의 기형들이 우글거린다. 마음대로 움직이게 내버려 두었다가는 신체가 변형될까 두려워서, 사람들은 신체를 꽁꽁 묶어 둠으로써 서둘러 그 형태를 변형시키는 것이다. 아이가 사지가 절단된 불구가 되지 않도록 하려고 그를 고의적으로 신체가 부자유스러운 사람으로 만드는 꼴이다.

그토록 잔인한 속박이라면 아이들의 체질에 영향을 미치듯이 기질에도 영향을 미치지 않을 수 있을까? 아이가 느끼는 최초의 감정은 고통과 아픔의 느낌이다. 그들은 자기에게 필요한 운동을 할 때마다 온갖 장애물에 부딪친다. 쇠사슬에 묶인 죄수보다 더 불행한 그들은 헛된 노력을 반복하다가 화를 내고 울부짖는다. 여러분은 아이들이 처음 내는 소리가 울음소리라고 한다. 물론 나도 그렇게 생각한다. 아기들이 태어나자마자 여러분은 그들을 불쾌하게 만든다. 그들이 여러분에게서 받는 최초의 선물이 쇠사슬이고, 그들이 겪어 보는 첫 대접이 고통이기 때문이다. 소리를 내는 것 외에 다른 자유는 없으니 불만을 호소하기 위해 어떻게 목소리를 사용하지 않을 수 있겠는가? 그들은 여러분이 가하는 고통 때문에 울부짖는 것이다. 만약 여러분이 그들처럼 묶여 있다면 그들보다 훨씬 더 크게 울부짖을 것이다.

이처럼 사리에 어긋나는 관습은 어디서 생겨났을까? 그것은 자연에 어긋나는 관습에서 비롯되었다. 자신의 가장 중요한 의무를 저버리고 어머니들이 자기 아이들에게 더 이상 젖을 먹이려 하지 않으면서부터 아이들은 돈을 받고 일하는 유모에게 맡겨질 수밖에 없었다. 자연스럽게 솟아나는 감정이 없는 낯선 아이의 어머니가 된 유모는 그저 자신의 수고를 덜 생각만 했다. 자유롭게 놔둔 어린아이는 끊임없이 지켜보아야만 했을 것이다. 하지만 아기가 잘 묶여 있다면 아이의 울음소리에 신경 쓰지 않고 구석에 던져둘 수가 있다. 유모가 게을리했다는 증거만 없으면, 젖먹이의 팔이나 다리가 부러지지만 않는다면, 남은 생애 동안 죽게 되든지 불구로 살아가게 되든지 무슨 상관이겠는가? 아이의 몸이야 어찌 되건 사지만 멀쩡하면 된다. 그리고 설령 무슨 일이 생기더라도 유모에게는 죄가 없다.

아이에게 다정하다고 자처하면서도 자기 아이에게서 벗어나 도시의 환락에 기꺼이 빠져드는 어머니가 시골에서 배내옷에 싸인 채 자신의 아기가 어떤 취급을 받는지 알 수 있겠는가? 아주 사소한 일만 일어나도 마치 옷 꾸러미처럼 아기를 못에 매달아 둔다. 유모가 느릿느릿 조금도 서두르지 않고 자기 일에 열중하는 동안, 불쌍한 아기는 이처럼 십자가에 매달려 있다. 이런 상황에 처해 있던 아이들은 모두 얼굴빛이 보랏빛이었다. 심하게 조여 맨 가슴 때문에 혈액 순환이 잘되지 않아 피가 머리로 역류한 탓이다. 아기는 울 힘도 없는 것인데, 사람들은 수형자受刑者가 매우 편안하다고 생각했다. 나는 아기가 얼마나 오랜 시간 동안 숨이 끊어지지 않고 이런 상태로 있을 수 있는지 모르지만, 그리 오래갈 수 있을지 의심스럽다. 내 생각에 바로 이것이 배내옷이 제공하는 최대의 편의들 중의 하나이다.

흔히 사람들은 어린아이를 자유롭게 놔두면 나쁜 자세를 갖게 되거나, 팔다리의 정상적인 발육에 해를 끼칠 동작을 하게 될 수 있다고 주장한다. 이것이야말로 우리의 그릇된 지혜가 만들어 내는 헛된 추론들 가운데 하나인데, 어떤 경험도 그것을 확인해 준 적이 없었다. 우리보다 더 분별 있는 여러 국민들에게서 수많은 아이들이 사지가 완전히 자유로운 상태로 키워지는데, 그들 가운데 다치거나 불구가 된 아이는 한 명도 보이지 않는다. 아이는 동작을 하면서 자신을 위험에 빠트릴 정도의 힘을 줄 수가 없을 것이다. 그들이 격한 자세를 취하면 곧 고통이 그들에게 자세를 바꾸도록 경고하기 때문이다.

우리는 아직 개나 고양이의 새끼들을 배내옷으로 감싸려는 생각을 해본 적이 없다. 이렇게 소홀히 했다고 해서 그 새끼들에게 어떤 지장이 생기는 것을 본 적이 있는가? 어린아이는 더 무겁다. 동의한다. 하지만 그에 비례하여 아기는 또한 더 약하다. 그들은 이제 겨우 움직일 수 있을 뿐이다. 그런데 어떻게 불구가 될 수 있겠는가? 만약 아기를 눕혀 둔다면 거북이처럼 한번 뒤집어 보지도 못한 채 그 자세로 죽을 수도 있을 것이다.

자신의 아이에게 젖 먹이는 일을 그만둔 것으로 만족하지 않고 여성들은 이제 아이를 갖고 싶어 하지도 않는다. 자연스러운 결과이다. 어머니라는 신분이 부담스러워지면 곧 거기서 완전히 해방될 수 있는 수단을 찾게 된다. 쓸모없는 일을 만들어 내어 그것을 계속해서 되풀이하려고 하며, 인류를 증식시키도록 부여한 매력을 인류에게 해가 되도록 돌려놓는다. 이러한 관습은 인구 감소의 다른 원인들과 더불어 우리에게 머지 않아 유럽에 닥칠 운명을 예고해 준다. 학문과 예술, 철학 그리고 철학이 만들어 내는 풍속은 곧 유럽을 사막으로 만들어 버릴 것이다. 유럽은 맹수들로 가득 찰 것이다. 그렇다 해서 유럽 주민들의 구성이 별반 달라지는 것은 아닐 테지만 말이다.[18]

나는 간혹 자기 아이에게 젖을 먹이고 싶어 하는 척하는 젊은 부인들의 얄팍한 수작을 본 적이 있다. 이들은 다른 사람들이 자신에게 그런 엉뚱한 짓을 서둘러 포기하게 하리라는 것을 알고 있다. 말하자면 남편과 의사들, 특히 친정 어머니를 교묘하게 끌어들일 줄 아는 것이다.[19] 감히 자기 아내가 아기에게 젖을 먹이는 데 동의하는 남편이 있다면 그는 볼장 다 본 남자이다. 사람들은 그를 아내에게서 벗어나고 싶어 하는 살인자쯤으로 여길 것이다. 신중한 남편들이여, 평화를 위해 부성애를 희생해야 한다. 시골에 여러분의 아내보다 더 정숙한 여인들이 있다면 정말 다행이다! 또 여러분의 아내가 그렇게 확보한 시간을 여러분이 아닌 다른 남자들에게 할애하지만 않는다면 더더욱 다행이다.

여성의 의무란 의심의 여지가 없다. 그러나 그녀들이 의무를 무시하는 와중에도 아이가 모유로 길러지나 다른 사람의 젖으로 길러지나 마찬가지인지 아닌지를 두고 논쟁을 한다. 의사가 판단할 문제이지만, 나는 이 문제가 여성들이 원하는 대로 결론이 났다고 생각한다. 또한 나도 만

---

18 여기서 루소는 유럽의 많은 주민들이 이미 타락하여 사람을 잡아먹는 맹수와 다름없기 때문에, 학문과 예술, 철학 등으로 인해 인구가 감소하고 맹수들이 늘어나도 결국 인간을 포함한 맹수의 수는 크게 변할 것이 없다는 신랄한 풍자를 던지고 있다 — 옮긴이.

19 내가 보기에 부인들과 의사들의 결탁은 파리에서 늘 일어나는 일들 중 가장 기이한 사실들 가운데 하나였다. 의사가 평판을 얻는 것은 부인들을 통해서이고 부인들이 자기 마음대로 할 수 있는 것은 의사들 덕분이다. 이를 통해 우리는 파리의 의사가 유명하게 되기 위해 필요한 수완이 어떤 종류의 것인지 능히 짐작해 볼 수 있다.

약 아이가 타고난 피로 인해 어떤 새로운 병에 걸릴까 두렵다면, 아이가 건강을 해친 어머니의 젖보다 건강한 유모의 젖을 먹는 편이 차라리 낫다고 생각할 것이다.

그러나 이 문제를 단지 육체적인 측면에서만 고려해야 하는가? 아이에게 어머니의 젖 외에 어머니의 다른 보살핌은 덜 필요하단 말인가? 어머니가 아이에게 젖 먹이기를 거부하면 다른 여성이, 심지어 동물이 아이에게 젖을 줄 수 있을 것이다. 그러나 어머니의 정성은 무엇으로도 대체될 수 없다. 자기 아이 대신 다른 사람의 아이에게 젖을 먹이는 어머니는 나쁜 어머니이다. 그녀가 어떻게 좋은 유모가 될 수 있겠는가? 설령 좋은 유모가 될 수 있다 하더라도 그렇게 되는 데에는 오랜 시간이 걸릴 것이다. 습관이 본성을 바꾸어 놓아야 하니까 말이다. 그리고 제대로 보살핌을 받지 못한 아이도 유모가 그에게 어머니의 애정을 갖게 되기 전에 수백 번 죽을 고비를 겪을 것이다.

바로 이 이점 자체에서 하나의 폐단이 생겨나는데, 이것만으로도 감수성이 예민한 여성이라면 누구라도 자기 아이를 다른 여성의 손에 맡겨 키울 수 있는 용기를 잃을 것이다. 그것은 어머니로서의 권리를 남과 공유하는 것, 아니 더 정확히 말해 그것을 남에게 양도하는 것이며, 자기 아이가 다른 여성을 자기만큼, 혹은 자기 이상으로 사랑하는 것을 보는 것이다. 또한 아이가 친어머니에 대해 갖는 애정이 일종의 감사라면, 양어머니에 대해 갖는 애정은 의무임을 깨닫는 것이다. 어머니와 같은 보살핌을 받았던 사람에게 마땅히 자식의 애정으로 보답해야 하지 않겠는가?

이런 폐단에 대한 대처 방식은 유모를 진짜 하녀처럼 다룸으로써 아이로 하여금 유모에게 경멸감을 갖게 하는 것이다. 유모의 의무가 끝나면 아이를 되찾아 오거나 유모를 해고한다. 유모를 심하게 푸대접하여 그녀가 아이를 보러 오는 것도 거절한다. 그렇게 몇 년이 지나면 아이는 더 이상 유모를 만나는 일도 없고 그녀를 알아보지도 못하게 된다. 어머니가 이제 자신이 유모를 대신하고 이런 잔인한 처사로 자신의 태만을 배상했다고 생각한다면 그것은 틀렸다. 그녀는 자연에 어긋나게 길러진 아기를 다정한 아들로 만드는 대신 배은망덕한 사람으로 키우게 되며, 그에게 젖을 물려 준 사람을 무시하듯 언젠가 그를 낳아 준 사람도 무시하도록 아이에게 가르치는 것이다.

유용한 주제를 여러 번 다루어 봤자 헛되다는 생각에 맥이 좀 덜 빠지기만 해도, 내가 이 점을 얼마나 강조했을지 모른다! 이는 흔히 생각하는 것보다 훨씬 더 많은 것들과 관련되어 있다. 여러분은 모두를 각자 자신의 가장 중요한 의무로 돌려놓고 싶은가? 그렇다면 어머니부터 시작하라. 그로부터 생겨날 변화에 여러분은 놀라게 될 것이다. 모든 것이 이 최초의 타락에 이어서 생겨난다. 모든 도덕적 질서가 변질되고 모두의 마음속에서 본성이 사라지며 집안의 활기도 줄어든다. 새로운 가족이 태어나는 감동적인 장면도 더 이상 남편의 마음을 사로잡지 못하고 남들에게 아무런 존경도 불러일으키지 못한다. 사람들은 아이를 데리고 있지 않는 어머니를 별로 존경하지 않는다. 또한 가정 내에는 안주할 만한 거처도 없다. 더 이상 습관이 혈연관계를 다져 주지 못하며, 아버지도 어머니도 자식도 형제도 누이도 없다. 모두 다 서로에 대해 잘 알지 못한다. 그런데 그들이 어떻게 서로 사랑할 수 있겠는가? 각자 자기 자신밖에 생각하지 않는다. 가정이 우울하고 쓸쓸하기만 하다면 즐거움을 얻기 위해 다른 곳으로 가는 수밖에 없다.

그러나 어머니가 고맙게도 자신의 아이들을 젖을 먹여 키운다면, 풍속은 저절로 개선되고 자연의 감정이 모두의 마음속에 되살아날 것이며, 나라의 인구도 다시 증가하게 될 것이다. 이 첫 단계가 그리고 오직 이것만이 모든 것을 화해시킬 것이다. 가정생활의 매력은 악습에 대한 최상의 해독제이다. 성가시게 여겨지는 아이들의 소동이 기분 좋은 일이 되고, 그로 인해 어머니와 아버지는 서로를 더욱 필요하고 소중한 존재로 여기며 부부의 정을 돈독히 하게 된다. 가정에 활력이 넘치고 생기가 돌 때, 집안일은 아내의 가장 소중한 관심거리가 되고 남편에게는 가장 감미로운 즐거움이 된다. 이렇게 이 하나의 악습만 시정해도 곧 전반적인 개혁이 뒤따라 일어나고, 자연이 자신의 모든 권리를 회복할 것이다. 일단 여성들이 다시 어머니가 되기만 하면 남성들도 아버지와 남편으로 돌아갈 것이다.

이런 말들이 얼마나 부질없는지! 여성들은 사교계의 환락에 아무리 싫증이 나도 결코 가정의 즐거움으로 돌아가지 않는다. 여성들은 어머니의 의무를 저버렸고 앞으로도 그럴 것이며 더 이상 어머니가 되고 싶어 하지도 않는다. 설령 어머니가 되고 싶어 한다 해도 그렇게 될 수 없을 것이다. 왜냐하면 그와 반대되는 관습이 확고하게 자리 잡은 오늘날, 전례도 없고 또 따를 생각도 없는 본보기에 맞서 동맹을 맺은 주변의 모든 여성들의 반대와 싸워야 할 것이기 때문이다.

그렇지만 간혹, 이 점에서 유행의 횡포와 다른 여성들의 아우성에 용감히 맞서면서 자연이 자신들에게 부과한 너무나 감미로운 이 의무를 고귀한 용기를 내어 완수하려는 훌륭한 천성을 타고난 젊은 여성들이 아직 있다. 이처럼 의무에 전념하는 여성들이 누릴 수 있는 행복에 이끌려 그런 여성들의 수가 늘어나기를! 아주 조금만 생각해 봐도 얻을 수 있는 결론과 결코 거짓으로 밝혀지는 것을 본 적이 없는 관찰에 근거하여, 나는 감히 이 훌륭한 어머니들에게 남편의 확고하고 변함없는 애정과 자녀들의 진정한 효심을, 모든 사람들로부터의 존경과 칭찬을, 또한 사고도 후유증도 없는 행복한 출산을, 튼튼하고 활기에 찬 건강을, 마지막으로 언젠가 딸들이 자신을 본받고 다른 사람의 딸들에게 자신이 귀감이 되는 것을 보는 기쁨을 약속한다.

어머니가 없으면 자식도 없다. 모자간의 의무는 상호적이다. 한쪽이 그 의무를 제대로 수행하지 못하면 다른 한쪽도 그것을 게을리하게 된다. 어린아이는 어머니를 사랑해야 한다는 것을 알기 전에 먼저 자기 어머니를 사랑해야 한다. 혈연의 목소리는 습관과 보살핌에 의해 강화되지 않으면 처음 몇 년 내에 없어져 버리고, 애정은 생기기도 전에 죽어 버린다. 그리하여 우리는 첫발을 내딛자마자 자연에서 벗어나게 된다.

정반대의 길을 걸음으로써 자연에서 벗어나게 되기도 한다. 어머니로서의 보살핌을 게을리하는 게 아니라 너무 과도하게 보살피는 경우에 그렇다. 자기 아이를 우상으로 만들고, 아이가 자신의 나약함을 느끼지 못하게 하기 위해 오히려 나약함을 키우고 부추긴다. 또한 아이가 자연의 법칙에서 벗어나기를 바라면서 그가 당할 수 있는 고통스러운 타격으로부터 그를 격리시킨다. 그녀는 아이가 겪을 몇 가지 불편을 잠시 동안 덜어 주기 위해, 앞으로 아이에게 닥치게 될 사고와 위험을 자신이 얼마나 쌓아 가고 있는지, 또 고달픈 일을 견뎌 내야 할 어른이 될 때까지 유년기의 나약함을 연장시키는 것이 얼마나 어리석은 조치인지 생각해 보지도 않고 그렇게 한다. 전설에 의하면 테티스는 어떤 타격에도 견딜 수 있게 만들기 위해 자기 아들을 스틱스의 물속에 빠뜨렸다고 한다.[20] 이 비유는 아름답고도 명료하다. 내가 지금 말하고 있는 잔인한 어머니들은 그렇게 하지 않는다. 그녀들은 아들을 연약한 상태에 빠뜨려 앞으로 고통을 당하게끔 준비해 주고 있다. 그녀들은 아이들의 모공을 온갖 종류의 질병에 완전히 노출시켜서, 어른이 되었을 때 그들은 반드시 온갖 병에 걸리게 될 것이다.

자연을 관찰하고 자연이 여러분에게 제시하는 길을 따르도록 하라. 자연은 지속적으로 아이들을 훈련시킨다. 온갖 종류의 시련을 통해 자연은 아이들의 체질을 단련시키며 일찍부터 그들에게 아픔과 고통이 무엇인지를 가르쳐 준다. 이가 날 때 아이는 열이 난다. 찌르는 듯 아픈 복통은 경련을 일으키며, 오랜 기침은 아이를 숨이 막힐 지경에까지 이르게 한다. 또한 기생충들이 아이를 괴롭히고 다혈증이 아이의 피를 썩게 만들며, 거기서 갖가지 균들이 발효하여 위험한 발진을 일으킨다. 인생의 최초 시기는 거의 내내 질병과 위험에 시달린다. 태어난 아기들 중 절반이 만 8세가 되기 전에 죽는다. 이런 시련을 겪어 낸 아이들은 강한 체력을 얻게 되어, 그가 생명력을 사용할 수 있게 되는 즉시 생명의 원리가 더욱 확고하게 된다.

바로 이것이 자연의 법칙이다. 여러분은 왜 그것을 거역하려 하는가? 그것을 고치려고 함으로써 자연이 하는 일을 망치고 자연의 배려가 내는

---

20 테티스는 그리스 신화에 나오는 바다의 여신으로, 펠레우스의 아내이며 아킬레우스의 어머니이다. 스틱스는 저승을 일곱 바퀴 돌아 흐르는 강으로 모든 신들은 맹세를 할 때 이 강을 두고 맹세했다고 한다. 테티스는 아킬레우스를 불사의 몸으로 만들기 위해 그를 스틱스강에 담갔다고 한다 — 옮긴이.

효과를 방해한다는 사실을 모르는가? 여러분은 자연이 내적으로 하는 일을 외부에서 하는 것은 위험을 배가시키는 일이라고 생각하는데, 반대로 그것은 위험을 다른 데로 돌리고 감소시키는 일이다. 우리는 세심하게 길러진 아이들이 그렇지 않은 아이들보다 훨씬 더 잘 죽는다는 사실을 경험을 통해 알고 있다. 그들이 가진 체력의 한도를 넘지만 않는다면 힘은 아끼는 것보다 사용하는 편이 덜 위험하다. 그러니 언젠가 그들이 견디어야 할 타격에 대비하도록 그들을 훈련시켜라. 계절, 기후, 환경의 혹독함이나 배고픔, 갈증, 피로를 견딜 수 있도록 그들의 신체를 단련시켜라. 그들을 스틱스의 물속에 잠기게 하라. 몸에 습관이 들기 전에는 위험 없이 우리가 원하는 습관을 몸에 배게 할 수 있다. 그러나 일단 몸이 굳어지면 모든 변화는 몸에게 위험한 것이 된다. 어린아이는 어른이라면 견딜 수 없을 변화를 견디어 낼 수 있다. 어린아이의 근육은 부드럽고 유연하여 거기에 붙여 주는 습관을 별로 노력하지 않고도 갖게 된다. 반면 어른의 근육은 굳어져서 이미 가지고 있는 습관을 바꾸려면 무리한 힘을 가해야만 한다. 따라서 어린아이는 그의 생명이나 건강을 위험에 빠뜨리지 않고서도 강건하게 만들 수 있다. 설령 다소 위험이 있더라도 망설여서는 안 될 것이다. 그것이 인생에서 피할 수 없는 위험인 이상, 그 위험들이 가장 해를 적게 입히는 시기에 그것을 겪어 보게 하는 것보다 더 나은 방법이 있겠는가?

　어린아이는 나이를 먹을수록 그 가치가 높아진다. 일신一身의 가치에 그에게 들인 정성의 가치가 더해진다. 또한 그가 생명을 잃으면 그에게서 죽음의 감정이 더해진다. 그러므로 그의 생명을 보존하는 일에 유의하면서 생각해야 할 것은 무엇보다도 장래이다. 그가 청년이 되기 전에 청년이 겪을 재난에 대비하여 그를 무장시켜야 한다. 만약 생명을 유용하게 사용할 수 있는 나이까지 생명의 가치가 계속해서 높아지는 것이라면, 유년기에 얼마간의 고통을 면하게 해 줌으로써 철드는 나이에 고통을 더 많이 겪게 하는 것은 너무도 어리석은 일이지 않은가! 그것이 스승의 가르침이겠는가?

인생의 어느 시기에나 고통을 겪는 것이 인간의 운명이다. 자기 보존의 배려 자체가 고통에 결부되어 있다. 유년기에 신체적인 고통만 겪는 것은 얼마나 다행한 일인가! 신체적인 고통은 다른 고생들보다 훨씬 덜 잔혹하고 훨씬 덜 고통스러우며, 우리의 목숨을 포기하게 만드는 일도 훨씬 드물다. 사람은 통풍의 고통 때문에 자살하지는 않는다. 영혼의 고통 말고 사람을 절망하게 만드는 것은 거의 없다. 우리는 유년기의 처지를 불쌍히 여기는데, 불쌍히 여겨야 할 것은 바로 우리 어른들의 처지이다. 우리의 가장 큰 고통은 우리 자신에게서 온다.[21]

어린아이는 태어나면서 운다. 그리고 유년기의 초반을 울면서 보낸다. 아이를 진정시키기 위해 사람들은 때로는 어르기도 하고 때로는 쓰다듬기도 하며, 조용히 하라고 때로는 윽박지르기도 하고 때리기도 한다. 우리가 아이의 비위를 맞출 때도 있고 아이에게 우리의 비위를 맞추라고 요구할 때도 있다. 우리가 아이의 변덕을 따르기도 하고 아이에게 우리의 변덕을 따르게 만들기도 한다. 중간은 없다. 아이는 명령을 하든

---

21 이는 루소의 근본 사상을 요약하고 있다. 자연에서 생겨나는 고통은 우리 자신으로 인해 생겨나는 고통에 비할 때 아무것도 아니다. 인간은 물리적 고통은 쉽게 받아들이지만, 다른 사람들과의 관계로 인해 우리 내면에서 생겨나는 정신적 고통이나 심리적 고통은 잘 참지 못하는데, 육체적 고통보다 더욱 괴로움을 느끼기 때문이다 — 옮긴이.

지 명령을 받든지 해야 한다. 이처럼 아이가 갖는 최초의 생각은 지배와 예속의 관념들이다. 말을 할 줄 알기 전에 명령을 내리고, 행동할 수 있게 되기 전에 복종한다. 때때로 사람들은 아이가 자신의 잘못을 알 수 있는, 더 정확히 말해 잘못을 저지를 수 있는 나이가 되기 전에 아이에게 벌을 주기도 한다. 그렇게 함으로써 사람들은 일찍부터 아이의 어린 마음속에 정념들[22]을 쏟아부어 놓고는, 나중에 그것을 본성의 탓으로 돌리며, 그토록 애를 써서 아이를 심술궂게 만들어 놓고는 아이가 그렇게 된 것을 보고 한탄하는 것이다.

어린아이는 여자들 손에서 이런 식으로 여자들과 자신의 변덕에 희생된 채 육칠 년을 보낸다. 또한 그에게 이런저런 것을 배우게 한 후, 다시 말해 그가 이해할 수도 없는 단어들이나 그에게는 아무런 소용도 없는 사물들로 그의 기억을 가득 채운 후, 또 그에게 갖게 한 정념들로 타고난 본성을 억누른 후 이 부자연스러운 존재를 가정교사의 손에 넘겨준다. 그 가정교사는 이미 완전히 형성된 것으로 보이는 인공적인 싹을 완전히 틔우게 하고 그에게 온갖 것을 가르친다. 자기 자신을 아는 법과 자기 자신을 활용하는 법, 사는 법과 자신을 행복하게 만드는 법만 제외하고 그렇게 한다. 마침내 지식으로 가득 차 있으면서도 지각은 없고 육체와 정신이 똑같이 나약한 노예이자 전제군주인 이 어린아이가 세상에 내던져져 그의 어리석음과 오만, 모든 악덕들을 드러내 보이면, 우리는 인간의 비참함과 사악함을 한탄한다. 그런데 사람들의 생각이 틀렸다. 그는 바

---

22 루소에게 '정념(passions)'은 대개의 경우 물질적 욕구를 제외한 모든 정신적 욕망을 의미한다. 그러나 문맥에 따라 때로는 통상적인 의미인 열정으로 옮기기도 했다 — 옮긴이.

로 우리의 변덕이 만들어 낸 인간인 것이다. 자연의 인간은 그와 다르게 만들어진다.

그러니 어린아이가 본래의 모습을 간직하기를 원한다면 그가 세상에 나온 순간부터 그것을 보존해 주어야 한다. 태어나자마자 그를 붙들고 성인이 될 때까지 그를 놓아주지 말아야 한다. 그렇게 하지 않는다면 여러분은 절대로 성공하지 못할 것이다. 진정한 유모가 어머니이듯이 진정한 교사는 아버지이다. 부모는 그들의 방식에서와 마찬가지로 임무의 순서에서도 서로 의견이 일치해야 하며, 어린아이는 어머니의 손에서 아버지의 손으로 넘겨져야 한다. 세상에서 가장 능숙한 교사보다 지적 능력은 한정되더라도 분별력이 있는 아버지에게서 교육을 받는 편이 더 나을 것이다. 왜냐하면 재능이 열정을 보완하는 것보다 열정이 재능을 더 잘 보완할 것이기 때문이다.

그러나 사업, 직무, 의무들 등⋯ 아! 의무들, 그중에서도 가장 마지막이 아버지로서의 의무일 테니![23] 자신들의 결합에서 나온 결실을 젖을 먹여 키우려는 생각조차 하지 않은 아내를 가진 남자가 그 아이를 교육시키지 않는 것에 놀라지 말자. 단란한 가정을 묘사한 그림보다 더 매혹적인 그림도 없다. 하지만 단 하나의 선이라도 빠뜨리면 나머지는 모두 훼

---

23 플루타르코스의 책에서 그토록 명성을 떨치며 로마를 다스린 감찰관 카토가 손수 아들을 갓난아기 때부터 키웠으며 유모, 즉 어머니가 아기의 신체를 움직이게 하거나 목욕을 시킬 때 만사를 제치고 그 자리에 있을 정도로 정성을 들였다는 이야기(플루타르코스, 「마르쿠스 카토의 생애」 ― 옮긴이)를 읽으면, 또한 수에토니우스의 책에서 세계를 정복하고 직접 통치한 세계의 지배자 아우구스투스가 손자들에게 몸소 글쓰기와 수영, 학문의 기초 개념을 가르치고 끊임없이 아이들을 곁에 두었다는 이야기(수에토니우스, 「아우구스투스의 생애」 ― 옮긴이)를 읽으면, 사람들은 그 시절에 그와 같은 하찮은 일을 재미있어 한 소인배들에 대해 웃음을 금치 못할 것이다. 아마도 그들은 너무도 그릇이 작아 오늘날의 위대한 사람들이 하는 훌륭한 일에는 도저히 종사할 수 없을 것이다.

손된다. 만약 어머니가 너무 몸이 약해 젖을 먹일 수가 없다면, 아버지는 너무 바빠서 아이를 가르칠 수 없을 것이다. 집에서 멀리 떨어져 여기저기 기숙사나 수도원, 학교로 뿔뿔이 흩어져 있는 아이들은 가정에 가질 애정을 다른 곳에 쏟을 것이다. 아니 더 정확히 말해 그들은 그 무엇에도 애착을 갖지 못하는 습관을 가정에 들여올 것이다. 형제자매들은 서로를 거의 알지 못할 것이다. 집안 행사가 있어 모두가 모일 때도 그들은 서로 아주 예의 바르게 대할 것이다. 그들은 서로를 남으로 대할 테니까. 또 부모 사이가 이제 친밀하지 않고, 가정의 화목이 더 이상 인생의 즐거움이 되지 못하면 곧 그것을 보완하기 위해 나쁜 풍속에 물들 것이 틀림없다. 이 모든 일의 연계를 보지 못할 만큼 어리석은 사람이 어디 있겠는가?

아버지가 자식을 낳고 키우는 것은 아버지로서의 의무의 삼분의 일만 이행하는 것이다. 그는 인류에 대해서는 인간을, 사회에 대해서는 사회성을 가진 인간을, 국가에 대해서는 시민을 만들어야 할 의무를 지고 있다. 이 삼중의 빚을 갚을 수 있는데도 그렇게 하지 않는 사람은 죄를 짓는 것이며, 반만 지불할 경우엔 그 죄가 더욱 클 것이다. 아버지로서의 의무를 완수할 수 없는 사람은 아버지가 될 권리도 없다. 가난도 일도 체면도 자식을 키우고 직접 교육시키는 일에서 그를 면제시켜 줄 수 없다. 독자들이여, 그 점에 대해서는 나를 믿어도 좋다. 누구든 인간의 감정을 가지고 있으면서도 그토록 신성한 의무를 저버리는 자에게 예언하건대, 그는 오랫동안 자신의 잘못에 대해 통한의 눈물을 쏟게 될 것이며 결코 그 무엇으로도 위로받지 못하리라.[24]

도대체 부유한 사람, 그의 말에 의하면, 너무 바빠서, 어쩔 수 없이 아이를 방기할 수밖에 없다는 그런 가장은 무슨 짓을 하는가? 그는 자신이 짊어져야 할 임무를 이행하기 위해 다른 사람에게 돈을 지불한다. 돈에 매수된 영혼이여! 여러분은 자식에게 돈으로 다른 아버지를 마련해 줄 수 있다고 생각하는가? 착각하지 말라. 여러분이 자식에게 마련해 주는 것은 선생님이 아니라 하인이다. 그리고 그는 곧 또 다른 하인을 키워낼 것이다.

사람들은 훌륭한 가정교사의 자질에 대해 많은 논의를 한다. 내가 요구하는 첫 번째 자질은, 이것만 해도 다른 많은 자질들을 전제로 하는데, 돈에 팔리는 사람이 아니어야 한다는 것이다. 세상에는 너무도 고귀해서 돈만을 목적으로 할 수 없는 직업들이 있다. 그래서 누군가 돈을 바라고 그 일을 한다면 이미 그는 그 일을 하기에 합당해 보이지 않는데, 군인과 교사라는 직업이 바로 그러하다. 도대체 누가 내 아이를 교육시킬 것인가? 이미 말했다, 그것은 바로 당신 자신이다. 나는 그렇게 할 수 없다. 당신이 그것을 할 수 없다고? 그렇다면 그 일을 대신할 친구를 하나 만들라. 그 밖에 다른 방도를 나는 알지 못한다.

교사! 오 너무나 숭고한 영혼이여! 진실로 한 인간을 만들어 내기 위해서는 아버지가 되든지 스스로 인간 이상이 되어야 한다. 여러분이 태연하게 고용인들에게 맡기고 있는 그 직무는 바로 이와 같은 일이다.

이 점에 대해 생각하면 할수록 우리는 새로운 어려움을 깨닫게 된다. 교사는 자신의 제자를 위한 교육을 받았어야 하고, 그의 하인들은 주인을 위한 교육을 받았어야 하며, 아이 주변의 모든 사람들이 그 아이와 공

---

24 이 구절에는 다섯 명의 자식을 고아원으로 보낸 루소 자신의 자책감이 나타나 있다 ― 옮긴이.

유해야 할 느낌을 그들도 받았어야만 할 것이다. 이렇게 교육에서 교육으로 끝 모를 지점까지 거슬러 올라가야 할 것이다. 그 자신이 제대로 교육받지 못한 사람에게서 아이가 어떻게 제대로 된 교육을 받을 수 있겠는가?

이런 희귀한 사람은 찾아볼 수 없는 걸까? 모르겠다. 요즘처럼 타락한 시대에 아직도 인간의 정신이 도달할 수 있는 미덕이 어느 정도일지 누가 알겠는가? 그러나 그런 비범한 인물을 찾아냈다고 가정해 보자. 우리는 그가 해야 할 일이 무엇인지를 고려함으로써 그가 어떤 존재이어야 하는지도 알 수 있을 것이다. 내 생각에 미리 알 수 있는 것은, 훌륭한 교사의 가치를 온전히 직감할 수 있는 아버지라면 교사를 둘 필요가 없다는 결정을 내릴 것이라는 사실이다. 왜냐하면 자신이 직접 교사가 되는 것보다 그런 교사를 구하는 일이 더 힘들 것이기 때문이다. 그래도 그가 교사가 될 친구를 하나 만들고 싶어 할까? 차라리 자신이 교사가 되어 자기 아들을 키우고 싶어 할 것이다. 그렇게 하면 다른 곳에서 친구를 구하지 않아도 되며, 자연이 이미 그 일의 반을 해 놓았을 터이다.

나의 경우, 사회적 지위가 높다는 것밖에 모르는 어떤 사람이 나에게 그의 아들을 교육해 달라고 제안을 해 온 적이 있다. 그가 나에게 과분한 영광을 내렸던 것은 틀림없다. 하지만 그는 내가 거절했다고 못마땅해하기보다 나의 신중함에 만족해야 할 것이다. 내가 만약 그의 제안을 수락했더라면, 그리하여 내가 내 방식대로 하면서 잘못을 저질렀다면, 교육을 망쳤을 것이다. 만약 내가 성공했다면, 이 경우가 더 나쁜데, 그의 아들은 자신의 직위를 버리고 더 이상 군주이기를 원하지 않았을지도 모른다.

나는 교사의 임무가 얼마나 중대한지 너무나 잘 인식하고 있고 또한 나의 무능함도 절감하고 있어서 누구로부터 제안을 받더라도 그 일을 결코 수락할 수 없을 것이다. 우정에서 나온 호의조차 나에게는 거절할 새로운 빌미가 될 뿐이다. 나는 이 책을 읽고 난 후 내게 그런 제안을 할 사람은 별로 없으리라고 생각한다. 그리고 혹시 제안을 해 올 수도 있는 사람들에게 쓸데없이 그런 수고를 들이지 말라고 부탁드린다. 나는 예전에 그 일을 충분히 시도해 보았는데, 내가 그 일에 적합하지 않다는 확신을 얻었다. 설령 그 일을 할 수 있는 재능이 나에게 있다 하더라도 내 현재 처지가 그 일에서 나를 면제시켜 줄 것이다. 나는 내 결심이 진지하고 확고하다고 믿을 만큼 충분히 나를 존중하지 않는 것 같은 사람들에게 이렇게 공개적으로 선언을 해 둬야 한다고 생각했다.

이 가장 보람 있는 임무를 수행할 수 없는 처지라서, 나는 적어도 가장 손쉬운 일이나마 감행해 보려 한다. 즉 많은 다른 사람들의 예를 따라서, 실제로 일에 착수하기보다 글을 써 보려 한다. 해야 할 일을 하는 대신 무엇을 해야 하는지 말해 보려는 것이다.

나는 이와 같은 계획에서, 저자가 자신은 실천에 옮기지 않아도 되는 이론 체계에 늘 안주해 있으면서 그대로 따를 수 없는 많은 거창한 규율을 쉽게 제시한다는 사실을 알고 있다. 또한 그가 말한 것이 심지어 실천 가능한 것일 때조차, 이를 적용한 예를 보여 주지 않았다면 여전히 세세한 내용과 선례가 없어 탁상공론으로 그친다는 사실도 알고 있다.

그래서 나는 가상의 제자를 만들어, 내게 그를 교육시키기에 적합한 나이, 건강, 지식, 그리고 모든 재능이 갖추어져 있다고 가정하고, 그가 태어나는 순간부터 다 자란 어른이 되어 자기 자신 외에 다른 안내자가 필요 없게 될 때까지 그를 지도하기로 결심했다. 이 방법은 자기 자신을 믿지 못하는 저자가 공상 속에서 헤매지 않게 해 주는 데 꽤 유용해 보인다. 왜냐하면 일상적인 교육 방법에서 벗어나자마자 곧바로 그는 자기 제자에게 자신의 교육 방법을 시험해 볼 수밖에 없기 때문이다. 그리하여 그는 혹은 그를 대신해서 독자는 곧 저자가 어린아이의 발달 과정과 인간의 마음에 자연스러운 움직임을 잘 따라가고 있는지 아닌지를 느끼게 될 것이기 때문이다.

바로 이것이 눈앞에 있는 온갖 어려움들을 무릅쓰고 내가 시도했던 일이다. 쓸데없이 책의 부피만 늘리지 않기 위해 나는 누구나 진리라고 느낄 수 있는 원칙을 제시하는 것으로 만족했다. 그러나 근거가 필요할 규칙들은 모두 다 나의 에밀이나 다른 예들에 적용시켜 보았고, 매우 광범위한 범위에 걸친 세세한 내용들을 통해 내가 세운 체계가 어떻게 실천에 옮겨질 수 있는지를 보여 주었다. 이상이 어쨌든 내가 따르기로 마음먹었던 계획이다. 과연 내가 성공했는지 판단하는 것은 독자의 몫이다.

이런 이유로 나는 처음에는 에밀에 관하여 별말을 하지 않았다. 왜냐하면 나의 최초의 교육 원칙들이 기존의 것과 반대되기는 하지만, 합리적인 사람이라면 누구나 동의하지 않을 수 없는 명백한 것이기 때문이다. 하지만 앞으로 교육이 진행됨에 따라, 여러분의 제자와는 다른 방식으로 지도를 받는 나의 제자는 더 이상 평범한 어린아이가 아닐 것이다. 따라서 특별히 그를 위한 규율이 필요하다. 그렇게 되면 그는 더 자주 무대에 등장할 텐데, 교육이 끝나 갈 무렵에는, 그가 뭐라 하든지 그에게 내가 더 이상 조금도 필요하지 않게 될 때까지, 한순간도 그를 눈에서 떼어 놓지 않을 것이다.

여기서 나는 훌륭한 교사가 갖추어야 할 자질에 대해서는 말하지 않겠다. 나는 미리 그것을 전제하고 나 자신이 그 모든 자질들을 갖추었다고 가정했다. 이 책을 읽으면서 여러분은 내가 나에 대해 얼마나 관대한지 알게 될 것이다.

다만 일반적인 견해와 반대로 교사는 젊어야 한다는 것, 심지어 현명하면서 최대한 젊어야 한다는 점만 지적해 두겠다. 가능하다면 나는 그 자신이 어린아이 같아서, 제자의 친구가 되어 함께 즐거워하며 그의 신뢰를 얻을 수 있기를 바란다. 유년기와 성년 사이에는 공통점이 많지 않아서, 그 거리를 두고는 결코 확고한 애정이 형성되지 않는 법이다. 아이들은 가끔은 노인들의 비위를 맞추기도 하지만 결코 그들을 좋아하지는 않는다.

사람들은 교사가 이미 교육을 해 본 적이 있기를 바란다. 그것은 지나친 생각이다. 왜냐하면 한 사람이 한 번밖에 교육할 수 없기 때문이다. 성공하기 위해 두 번의 교육이 필요하다면, 무슨 권리로 첫 번째 교육을 떠맡을 수 있겠는가?

경험이 많으면 더 잘할 수는 있겠지만 더 이상 할 수 없게 될 것이다. 한번 그 직무를 매우 훌륭히 수행하여 온갖 고충을 다 느껴 본 사람이라면 다시는 그 일을 하려고 하지 않을 것이며, 만약 그가 처음에 그 일을 잘 해내지 못했다면 그것이 두 번째로 그 일을 할 때 나쁜 선입견이 된다.

4년 동안 젊은 사람을 따라다니는 일과 25년 동안 그를 지도하는 일이 전혀 다른 일이라는 데에 나도 동의한다. 여러분은 이미 틀이 다 잡힌 아이에게 교사를 붙여 준다. 하지만 나는 여러분의 아이가 태어나기도 전에 이미 교사가 있었기를 바란다. 여러분의 교사는 5년마다 제자를 바꿀 수도 있겠지만, 나의 교사는 결코 다른 제자를 두지 않을 것이다. 여러분은 교사와 스승을 구분한다. 그 또한 어리석은 일이다. 여러분은 제자와 학생을 구분하는가? 아이들에게 가르쳐야 할 학문은 단 하나뿐인데, 그것은 인간의 의무에 대한 학문이다. 이 학문은 하나이다. 크세노폰[25]이 페르시아인들의 교육에 대해 뭐라고 말을 했든 교육은 분할되지 않는다. 요컨대 나는 이런 학문을 가르치는 선생을, 지식을 가르치는 일보다 지도를 하여 이끄는 것이 문제이므로, 교사라기보다 스승이라고 부른다. 그는 가르침을 베푸는 것이 아니라 교훈을 발견하게 해야 한다.

그토록 세심하게 배려하여 스승을 선택해야 한다면, 스승에게도 자기 제자를 선택하는 것이 마땅히 허용될 것이다. 특히 어떤 모델을 제시해야 하는 경우는 더욱 그렇다. 이 선택은 어린아이의 재능이나 성격에 따라 이루어질 수는 없는데, 왜냐하면 재능이나 성격은 직무를 완수하고 나서야 알 수 있기 때문이고, 또 나는 태어나기도 전에 아이를 택할 것이기 때문이다. 설령 선택을 할 수 있다 하더라도 나는 평범한 인물만 선택할 것이다. 내가 가정하는 나의 제자가 바로 그러하다. 교육이 필요한 이는 평범한 사람들뿐인데, 그들의 교육만이 그들과 비슷한 사람들의 교육에 본보기가 될 것이기 때문이다. 평범하지 않은 사람들은 다른 사람들과는 관계없이 스스로 성장한다.[26]

---

25 Xenophon(기원전 430?-기원전 355?): 그리스의 철학자로 소크라테스의 제자이며 장군이기도 했다. 소크라테스를 주인공으로 한 『소크라테스 회상』과 기원전 401년 페르시아 왕의 동생 키로스가 일으킨 전쟁에 참전해 겪은 일을 쓴 『아나바시스』가 대표작이다 — 옮긴이.
26 루소는 비범한 사람들에게는 일반적인 교육이 필요하지 않다고 생각한다. 그들은 스스로의 힘으로 자신의 천부적인 능력을 개발할 수 있기 때문이다. 루소는 심지어 학문의 경우에도 사정은 마찬가지

인간을 키워 내는 일과 그가 사는 지역은 무관하지 않은데, 사람은 온난한 기후에서만 온전히 자기 존재를 발현할 수 있기 때문이다. 극단적인 기후에서는 명백히 불리하다. 인간은 나무처럼 항상 한곳에 있도록 어떤 땅에 심어져 있는 것이 아니다. 그런데 극지방 중의 한 곳을 떠나 다른 극지방으로 가려는 사람이 있다면 그는 중간 지점에서 출발한 사람과 같은 지점에 도달하기 위해 두 배의 길을 가야 한다.

온대 지방에 사는 사람이 연달아 두 극지방을 돌아다니려 한다면 그가 가진 이점은 더욱 분명하게 드러난다. 왜냐하면 그도 한 극지방에서 다른 극지방으로 가는 사람만큼 변화를 겪기는 하겠지만, 그의 타고난 체질에서 반 정도만 멀어지면 되기 때문이다. 프랑스인은 기니[27]나 라플란드[28]에서도 살 수 있지만 흑인은 토르네아[29]에서 살 수 없을 것이고 사모예드인[30]은 베냉[31]에서 살 수 없을 것이다. 게다가 두 극지방에 사는 사람들의 뇌 조직은 덜 완전한 듯하다. 흑인도 라플란드인도 유럽인이 갖는 분별력이 없다. 그러므로 나의 제자가 지구의 주민이 되기를 바란다면,

라고 주장한다.

"자연에 의하여 제자를 만들도록 운명 지어진 사람들에게 스승은 전혀 필요하지 않았다. 베이컨, 데카르트, 뉴턴 같은 인류의 교사들, 그들 자신들은 스승을 갖지 않았다. 그들의 원대한 천재성 덕분에 그들이 도착한 그 지점까지 어떤 안내자가 그들을 인도할 수 있었겠는가? 일반적인 스승들은 그들의 이해력을 자신들의 협소한 이해력에 가두어 그저 축소시킬 수밖에 없었을 것이다. 인류의 교사들은 최초의 장애물에 부딪치자마자 노력하는 것을 배우고 그들이 지나온 그 광대한 공간을 돌파하는 능력을 길렀다. 만약 어떤 사람들에게 학문과 예술의 연구에 전념하는 것을 허락해야만 한다면, 홀로 걸으며 앞서 나가는 힘이 자신에게 있음을 느끼는 사람들에 한해야 한다. 인간 정신의 영광을 위해 기념비를 세우는 일은 바로 이 소수의 사람들에게 속하는 의무이다"(『학문예술론』, 2부) ─ 옮긴이.

27 아프리카 대륙 서단의 베르데곶(串)에서 앙골라에 이르는 대서양 연안 지역 ─ 옮긴이.
28 노르웨이, 스웨덴, 핀란드의 북부 지역 ─ 옮긴이.
29 스웨덴에 있는 강 ─ 옮긴이.
30 시베리아의 툰드라 지역에서 사는 종족 ─ 옮긴이.

나는 그를 온대 지방에 살게 할 것이다. 다른 어디보다 가령 프랑스가 좋겠다.

북쪽 지방에서는 사람들이 척박한 땅에서 너무 많은 소비를 하는 반면, 남쪽 지방에서는 비옥한 땅에서 별로 소비를 하지 않는다. 이로부터 북쪽 지방 사람들은 부지런하게 되고 남쪽 지방 사람들은 사색적이 되는 새로운 차이가 생겨난다. 사회는 동일한 한 장소에서도 빈자와 부자를 통해 이와 같은 차이를 우리에게 보여 준다. 즉 빈자가 척박한 땅에 사는 사람들이라면 부자는 비옥한 땅에 사는 사람들인 것이다.

가난한 사람에게는 교육이 필요 없다. 자기 신분에 따르는 교육은 강제적이고, 그 밖의 다른 교육은 받을 수 없기 때문이다. 반대로 부자가 자기 신분에 따라 받는 교육은 그 자신을 위해서나 사회를 위해서나 그에게 가장 부적합한 교육이다. 더욱이 자연의 교육은 한 인간을 모든 인간 조건에 적합하도록 만들어야 한다. 그런데 가난한 사람을 부자가 되도록 키우는 것은 부자가 가난한 사람이 되게 키우는 것보다 덜 합리적이다. 왜냐하면 이 두 신분에 속한 사람들의 비율에 따르면 벼락부자보다는 몰락한 자가 더 많기 때문이다. 따라서 부자를 택하자. 그러면 우리는 최소한 인간을 하나 더 만들어 냈다는 확신을 가질 수 있을 것이다. 반면에 가난한 사람은 스스로 인간이 될 수 있다.

이와 같은 이유로 나는 에밀이 귀족 출신이라 해도 애석해하지 않을 것이다. 어쨌든 그는 편견에 희생되지 않고 거기서 빠져나온 자가 될 것이기 때문이다.

---

31 서아프리카에 있는 기니의 왕국 이름 — 옮긴이.

에밀은 고아이다. 그에게 부모가 있든 없든 상관없다. 그들의 의무를 떠맡으면서 나는 그들의 권리도 인계받았다. 에밀은 자신의 부모를 존경해야 한다. 그러나 나에게만 복종해야 한다. 이것이 내가 제시하는 첫 번째 조건, 아니 더 정확히 말해 유일한 조건이다.

여기에 또 한 가지 조건, 이는 앞의 조건의 부수적 결과에 불과한데, 우리가 동의하는 경우에만 우리 두 사람을 떨어뜨려 놓을 수 있다는 조건을 덧붙여야겠다. 이 조항은 매우 중요한데, 심지어 나는 제자와 교사가 서로를 분리될 수 없는 존재로 여겨 그들이 매일의 운명을 언제나 공유하기를 바라고 있다. 먼 훗날에 그들이 헤어질 것을 예상하기만 해도, 서로 관계없는 남이 될 순간을 미리 생각만 해 보아도, 그들은 이미 헤어진 남이다. 그렇게 되면 각자 따로 자기의 작은 세상을 만들고, 더 이상 함께 있지 않을 시기에 온통 관심이 쏠려 있는 그들은 둘 다 마지못해 함께 있을 뿐이다. 제자는 스승을 유년기의 표식이나 성가신 존재로밖에 여기지 않으며, 스승은 제자를 내려놓지 못해 안달하는 무거운 짐짝으로만 여긴다. 그리하여 그들은 한마음으로 서로에게서 해방될 날만을 고대한다. 그들 사이에 진정한 애정이라고는 조금도 없기 때문에 스승은 보살핌을 게을리하고 제자는 제대로 말을 듣지 않게 된다.

그러나 이들이 서로를 매일 생활을 함께해야만 하는 존재로 생각할 때에는 상대방의 사랑을 받는 일이 중요해지며, 바로 이 때문에 그들은 서로에게 소중한 사람이 된다. 제자는 커서도 친구로 삼을 만한 사람을 유년기에 따랐다는 사실을 부끄러워하지 않으며, 교사는 나중에 결실을 거두게 될 보살핌에 많은 관심을 쏟을 것이다. 또한 그가 제자에게 부여하는 재능은 모두 노후를 위해 적립하는 재산이 된다.

미리 맺은 이 계약은 순산과 체격이 좋고 건장하고 튼튼한 어린아이를 전제로 한다. 아버지라면 신이 주시는 가족을 선택할 수도 없고 그중 누군가를 편애해서도 안 된다. 그의 아이들은 모두 똑같이 그의 자식들이다. 그는 아이들에게 모두 똑같은 보살핌과 애정을 베풀어야 한다. 아이가 불구이든 아니든 쇠약하든 건강하든, 아이들은 모두 그에게 아이를 넘겨준 존재에게 보고할 의무가 있는 위탁물이다. 그리고 결혼은 배우자들 사이에 체결된 계약이면서 또한 자연과의 계약이기도 하다.

하지만 자연이 그에게 부과하지 않은 의무를 스스로 떠맡으려는 사람은 그가 누구이든 의무를 수행할 수 있는 능력을 사전에 확보해야 한다. 그렇지 않으면 그는 자신이 할 수 없는 일에 대해서까지 책임을 지게 될 것이다. 장애가 있는 병약한 제자를 책임지게 되는 사람은 자신이 맡은 교사로서의 직분을 간호인의 직분으로 바꾸고, 생명의 가치를 증대시키는 데 할애해야 할 시간을 가망 없는 생명을 돌보느라 허비하게 된다. 그리하여 결국 그는 언젠가 비탄에 빠진 어머니가 아들의 죽음을 두고 그를 원망하는 것을 보게 될 것이다. 그가 그 어머니를 위해 오랫동안 아들의 목숨을 보존해 주었는데도 말이다.

나는 병들고 허약한 어린아이라면 설령 그가 80세까지 산다 하더라도 맡지 않을 것이다. 나는 그 자신에게도 다른 사람들에게도 쓸모없는 제자는 결코 받아들이고 싶지 않은데, 그런 제자는 오로지 자신을 보존하는 일에만 몰두할 것이고 그의 신체는 정신을 교육하는 데 해가 될 뿐이다. 쓸데없이 수고를 허비하면서 할 수 있는 일이란 사회적 손실을 배가시키고, 한 사람을 위해 사회로부터 두 사람을 빼앗는 것 외에 무엇이겠는가? 나 대신에 누군가 다른 사람이 이 장애인을 맡아 준다면 나는 거기에 동의하고 그의 자비심을 칭찬할 것이다. 하지만 나의 재능은 그런 것이 아니다. 나는 죽지 않을 생각만 하는 사람에게 사는 법을 가르치는 방법은 전혀 알지 못한다.

몸이 정신에 복종하려면 건강해야 한다. 좋은 하인은 건장해야 하는 법이다. 나는 무절제가 정념을 부추긴다는 것을 알고 있다. 또한 그것은 장기적으로 볼 때 육체를 쇠약하게 만든다. 고행과 단식도 종종 반대되는 이유로 같은 결과를 초래하기도 한다. 육체는 허약할수록 더 명령을 해 댄다. 반면에 강할수록 더 복종한다. 모든 관능적인 격정은 허약한 육체에 깃들고, 나약한 육체가 그 격정을 만족시키지 못하면 육체는 그로 인해 더욱 성을 낸다.

허약한 신체는 정신을 나약하게 만든다. 여기서 의학의 절대적인 영향력이 비롯되었는데, 의학은 그것이 치료할 수 있다고 주장하는 어떤 질병보다도 인간에게 더 해로운 기술이다. 나는 의사들이 과연 어떤 질병을 치료할 수 있는지 모르겠다. 하지만 그들이 훨씬 치명적인 질병을, 가령 무기력, 심약함, 맹신, 죽음에 대한 공포와 같은 질병을 우리에게 가져다준다는 것은 알고 있다. 의사들은 육체를 치료할지는 모르지만 용기를 죽여 버린다. 그들이 시체를 걸어갈 수 있게 한다 하더라도 그것이 우리에게 무슨 소용인가? 우리에게 필요한 것은 살아 있는 사람들인데, 의사들의 손에서 사람이 살아 나오는 것을 본 적이 없다.

요즘 의학이 한창 유행이다. 틀림없이 그럴 것이다. 의학은 시간을 어떻게 해야 할지 몰라 자기 몸을 보존하는 데만 시간을 보내는, 일 없이 한가한 사람들의 오락거리이다. 만약 불행하게도 불사신으로 태어났다면 그들은 가장 비참한 존재들일 것이다. 생명을 잃을까 조금도 두려워하지 않는다면, 그들에게 생명이란 아무런 가치도 갖지 못할 것이기 때문이다. 바로 이런 사람들에게 그들의 비위에 맞게 위협을 가해 주는 의사들이 필요하다. 의사는 매일매일 그들이 가질 수 있는 유일한 즐거움인 죽지 않았다는 기쁨을 그들에게 선사한다.

여기서 의학이 얼마나 헛된 것인지에 대해 길게 논의할 생각은 없다. 나의 목표는 단지 의학을 정신적 측면에서 고찰하는 것뿐이다. 그럼에도 불구하고 사람들이 의술의 사용을 두고 진리 탐구에 대해서 그렇게 하듯이 궤변을 일삼고 있다는 사실은 간과할 수 없다. 언제나 사람들은 환자를 치료하면 그의 병이 낫고, 진리를 탐구하면 진리가 발견된다고 가정한다. 그러나 그들은 의사가 한 명의 환자를 치료하여 얻는 이득과 그가 죽인 백 명의 환자의 죽음을, 또한 발견된 진리의 유용성과 그와 동시에 생겨난 오류가 저지른 잘못을 저울질해 보아야 한다는 사실은 알지 못한다. 사람을 가르치는 학문과 병을 치료하는 의술은 매우 유용한 것임에 틀림이 없다. 그러나 사람을 기만하는 학문과 사람을 죽이는 의술은 나쁘다. 그러니 그것들을 구별하는 방법을 우리에게 가르쳐 달라. 이것이 문제의 핵심이다. 만약 우리가 진리에 무관심할 수 있다면 결코 거짓에 속지는 않을 것이다. 또한 우리가 자연을 거스르면서 병을 치료하고 싶어 하지 않을 수 있다면 결코 의사의 손에 죽지는 않을 것이다. 이러한 두 가지 절제는 매우 현명한 것이며, 분명 그렇게 하는 데서 이득을 얻을 수 있을 것이다. 따라서 나는 의술이 어떤 사람들에게 유용하다는 사실을 두고 왈가왈부하지 않겠다. 다만 의술이 인류 전체에게는 해가 된다는 점만 말해 두겠다.

언제나 그랬듯이 사람들은 나에게, 잘못은 의사들이 저지르는 것이며 의학 그 자체는 잘못이 없다고 말할 것이다. 좋다. 그렇다면 의사 없이 의술이 행해져야 한다. 왜냐하면 이 둘이 함께 있는 한, 기술의 구원을 기대하기보다 기술자의 실수를 백 배는 더 두려워해야 할 것이기 때문이다.

육체의 질병을 위해서라기보다 정신의 질병을 위해 만들어진 이 기만적인 기술은 어느 쪽에도 유익하지 않다. 그것은 우리의 병을 치유하기보다 우리에게 병에 대한 공포심을 심어 준다. 또한 이 기만적인 기술은 죽음을 후퇴시키기보다 미리 느끼게 하며, 생명을 연장시키기는커녕 마모시킨다. 설사 생명을 연장시킨다 하더라도 그것은 인류 전체에게는 여전히 해가 될 것이다. 왜냐하면 그것은 우리에게 치료를 강요함으로써 사회로부터 우리를 격리시키고, 공포를 심어 줌으로써 우리의 의무를 수행하지 못하게 만들기 때문이다. 우리가 위험을 두려워하는 것은 위험에 대한 인식 때문이다. 자신이 어떤 경우에도 상처 입지 않는다고 생각하는 자는 아무것도 두려워하지 않을 것이다. 위험에 대비해 아킬레우스를 너무 안전하게 무장시킨 덕분에 시인은 그에게서 용기라는 덕목을 없애버린 셈이다. 왜냐하면 아킬레우스 대신 다른 사람이라도 동일한 조건이면 아킬레우스 같은 영웅이 되었을 것이기 때문이다.

진정한 용기를 가진 사람들을 발견하려면 의사들이 없는 곳, 질병이 초래하는 결과를 모르는 곳, 사람들이 죽음에 대해 거의 생각하지 않는 곳에서 그들을 찾아보라. 인간은 본래 끈기 있게 고통을 견딜 줄 알고 평화롭게 죽어 간다. 인간의 마음을 비천하게 만들고 죽는 법을 잊게 만드는 것은 처방을 내리는 의사들과 교훈을 늘어놓는 철학자들 그리고 설교하는 사제들이다.

이런 사람들이 모두 필요 없는 제자를 나에게 맡겨 달라. 그렇지 않으면 나는 제자를 받지 않을 것이다. 나는 다른 사람들이 내 작품인 제자를 망쳐 놓는 것을 절대로 원하지 않는다. 나는 혼자서 그를 가르치기를 원한다. 그렇지 않다면 아예 관여하지 않을 것이다. 생의 일부를 의학 연구에 바쳤던 현자 로크[32]는 예방을 위해서나 가벼운 병 때문에 아이들에게 약을 복용시키지 말라고 간절히 부탁한다. 거기서 더 나아가 나는 나 자신을 위해 결코 의사를 부르지 않음은 물론 에밀을 위해서도, 그의 생명이 명백히 위태로운 경우가 아닌 한, 의사를 부르지 않겠다고 선언한다. 왜냐하면 그때는 죽이는 것보다 더 나쁜 짓을 그에게 할 수는 없을 것이기 때문이다.

의사가 그렇게 늦게 자신을 불렀다는 점을 놓치지 않고 이용하리라는 것을 나는 잘 알고 있다. 만약 어린아이가 죽는다면 너무 늦게 의사를 불렀기 때문이고, 그가 회복된다면 바로 그가 그의 생명을 구한 사람이 될 것이다. 좋다. 의사가 이기게 내버려 두라. 하지만 의사는 아주 긴박한 상황에서만 불러야 한다.

스스로 병을 고칠 줄 모르니 어린아이는 병을 앓는 법을 배워야 한다. 이 기술이 치료의 기술을 대체하며, 종종 훨씬 나은 결과를 가져오기도 한다. 이것이 자연의 기술이다. 짐승은 병이 들면 말없이 고통을 견디며 꼼짝하지 않는다. 그런데 쇠약한 인간이 쇠약한 동물보다 더 많다. 초조함, 두려움, 불안, 특히 약은 저절로 병이 낫거나 시간이 지나기만 하면 치유되었을 사람들을 얼마나 많이 죽였던가! 자연에 훨씬 더 부합하는

---

32 로크는 옥스퍼드에서 의학을 공부했고 고관들의 주치의로 정치적 경력을 시작했다 — 옮긴이.

방식으로 살고 있는 동물들이 우리보다 병에 걸리는 일이 더 적은 것은 틀림없다고 사람들은 내게 말할 것이다. 그렇다! 바로 이러한 생활방식이 내가 나의 제자에게 부여하려는 것이며, 그렇게 한 결과 그는 거기서 동일한 이득을 얻게 될 것이다.

의학에서 유일하게 유용한 부분은 위생학이다. 하지만 위생학은 학문이라기보다는 미덕이다. 절제와 노동은 인간을 치료할 수 있는 진정한 두 의사이다. 노동은 인간의 식욕을 증진시키고 절제는 식욕의 남용, 즉 과식을 막아 준다.

어떤 식이요법이 생명과 건강에 가장 유익한가를 알아보기 위해서는 건강 상태가 가장 좋고 가장 튼튼하게 가장 오래 사는 사람들이 어떤 식이요법을 지키고 있는지 알아보면 된다. 전반적인 관찰을 통해 의술의 실천이 인간을 더 건강하게 또 더 오래 살게 한다는 사실이 발견되지 않으면, 이 기술은 유용하지 않다는 바로 그 사실 때문에 해로운 것이 된다. 왜냐하면 그로 인해 시간과 사람과 사물을 허비하기 때문이다. 생명을 보존하느라 보내는 시간은 삶의 시간을 허비한 것이기 때문에 그 시간은 공제해야 한다. 그뿐만 아니라 그 시간이 우리를 고통스럽게 하는 데 사용되니까, 이는 없느니만 못하며 오히려 손해가 된다. 공정하게 계산하자면 우리에게 남아 있는 시간에서 그만큼의 시간을 빼야만 하는 것이다. 의사 없이 10년을 산 사람은 30년 동안 의사들의 희생물이 되어 살아온 사람보다 자기 자신을 위해서나 타인을 위해서나 더 많이 산 셈이 된다. 두 경우를 다 경험한 나는 그 누구보다 이런 결론을 내릴 수 있는 자격이 더 있다고 생각한다.

이상이 내가 튼튼하고 건강한 제자만을 원하는 이유이며, 그를 그 상태로 유지시켜 가기 위한 원칙이다. 나는 육체 노동과 신체 단련이 체질과 건강을 강화시키는 데에 얼마나 유용한지를 조목조목 입증하는 데에 몰두하지 않겠다. 이 점에 대해서는 논란의 여지가 없기 때문이다. 가장 장수한 사람들의 예는 대개 운동을 아주 많이 하고 피로와 노동을 최대한 견뎌 낸 사람들 중에서 나온다.[33] 나는 이 유일한 목적을 위해 내가 들일 정성에 대해서는 장황하게 설명을 늘어놓지 않겠다. 자세한 사항들은 내가 실시하는 교육에 반드시 포함될 것이므로 다른 설명은 필요 없고 그 취지를 파악하는 것으로 충분할 것이다.

생명과 함께 욕구가 생겨난다. 신생아에게는 젖을 먹여 줄 사람이 필요하다. 만약 어머니가 자신의 의무를 다하고자 한다면 잘된 일이다. 그녀에게 여러 가지 지침을 글로 내려 줄 수 있을 것이다. 사실 이런 이로운 방식에도 단점이 있는데, 그것은 선생이 제자에게서 어느 정도 떨어져 있어야 한다는 것이다. 그러나 아이에 대한 관심과 그렇게 소중한 위탁물을 기꺼이 맡겨 놓으려는 사람에 대한 존경 때문에, 어머니가 교사의 의견에 주의를 기울이리라고 생각한다. 그녀가 하고 싶어 할 모든 일

---

33 아래에 제시한 예는 영국 신문에서 따온 것으로 나는 이 이야기를 하지 않을 수가 없는데, 그만큼 이 예는 나의 주제와 관련해 많은 생각거리를 제공한다.

"1647년에 태어난 패트리스 오닐이라고 불리는 사람은 1760년 일곱 번째로 결혼을 했다. 그는 찰스 2세의 즉위 17년에 용기병에 입대한 후 1740년까지 여러 부대에서 근무하다가 제대하였다. 그는 기음왕(영국명으로 윌리엄 3세. 네덜란드 연합주의 총독으로 있다가 1689년 영국의 국왕이 되었다 ─ 옮긴이)과 말버러공(영국의 유명한 장군으로 17세기 후반기부터 18세기 전반기까지 활동하였다 ─ 옮긴이)의 전투에 모두 참전하였다. 이 사람은 일반 맥주 이외의 술은 절대로 마시지 않았고 언제나 채식만 하였으며 몇 차례의 가족 만찬에서만 고기를 먹었다. 그는 자신이 맡은 임무 때문에 어쩔 수 없는 경우를 제외하고는 언제나 해가 뜨면 일어나고 해가 지면 잠자리에 드는 생활 습관을 가지고 있었다. 그는 현재 113세로 청력도 좋고 건강 상태도 양호하며 지팡이도 짚지 않고 걸어 다닌다. 고령에도 불구하고 그는 한순간도 가만히 있지 않는다. 일요일마다 그는 자식들, 손자들, 증손자들을 데리고 교회에 간다."

은 다른 누구보다 그녀 자신이 더 잘 해낼 것이 틀림없다. 만약 어머니 외에 다른 유모가 필요하다면 우선 유모를 잘 고르는 일부터 시작하자.

부자들의 불행들 중 하나는 매사에 잘 속는다는 것이다. 그들이 사람들에 대해 판단을 잘하지 못한다 해도 그것이 그리 놀랄 일이겠는가? 그들을 타락시키는 것은 바로 그들의 부富이다. 그리고 그 당연한 귀결로 그들은 자신들이 알고 있는 유일한 수단의 결점을 제일 먼저 감지한다. 부자의 가정에서는 자신들이 직접 하는 일을 제외하고 다른 모든 일이 제대로 이루어지지 않는다. 그런데 그들은 집에서 거의 아무 일도 하지 않는다. 유모를 구할 때도 그들은 산파에게 유모를 고르게 한다. 그 결과는 어떻게 될까? 최상의 유모는 언제나 산파에게 돈을 가장 많이 준 사람이 될 것이다. 따라서 나는 에밀의 유모를 구하기 위해 산파와 상담하지 않을 것이다. 나는 신경을 써서 내가 직접 그녀를 고를 것이다.[34] 그 점에 관해 나는 의사만큼 유창하게 이론을 내세우지는 못하겠지만 내가 더 성실할 것은 분명하며, 의사의 탐욕보다는 나의 열성이 판단을 덜 그르치

---

34 루소는 자주 돈에 대한 혐오를 드러낸다. 루소는 돈의 오용이 사물의 진정한 가치를 왜곡하고, 인간들 사이의 관계를 타락시킨다고 생각하기 때문이다. 그는 심지어 돈과 쾌락의 관계까지도 적대적인 것으로 간주하면서 다음과 같이 말한다.

"내게 돈은 결코 사람들이 생각하는 것만큼 소중한 것으로 보이지 않았다. 게다가 결코 대단히 편리한 것으로 보이지도 않았다. 돈은 그 자체로서는 아무짝에도 쓸모가 없다. 돈을 향유하기 위해서는 그것을 변형시켜야 한다. 사고 흥정을 하고 종종 속임수를 당하고 값은 많이 내고 푸대접을 받아야 한다. 나는 품질이 좋은 것을 원하지만 돈을 주고 사면 틀림없이 나쁜 것을 갖게 된다. 신선한 달걀이라고 비싸게 사면 오래된 것이고, 먹음직스러운 과일이라고 비싸게 사면 설익었고, 처녀라고 비싸게 사면 닳고 닳았다. 나는 좋은 포도주를 좋아하지만 어디서 그런 포도주를 구한다? 포도주 상점에서? 내가 어떻게 해도 포도주 상인은 내게 독을 먹일 것이다. 꼭 좋은 것으로 받고 싶다고? 성가시고 귀찮은 일들이 얼마나 많은가! 친구나 거래선을 만들고, 수수료를 주고, 편지를 쓰고, 가고 오고, 기다리고, 그러다가 흔히 끝에 가서는 또 속고 만다. 내 돈으로 이 무슨 고생인가! 나는 좋은 포도주를 좋아하는 것 이상으로 그런 고생을 싫어한다"(『고백록』, 1권) ― 옮긴이.

게 할 것이다.

이런 선택에서 그다지 대단한 비결은 없다. 그 원칙들은 이미 알려져 있다. 그러나 가령, 모유의 질만큼 모유의 시기에도 조금 더 주의를 기울인다면 어떨까. 처음에 나오는 젖은 매우 묽다. 그것은 틀림없이 거의 자극제 역할을 하여 갓 태어난 아기의 창자 속에 남아 있는 두꺼워진 태변을 말끔히 씻어 낼 것이다. 젖은 조금씩 진해지면서 소화력이 강해진 아기에게 차츰차츰 고형식에 가까운 양분을 제공한다. 모든 동물의 암컷에게서 젖먹이의 개월 수에 따라 젖의 농도가 저절로 달라지는 데는 분명 이유가 있다.

그러므로 신생아에게는 최근에 아기를 낳은 유모가 필요할 것이다. 여기에도 나름의 어려움이 있다는 것은 나도 알고 있다. 하지만 자연의 질서에서 벗어나자마자, 모든 것은 제대로 되기 위해 나름의 어려움을 갖는다. 편리한 단 하나의 임시방편은 아무렇게나 되는대로 하는 것이며, 이것은 또한 사람들이 선택하는 방법이기도 하다.

신체뿐만 아니라 마음도 건강한 유모가 필요할 것이다. 체질이 나쁜 것과 마찬가지로 과도한 정념도 유모의 젖을 변질시킬 수 있다. 더욱이 신체만 고려하는 것에 그친다면 목적의 반밖에 보지 못하는 것이다. 젖은 좋아도 나쁜 유모일 수가 있다. 좋은 성격은 좋은 체질만큼이나 중요하다. 행실이 나쁜 여자를 선택할 경우 젖먹이가 그녀의 못된 성격에 물들게 된다고 말하지는 못하겠지만, 아기가 그로 인해 고통을 겪을 것이라고 말할 수는 있다. 그녀는 젖을 먹이면서 아기를 보살펴야 하는데, 그러기 위해서는 열정과 인내와 부드러움, 청결이 필요하지 않겠는가? 만약 그녀가 식탐이 있고 무절제하다면 그녀의 젖은 곧 질이 나빠질 것이다. 또한 게으르거나 화를 잘 내는 성격이라면 그녀에게 예속된, 자신을 지킬 수도 없고 불평도 할 수 없는 이 가엾고 불쌍한 아기는 어떻게 되겠는가? 무슨 일을 하건 심술궂은 사람들은 좋은 일에는 정말 쓸모가 없다.

자신의 선생 외에 다른 가정교사를 가져서는 안 되는 것과 마찬가지로 젖먹이에게 그녀 말고 다른 보모가 있어서는 안 되기 때문에 유모의 선택은 그만큼 더 중요하다. 이러한 관습은 우리보다 덜 따졌지만 더 지혜로웠던 옛사람들의 관습이었다. 유모는 여자아이를 젖을 먹여 키우고 난 뒤에도 그 곁을 떠나지 않았다. 고대극에서 속내 이야기를 들어 주는 역할을 하는 사람들 대부분이 유모인 것은 바로 이러한 까닭이다. 계속해서 여러 사람의 손을 거친 아기가 잘 자란다는 것은 불가능하다. 사람이 바뀔 때마다 그 아이는 은밀하게 비교를 하게 되는데, 이러한 비교는 자신을 지도하는 사람에 대한 존경심을 감소시키며, 그 결과 아이에 대해 갖는 그의 권위를 떨어뜨리는 경향이 있다. 아이들보다 더 분별력이 있다고 할 수 없는 어른들도 있다는 생각을 아이가 한 번이라도 하게 되면, 나이의 권위는 완전히 사라지고 교육은 실패하게 된다. 어린아이는 자신의 부모 외에, 혹은 부모가 없을 경우 유모와 선생 외에 다른 상관을 알아서는 안 된다. 사실 둘 중 하나만으로도 이미 충분하다. 하지만 이러한 분담은 불가피하다. 이를 보완하기 위해 할 수 있는 일은 아이를 지도하는 남녀가 아이와 관련된 일에서 반드시 의견이 일치하여 그 아이가 두 사람을 한 사람인 것처럼 여기는 것이다.

유모는 조금 더 안락한 생활을 하고 조금 더 영양이 풍부한 음식을 섭취해야 하지만, 생활방식을 완전히 바꾸어서는 안 된다. 왜냐하면 설령 나쁜 것에서 좋은 것으로 바꾼다 하더라도 급작스럽게 모든 것을 변화시키는 것은 언제나 건강에 해롭기 때문이다. 더구나 그녀의 평소 식이요법이 건강을 유지시키고 좋은 체질을 갖게 했다면, 무엇 때문에 그것을 바꾸게 하겠는가?

농촌 여자들은 도시 여자들보다 고기를 덜 먹고 채소를 더 많이 먹는다. 이런 채식 요법은 그녀들과 아이들에게 해롭기보다는 유리한 듯하다. 농촌 여자들이 부르주아 가정의 젖먹이를 맡게 되면, 사람들은 그녀들에게 포토푀[35]를 준다. 그들은 포타주[36]와 고기를 삶아 낸 국물이 더 질이 좋은 암죽[37]을 만들고 젖의 양도 더 늘린다고 생각한다. 나는 이 의견에 전혀 동의하지 않는다. 나는 이렇게 자란 어린아이가 다른 아이보다 설사도 더 자주 하고 기생충도 더 많이 생긴다는 것을 경험으로 알고 있다.

이는 전혀 놀라운 일이 아니다. 부패한 동물성 물질에는 기생충들이 우글거리기 마련이기 때문이다. 반면 식물성 물질에는 이와 같은 일이 일어나지 않는다. 동물의 몸속에서 만들어진 것이라 할지라도 젖은 일종의 식물성 물질이다.[38] 젖을 분석해 보면 이러한 사실이 입증된다. 젖은 쉽게 산酸으로 변하며, 동물성 물질이 그런 것처럼 암모니아수 찌꺼기를 남기지 않고 식물처럼 순수 중성염을 남긴다.

초식동물의 젖은 육식동물의 젖보다 훨씬 부드럽고 몸에도 좋다. 자

---

35 고기와 채소를 넣고 삶은 스튜 — 옮긴이.
36 고기와 채소 따위를 진하게 끓인 수프 — 옮긴이.
37 소장관 벽에 흡수되어 혈액으로 들어가는 유즙 모양의 액체 — 옮긴이.
38 여자들은 빵과 채소, 치즈 등의 유제품을 먹는다. 개나 고양이의 암컷도 그런 것을 먹는다. 늑대의 암컷도 풀을 뜯어 먹는다. 이처럼 그들의 젖을 만드는 것은 식물의 수액인 것이다. 오로지 육식만 할 수 있는 동물이 있다면 그런 동물들의 젖도 조사해 보아야 할 것이다. 그런데 그런 동물이 과연 있을지 의심스럽다.

기 본래의 것과 질이 같은 물질로 만들어지기 때문에 초식동물의 젖은 그 본성을 더 잘 보존하며 따라서 잘 부패하지도 않는다. 양으로 보더라도 전분질의 채소가 고기보다 혈액을 더 많이 생성한다는 것은 누구나 아는 사실이다. 따라서 전분질의 채소가 젖도 더 많이 만들어 낼 것이다. 나는 너무 일찍 젖을 떼지 않고 또 식물성 음식만으로 이유를 한 아이가, 그 유모도 채식만 하는 경우, 기생충에 시달리는 일이 있으리라고는 결코 생각할 수 없다.

식물성 음식이 쉽게 시어지는 젖을 만들어 낼 수도 있다. 그러나 나는 결코 신 젖이 좋지 않은 음식이라고 생각하지 않는다. 그것만 먹고 다른 것을 먹지 않은 민족들은 모두 그 때문에 매우 건강하다. 또한 이른바 흡수제[39]란 것도 내가 보기에는 순전히 속임수이다. 젖이 맞지 않는 체질도 있는데, 그럴 경우 어떤 흡수제도 그들이 젖을 먹을 수 있게 해 주지는 못한다. 그 경우 외에 다른 어린아이들은 흡수제가 없어도 젖을 먹을 수 있다. 대개 사람들은 멍울지거나 응고된 젖을 겁낸다. 하지만 알다시피 젖은 위 속에서 언제나 응고되기 마련이므로 이는 어리석은 일이다. 젖은 이런 식으로 어린아이와 동물의 새끼를 키우기에 충분한 고형식이 되는 것이다. 만약 젖이 전혀 응고되지 않는다면 그것은 그저 체내를 거쳐 빠져나갈 뿐 아이들에게 영양을 공급하지 못할 것이다.[40] 온갖 수단을 동원하여 젖에 물을 타고 수많은 흡수제들을 사용해 보아도 소용이 없다.

---

39 위에 있는 산을 흡수하는 물질들 — 옮긴이.
40 우리에게 양분이 되는 액은 비록 액체로 되어 있지만 고형식에서 짜낸 것이어야 한다. 수프만 먹고 사는 노동자가 있다면 그는 금방 쇠약해지고 말 것이다. 그가 젖을 먹는다면 더 잘 버틸 수 있을 텐데, 이는 젖이 응고되기 때문이다.

젖을 먹는 아이라면 누구든지 치즈를 소화시킬 수 있다. 여기에는 예외가 없다. 위는 젖을 응고시키기에 매우 적합해서 소의 위를 갖고 젖을 엉기게 하는 효소를 만들기도 한다.

그러므로 나는 유모들이 일상적으로 먹는 음식을 바꾸는 대신, 그들에게 같은 종류로 더 풍부하고 질이 좋은 음식을 제공하는 것으로 충분하다고 생각한다. 고기 없는 식사가 변비를 일으키는 것은 음식의 본래 성질 때문이 아니다. 음식을 몸에 유해하게 만드는 것은 오직 조리법이다. 여러분의 조리법을 바꾸고 루[41]와 튀김 기름을 사용하지 말라. 또한 버터나 소금, 유제품은 불에 올려놓아서는 안 된다. 물에 데친 채소는 식탁에 도착해 한창 뜨거울 때만 양념을 하라. 기름기 없는 식사는 유모에게 변비를 일으키기는커녕 젖의 양을 더 풍부하게 하고 젖의 질을 더 좋게 만들어 줄 것이다.[42] 채식이 어린아이에게 가장 좋다는 것은 이미 인정된 사실인데, 유모에게는 육식이 가장 좋을 수가 있겠는가? 여기에는 모순이 있다.

공기가 어린아이의 체질에 영향을 미치는 것은 특히 처음 몇 해 동안이다. 공기는 모든 모공을 통해 섬세하고 보드라운 피부 속으로 침투하여 갓 태어난 육체에 강력하게 영향을 미치며, 그들에게 지워지지 않는 흔적을 남긴다. 그러므로 나는 농촌 여자를 시골에서 끌어내어 도시에 있는 집의 방에 가두고 아이에게 젖을 먹이겠다는 생각에 동의하지 않을 것이다. 그녀가 도시의 나쁜 공기를 마시러 오는 것보다는 어린아이가

---

41 밀가루와 버터를 섞어 익힌 것으로 소스를 진하게 하는 데 쓰인다 ― 옮긴이.
42 피타고라스학파의 이러한 식이요법이 갖는 장점과 단점을 더 자세히 검토하고 싶은 사람은 콕키 박사와 그의 논적인 비앙키 박사가 이 중요한 주제에 대해 만든 개론서를 참조할 수 있을 것이다.

시골의 맑은 공기를 마시러 가는 편이 더 낫다고 생각한다. 아이가 새로운 엄마의 상황을 받아들여 시골집에서 살게 되면 가정교사가 그를 따라 그곳으로 가게 될 것이다. 독자는 그 가정교사가 돈으로 고용된 사람이 아니라는 사실을 잘 기억해 두어야 할 것이다. 그는 아버지의 친구이다. 하지만 그런 친구가 없고 이렇게 이동하는 것이 쉽지 않을 때, 또 권고된 것들 중 여러분이 어떤 것도 실현할 수 없을 때, 그 대신 어떻게 해야 할지 사람들은 내게 물을 것이다…. 앞서 여러분이 하고 있는 그대로 하라고 이미 말했다. 사람들은 그에 대한 충고는 필요로 하지 않는다.

사람들은 개미 무리처럼 빽빽하게 모여 살게 되어 있지 않고, 그들이 경작해야 할 땅 위에 흩어져서 살게 되어 있다. 사람들은 모이면 모일수록 더욱더 서로를 타락시킨다. 정신의 악덕과 마찬가지로 신체의 불구도 지나치게 많은 사람들이 모여 사는 데서 비롯된 필연적인 결과이다. 인간은 모든 동물들 가운데 무리 지어 살기에 가장 부적합한 동물이다. 인간이 양들처럼 밀집해 있다면 모두 아주 짧은 시간 안에 죽고 말 것이다. 인간이 내쉬는 숨은 다른 인간들에게 치명적이다. 이는 비유적으로만 그런 것이 아니고 본래의 의미 그대로 그러하다.

도시는 인류의 파멸을 초래하는 심연이다. 몇 세대만 지나면 도시에 사는 족속들은 결국 망하거나 쇠퇴하고 만다. 그들을 되살려 내야만 하는데, 그렇게 할 수 있는 것은 언제나 시골이다. 그러므로 여러분의 아이들을 들판 가운데로 보내어, 말하자면 스스로 소생할 수 있도록, 그들이 지나치게 많은 사람들이 모인 장소의 유해한 공기 속에서 잃어버린 활력을 되찾을 수 있도록 해 주어야 한다. 시골에 있는 임산부들은 아이를 낳으러 서둘러 도시로 돌아온다. 오히려 정반대로 해야 하는데 말이다. 특히 자기 아이에게 젖을 먹여 키우려는 사람이라면 더욱 그렇다. 그녀들은 생각했던 것보다 후회할 일이 적을 것이다. 인간에게 더욱 자연스러운 거주지에서 자연이 부과한 의무를 다하며 느끼는 즐거움이 곧 이와 무관한 쾌락에 대한 그들의 취향을 없애 줄 것이기 때문이다.

먼저 아기를 낳으면 사람들은 대개 포도주를 탄 미지근한 물로 아기를 씻긴다. 이처럼 포도주를 섞는 것은 내가 보기에는 불필요하다. 자연은 발효 물질을 전혀 만들어 내지 않는 만큼, 인공적인 술을 사용하는 것이 자연이 창조한 것들의 생명에 요긴하리라고 생각하지 않는다.

같은 이유로 신중을 기해 물을 미지근하게 하는 것도 반드시 그래야 하는 것은 아니다. 실제로 많은 민족들이 강물이나 바다에서 별다른 수단 없이 신생아를 씻긴다. 그러나 허약한 부모 때문에 태어나기도 전에 허약해져 있는 우리의 아이들은 세상에 태어나면서 이미 허약한 체질을 지니고 있으므로, 체질을 회복시키기 위해 겪어야 할 온갖 시련에 처음부터 그를 내맡겨서는 안 된다. 아이들이 서서히 본래의 활력을 되찾게 하는 수밖에 없다. 그러므로 처음에는 관습을 따르는 것에서 시작하고, 그리고 나서 차츰차츰 관습에서 멀어지게 하라. 아이들은 자주 씻겨 주라. 아이들은 깨끗하지 않아서 그렇게 하는 것이 필요하다. 닦아 주는 것만 해도 아이들에게 고통을 준다. 하지만 아이들의 체력이 강해짐에 따라 차츰 물의 온도를 낮추어, 마침내는 여름이고 겨울이고 냉수에, 심지어 얼음물에 아이들을 씻기도록 하라. 위험하지 않게 하려면 온도를 천천히 단계적으로, 그래서 느끼지 못하게 낮추는 것이 중요하므로, 정확한 온도 측정을 위해 온도계를 사용해도 좋다.

이런 목욕 습관이 일단 굳어지고 나면 중간에 멈춰서는 안 되며, 일생 동안 그것을 지키는 것이 중요하다. 나는 청결과 건강의 측면에서만 그것을 중요하게 여기는 것이 아니다. 그것은 근육 조직을 더욱 유연하게 만들어 더위와 추위의 다양한 변화에 수월하게 또 별다른 위험 없이 적응할 수 있게 하는 일종의 건강 예방법이라고 생각한다. 이를 위해서 나는 아이들이 자라면서 점차적으로 때로는 견딜 수 있는 한도 내의 뜨거운 물에서, 또 때로는 가능한 한도 내의 찬물에서 목욕하는 데에 익숙해지기를 바란다. 그리하여 더욱 밀도가 높은 유체流體라서 우리 몸의 더 많은 부위에 닿고 더 강한 자극을 주는 물의 다양한 온도를 견딜 수 있게 습관이 들고 나면 기온에는 거의 무감각해질 것이다.

어린아이가 자신을 감싸고 있던 모태를 빠져나와 첫 호흡을 하는 순간에 그를 계속 갑갑하게 할 또 다른 싸개로 그를 싸매지 않도록 하라. 모자를 씌우거나 띠를 두르지도 말고 배내옷을 입히지도 말라. 헐렁하고 큼직한 기저귀를 채워 사지를 자유롭게 움직일 수 있게 해 주고, 아기의 움직임이 불편할 정도로 무겁지 않게, 공기의 작용을 못 느낄 정도로 덥지 않게 해 주어야 한다.[43] 그리고 아이가 위험 없이 편안하게 움직일 수 있도록 아주 푹신푹신하고 큰 요람[44]에 아이를 뉘어 두라. 아이가 튼튼해지기 시작하면 방을 이리저리 기어 다니게 내버려 두고 작은 사지를 펴고 뻗칠 수 있게 해 주라. 그렇게 하면 여러분은 아이들이 나날이 튼튼

---

43 도시에서는 아이들을 꽁꽁 싸매거나 옷을 겹겹이 입혀 숨이 막히게 한다. 아이를 키우는 사람들은 찬 공기가 그들에게 해를 끼치기는커녕 그들을 튼튼하게 만드는 반면 더운 공기는 아이들을 나약하게 만들고 열병에 걸리게 하며 죽이기도 한다는 사실 또한 알아야 한다.

44 나는 흔히 사용되는 단어를 사용하기 위해 요람(berceau)이라고 말했다. 달리 용어가 없기 때문이다. 게다가 나는 아이를 흔들어 주는(bercer) 것이 결코 필요하지 않으며 이런 관습이 종종 아이에게 해를 끼친다고 생각한다.

해지는 것을 볼 수 있을 것이다. 그 아이와 배내옷에 잘 싸여 있는 같은 나이의 다른 아이를 비교해 보라. 그들의 발육 차이에 여러분은 놀랄 것이다.[45]

유모들 측의 거센 반발은 예상해야 할 것이다. 아이를 꼼짝 못 하게 묶어 놓는 것이 아이를 끊임없이 지켜보는 것보다 유모를 덜 힘들게 하기 때문이다. 게다가 옷이 느슨하게 풀어져 있으면 아이의 더러운 모습이 더 잘 보이게 되고 따라서 아이를 더 자주 씻겨야 한다. 결국 관습이 일종의 논거가 되어서, 몇몇 나라들에서는 모든 신분의 사람들의 뜻이 일치하면 결코 누구도 그 논거를 반박하지 못할 것이다.

유모들과는 이치를 따지지 말라. 그저 지시를 내리고 어떻게 하는지를 보라. 또한 여러분이 내린 지시를 쉽게 실행에 옮길 수 있도록 아무것도 아끼지 말라. 왜 여러분은 그 일을 나누어 하지 않는가? 단지 신체적인 면만 고려하는 통상적인 양육에서는 아이가 살아 있고 쇠약해지지만

---

45 "옛 페루인들은 아이들에게 헐렁한 배내옷을 입혀 팔을 마음대로 움직일 수 있게 해 주었다. 배내옷을 벗길 때는 땅에 구멍을 파고 헝겊을 깔아 거기에 아이를 자유롭게 넣어 두었다. 그 구덩이는 몸이 반쯤 들어갈 정도로 파여 있다. 이런 식으로 해서 아이들은 팔을 자유롭게 놀리고, 넘어지거나 다치는 일 없이 머리를 움직이며 마음대로 신체를 굽힐 수 있었다. 아이가 걸음을 떼기 시작하면 엄마는 아이를 걷게 하기 위한 미끼로 조금 멀리 떨어져 젖을 보여 준다. 흑인 아기들은 때때로 젖을 빨기 위해 훨씬 더 고된 상황에 놓이기도 한다. 이 아이들은 무릎과 발로 엄마의 한쪽 허리를 껴안는다. 그들은 엄마에게 꼭 매달려서 엄마가 팔로 받쳐 주지 않아도 계속 그렇게 있을 수가 있다. 그 아이들은 손으로 엄마의 젖을 잡은 채, 엄마가 갖가지 동작을 해도 자세가 흐트러지거나 떨어지지 않고 계속해서 젖을 빨 수가 있다. 엄마는 그동안에도 평상시처럼 일을 한다. 이 아이들은 생후 두 달이 되면 걷기 시작한다. 더 정확히 말해 무릎과 두 손으로 기기 시작한다. 이런 훈련을 통해 이후 아이들은 그 자세로 거의 발로 뛸 때와 같은 속도로 쉽게 달릴 수 있게 된다"(『박물지』, 4권, 192쪽).

뷔퐁 씨는 이런 실례들에 덧붙여 배내옷을 입히는 기이하고 야만스러운 관습이 점점 폐지되고 있는 영국의 예도 소개할 수 있었을 것이다. 또한 라 루베르의 『샴 여행기』와 르 보 경의 『캐나다 여행기』 등도 참조하라. 사례를 통해 이것을 확인할 필요가 있다면 나는 스무 쪽 분량의 예라도 들 수 있을 것이다.

않으면 나머지 일은 거의 문제가 되지 않는다. 하지만 태어나자마자 교육이 시작되는 여기서는 태어나면서 이미 아이는 가정교사의 제자가 아니라 자연의 제자이다. 교사는 이 최초의 스승 밑에서 연구만 하고 그 스승의 보살핌이 방해받지 않게 할 뿐이다. 그는 젖먹이를 보살피고 관찰하며 그를 따라다니면서 아이의 약한 이해력이 최초로 빛을 발하는 순간을 주의 깊게, 마치 회교도들이 상현이 가까울 무렵 달이 뜨는 순간을 지켜보듯이 관찰해야 한다.[46]

우리는 배울 수 있는 능력은 지녔지만 아무것도 모르고 아무것도 인식하지 못한 채 태어난다. 아직 다 완성되지 않아 불완전한 신체 기관에 묶여 있는 정신은 자기 존재에 대한 의식조차 없다. 갓 태어난 아기의 동작과 외침은 순전히 기계적인 행위로서 인식과 의지가 결여되어 있다.

어린아이가 태어나면서부터 다 큰 어른의 키와 힘을 지녔다고, 다시 말해 팔라스[47]가 주피터의 머리에서 나온 것처럼 엄마의 뱃속에서 완전무장을 한 채 나왔다고 가정해 보자. 이 어른-아이는 완벽한 바보이거나 자동인형이 아니라면, 움직이지도 못하고 거의 감각도 없는 조각상일 것이다. 그는 아무것도 보지 못하고 아무 소리도 듣지 못하며 아무도 알아보지 못할 것이다. 또한 그는 볼 필요가 있는 것을 향해 눈을 돌릴 수도 없을 것이다. 자기 외부의 어떤 대상도 식별하지 못할 뿐만 아니라, 심지어 그가 그것을 식별할 수 있게 해 줄 감각 기관에 어떤 대상도 전달하지 못할 것이다. 그리하여 그의 눈에는 아무런 색깔도 들어오지 못하고 귀

---

46 『기사 샤르댕 씨의 페르시아와 그 외 동방의 다른 지역들 여행기』(1735)에 따르면 페르시아의 회교도들은 초승달을 살펴본다고 한다.

47 그리스 신화에 나오는 아테나의 별명. 도시의 수호신이자 전쟁, 공예, 실천적 이성의 여신 — 옮긴이.

에는 아무 소리도 들리지 않으며, 만지는 물체들도 그의 몸에 아무런 느낌을 주지 못할 것이며, 자신에게 육체가 있다는 사실조차 그는 알지 못할 것이다. 손의 감촉도 그의 뇌 속에 있을 것이다. 그의 모든 감각은 단 하나의 지점으로 수렴될 것이다. 그는 공통된 감각 중추 속에서만 존재할 것이다. 그리하여 그는 단 하나의 관념, 즉 자아의 관념만 가지며 모든 감각을 그것과 결부시킬 것이다. 그가 그저 평범한 한 어린아이 이상으로 갖게 될 것은 이러한 관념, 아니 더 정확히 말해 이러한 느낌만일 것이다.

단번에 형성된 인간은 또한 자신의 두 발로 설 수도 없을 것이다. 그가 균형을 잡고 두 발로 서 있는 법을 배우려면 많은 시간이 필요할 것이다. 어쩌면 그렇게 하려는 시도조차 하지 않을지도 모른다. 여러분은 이 크고 강하고 건장한 체격이 마치 돌처럼 제자리에 가만히 있거나 강아지처럼 다리를 끌며 기어가는 모습을 볼 수 있을 것이다.

그는 욕구불만을 느끼겠지만, 그 욕구가 무엇인지 모를 뿐만 아니라 그것을 충족시킬 수 있는 어떤 수단도 생각해 내지 못할 것이다. 위의 근육과 팔다리의 근육 사이에 아무런 직접적인 소통이 없다. 둘 사이에 직접적인 소통이 있어야 음식에 둘러싸여 있을 때 발을 내디뎌 그것에 가까이 가거나 그것을 잡기 위해 손을 뻗는 동작을 할 수가 있을 것이다. 몸은 자랐고 사지도 충분히 발달되었기 때문에, 그래서 어린아이들처럼 좀이 쑤셔 계속해서 몸을 움직이지 않을 것이므로 그는 먹을 것을 찾아 움직이기도 전에 굶어 죽을지도 모른다. 우리가 가진 지식 체계와 발전 과정을 조금만 생각해 본다면, 경험을 통해서나 혹은 다른 인간들로부터 무엇인가를 배우기 전 인간 본래의 무지와 어리석음의 최초 상태가 바로 그러했으리라는 사실을 부인할 수 없을 것이다.

따라서 우리는 누구나 이해력의 보통 단계에 이르기 위해 출발하는 최초의 지점이 어디인지는 알고 있거나 알 수 있다. 하지만 누가 그 반대편 끝을 알겠는가? 누구나 각자 자신의 타고난 재능, 취향, 욕구, 소질, 열정, 그리고 거기에 몰두할 수 있는 기회에 따라 많건 적건 성장해 나아간다. 나는 "바로 이것이 인간이 도달할 수 있는 한계이며 인간은 결코 그 것을 넘어설 수 없다"라고 말할 정도로 대담했던 철학자는 알지 못한다. 우리는 우리의 본성이 우리를 어떤 존재로 만들 수 있는지 모른다. 우리 가운데 누구도 한 인간과 다른 인간 사이에 있을 수 있는 거리를 측정해 본 일이 없다. 이런 생각에 고무되지 않고, 때로 긍지에 차서 다음과 같 은 생각을 해 보지 않을 만큼 저속한 영혼이 있겠는가. "나는 얼마나 많 은 한계를 넘어왔는가! 또 얼마나 많은 한계에 도달할 수 있는가! 어째서 내 동료는 나보다 더 멀리 나아갈 수 있는가?"

반복해서 말하건대, 인간의 교육은 태어나면서부터 시작된다. 말하기 전에, 알아듣기 전에, 인간은 이미 교육을 받고 있는 것이다. 경험은 가르침에 앞선다. 아이가 유모를 알아보는 순간 그는 이미 많은 것을 습득했다고 할 수 있다. 아무리 배우지 못한 사람의 경우에도 그가 태어나서부터 현재에 이르기까지 그 발달 과정을 살펴보면 사람들은 그가 가진 지식에 놀랄 것이다. 만약 모든 인간의 학문을 둘로, 즉 모든 인간에게 공통된 것과 학자들에게만 한정된 특수한 것으로 나눈다면, 후자는 전자에 비해 그 양이 아주 적을 것이다. 그러나 우리는 모든 사람들이 습득한 지식에 대해서는 별로 생각하지 않는다. 왜냐하면 그것들은 우리도 모르는 사이에, 심지어 철이 들기도 전에 습득되기 때문이다. 게다가 지식은 그것이 갖는 차별성에 의해서만 주목을 받으며, 대수 방정식에서처럼 공통된 양은 서로 상쇄되어 제로로 계산되기 때문이다.

동물들조차 많은 것을 습득한다. 동물에게도 감각이 있고, 감각을 이용하는 법을 배워야 한다. 동물도 욕구를 가지고 있으며 그 욕구를 채우는 법 또한 익혀야 한다. 말하자면 먹는 법, 걷는 법, 나는 법을 배워야 하는 것이다. 태어나자마자 자기 발로 설 수 있는 네 발 달린 짐승들이라고 해서 걷는 법을 알고 있는 것은 아니다. 그것들도 처음 걸을 때 보면 그것이 아주 불안한 시도임을 알 수 있다. 새장에서 도망쳐 나온 방울새도 한 번도 날아 본 적이 없기 때문에 나는 법을 전혀 모른다. 감각을 가진 살아 있는 존재들에게 모든 것은 교육이다. 식물이 만약 전진 운동을 할 수 있다면, 아마 식물도 감각을 갖고 지식을 획득해야만 할 것이다. 그렇지 않으면 그 종은 곧 소멸되고 말 것이다.

어린아이가 갖는 최초의 감각은 순전히 감성적인 것으로서, 그들은 쾌감과 고통만 감지한다. 그들은 걸을 수도 무엇을 붙잡을 수도 없기 때문에 그들에게 그들의 바깥에 있는 사물을 보여 주는 표상 감각이 점진적으로 형성되려면 많은 시간이 필요하다. 그러나 이 사물들이 확장될 때까지, 다시 말해 그들의 눈으로부터 멀어져 크기와 형태를 갖추게 될 때까지, 감성적 감각의 반복을 통해 어린아이들은 습관의 지배를 받기 시작한다. 우리는 어린아이가 끊임없이 빛이 있는 쪽으로 눈을 돌리는 것을 볼 수 있다. 빛이 옆에서 오면 무의식적으로 그쪽을 바라본다. 그러므로 우리는 아이가 사시가 되지 않도록 혹은 곁눈질하는 습관이 들지 않도록 그의 얼굴이 햇빛을 마주 볼 수 있게 배려해 주어야 한다. 또한 아이들은 일찍부터 어둠에 익숙해지는 것이 좋다. 그렇지 않으면 어두운 곳에 있게 되자마자 울면서 소리를 지르게 된다. 또한 식사와 수면을 지나치게 규칙적으로 안배하면 아이는 일정한 간격을 두고 그것을 필요로 하게 된다. 그리하여 곧 욕망이 필요가 아니라 습관에서 생겨나게 된다. 아니 더 정확히 말해 습관이 자연적인 욕구에 또 하나의 새로운 욕구를 덧붙이는 것이다. 바로 이 점을 미리 방지해야 한다.

어린아이가 가지게 내버려 두어야 할 유일한 습관은 어떤 습관도 들이지 않는 것이다. 아이를 어느 한쪽 팔로 더 많이 안아 주어서는 안 되며, 한 손을 다른 손보다 더 많이 내밀거나 사용하는 습관이 들지 않게 해 주어야 한다. 또 같은 시각에 먹고 잠자고 행동하려는 습관이나 밤이든 낮이든 혼자 있지 못하는 습관을 들여서도 안 된다. 그의 몸에 자연적인 습관을 남겨 둠으로써, 또 언제나 자기 자신을 다스릴 수 있게 하고, 어떤 의지를 가지면 매사에 자신의 뜻대로 행동할 수 있게 함으로써, 일찍부터 자신의 자유를 지배하고 자신의 힘을 마음껏 활용할 수 있게 준비시켜 주도록 하라.

어린아이가 사물을 구분하기 시작하면 그때부터는 아이에게 보여 줄 사물을 선별하는 일이 중요하다. 당연히 모든 새로운 사물들은 인간의 흥미를 유발한다. 인간은 자신이 너무도 나약하다고 느끼므로 자신이 알지 못하는 모든 것을 두려워한다. 새로운 사물을 보고도 충격을 받지 않도록 습관을 들이면 이런 두려움은 없어진다. 거미를 볼 수 없는 청결한 집에서 자란 어린아이들은 거미를 무서워하고, 이 두려움은 흔히 어른이 되어서도 여전히 남는다. 나는 남자든 여자든 어린아이든 농촌 사람들이 거미를 무서워하는 것을 결코 본 적이 없다.

아이에게 보여 줄 사물의 선택만으로도 그를 소심하게도 또는 용감하게도 만들 수가 있다면, 아이가 말을 시작하고 말을 알아듣기 전에 교육을 시작해서 안 될 이유가 무엇이겠는가? 나는 사람들이 어린아이가 새로운 사물들 또 흉측하고 혐오감을 주는 이상한 동물들을 보는 데 익숙해지도록 만들기를 바란다. 그것들과 친숙해질 때까지, 그리고 다른 사람들이 그것들을 다루는 것을 많이 보고 자신도 마침내 직접 그것들을 다룰 수 있을 정도에 이르도록, 일찌감치 이를 시작해서 점진적으로 해나갔으면 한다. 만약 유년기에 두꺼비나 뱀, 가재를 무서워하지 않고 봐 왔다면 그는 어른이 되어서도 조금도 겁내지 않고 어떤 동물이든 볼 수 있게 될 것이다. 매일 그런 것을 본 사람에게는 더 이상 무서울 것이 없는 법이다.

어린아이들은 모두 가면을 무서워한다. 나는 에밀에게 유쾌한 표정의 가면부터 보여 준다. 그다음에 그가 보는 앞에서 누군가 얼굴에 이 가면을 써 본다. 내가 웃기 시작하고 모든 사람이 웃으면 아이도 다른 사람들처럼 웃게 된다. 이런 식으로 나는 에밀이 차츰차츰 덜 유쾌한 가면에, 결국엔 흉측한 모습의 가면에까지 익숙해지게 만든다. 내가 점진적으로 단계를 잘 밟아 나가기만 하면 그는 마지막 가면을 보고 무서워하기는커녕 첫 번째 가면을 보았을 때처럼 웃게 될 것이다. 그 뒤에는 그가 가면을 보고 무서워할까 더 이상 염려하지 않아도 된다.

안드로마케와 헥토르가 이별하는 장면에서 어린 아스티아낙스[48]가 아버지의 투구에서 펄럭이는 깃털이 무서워 아버지를 알아보지도 못하고

---

48 호메로스의 『일리아스』에 나오는 인물들로 헥토르는 트로이 전쟁에서 트로이를 지키는 매우 용감한 장군이며 안드로마케는 그의 부인이고 아스티아낙스는 그의 아들이다. 17세기 프랑스의 비극작가인 라신은 안드로마케를 주인공으로 삼아 비극 『앙드로마크(Andromaque)』를 썼다 — 옮긴이.

비명을 지르며 유모의 품으로 달려들고, 이를 본 어머니는 눈물 머금은 미소를 짓는다. 이 두려움을 치유하려면 어떻게 해야 하겠는가? 바로 헥토르가 한 것처럼 투구를 땅에 내려놓고 아이를 안아 주면 된다. 좀 더 차분한 상황이라면 그 정도에 그쳐서는 안 될 것이다. 투구에 다가가 깃털로 장난을 치면서 아이에게도 그것을 만져 보게 해야 할 것이다. 그리고 마지막으로 유모가 투구를 집어 들고 웃으면서 자기 머리 위에 그것을 써 보아도 좋을 것이다. 단 감히 여자가 헥토르의 갑옷에 손을 대어도 된다면 말이다.

에밀을 총포 소리에 단련시키기 위해 나는 먼저 총기 안에서 점화용 화약을 태워 볼 것이다. 갑자기 순간적으로 튀는 이런 종류의 불꽃은 그를 즐겁게 할 것이다. 그다음에는 좀 더 화약을 많이 넣고 같은 동작을 반복한다. 탄창 없이 총기에 소량의 화약만 장전하고 조금씩 양을 늘려 간다. 마지막으로 나는 에밀을 소총 소리나 장탄기裝彈機 소리, 대포 소리 그리고 매우 무서운 폭음에도 익숙해지게 만들 것이다.

나는 폭음이 엄청나서 청각 기관을 실제로 다치게 하지 않는 한 어린 아이가 벼락을 무서워하지 않는다는 사실에 주목했다. 달리 말하면 벼락이 때때로 사람을 다치게 하거나 죽일 수도 있다는 것을 알고 나서야 아이들은 두려움을 갖게 되는 것이다. 아이의 이성이 벼락을 두려워하기 시작하면, 습관이 그들을 안심시킬 수 있게 하라. 천천히 신중하게 단계적으로 해 나간다면 어른이든 어린아이든 매사에 대담해지게 만들 수 있다.

기억과 상상력이 아직 활성화되지 않은 생의 초기에 어린아이는 실제로 그의 감각에 영향을 미치는 것에만 주의를 기울인다. 감각이 그의 인식의 첫 번째 재료이므로 적절한 순서에 따라 그것들을 아이에게 제공하는 것이 곧 아이의 기억력이 언젠가 같은 순서로 아이의 오성에 그 재료들을 제공하도록 준비시키는 일이 된다. 하지만 어린아이는 자신의 감각에만 주의를 집중하므로, 처음에는 그에게 이 감각들과 그것을 야기한 사물들과의 관계를 분명하게 보여 주는 것으로 충분하다. 어린아이는 모든 것을 만져 보고 손으로 다루어 보고 싶어 한다. 그런 조바심을 방해하지 말라. 이 조바심이야말로 아이에게 꼭 필요한 학습을 제시해 준다. 이런 식으로 어린아이는 보고 만지고[49] 소리를 들으면서, 특히 시각과 촉각을 비교하고 손가락으로 느낀 감각을 눈으로 평가하면서 물체의 열기, 냉기, 단단함, 물렁물렁함, 무게, 가벼움을 감지하고 그것의 크기, 형체, 또한 감각적인 온갖 성질들을 판단하는 법을 배운다.

우리가 우리 말고도 사물들이 있음을 배우게 되는 것은 오로지 운동에 의해서이다. 또한 우리가 넓이의 관념을 얻게 되는 것도 오로지 우리 자신의 운동을 통해서이다. 어린아이가 손이 닿는 거리에 있는 물건이든 백 보 거리에 있는 물건이든 똑같이 손을 뻗쳐 잡으려 드는 것은 이러한 넓이의 관념이 없기 때문이다. 어린아이가 이리 애쓰는 것을 여러분은 일종의 지배력의 표시로, 즉 물건에게 다가오라는 명령 또는 여러분에게 그것을 가져다 달라는 명령으로 여긴다. 그러나 전혀 그렇지가 않다. 그것은 단지 어린아이가 처음에는 뇌 속에서 그다음에는 눈으로 봤던 같은 물건들을 지금은 팔 끝에서 보면서 그가 닿을 수 있는 정도만을 넓이

---

49 후각은 어린아이의 모든 감각 중에서 가장 늦게 발달하는 감각이다. 두세 살이 될 때까지 아이들은 좋은 냄새든 나쁜 냄새든 느끼지 못하는 것 같다. 아이들은 이 점에 관해서는 무관심하다. 아니 더 정확히 말하면 무감각한데, 이 점은 몇몇 동물들에게서도 눈에 띈다.

로 생각하기 때문이다. 따라서 아이가 거리를 판단하는 법을 배울 수 있도록 아이를 자주 산책시키고 여러 장소로 데리고 다니며 장소의 변화를 아이가 느낄 수 있게 배려하라. 어린아이가 거리를 인식하기 시작하면 방법을 바꾸어야 한다. 즉 아이의 뜻대로가 아니라 오로지 여러분의 뜻에 따라 아이를 데리고 다녀야만 한다. 왜냐하면 어린아이가 더 이상 감각에 속지 않게 되면 그의 노력은 그 동기가 달라지기 때문이다. 이러한 변화는 주목할 만한 것으로서 설명이 필요하다.

욕구 불만은 욕구를 채우기 위해 다른 사람의 도움을 필요로 할 때 여러 가지 신호로 표현된다. 아이들이 우는 것도 그 때문이다. 어린아이들은 많이 운다. 그래야 한다. 아이들의 모든 감각은 감성적이므로 기분이 좋을 때는 말없이 그것을 즐긴다. 반면 고통을 느낄 때는 그들의 언어로 고통을 호소하고 고통을 완화시켜 줄 것을 요청한다. 그런데 어린아이들은 깨어 있는 동안은 대체로 무심한 상태로 있을 수가 없다. 그들은 잠을 자는 상태를 제외하고는 자극을 받는다.

우리의 언어는 모두 인위적으로 만들어 낸 것들이다. 사람들은 오랫동안 모든 인간에게 공통된 자연적인 언어가 있는지 탐구해 왔다. 아마도 그런 언어가 있을 것이다. 그것은 바로 아이들이 말을 배우기 전에 하는 말이다. 이 언어는 분절되어 있지는 않지만 억양과 음색이 있고 이해가 가능하다. 우리는 어른의 언어를 사용함으로써 그 언어를 등한히 하고 마침내 완전히 잊어버리는 지경에 이르렀다. 어린아이들을 연구하자. 그러면 곧 우리는 아이들 옆에서 다시 그 언어를 배우게 될 것이다. 젖을 먹이는 유모는 이 언어에 관한 한 우리의 스승이다. 유모는 자신이 젖을 먹이는 아기의 말을 다 이해하고 그에게 대답하면서 꽤 지속적으로 대화를 나눌 수 있다. 유모는 단어들을 발음하지만 이 단어들은 전혀 쓸모가 없다. 아기들이 이해하는 것은 그 단어의 의미가 아니라 단어에 수반되는 억양이다.

음성의 언어에 그것만큼 힘찬 몸짓의 언어가 결합된다. 이 몸짓은 아이의 가냘픈 손이 아니라 그들의 얼굴에 나타난다. 아직 틀이 제대로 잡히지 않은 이들의 얼굴이 벌써 얼마나 많은 표정을 갖는지 놀라울 정도이다. 그들의 표정은 상상할 수 없는 속도로 매 순간 달라진다. 여러분은 거기서 미소와 욕망, 공포가 섬광처럼 생겨났다 스쳐 지나가는 것을 볼 수 있을 것이다. 당신은 매번 다른 얼굴을 본다고 생각할 것이다. 어린아이들은 분명 우리 어른보다 더 잘 변화하는 안면 근육을 가졌음에 틀림없다. 반대로 초점이 정확히 맞지 않는 그들의 눈은 거의 아무것도 표현하지 않는다. 육체적 욕구만 있는 나이에 가능한 신호의 종류는 당연히 그럴 것이다. 감각의 표현은 얼굴 표정에, 감정의 표현은 시선에 나타난다.

인간의 최초 상태가 궁핍과 나약함이므로 인간이 내는 최초의 음성은 칭얼거림과 울음소리이다. 어린아이는 욕구를 느끼지만 그것을 충족시킬 수 없어 울음소리로 타자의 도움을 청한다. 배가 고프거나 목이 마를 때, 지나치게 춥거나 더울 때도 어린아이는 운다. 또한 몸을 움직일 필요가 있는데 움직이지 못하게 할 때 울고, 잠을 자고 싶은데 흔들면 운다. 자신의 상태가 자기 마음대로 되지 않는 만큼 어린아이는 누군가 더 자주 그것을 바꿔 줄 것을 요구한다. 어린아이는 말하자면 한 종류의 불쾌감만 느끼기 때문에 하나의 언어만 갖는다. 다시 말하면 아직 기관들이 불완전하여 어린아이는 여러 다양한 느낌들을 분간하지 못하는 것이다.

모든 불편함이 아이에게는 오직 한 가지 고통의 감각만 일으킨다.

혼히 별로 주의할 만한 것이 못 된다고 생각하는 이런 울음에서, 인간이 그를 둘러싼 모든 것들과 맺는 첫 번째 관계가 생겨난다. 여기서 사회 질서를 이루는 긴 쇠사슬의 첫 고리가 만들어지는 것이다.

어린아이가 울 때는 불편함을 느끼거나 만족할 수 없는 어떤 욕구가 있는 경우이다. 따라서 어른이 아이를 잘 살펴서 그 욕구가 무엇인지 찾아보고 발견하여 충족시켜 주면 된다. 무엇이 필요한지 찾아내지 못하거나 그것을 충족시켜 줄 수 없을 때 어린아이는 계속 울어 대고 어른은 귀찮아진다. 어린아이의 울음을 그치게 하려고 아이를 달래고 어르며 재우기 위해 자장가를 불러 준다. 아이가 계속 고집을 부리면 어른은 참지 못하고 아이에게 윽박지른다. 거친 유모들은 때로 아이를 때리기도 한다. 바로 이것이 삶의 시작을 위한 끔찍한 가르침들이다.

나는 성가신 울보들 중의 하나가 유모에게 맞는 것을 본 일이 있는데, 그 장면을 결코 잊지 못할 것이다. 그 아이는 즉시 울음을 그쳤다. 나는 아이가 겁을 먹었다고 생각했다. 또한 그 아이는 엄격하게 다루지 않으면 아무 일도 할 수 없는 비굴한 정신을 가지게 되겠구나 생각했다. 그런데 그것이 아니었다. 그 불쌍한 녀석은 숨이 넘어갈 정도로 화가 나 숨을 못 쉬고 있었던 것이다. 얼굴은 보랏빛이 되었다. 잠시 후 날카로운 울음소리가 났다. 그 나이에 가질 수 있는 원망과 분노와 절망의 모든 표시들이 그 음색에 들어 있었다. 나는 그 아이가 그렇게 발작을 하다가는 죽는 것이 아닐까 겁이 났다. 설령 내가 정말로 인간이 마음속에 정의와 불의 감정을 타고났을까 의심하고 있었다 하더라도, 이 하나의 예만으로도 그 점을 확신하게 되었을 것이다. 나는 아주 가볍지만 이 어린아이의 감정을 상하게 하려는 명백한 의도에서 가해진 이 매질이 아이의 손에 우연히 떨어진 뜨거운 불씨보다 더 아이를 자극했을 것이라고 확신한다.

이처럼 쉽게 흥분하고 화를 내고 분개하는 어린아이들의 성향은 극도의 신중함을 필요로 한다. 부르하버[50]는 어린아이들이 잘 걸리는 대부분의 질병이 발작에 속한다고 생각했다. 그 이유는 신체에서 머리가 차지하는 비율이 어른보다 더 크고 신경계도 더 넓게 퍼져 있어서 신경 계통이 자극에 더욱 민감하기 때문이라는 것이다. 어린아이들을 성가시게 하거나 신경질 나게 하는 혹은 짜증 나게 만드는 하인들은 최대한 신중을 기해 그들에게서 떼어 두는 것이 좋다. 공기나 계절이 어린아이들에게 해를 끼치는 것보다 그런 하인들이 어린아이들에게 백 배는 더 위험하고 치명적이다. 어린아이들이 사물에서만 저항을 느끼고 인간의 의지로부터 저항을 받는 일이 없는 한, 그들은 반항적인 또는 화를 잘 내는 아이가 되는 일 없이 건강을 더 잘 유지할 것이다. 끊임없이 아이들에게 제재를 가하면서 더 잘 키웠다고 주장하는 사람들의 자식들보다 더 자유롭고 더 독립적인 서민의 자식들이 일반적으로 덜 허약하고 덜 신경질적이며 더 튼튼한 이유들 중의 하나가 바로 여기에 있다. 그러나 아이의 말에 복종하는 것과 아이의 뜻을 꺾지 않는 것은 전혀 다른 일임을 항상 염두에 두어야 한다.

어린아이들의 첫 울음은 간청이다. 만약 그것을 유심히 살피지 않으면 그 울음은 곧 명령이 된다. 처음에는 자기를 곁에서 보살피게 하려는 데서 시작하지만 결국에는 시중을 들게 하는 것으로 끝이 난다. 따라서

---

50 Boerhaave(1668-1738): 네덜란드의 의사로 임상 의학의 창시자 — 옮긴이.

처음에는 자신이 의존할 수밖에 없음을 느끼게 한 자신의 나약함에서 권력과 지배의 관념이 생겨나게 되는 것이다. 하지만 이 관념은 어린아이들의 욕구보다는 우리 어른들이 그들에게 시중을 듦으로써 유발되는 것이므로, 여기서 자연 속에 그 직접적인 원인이 없는 정신적 결과가 드러나기 시작한다. 우리는 이제 이처럼 초기부터 아이의 몸짓이나 울음을 유발하는 감춰진 의도를 가려내는 것이 왜 그리 중요한지 그 이유를 알 수 있다.

어린아이가 아무 말 없이 손을 내밀려고 애를 쓸 때, 그는 거리를 가늠하지 못하기 때문에 물건을 잡을 수 있다고 생각한다. 아이가 착각하고 있는 것이다. 하지만 그가 손을 내밀면서 칭얼거리고 울 때는 더 이상 거리를 제대로 가늠하지 못해서가 아니라, 물건에게 다가오라고 명령하거나 여러분에게 그것을 가져다 달라고 명령하는 것이다. 첫 번째 경우라면 천천히 잔걸음으로 아이를 물건 쪽으로 데리고 가는 것이 좋다. 두 번째 경우라면 그저 못 들은 척해야 한다. 아이가 계속 울면 울수록 더 못 들은 척해야 한다. 아이는 어른의 주인이 아니며 또 사물은 아이의 말을 알아듣지 못하므로, 일찍부터 어른이나 사물에게 명령을 하지 않도록 습관을 들여야 한다. 따라서 어린아이가 어떤 물건을 보고 누군가 그에게 그 물건을 가져다주기를 원할 때는, 물건을 아이에게 가져다주는 것보다 차라리 아이를 물건 쪽으로 데리고 가는 편이 낫다. 어린아이는 이 경험에서 자기 나이에 맞는 결론을 끌어낼 텐데, 그 결론을 아이에게 암시해 줄 수 있는 다른 방법은 전혀 없다.

생피에르 신부[51]는 어른을 큰 아이라고 불렀다. 그렇다면 역으로 어린아이를 작은 어른이라고 부를 수도 있을 것이다. 이러한 제안들은 격언으로서는 나름의 진리를 가진다. 하지만 원리로서는 해명이 필요하다. 그러나 홉스[52]가 악인을 건장한 어린아이라고 불렀을 때는 완전히 모순된 사실을 말하고 있다. 모든 악의는 나약함에서 비롯된다. 어린아이가 악한 것은 단지 약하기 때문이다. 따라서 그를 강하게 만들면 그는 선해질 것이다. 모든 것을 할 수 있는 능력이 있는 사람은 결코 악을 행하지 않을 것이다. 전능한 신이 지닌 모든 속성들 가운데 선善이란 그것이 없다면 신성을 조금도 이해할 수 없는 그런 것이다. 선과 악이라는 두 개의 원리를 알고 있던 민족들은 모두 다 악을 선보다 열등한 것으로 여겨 왔다. 그렇지 않다면 그들은 모순된 가설을 세운 셈이 된다. 다음에 나올 「사부아 보좌신부의 신앙 고백」을 참조하라.[53]

이성만이 우리에게 선과 악을 인식하는 법을 가르쳐 준다. 우리가 선을 사랑하고 악을 미워하게 만드는 양심은 이성과는 별개의 것이지만 결국 이성 없이는 개발될 수 없다. 철이 들기 전에 우리는 선인지 악인지 알지 못한 채 선과 악을 행한다. 따라서 그 행동에는 도덕성이 없다. 때때로 자신과 관련된 타인의 행동을 보고 그런 느낌을 가질 수는 있겠지만 말이다. 어린아이는 눈에 띄는 모든 것을 흩뜨리고 싶어 한다. 또한 손에 잡히는 모든 것을 부수고 깨트린다. 돌멩이를 움켜쥐듯이 새를 움

---

51 Charles Castel de Saint-Pierre(1658-1743): 오를레앙 공작부인의 사제로서 정부에 수많은 개혁안을 제출했다. 그는 3권으로 이루어진 『영구 평화안』에서 유럽을 하나로 묶는 정치조직을 제안하였다. 루소는 생피에르 신부의 도덕 저술과 정치 저술을 요약하여 1761년 『영구평화안 발췌본』을 냈다 — 옮긴이.

52 Thomas Hobbes(1588-1679): 영국의 철학자. 사회계약과 절대권력의 개념을 연결시키는 새로운 정치철학을 주장했으며, 정치적으로는 절대 군주제를 옹호했다 — 옮긴이.

53 4권에 나오는 신앙 고백으로, 에밀의 종교적 심성을 일깨우면서 종교의 본질과 종교 교육의 방법에 대해 말한다 — 옮긴이.

켜쥐고선 자신이 무슨 짓을 하고 있는지도 모른 채 그 새를 죽여 버린다.

왜 그럴까? 먼저 철학은 그것을 인간이 지닌 자만심, 지배 성향, 이기심,[54] 악의와 같은 자연적인 악덕에 의한 것으로 설명한다. 거기에 덧붙여 무력감이 어린아이에게 폭력적인 행동을 함으로써 스스로 자신의 힘을 확인하고 싶은 열망을 갖게 한다고도 말할 수 있을 것이다. 그러나 생명의 순환에 의해 다시 유년기의 나약함으로 되돌아간 노쇠하고 약한 노인을 보라. 그는 꼼짝 않고 가만히 있으며 또한 자기 주변의 모든 것도 가만히 있기를 원한다. 아무리 작은 동요도 그를 혼란에 빠트리고 불안하게 만들기 때문에 그는 전 우주가 고요하기를 바랄 것이다. 최초의 원인이 달라지지 않고서야 동일한 정념들에 추가된 동일한 무능력이 이 두 시기에 어떻게 그토록 다른 결과를 만들어 낼 수 있겠는가? 아이와 노인의 신체 상태에서가 아니라면 어디서 이 원인의 다양성을 찾을 수 있겠는가? 둘 다에게 공통된 활동의 원동력이 한쪽에서는 발전하는 중이고 다른 한쪽에서는 소멸되고 있다. 하나는 형성되고 있고, 다른 하나는 파괴되고 있다. 하나는 생명을 향해 나아가고 다른 하나는 죽음을 향해 나아가고 있다. 사라져 가는 활력이 노인의 마음에 집중된다면, 어린아이의 마음에서는 활력이 흘러넘쳐 밖으로 뻗어 나간다. 말하자면 어린아이는 그를 둘러싼 모든 것에 생기를 불어넣을 수 있는 충만한 생명력을 자기 안에서 느낀다. 그가 무엇을 만들든지 파괴하든지 그것은 중요하지 않다. 사물의 상태를 변화시키는 것만으로 충분한데, 모든 변화는 활동

---

54 루소의 사상 체계에서 자연 상태의 자기애(l'amour de soi)와 이와 대립하는 사회 상태의 이기심(l'amour-propre)은 가장 중요한 개념들 중의 하나로 4권에서 자세히 설명된다. 우리는 문맥에 따라 이기심을 자존심으로 번역하기도 했다 — 옮긴이.

이다. 만약 어린아이가 무엇을 파괴하려는 경향을 더 많이 가진 듯이 보인다면 그것은 악의 때문이 아니라, 무엇인가를 만드는 활동은 항상 느리게 진행되는 반면 파괴 활동은 속도가 더 빨라서 아이의 활달함에 더 적합하기 때문이다.

조물주는 어린아이에게 이런 활동적 원동력을 부여하면서도 거기에 몰두할 힘은 조금만 남겨 둠으로써 그 원리가 아이에게 해가 되지 않도록 세심하게 배려하고 있다. 그러나 어린아이가 주변 사람들을 자기 마음대로 조정할 수 있는 도구로 간주하게 되면, 곧 자기 마음이 내키는 대로 하기 위해 또 자신의 나약함을 보완하기 위해 그들을 이용한다. 그리하여 남을 성가시게 하고 폭군처럼 되어 오만하며 심술궂고 길들일 수 없게 된다. 이는 타고난 지배력에서 생겨나지 않은 발달로, 이 발달이 아이에게 그 성향을 부여한다. 왜냐하면 남의 손을 빌려 행동하고, 혀만 움직여 세상을 움직이는 것이 얼마나 기분 좋은 일인지 깨닫는 데는 오랜 경험이 필요하지 않기 때문이다.

자라면서 아이는 힘이 강해지고 조바심을 덜 내며 덜 수선스럽고 한층 더 자기 내면으로 들어간다. 말하자면 정신과 육체가 균형을 잡으면서, 자연은 이제 우리에게 자신을 보존하는 데 필요한 움직임만 요구하게 된다. 하지만 명령하고 싶은 욕망은 그 욕망을 생겨나게 했던 필요와 함께 없어지지 않는다. 지배력이 이기심을 일깨우고 그것의 비위를 맞추며, 습관이 그것을 강화시킨다. 그리하여 필요에 이어 변덕이 생겨나고, 세상 평판의 편견이 최초의 뿌리를 내린다.

일단 원리를 알고 나면, 인간이 자연의 길을 벗어나게 되는 지점이 분명하게 보인다. 그렇다면 계속해서 자연의 길을 따라가기 위해서는 어떻게 해야 하는지 알아보도록 하자.

어린아이들은 여분의 힘을 가지기는커녕 자연이 그들에게 요구하는 모든 것을 해낼 힘도 충분히 갖고 있지 않다. 그러므로 자연이 그들에게 부여한 힘을 다 사용하도록 내버려 두어야 한다. 그래도 그들은 그 힘을 남용하지 못할 것이다. 이것이 첫 번째 준칙이다.

아이들을 도와주고, 지능 면에서든 힘의 측면에서든 물리적 욕구에 속하는 모든 것에서 그들에게 부족한 것을 보완해 주어야 한다. 이것이 두 번째 준칙이다.

그들에게 도움을 줄 때는 변덕이나 근거 없는 욕망에는 아무것도 제공하지 말고 오로지 실제적으로 유용한 것에만 국한해야 한다. 왜냐하면 변덕은 자연에 속하는 것이 아닌 만큼 그것이 생겨나지 않게만 하면 아이들이 변덕에 시달리는 일은 없을 것이기 때문이다. 이것이 세 번째 준칙이다.

아이들이 무엇을 숨길 줄 모르는 나이에, 그들에게서 자연에서 직접 생겨난 욕망과 평판에서 비롯된 욕망을 구분하기 위해서는 아이들의 언어와 몸짓을 세심하게 연구해야 한다. 이것이 네 번째 준칙이다.

이러한 준칙들의 취지는 어린아이들에게 더 많은 진정한 자유를, 더 적은 지배력을 부여하는 것이다. 또한 아이들이 스스로 더 많은 것을 행하고 남에게 요구를 덜 하게 하는 것이다. 이런 식으로 일찍부터 욕망을 자기 힘에 맞추어 제한하는 데 익숙해진 아이들은 자신의 능력을 벗어나는 것에 대해 그다지 결핍감을 느끼지 않게 될 것이다.

결국 이것이 아이들의 신체와 사지를 완전히 자유롭게 놔두어야 할 매우 중대하고도 새로운 이유가 된다. 높은 곳에서 떨어질 위험에서 아이를 보호하고, 그에게 상처를 입힐 수 있는 모든 것에 아이의 손이 닿지 않게 주의를 기울이기만 하면 된다.

몸과 팔이 자유로운 아기가 배내옷으로 꽁꽁 묶여 있는 아기보다 덜 우는 것은 틀림없는 사실이다. 오직 신체적 욕구만 느끼는 사람은 고통스러울 때만 운다. 그것은 매우 큰 이점이다. 왜냐하면 그럴 경우에는 언제 도움이 필요한지 정확히 그 순간에 알 수 있기 때문인데, 가능하다면 잠시도 지체하지 말고 즉시 그에게 도움을 주어야 한다. 그러나 만약 도움을 줄 수 없다면, 아기를 진정시키기 위해 비위를 맞추지 말고 가만히 있도록 하라. 여러분이 어루만져 준다고 해서 아이의 복통이 가라앉지는 않을 것이다. 그렇지만 아이는 비위를 맞추게 하려면 어떻게 해야 하는지는 기억할 것이다. 그리하여 아이가 일단 여러분을 자기 마음대로 붙잡아 두는 법을 알게 되면, 아이는 여러분의 주인이 된다. 그렇게 되면 만사는 끝장이다.

움직이는 데 제약을 덜 받을수록 아이는 덜 울기 마련이다. 아이의 울음으로 시달림을 덜 받을수록 어른도 울음을 그치게 하는 데 고생을 덜 할 것이다. 위협을 받거나 아첨받는 일이 줄어들수록 아이는 겁을 덜 먹고 고집도 덜 부리며 본래의 자연스러운 상태에 더 잘 머물러 있을 것이다. 아이들이 탈장을 일으키는 것은 그들을 울게 내버려 두어서라기보다 그들을 달래려 열심히 비위를 맞추기 때문이다. 내가 확인한 바로는 정말 보살핌이 소홀한 아이들이 그렇지 않은 다른 아이들보다 탈장을 일으키는 경우가 훨씬 적다. 그렇다고 해서 아이들에게 소홀하기를 바라는 것은 결코 아니다. 오히려 반대로 아이들의 욕구를 미리 만족시키는 일이 중요하며, 울음소리를 듣고 나서야 그들의 욕구가 무엇인지 알아채는 일이 없도록 해야 한다. 그러나 나는 아이를 보살피는 일이 잘못 이해되는 것 또한 원하지 않는다. 눈물이 그토록 많은 일에 유용하다는 것을 알고 있는데 아이들이 왜 마구 울어 대지 않겠는가? 울음을 그치는 데 주어지는 대가를 알고 나면 어린아이들은 여간해서 조용히 하지 않으려 한다. 결국 어른은 아이가 울음을 그치는 데 너무도 비싼 값을 매겨서 더 이상 그것을 지불할 수 없는 지경에 이르고 만다. 그렇게 되면 아이들은 아무 결실도 얻지 못하고 울어 댄 나머지 애만 쓰고 완전히 기진맥진 지쳐서 건강을 해쳐 버린다.

묶여 있지도 않고 아프지도 않고 아무것도 부족하지 않은데도 아이가 오랫동안 우는 것은 오로지 습관과 고집 때문이다. 그것은 자연이 그렇게 만들어 놓은 것이 아니라, 오늘 아이의 울음을 진정시킴으로써 내일은 그 이상으로 아이를 울게 만들 거라고는 생각지도 못한 채 아이의 성가신 울음을 견디지 못하고 오히려 성가심을 배가시키기만 하는 유모가 그렇게 만든 것이다.

그런 습관을 고쳐 주거나 미리 방지하는 유일한 방법은 관심을 조금도 기울이지 않는 것이다. 아무도, 아이들조차도, 헛수고는 하고 싶어 하지 않는다. 어린아이들은 자신이 시도하는 일을 끈질기게 하려 한다. 하지만 고집스런 아이보다 여러분이 더 끈기를 가진다면 그들은 뒤로 물러나 더 이상 같은 짓을 되풀이하지 않는다. 이런 식으로 아이에게 눈물을 아끼게 하고, 또 고통 때문에 어쩔 수 없을 때에만 눈물을 흘리는 습관을 들일 수 있다.

그런데 아이가 변덕 때문에 또는 고집을 부리느라 울 때 그들의 울음을 그치게 할 수 있는 한 가지 확실한 방법은, 울고 싶은 기분을 잊게 할 만큼 유쾌하고 인상적인 물건을 보여 주어 아이의 주의를 딴 데로 돌리는 것이다. 대부분의 유모들은 이런 기술에 능하고, 이 기술은 잘만 사용하면 매우 유용하다. 그러나 아이가 자신의 관심을 딴 데로 돌리려는 의도를 알아채지 못해야 하고 남이 자기를 고려하고 있는 줄 모른 채 즐거워하는 것이 특히 중요한데, 모든 유모들은 바로 이 점에서 서툴다.

사람들은 아이들에게 너무 일찍 이유를 시작한다. 젖을 떼야 하는 시기는 이가 나는 것으로 알 수 있는데, 이가 나면 일반적으로 아프고 고통스럽다. 반사적인 본능에 의해 아이는 손에 잡히는 모든 것을 씹기 위해 자주 입으로 가지고 간다. 그럴 때 사람들은 아이에게 식물상아[55]나 식빵의 굳은 껍질같이 딱딱한 물체를 딸랑이로 쥐어 줘서 아이가 그 일을 쉽게 할 수 있게 해 줄 생각을 한다. 나는 그것이 잘못되었다고 생각한다. 이 딱딱한 물체들은 잇몸에 닿으면 잇몸을 부드럽게 해 준다기보다 잇몸을 딱딱하고 굳어지게 만들어서 잇몸의 파열을 더 아프고 고통스럽게 만든다. 언제나 본능을 본보기로 삼도록 하자. 강아지는 이빨이 날 때 그것을 조약돌이나 쇠, 뼈에다 대고 단련시키지 않는다. 오히려 나무, 가죽, 헝겊 등, 깨물면 잘 들어가서 이빨 자국이 생기는 물렁물렁한 물체에 대고 이빨을 간다.

이제 사람들은 어떤 것에서도, 심지어 아이들에 대해서조차 가식 없이 소박하지 못하다. 금과 은, 산호, 현란한 크리스털로 만든 방울들, 온갖 종류의 값비싼 딸랑이들. 몸에 해롭고 아무짝에도 쓸모없는 치장들은 또 얼마나 많은가! 이 모든 것이 다 쓸데없다. 방울도 딸랑이도 필요 없

---

55 종려나무 열매에서 추출한 백색 물질 — 옮긴이.

다. 열매와 잎이 달린 작은 나뭇가지들, 씨앗 구르는 소리가 들리는 양귀비 열매, 빨아먹을 수도 있고 씹을 수도 있는 감초 막대기가 저 화려하지만 조잡한 장식품들만큼 아이들을 즐겁게 해 줄 수 있으며, 아이들이 태어나면서부터 사치에 익숙해지는 불행한 일도 없애 줄 것이다.

아기를 위한 걸쭉한 죽이 그다지 건강식이 아니라는 것은 이미 인정된 사실이다. 끓인 우유와 생 밀가루는 위 속에 찌꺼기를 많이 남겨 우리의 위에는 잘 맞지 않는다. 죽을 만들 때 밀가루는 빵 만들 때보다 잘 익지 않으며 게다가 발효도 되지 않는다. 내가 보기에는 차라리 빵을 넣어 끓인 버터 수프와 쌀미음이 더 바람직할 것 같다. 반드시 죽을 끓이고자 한다면 밀가루를 미리 약간 볶는 것이 좋다. 내 고향에서는 이렇게 볶은 밀가루로 아주 맛있고 건강에 좋은 수프를 만든다. 쇠고기 수프와 포타주는 더 조악한 음식이어서 가능하면 덜 이용하는 것이 좋다. 먼저 아이들이 씹는 데 익숙해지는 것이 중요하다. 그것이 이가 나는 것을 용이하게 해 주는 올바른 방법이다. 아이가 음식물을 삼키기 시작하면 음식물과 뒤섞인 침이 소화를 도와준다.

그래서 나는 아이들에게 딱딱한 과일이나 빵 껍질을 씹게 하겠다. 또한 아이들에게 작은 막대기 모양의 딱딱한 빵이나 그 지방에선 그리스[56]라고 부르는, 피에몬테 빵과 비슷하게 생긴 과자를 장난감으로 주겠다. 입속에서 이 빵을 부드럽게 만드느라 애쓰는 동안 아이는 결국 그 빵을 약간 삼키게 될 것이다. 그러다 보면 어느새 이가 돋아나 있을 테고 거의 젖도 떼어 가고 있을 것이다. 농촌 사람들은 대개 아주 튼튼한 위장을

56 그리스(grisse)는 매우 잘 부서지는 바게트 빵을 가리키는 사부아의 용어이다 — 옮긴이.

가지고 있는데, 그들은 젖을 떼기 위해 이보다 더 많은 방법을 쓰지 않는다.

　어린아이들은 태어나면서부터 사람들이 말하는 것을 듣는다. 사람들은 아이들이 말을 알아듣기 전부터, 또한 들리는 대로 발음을 따라 할 수 있기 전부터 아이들에게 말을 한다. 아직 굳어 있는 아이들의 기관은 그들에게 들리는 소리를 아주 서서히 모방하게 되어 있는데, 그 소리들이 우리 귀에 들리는 것처럼 그들의 귀에도 분명하게 들리는지 확실치는 않다. 나는 유모가 노래나 유쾌하고 다양한 음악소리를 들려주어 어린아이를 즐겁게 하는 데 반대하지 않는다. 하지만 그녀가 어조 말고는 아무것도 이해하지 못하는 쓸데없는 말만 끊임없이 늘어놓음으로써 아이를 성가시게 하는 것은 반대한다. 아이에게 처음 들려주는 발음은 수가 많지 않고 쉽고 분명하며 자주 반복되는 것이 좋다고 생각한다. 또한 그 발음들로 표현하는 단어들이 당장 아이에게 보여 줄 수 있는, 감각적인 사물들에 국한되는 것이 좋겠다. 우리가 낱말을 전혀 이해하지 못하면서 쉽게 사용하는 불행한 일은 흔히 생각하는 것보다 훨씬 일찍 시작된다. 배내옷에 싸여 유모의 수다를 들었던 것처럼 초등학교 학생은 교실에서 교사가 하는 잡담을 듣는다. 내가 보기에는 차라리 아이가 그 말들을 아예 이해하지 못하게 키우는 것이, 매우 유용하게 아이를 교육하는 일이 될 듯하다.

　어린아이들이 최초로 하는 말이나 그들의 언어능력 형성에 우리가 관심을 가지려 할 때면, 많은 생각들이 한꺼번에 떠오른다. 우리가 어떻게 하든지 어린아이들은 언제나 같은 방법으로 말하는 법을 배울 텐데, 여기서 모든 철학적 사변은 전혀 쓸모가 없다.

무엇보다도 아이들은, 말하자면, 그들 나이에 맞는 문법을 가지고 있으며, 그 문법의 통사론은 우리 어른들의 것보다 더 보편적인 규칙들을 가지고 있다. 그것을 주의 깊게 잘 살펴보면 그들이 정확하게 어떤 유추를 따르고 있는 데 놀랄 것이다. 이 유추는 불완전하다고 할 수는 있겠지만 매우 규칙적이며, 그것이 생경하거나 또는 관습이 이를 용인하지 못하기 때문에 충격적일 뿐이다. 나는 한 가엾은 아이가 "Mon père, irai-je-t-y?(아버지, 내가 갈까요?)"라고 아버지에게 말한 것 때문에 아버지에게 야단맞는 것을 본 적이 있다. 그런데 사실은 이 아이가 문법학자보다 유추를 더 잘 따랐음을 알 수 있다. 왜냐하면 사람들이 아이에게 "Vas-y(가라)"라고 말을 했으니, 그가 "irai-je-t-y?"라고 말하지 못할 이유가 무엇이겠는가? 게다가 얼마나 교묘하게 그가 "irai-je-y?" 혹은 "y irai-je?"라는 구문에서 발생하는 모음충돌 현상을 피하고 있는지를 주목하라. 우리가 한정 부사 y를 어떻게 해야 할지 몰라 이 문장에서 까닭 없이 한정 부사 y를 제거해 버린 것이 이 가엾은 아이의 잘못이겠는가? 모든 어린아이들에게서 관습에 어긋나는 이와 같은 사소한 실수들을 고치려 애쓴다면, 그것이야말로 참기 어려운 현학적인 태도이고 과도한 배려가 될 것이다. 이런 잘못은 시간이 가면 아이들 스스로 고치기 마련이다. 아이들 앞에서는 언제나 정확하게 말을 하고, 어느 누구보다 여러분과 함께 있는 것을 즐거워하게 만들라. 여러분이 고쳐 주지 않더라도 아이들의 언어는 여러분의 언어를 본받아 모르는 사이에 서서히 순화되리라는 것을 확신하라.

그러나 이에 못지않게 방지하기 힘든 또 다른 중대한 오류는, 마치 아이들이 스스로 말을 배우지 못할까 봐 걱정이라도 하는 듯이 지나치게 서둘러 아이에게 말을 시키는 것이다. 신중하지 못한 이 조바심은 원하는 것과 정반대의 결과를 자아낸다. 그 때문에 아이들은 더 더디고 더 얼버무리면서 말을 하게 된다. 어른이 아이가 하는 말 하나하나에 극도로 주의를 기울이면, 아이는 발음을 제대로 똑바로 하지 않아도 무방해진다. 그래서 입만 겨우 벌리고 말을 해 주는데, 그 때문에 그런 아이들 중 일부는 평생 잘못된 발음과 거의 알아들을 수 없는 불분명한 말투를 갖게 된다.

나는 농촌 사람들 사이에서 오랫동안 살았는데, 남자고 여자고 또 여자아이고 남자아이고 아무도 r음을 목구멍에서 발음하는 것을 들어 본 적이 없다. 왜 그럴까? 농촌 사람들의 발음 기관이 우리와 다르게 조직되었단 말인가? 그렇지 않다. 다른 방식으로 훈련되기 때문이다. 내 방 창문 너머에 근처에 사는 아이들이 모여서 노는 공터가 있었다. 내게서 아무리 멀리 떨어져 있어도 나는 그들이 하는 말을 모두 완벽하게 알아들을 수 있었는데, 거기서 종종 이 글에 적합한 좋은 연구보고서를 끌어낸다. 나는 귀로 듣는 것만으로는 늘 그들의 나이를 알아맞히지 못했다. 열 살 정도 된 아이의 목소리를 듣고 밖을 보면 신장과 용모가 서너 살 먹은 아이가 보였다. 나만 이런 경험을 한 것이 아니다. 나를 만나러 온 도시인들에게 물어보면 모두가 다 같은 실수를 저질렀다고 한다.

이런 실수를 하게 되는 것은, 대여섯 살이 될 때까지 방에서 보모의 보호 아래 길러지는 도시의 아이들은 자기 말을 알아듣게 하기 위해 작은 소리로 말하기만 하면 되기 때문이다. 그들이 입술을 움직이자마자 곧 사람들은 그것을 알아들으려고 애를 쓴다. 그 아이들이 잘못 표현한 말은 남이 일러 주고, 늘 아이들 곁에 붙어 있는 똑같은 사람들은 끊임없이 그들의 말에 주의를 기울인 덕분에 그들이 말한 것이라기보다 차라리 말하고 싶어 한 것을 짐작한다.

시골에서는 상황이 전혀 다르다. 농촌 여성은 아이들 곁에 계속 붙어 있지 못한다. 따라서 어린아이는 그녀에게 들려주어야 할 말을 아주 분명하고 크게 말하는 법을 배울 수밖에 없다. 들판에 흩어져서 아버지, 어머니, 그리고 다른 아이들에게서 멀리 떨어져 있는 아이들은 멀리서도 자기 말을 들리게 하는 훈련, 자신과 그가 말하려는 사람들 사이의 거리에 맞추어 목소리 강도를 조절하는 훈련을 한다. 이런 식으로 진짜로 발음하는 법을 배우게 된다. 주의를 기울이고 있는 하녀의 귀에다 몇 마디 모음을 중얼거리며 발음하는 것이 아니다. 따라서 농부의 아이에게 질문을 하면 그 아이는 부끄러워서 대답을 못 할 수는 있지만, 말하는 것만큼은 분명하게 발음한다. 반면 도시 아이의 경우 하녀가 그의 통역 노릇을 해야 한다. 그렇지 않으면 그가 이 사이로 중얼거리는 말을 아무것도 알아들을 수 없을 것이다.[57]

성장하면서 소년들은 학교에서, 소녀들은 수도원 기숙학교에서 그 결점을 고치게 될 것이다. 실제로도 대개 이러한 아이들이 늘 부모의 집에서만 자란 아이들보다 더 명료하게 말을 한다. 그러나 이들이 결코 농촌 사람들의 발음만큼 분명한 발음을 습득하지 못하는 것은 많은 것을 암기해야 하고 또 배운 것을 소리 높여 암송해야 하기 때문이다. 공부를 하느

---

57 여기에 예외가 없지는 않다. 종종 처음에 아주 작은 소리로 말을 하던 아이들도 목소리를 높이기 시작하면 곧 귀가 멍할 정도로 큰 소리를 낸다. 그러나 시시콜콜한 것들까지 말하려 들면 끝이 없을 것이다. 양식 있는 독자라면 동일한 잘못에서 생겨난 지나침과 모자람이 내가 말한 방법을 통해 똑같이 고쳐질 수 있다는 것을 알게 될 것이다. 나는 '언제나 충분하게'와 '결코 지나치지 않게'라는 두 격언이 결코 분리될 수 없는 것이라고 생각한다. 전자가 제대로 행해지면 후자는 반드시 따라온다.

라고 그들은 얼버무리며 말하거나 아무렇게나 불분명하게 발음하는 습관이 생긴다. 암송할 때는 훨씬 더하다. 그들은 힘겹게 단어를 찾아내고선 음절을 질질 끌거나 길게 늘여서 발음한다. 기억이 잘 나지 않으면 혀 또한 더듬거리지 않을 수 없다. 이런 식으로 나쁜 발음 습관이 붙고 그것이 유지된다. 앞으로 보게 되겠지만 나의 에밀은 그런 나쁜 발음 습관을 갖지 않을 것이다. 아니 최소한 같은 이유로 그런 습관이 생기지는 않을 것이다.

서민이나 시골 사람들이 이와 정반대의 또 다른 극단적인 상황에 빠진다는 사실은 나도 인정한다. 그들은 거의 언제나 필요 이상 크게 말하며 지나치게 정확하게 발음하여 거칠고 세게 발음을 하게 된다는 점, 또한 지나치게 억양이 강하고 용어를 잘못 선택하는 등등의 단점도 있다.

그러나 우선 내가 보기에는 이런 극단이 다른 극단보다 훨씬 덜 해롭다. 대화의 첫 번째 조건이 자기 말을 알아듣게 하는 것인 만큼, 저지를 수 있는 가장 큰 오류는 들리지 않게 말하는 것이기 때문이다. 억양이 없다고 뽐내는 것은 문장에서 격조와 활력을 제거했다고 뽐내는 것이다. 억양은 말의 영혼으로서 말에 감정과 진실을 부여한다. 억양은 말보다 거짓말을 덜 한다. 예의를 차리는 사람들이 그토록 억양을 두려워하는 것도 아마 이 때문일 것이다. 상대방이 눈치채지 못하게 사람들을 조롱하는 관습은 모든 것을 같은 음조로 말하는 관습에서 비롯되었다. 억양이 없어지고, 뒤이어 특히 궁정의 젊은이들에게서 볼 수 있는 것과 같은 우스꽝스럽고 부자연스러운, 유행을 잘 타는 발음법들이 생겨났다. 이처럼 부자연스러운 말과 품행 때문에 다른 민족들은 프랑스인을 대할 때 대체로 혐오감과 불쾌감을 갖게 되는 것이다. 자신의 말투에 억양을 넣는 대신 프랑스인은 곡조를 붙인다.[58] 이는 프랑스인에게 유리한 예방책이 아니다.

아이들이 물들까 봐 그토록 두려워하는 저 모든 사소한 언어상의 결함들은 아무것도 아니다. 그것들은 예방할 수 있고 아주 쉽게 고칠 수 있다. 그러나 아이들이 소리를 내지 않고 불분명하게 머뭇머뭇 말하게 함으로써, 또 그들의 어조를 끊임없이 비판함으로써, 사용하는 단어들의 잘못을 지적함으로써 갖게 된 나쁜 습관들은 결코 고쳐지지 않는다. 규방에서만 말하는 법을 배운 남자는 군대의 선두에서 자신의 말이 잘 들리도록 말하지 못할뿐더러, 폭동 가운데서 군중에게 호령도 하지 못할 것이다. 먼저 아이들에게 남자들에게 말하는 법을 가르쳐라. 그러면 그들은 필요할 때 여자들에게도 말을 잘하게 될 것이다.

여러분의 자녀들이 농촌에서, 완전히 소박한 전원 속에서 자란다면 그들은 더욱 낭랑한 목소리를 갖게 될 것이다. 그곳에서 아이들은 결코 도시 아이들처럼 더듬거리며 불분명하게 말하는 습관을 갖지 않을 것이다. 아이가 태어날 때부터 아이와 함께 살고 날이 갈수록 더 아이를 독점하면서 함께 사는 교사가 아이의 언어를 교정해 줌으로써 시골 사람들의 말투를 방지하거나 없애 준다면, 아이는 시골티 나는 표현이나 어조에 물들지 않을 것이다. 적어도 쉽게 그것을 버릴 수 있을 것이다. 에밀은 내가 아는 한 가장 순수한 프랑스어를 말하게 될 것이고 나보다 훨씬 더 또박또박 분명한 발음으로 말을 할 것이다.

---

58 프랑스어로 '자신의 말투에 곡조를 붙인다'라는 말은 '짐짓 꾸민 태도로 의사를 표현하다'라는 의미를 내포한다 — 옮긴이.

말을 하려는 어린아이는 그가 이해할 수 있는 단어만 듣고 그가 발음할 수 있는 단어만 말해야 한다. 그렇게 노력함으로써 아이는 음절을 더 분명하게 발음하려고 연습이라도 하는 것처럼 동일한 음절을 되풀이해서 말하게 된다. 아이가 더듬거리기 시작하면 그가 말하는 것을 짐작하려고 너무 애쓰지 말라. 언제나 남이 자기 말을 듣고 있기를 요구하는 것 또한 일종의 지배력인데, 어린아이는 어떤 지배력도 행사해서는 안 된다. 아주 세심하게 반드시 필요한 것을 마련해 주는 것으로 충분하다. 여러분에게 필요하지 않은 것을 이해시키려고 노력해야 하는 것은 바로 어린아이다. 더욱이 아이에게 말할 것을 서둘러 요구해서도 안 된다. 말의 유용성을 깨달음에 따라 그는 스스로 말하는 법을 터득할 것이다.

혼히 아주 늦게 말을 시작한 아이들이 다른 아이들만큼 명료하게 말을 하지 못한다고 하는데, 그것은 사실이다. 하지만 그들이 말을 늦게 시작하는 것은 말을 늦게 해서 기관에 장애가 생겼기 때문이 아니라, 반대로 장애가 있는 기관을 가지고 태어났기 때문이다. 그렇지 않다면 그들이 왜 다른 아이들보다 말을 더 늦게 시작하겠는가? 말할 기회가 적어서? 남이 그들에게 말을 덜 시켜서? 그 반대이다. 그런 지체를 발견하자마자 거기서 오는 불안 때문에, 사람들은 더 일찍 발음을 한 아이들보다 훨씬 더 애를 써서 그들에게 더듬더듬 말을 하게 만든다. 이 그릇된 열성이, 좀 덜 다그쳤더라면 시간을 두고 더 개선될 수 있었을 그들의 말투를 불명료하게 만드는 데 큰 기여를 했을 수도 있다.

지나치게 서둘러서 말을 재촉받은 아이들은 제대로 발음하는 법을 배울 시간도, 그들에게 시키는 말을 제대로 이해할 시간도 갖지 못한다. 반면 그들이 혼자 하는 대로 내버려 두면 아이들은 먼저 발음하기 가장 쉬운 음절들부터 연습하며 거기에 그들의 몸짓을 보면 이해가 되는 어떤 의미들을 차츰차츰 덧붙인다. 그들은 자신의 말을 여러분에게 하고 난 다음에야 여러분의 말을 받아들이기 시작한다. 이런 과정을 통해 아이들은 여러분의 말을 이해하고 난 다음에 비로소 여러분의 말을 받아들이게 된다. 여러분의 말을 사용하도록 조금도 재촉받지 않기 때문에 아이들은 여러분이 그 말에 어떤 의미를 부여하고 있는지를 관찰하는 것부터 시작하고, 이를 확인하고 나면 아이들은 그 말들을 받아들이는 것이다.

때가 되기 전에 아이들에게 서둘러 말을 시킬 때 생기는 가장 큰 해악은 사람들이 아이들에게 처음 들려주는 이야기와 아이들이 처음으로 하는 말이 그들에게 아무런 의미도 없다는 사실이 아니라, 우리가 알아채지도 못하는 사이 아이들이 우리가 부여하는 것과는 다른 개념을 갖게 된다는 사실이다. 그 결과 아이들은 우리에게 매우 정확하게 대답하는 것처럼 보이지만 사실 그들은 우리의 말을 알아듣지 못한 상태에서 말하고 또 우리도 그의 말을 이해하지 못하는 것이다. 때때로 아이들의 말을 듣고 우리가 놀라는 경우는 대개 그런 애매한 말 때문에 발생하는데, 우리는 아이들이 결부시키지 않는 관념들을 그 말에 부여한다. 아이들이 실제로 낱말에 부여하는 진짜 의미에 어른들이 주의를 기울이지 않는다는 것, 내가 보기에는 바로 이것이 아이들이 최초로 저지르는 오류들의 원인인 듯하다. 그리고 이 오류들은 고치고 난 뒤에도 남은 생애 동안 그들의 사고 형성에 영향을 미친다. 이 점에 대해서는 다음에 예를 들어 가며 설명할 기회가 또 있을 것이다.

그러므로 가능한 한 어린아이가 쓰는 어휘를 제한하라. 가지고 있는 관념보다 낱말이 더 많거나, 생각할 수 있는 것보다 더 많은 말을 할 줄 아는 것은 매우 큰 불행이다. 시골 사람이 일반적으로 도시 사람보다 더 올바른 정신을 지니는 이유들 중의 하나가 그들의 어휘가 덜 풍부하기 때문이라고 생각한다. 그들은 많은 관념을 가지고 있지는 않지만 그것들을 아주 잘 비교한다.

어린아이의 초기 발달은 거의 한꺼번에 이루어진다. 어린아이는 말하는 법과 먹는 법, 걷는 법을 거의 같은 시기에 배운다. 정확히 말해서 이것이 생의 첫 단계이다. 지금까지는 어머니 품에 있을 때보다 더 나을 것도 없다. 감정도 관념도 전혀 없다. 겨우 감각이 있을 뿐이다. 자신의 존재조차 느끼지 못하는 것이다.

그는 살아 있지만 스스로 자신의 존재를 의식하지는 못한다.[59]

59　오비디우스의 『비가』에서 인용 — 옮긴이.

제2권

여기서부터는 생의 제2기에 해당한다. 그리고 정확히 여기서 유년기가 끝난다. 왜냐하면 '유아infans'와 '소년puer'은 동의어가 아니기 때문이다. 전자는 후자에 포함되며, '말을 할 수 없는 자'라는 의미를 가지고 있다. 이런 연유로 발레리우스 막시무스의 저서[1]에는 '말 못 하는 소년puerum infantem'이라는 표현이 나온다. 그러나 나는 우리의 언어 관습에 따라 다른 명칭을 가질 만한 나이가 될 때까지는 계속해서 이 낱말[2]을 사용하겠다.

어린아이는 말을 하기 시작하면 덜 우는데 이런 발달은 자연스럽다. 한 언어가 다른 언어를 대체하는 것이다. "고통스럽다"라고 말할 수 있게 되면, 고통이 너무나 격렬하여 말로 표현할 수 없을 때가 아니라면, 무엇 때문에 울음으로 고통을 표현하겠는가? 그때도 아이들이 계속해서 운다면 이는 그 아이 주변에 있는 사람들의 잘못이다. 에밀은 일단 "아파요"라는 말을 할 수 있게 되기만 하면 고통이 여간 심하지 않고는 울지 않을 것이다.

만약 아이가 나약하고 예민하여 본래 아무것도 아닌 일에 울음을 잘

1   1세기 로마의 역사가 발레리우스 막시무스(Valerius Maximus)의 『기억할 만한 사실과 말들』 — 옮긴이.
2   'enfant'을 우리는 여기서 편의상 '어린아이'로 옮긴다 — 옮긴이.

터뜨린다면, 나는 그 울음이 아무런 소용도 효과도 없게끔 만들어 곧 그 원천을 고갈시켜 버릴 것이다. 아이가 우는 동안은 절대로 가 보지 않고, 울음을 그치면 즉시 아이에게 달려간다. 그러면 곧 아이가 나를 부르는 방법은 울음을 그치거나 기껏해야 단 한 번 비명을 지르는 것이 될 것이다. 어린아이들이 기호의 의미를 판단하는 것은 기호가 야기하는 감지할 수 있는 결과에 의해서이며, 그들에게 그 밖에 다른 암묵적인 협약은 없다. 아이는 어디를 다치든 남에게 자기 소리가 들릴 것이라고 기대하지 않는 한 혼자 있을 때 우는 경우는 매우 드물다.

아이가 넘어지거나 머리에 혹이 났을 때, 코피가 날 때, 혹은 손가락을 베었을 때 당황하며 서둘러 그에게 달려가는 대신 나는 최소한 얼마 동안은 가만히 있겠다. 이미 다쳤다면 그는 꼼짝없이 그것을 견뎌야 한다. 내가 호들갑을 떤다 해도 그것은 아이를 더욱 겁먹게 하고 그를 더욱 민감하게 만들 뿐이다. 실제로 사람이 다쳤을 때 고통을 안겨 주는 것은 충격이라기보다 두려움이다. 나는 최소한 아이가 이런 극도의 불안감을 갖게 하지는 않을 것이다. 왜냐하면 상처에 대해 내가 내리는 판단을 보고 아이가 자신의 상처를 판단하리라는 것은 너무나 확실하기 때문이다. 내가 걱정스럽게 달려가 그를 위로하고 동정하는 것을 아이가 보게 되면 그는 자신이 가망이 없다고 생각할 것이다. 반면 내가 냉정한 태도를 유지하는 것을 보면 그 아이도 곧 냉정함을 되찾고, 더 이상 아픔을 느끼지 않을 때 상처가 다 나았다고 생각할 것이다. 용기라는 최초의 교훈을 얻고, 약간의 고통을 두려움 없이 견딤으로써 단계적으로 더 큰 고통을 견디는 법을 배우는 시기가 바로 이 나이이다.

에밀이 다치지 않도록 세심하게 주의를 기울이기는커녕, 나는 그가 절대로 다치지 않고 고통을 모른 채 자란다면 그것을 몹시 애석하게 생각할 것이다. 고통을 견디는 일은 그가 배워야 할 첫 번째 교훈이고 가장 알아 둘 필요가 있는 것이다. 어린아이들이 작고 나약한 것은 오로지 위험 없이 이처럼 중요한 교훈들을 배우기 위해서인 듯하다. 아이는 높은 곳에서 떨어져도 다리가 부러지지 않는다. 또한 몽둥이로 맞아도 팔이 부러지지 않는다. 예리한 칼을 손으로 잡아도 그다지 꽉 쥐지도 못해서 깊이 베이지 않는다. 나는 경솔하게 아이를 높은 곳에 두거나 혼자 불 가에 두지 않는 한, 또한 그의 손이 닿는 곳에 위험한 도구들을 두지 않는 한, 자유롭게 놓아둔 아이가 죽거나 불구가 되거나 중상을 입는 것을 보았다는 예를 알지 못한다. 어린아이들을 고통에 대비해 철저히 무장시킬 목적으로 아이 주변에 산처럼 모아 놓은 그따위 자질구레한 물건들에 대해 무슨 말을 해야 할까? 이렇게 자란 아이들은 어른이 되어서도 여전히 어른의 처분에 맡겨진 채 아무 경험도 없고 용기도 없이 어디에 한번 찔리기만 해도 자신이 죽는다고 생각하고 피 한 방울만 봐도 기절해 버릴 것이다.

광적이고 현학적인 교육열 때문에 우리는 언제나 아이들에게 그들 스스로 훨씬 더 잘 터득할 수 있는 것은 가르치려 하고, 우리 어른만이 그들에게 가르칠 수 있는 것은 잊어버린다. 마치 유모가 게을러서 아이가 자라 걷는 법을 모르게 된 경우를 본 적이 있는 것처럼, 아이들에게 걷는 법을 가르치려 애쓰는 것보다 더 어리석은 일이 있겠는가? 반대로 걷는 법을 잘못 가르쳐서 일생 동안 서툰 걸음걸이를 갖게 된 사람들을 얼마나 많이 보는가!

에밀에게는 아이의 머리를 보호하는 털모자도, 테이블 모양의 보행기나 버들가지로 엮은 보행기도, 걸음마를 도와주는 끈도 주지 않을 것이다. 최소한 걸음마를 할 줄 알게 되면 포석이 깔린 곳에서만 아이를 잡아 주고 그냥 서둘러 그곳을 지나가게 해 줄 것이다.[3] 방 안의 탁한 공기 속에 오래 머물러 있게 두지 말고 매일매일 풀밭으로 아이를 데리고 나가라. 그곳에서 그가 달리고 뛰어놀 수 있게 해 주고, 하루에 백 번이라도 넘어지게 그냥 두는 것이 좋다. 그렇게 함으로써 아이는 훨씬 일찍 다시 일어서는 법을 배우게 될 것이다. 자유가 주는 만족은 많은 상처를 보상해 준다. 나의 제자는 자주 타박상을 입을 것이다. 그렇지만 그 대신 반대로 그는 언제나 즐거울 것이다. 여러분의 제자는 타박상은 덜 입겠지만, 언제나 방해받고 구속당하여 우울해할 것이다. 과연 이 아이들이 더 나은지는 의심스럽다.

또 다른 발달로 인해 아이들은 불평할 일이 적어질 것이다. 그것은 바로 아이들의 힘이 강해지는 것이다. 스스로의 힘으로 더 많은 것을 할 수 있게 되면 아이들은 다른 사람에게 의지할 필요가 적어진다. 힘과 더불어 그 힘을 관리할 수 있게 하는 지식도 발전한다. 엄밀한 의미에서 한 개인으로서의 삶이 시작되는 것은 바로 이 두 번째 단계에서이다. 그 시기에 어린아이는 자의식을 갖게 된다. 기억이 정체성의 느낌을 그의 삶의 매 순간으로 확장시키고, 그는 진정으로 통일된 그리고 일관된 한 인간이 되며, 그 결과 벌써 행복이나 불행을 느낀다. 따라서 이 단계에서 아이를 정신적 존재로 간주하기 시작해야 한다.

---

3 어렸을 때 걸음마를 도와주는 끈에 지나치게 매여 있던 사람들의 걸음걸이만큼 우스꽝스럽고 불안정한 것도 없다. 이 또한 여러 의미에서 타당하고 너무 옳다 보니 진부해진 견해들 중의 하나이다.

사람들은 어느 시기에나 최대 수명을 정하고, 나이에 따라 그 최대 수명에 가까이 갈 가능성도 정하지만, 각 인간의 개별적인 수명보다 더 불확실한 것도 없다. 그리고 최대 수명에 이르는 경우도 그다지 많지 않다. 일생 중 가장 큰 위험들은 생의 초기에 놓여 있다. 나이가 적으면 적을수록 살아남을 수 있는 희망도 적다. 태어난 아이들 중 기껏 반 정도가 청년기까지 살아남는다. 따라서 여러분의 제자는 성년기에 이르지 못할 수도 있다.

그러므로 현재를 불확실한 미래를 위해 희생시키고, 어린아이에게 온갖 종류의 쇠사슬을 채워 그가 결코 누릴 수 없을지도 모를 행복, 그러니까 무엇인지 알 수 없는 그따위 행복을 일찌감치 준비해 주기 위해 당장 그를 불행하게 만드는 데서 시작하는 이 야만적인 교육에 대해 어떻게 생각해야 할까? 설령 이러한 교육이 그 목표에서는 합리적일 수 있다고 가정하더라도, 견딜 수 없는 멍에를 쓰고 노예처럼 계속해서 일을 하도록 선고받은 이 가련하고 불행한 아이들을 어떻게 분노 없이 바라볼 수 있겠는가! 그 많은 노력이 언젠가 반드시 그들에게 유용하리라는 확신도 없는데 말이다. 즐겁게 보내야 할 시기가 눈물과 징벌과 위협과 속박 속에 지나가 버린다. 사람들은 그 불행한 아이를 그 자신을 위한다는 명목으로 괴롭힌다. 그리고 그들이 초래하는 죽음을, 이 우울한 준비 기간 중에 그에게 엄습해 오는 죽음을 보지 못한다. 얼마나 많은 아이들이 아버지나 교사의 지혜의 희생물이 되어 죽어 가고 있는지 누가 알겠는가? 그 잔혹함에서 벗어난다면 얼마나 행복할까. 아이들이 아버지나 교사 때문에 겪는 불행에서 끌어낼 수 있는 유일한 이득은 고통밖에 알지 못했던 삶에 아무 미련 없이 죽는 것이다.

사람들이여, 인간답게 되어라. 그것이 여러분의 첫 번째 의무이다. 신분이나 나이를 불문하고 모든 사람들에 대해, 인간과 무관하지 않은 모든 것에서 인간다워지도록 하라. 인류애를 제외하고 여러분에게 어떤 지혜가 있을 수 있는가? 어린 시절을 사랑하라. 또한 어린 시절의 놀이와 즐거움과 사랑스러운 본능을 마음껏 누리게 해 주라. 여러분 가운데 언제나 입가에 웃음이 맴돌고 늘 마음이 평화로운 이 시기를 때때로 그리워하지 않은 사람이 있는가? 왜 여러분은 곧 지나가 버리는 그토록 짧은 그 시기의 즐거움을, 남용할 수조차 없는 그토록 소중한 행복을 이 천진한 아이들에게서 빼앗으려 드는가? 여러분에게 다시 돌아올 수 없듯이 그들에게도 되돌아오지 않을 그토록 빨리 지나가 버리는 어린 시절을 왜 고통과 쓰라림으로 채우려 하는가? 아버지들이여, 그대들은 죽음이 언제 그대의 아이들에게 닥칠지 그 순간을 알고 있는가? 자연이 그들에게 부여한 짧은 순간을 빼앗음으로써 후회를 만들지 말라. 그들이 존재의 즐거움을 느낄 수 있게 되면 곧 그것을 즐기게 해 주어야 한다. 또한 신이 언제 그들을 부르든 그들이 삶을 맛보지도 못한 채 죽는 일은 없게 해야 한다.

내게 항의하는 목소리들이 얼마나 많을지! 우리를 끊임없이 자기 밖으로 내몰고 언제나 현재를 하찮은 것으로 여기며, 앞으로 나아갈수록 달아나 버리는 미래를 쉼 없이 쫓아다녀 현재 우리가 있는 이곳이 아닌 다른 곳으로 우리를 이끌어 가는 나머지, 결국 앞으로도 결코 우리가 있지 못할 곳으로 우리를 데려가는 그릇된 지혜의 외침이 멀리서 들려온다.

여러분은 그 시기가 인간의 나쁜 성향을 바로잡아야 하는 시기라고 내게 대답할 것이다. 고통을 가장 덜 느끼는 유년기에, 철이 들고 나면 더 들여야 할 수고를 면하도록 고생을 더 많이 시켜야 한다는 것이다. 하지만 여러분에게 누가 여러분 마음대로 그렇게 조처해도 된다고 말하던가? 그리고 여러분이 어린아이의 나약한 정신을 억압하면서 심어 준 그 훌륭한 모든 가르침이 먼 훗날 그에게 유용하기보다 해로운 것이 되지 않으리라고 누가 말할 수 있는가? 또한 여러분이 아이에게 마음껏 퍼부은 고통이 무엇인가를 면하게 해 주었다고 누가 여러분에게 보장하는가? 왜 여러분은 현재의 불행이 미래의 짐을 덜어 준다는 확신도 없이 어린아이의 상태에 내포된 것보다 더 많은 고통을 그에게 부여하는가? 여러분이 고쳐 주려는 나쁜 성향이 자연에서 비롯되었다기보다 여러분의 잘못된 보살핌에서 비롯된 것이 아니라는 것을 어떻게 내게 입증할 수 있는가? 충분한 근거가 있든 없든, 언젠가 행복하게 해 줄 것이라는 희망으로 지금 당장 한 사람을 불행하게 만드는 저 유감스러운 선견지명이여! 저속한 이론가들이 자유와 방종을, 또한 사람들이 행복하게 만들고 있는 아이와 망치고 있는 아이를 혼동한다면, 그들에게 이 둘을 구분하는 법을 가르쳐 주도록 하자.

환상을 쫓지 않으려면, 우리 인간의 조건에 부합하는 것이 무엇인지 잊지 말아야 한다. 인간은 만물의 질서 속에 제자리를 잡고 있다. 마찬가지로 어린 시절도 인생의 질서 속에 제자리가 있다. 어른은 어른으로, 어린아이는 어린아이로 바라보아야 한다. 각자에게 자기 자리를 할당하는 것, 그를 제자리에 앉히는 것, 인간의 기질에 따라 인간의 정념에 질서를 부여하는 것이 인간의 행복을 위해 우리가 할 수 있는 전부이다. 그 나머지는 우리의 능력 밖인 외부의 원인들에 달려 있다.

우리는 절대적인 행복 혹은 불행이 무엇인지 알지 못한다. 인생에서 모든 것은 뒤섞여 있다. 인생에서는 불순물이 섞이지 않은 어떤 순수한 감정도 맛보지 못하고 단 두 순간도 동일한 상태에 있지 않다. 육체가 변하는 것과 마찬가지로 마음의 정서에도 연속적인 흐름이 있다. 행복과 불행은 우리 모두에게 공통된 것이지만 그 정도는 다양하다. 가장 행복한 사람은 고통을 가장 적게 느끼는 사람이다. 반면 가장 불행한 자는 기쁨을 가장 적게 느끼는 자이다. 그런데 언제나 즐거움보다는 고통이 많은 법이다. 이렇게 즐거움의 양과 고통의 양이 차이가 나는 것은 모두에게 공통된 일이다. 따라서 이승에서 인간이 느끼는 행복이란 소극적인 상태에 지나지 않는다. 자신이 겪는 불행이 얼마나 적은지에 따라 행복을 가늠해야 한다.

모든 고통의 감정들은 거기서 벗어나려는 욕망과 불가분한 것이다. 또한 모든 기쁨의 관념들도 그것을 즐기려는 욕망과 분리될 수 없다. 모든 욕망들은 결핍을 전제로 하며, 사람들이 느끼는 결핍은 모두 고통스럽다. 결국 우리의 비참함은 바로 우리가 가진 욕망과 능력의 불균형에 있다. 능력이 욕망과 대등한 감각적 존재가 있다면 그 존재는 절대적으로 행복한 존재일 것이다.

그렇다면 인간의 지혜 혹은 진정한 행복의 길은 어디에 있는가? 그것은 전혀 우리의 욕망을 감소시키는 데 있지 않다. 왜냐하면 만약 욕망이 능력에 못 미친다면 우리가 가진 능력 가운데 일부는 할 일이 없어 우리는 존재 전부를 즐기지 못할 것이기 때문이다. 또한 우리의 능력을 확장시키는 것도 행복의 길이 아닌데, 왜냐하면 욕망이 더 큰 비율로 동시에 확대된다면 우리는 그 때문에 더 불행해질 뿐이기 때문이다. 따라서 행복의 길은 능력에 비해 과도한 욕망을 줄이고 능력과 의지를 완전히 동등하게 만드는 데 있다. 오로지 그럴 때만 인간은 모든 힘이 다 발휘되더라도 정신이 평온함을 유지하여 질서 속에 제대로 자리 잡을 것이다.

모든 것을 최선을 다해서 만드는 자연은 처음에 인간을 바로 이런 상태로 만들었다. 자연이 당장 인간에게 부여한 것은 자기 보존에 필요한 욕망과 그것을 만족시키기에 충분한 능력뿐이다. 나머지 다른 능력들은 필요할 때 발휘될 수 있도록 모두 인간의 정신 깊숙한 곳에 비축해 두었다. 능력과 욕망이 일치하여 인간이 불행하지 않은 시기는 오로지 이 최초의 상태뿐이다. 잠재된 능력이 활동을 시작하면 곧 그중에서도 가장 활동적인 능력인 상상력이 일깨워지면서 다른 모든 능력들을 앞지르게 된다. 우리에게 좋은 쪽으로든 나쁜 쪽으로든 가능성의 한도를 넓혀 주고, 그 결과 욕망을 충족시키겠다는 기대로 욕망을 부추기며 더욱 풍부하게 만드는 것이 바로 상상력이다. 하지만 처음에 손에 잡힐 것 같던 대상은 쫓아갈 수 있는 것보다 더 빨리 달아나 버린다. 잡았다고 생각할 때면 그 대상은 모습을 달리하고 우리를 앞서 저 멀리에 나타난다. 이미 지나온 지방은 더 이상 보지 않고 우리는 그것을 아무것도 아니라고 생각한다. 계속 지나가야 할 고장은 언제나 더 커지고 끝없이 확장되는 법이다. 그리하여 우리는 종착지에 도달하기도 전에 기진맥진해 버린다. 쾌락을 얻으면 얻을수록 행복은 우리에게서 더 멀어진다.

반대로 인간은 자신의 자연적 조건에 가까이 머물러 있을수록 욕망과 능력의 차이는 작아지며, 그 결과 행복한 상태에서 덜 멀어진다. 아무것도 없어 보일 정도로 가난하지만, 불행은 사물의 결핍에 있는 것이 아니라 그 때문에 느끼는 욕구에 있기 때문이다.

현실 세계에는 한계가 있지만 상상의 세계는 무한하다. 현실 세계를 확장시킬 수 없다면 상상의 세계를 축소시키자. 왜냐하면 우리를 진정 불행하게 만드는 고통은 모두 오직 이 두 세계의 차이에서 생겨나기 때문이다. 힘과 건강과 자신이 선하다는 확신을 빼고 나면 인생의 모든 행복은 남들의 평판 속에 있고, 육체의 고통과 양심의 가책을 빼고 나면 우리의 모든 고통은 상상적인 것이다. 사람들은 이 원리가 모두에게 공통된다고 말할 것이며 내 생각도 그렇다. 하지만 그것의 실천적 적용은 공통적이지 않다. 그런데 여기서 문제가 되는 것은 오로지 실천이다.

인간이 나약하다고 말할 때 그것은 무엇을 의미하는가? 나약하다는 말은 어떤 관계, 즉 그 말을 적용시킨 존재가 갖는 어떤 관계를 지시한다. 곤충이든 벌레든 힘이 욕구를 능가하는 존재는 강한 존재이다. 반면 코끼리든 사자든 정복자든 영웅이든 혹은 신이든, 욕구가 힘을 능가하는 존재는 약한 존재이다. 자신의 본성을 부인하고 반항했던 천사는 본성에 따라 평화롭게 사는 행복한 인간보다 더 나약한 존재였다. 인간은 있는 그대로의 자신에게 만족할 때는 매우 강하다. 반면 인간성 위로 올라서려 할 때는 매우 나약하다. 따라서 여러분이 지닌 능력을 확장시킴으로써 여러분의 힘도 확장시킨다고 생각하지 말라. 여러분의 자만심이 능력 이상으로 확장되면, 여러분은 오히려 반대로 자신의 힘을 감소시키는 것이다. 우리의 힘이 미칠 수 있는 범위의 반경을 측정해 보자. 그리고 거미가 자기 그물의 한가운데에 머무르듯이 중심에 머무르자. 그러면 우리는 언제나 자기 자신에게 만족하여 자신의 나약함을 한탄할 필요가 없게 될 것이다. 왜냐하면 결코 자신의 나약함을 느끼지 못할 테니까.

모든 동물은 정확히 자기 보존에 필요한 능력을 가지고 있다. 인간만 필요 이상의 능력을 가지고 있다. 이 여분의 능력이 인간의 불행을 만드는 도구라니 참으로 이상하지 않은가? 어느 나라에서나 한 사람의 팔은 필요 이상의 생필품을 마련해 낸다. 만약 인간이 이 여분의 능력을 하찮게 여길 정도로 충분히 지혜롭다면 결코 아무것도 과도하게 갖지 않을 것이므로 언제나 필요한 만큼 갖게 될 것이다. 파보리누스는 큰 욕구들은 큰 부에서 생겨나며, 따라서 종종 부족한 것을 마련하는 최선의 방법은 자신이 소유한 것을 없애는 것이라고 말했다.[4] 우리가 행복을 불행으로 바꾸는 것은 행복을 증대시키기 위해 너무 애를 쓰기 때문이다. 생존만을 원하는 인간은 모두 행복하게 살 것이다. 그리고 그 결과 선하게 살 것이다. 악해지는 것이 그에게 아무런 이득이 되지 않을 것이기 때문이다.

만약 우리가 죽지 않는다면 우리는 매우 불행한 존재가 될 것이다. 죽는다는 것은 물론 괴로운 일이다. 그러나 영원히 살지 않고, 더 나은 삶이 이승에서의 삶의 고통을 종식시키리라는 희망을 갖는 것은 즐거운 일이다. 설령 누군가 우리에게 이승에서의 불멸을 선사한다 해도 그 서글픈 선물을 받아들이고 싶어 할 사람이 어디 있을까?[5] 운명의 가혹함과 인간의 불의에 맞설 어떤 방책이, 어떤 희망이, 어떤 위안이 우리에게 남아 있겠는가? 아무것도 예견하지 못하는 무지한 사람은 삶의 가치를 별로 느끼지 못하므로 그것을 잃을까 그다지 염려하지도 않는다. 반면에 식견이 있는 사람은 더 큰 가치를 지닌 행복을 알아보고 이승에서의 삶의 가치보다 그것을 선택한다. 오직 불완전한 지식과 그릇된 지혜로 인

---

4   고대 로마의 수필가 아울루스 겔리우스(Aulus Gellius)가 쓴 『아티카 야화』에서 인용 — 옮긴이.
5   사람들은 내가 여기서 모든 사람들에 대해서가 아니라 생각을 깊이 하는 사람들에 대해 말하고 있다는 것을 이해하고 있다.

해 우리는 시야를 죽음까지만 연장하고 그 이상 나아가지 못함으로써 죽음을 우리의 최악의 고통으로 여긴다. 반드시 죽는다는 사실은 현명한 인간에게는 삶의 고통을 견딜 수 있게 해 주는 한 동기에 불과하다. 사람이 한 번은 죽는다는 사실을 확신하지 못한다면, 삶을 보존하는 데 너무 비싼 대가를 치러야 할 것이다.

우리의 정신적 고통은 단 하나, 죄를 제외하고 모두 남들의 평판 속에 있다. 죄는 우리 자신에게 달려 있다. 우리의 육체적인 고통은 저절로 없어지거나 아니면 우리를 파괴시킨다. 시간 혹은 죽음이 우리의 치유책들이다. 하지만 우리는 고통을 겪는 법을 잘 모르는 만큼 더 고통스러워한다. 우리는 질병을 견디기 위해 겪는 고통보다 그것을 치료하느라 더 많은 고통을 스스로에게 가한다. 자연에 따라 살고 인내심을 가져라. 그리고 의사들을 몰아내라. 그러면 여러분은 죽음을 피하지는 못하겠지만 단 한 번만 죽음을 겪을 것이다. 반면 의사들은 매일매일 여러분의 불안한 상상력에 죽음을 주입하고 기만적인 기술로 여러분의 생명을 연장시키기는커녕 여러분에게서 삶의 기쁨을 앗아 가 버릴 것이다. 나는 의술이 인간에게 진정한 행복을 만들어 준 일이 있느냐고 항상 물어볼 것이다. 사실 의술로 병을 치유한 사람들 가운데 어떤 사람들은 의술이 아니었으면 죽었을지도 모른다. 그러나 의술 때문에 목숨을 잃은 수백만의 사람들은 아직 살아 있을 것이다. 양식 있는 사람이라면 이런 복권에 목숨을 걸지는 말라. 실패할 확률이 너무 크다. 고통을 견뎌라, 그리고 죽든지 낫든지 하라. 하지만 무엇보다 마지막 순간까지 삶을 살도록 하라.

인간의 관습에서 모든 것은 어리석고 모순될 뿐이다. 우리는 자신의 생명이 가치를 잃어 감에 따라 더욱 거기에 연연한다. 노인들이 젊은이들보다 더 삶을 아쉬워한다. 노인들은 삶을 즐기기 위해서 해 온 준비를 헛되게 하고 싶지 않기 때문이다. 예순 살이 되어 삶을 시작해 보기도 전에 죽는다는 것은 매우 잔인한 일이다. 사람들은 인간이 자기 자신을 보존하는 데 강렬한 애착을 갖고 있다고 생각한다. 이는 사실이지만 우리가 느끼는 그 애착이 대부분 인간들이 만들어 낸 것임을 알지 못한다. 인간은 원래 자기 보존의 수단이 자기 능력 내에 있는 한에서만 자기를 보존하는 일을 걱정한다. 그 수단들이 없어지면 곧 인간은 평온해져서 쓸데없이 괴로워하지 않고 죽는다. 체념이라는 첫 번째 법칙은 자연에서 비롯된 것이다. 짐승이 그렇듯이 미개인도 죽지 않으려고 그렇게 발버둥치지 않으며 거의 아무런 불평 없이 죽음을 견뎌 낸다. 이 법칙이 깨지면 이성에서 비롯된 다른 법칙이 만들어진다. 그러나 이성에서 법칙을 끌어낼 줄 아는 사람은 별로 없으며, 이런 인위적인 체념은 결코 첫 번째 법칙만큼 완전하지도 전적이지도 못하다.

선견지명! 끊임없이 우리를 자신 밖으로 끌어내어 종종 우리가 결코 도달하지 못할 곳으로 데리고 가는 선견지명이야말로, 바로 우리의 모든 불행의 진짜 원천이다. 인간처럼 덧없는 존재가 올지 안 올지 모를 미래만 멀리 바라보느라 확신할 수 있는 현재를 등한히 하는 것은 무슨 괴벽이란 말인가! 이 괴벽은 나이가 들면 더 심해지는 만큼 매우 치명적이어서, 항상 의심 많고 용의주도하고 인색한 노인들은 백 년 후에 필요한 것이 모자라느니 오히려 오늘 필요한 것을 아끼려 한다. 이렇게 우리는 모든 것에 집착하고 모든 것에 매달린다. 시간들, 장소들, 사람들, 사물들 등 지금 존재하고 또 앞으로도 존재할 모든 것이 우리 각자에게 중요해진다. 그렇게 되면 이제 각 개인은 자기 자신의 극히 미세한 일부분에 불과해진다. 말하자면 모두가 자신을 온 세상으로 확장시키고 세상의 모든 일에 예민해진다. 사람들이 우리에게 상처를 줄 수 있는 모든 지점에서 우리의 고통이 점점 증가한다 한들 놀라운 일이겠는가? 얼마나 많은 군주들이 그들이 본 적도 없는 나라를 잃었다고 비탄에 잠기는가! 인도를 건드리기만 해도 얼마나 많은 상인들이 파리에서 울부짖는가!

이처럼 인간을 자기 자신에게서 멀어지게 만드는 것이 자연인가? 각자가 자신의 운명을 다른 사람들을 통해 때로는 맨 마지막으로 알게 되고, 그 결과 자신의 운명에 대해 아무것도 알지 못한 채 행복하게 혹은 비참하게 죽는 것이 자연이 원하는 일인가? 원기왕성하고 유쾌하고 건장하고 매우 튼튼한 한 남자가 있다고 하자. 그가 앞에 있기만 해도 즐거워진다. 그의 눈에서는 만족과 편안함이 느껴지고, 그에게는 행복의 이미지가 어려 있다. 우체국에서 편지가 한 통 온다. 그 행복한 남자는 편지를 본다. 편지는 그에게 온 것이다. 그가 편지를 펼치고 읽는다. 대번에 그의 표정이 바뀐다. 얼굴이 창백해지더니 기절한다. 다시 제정신을 차린 그가 눈물을 흘리며 안절부절못하고 주위가 떠나가라 고함을 지르며 머리를 쥐어뜯는다. 끔찍한 경련을 일으킨 모양이다. 어리석은 이여! 도대체 그 종이쪽지가 당신에게 어떤 고통을 주었는가? 사지를 부러뜨리기라도 했는가? 당신으로 하여금 무슨 죄라도 짓게 했는가? 요컨대 당신에게 무슨 변화를 일으켜 지금 내가 보고 있는 상태로 당신을 몰아넣은 것인가?

그 편지가 분실되거나 어떤 인자한 사람이 그것을 불에 던져 버렸더라면, 행복하면서 동시에 불행한 그 사람의 운명은 내가 보기에 불가사의한 문제였을 것 같다. 그의 불행은 현실이었다고 여러분은 말할 것이다.

물론 그렇다. 하지만 그는 그렇게 느끼지 않았다. 도대체 그는 어떤 상태였던가? 그의 행복은 상상이었다. 알겠다. 그렇다면 건강도 쾌활함도 안락함도 정신적 만족감도 환상에 지나지 않는다. 우리는 더 이상 우리가 현재 있는 곳에 존재하지 않고 우리가 있지 않은 곳에서만 존재한다. 우리 삶을 이루는 것이 계속 남아 있다면, 그토록 죽음을 두려워할 필요가 있을까?

오, 인간이여! 당신의 존재를 당신 안으로 좁혀라, 그러면 당신은 더 이상 불행하지 않을 것이다. 자연이 존재들의 사슬 속에 지정해 둔 당신의 자리에 머물러 있도록 하라. 그 무엇도 당신을 거기서 빠져나오게 할 수 없을 것이다. 필연의 엄중한 법칙에 대항하지 말고 거기에 저항하느라 힘을 소비하지도 말라. 하늘이 그 힘을 당신에게 준 것은 당신의 존재를 확장시키거나 연장하는 데 쓰라는 것이 아니다. 오로지 하늘이 원하는 대로, 또 하늘이 원하는 범위 내에서 당신의 존재를 보존하는 데 쓰라고 주셨다. 당신의 자유, 당신의 능력은 오로지 자연이 부여한 힘이 확장되는 것과 같은 정도로 발휘될 뿐 그 이상은 아니다. 그 나머지는 모두 예속 상태, 환상, 현혹에 불과하다. 지배조차도 그것이 남들의 평판에 매여 있다면 노예적인 것이다. 왜냐하면 당신은 미리 형성되어 있는 선입견을 통해 사람들을 지배하는데, 바로 그 사람들의 선입견에 당신이 종속되어 있기 때문이다. 당신의 뜻대로 그들을 이끌어 가기 위해서는 당신이 그들의 마음에 들게 처신해야 한다. 그들이 사고방식을 바꾸기만 해도 당신은 부득이 당신의 행동 방식을 바꾸어야 할 것이다. 당신에게 접근하는 사람들은 당신이 지배하고 있다고 여기는 민중의 견해나 당신을 지배하는 총신들의 견해, 당신 가족의 의견, 또는 당신 자신의 견해를 지배하는 법만 알면 된다. 대신들, 궁정인들, 사제들, 군인들, 하인들, 광대들, 그리고 어린아이들까지도, 설령 당신이 테미스토클레스와 같은 천재[6]일지라도, 마치 당신이 군단에 둘러싸여 있는 어린아이인 것처럼 당신을 조정할 것이다. 당신이 무슨 짓을 해 봐도 아무 소용이 없다. 당신의 실제 권력은 당신의 실제 능력 이상으로 발휘되지 못할 것이다. 다른 사람들의 눈을 통해 볼 수밖에 없게 되면 곧 원하는 것도 그들의 의지에 맞추어야 한다. 당신은 "나의 백성은 나의 신민이다"라고 오만하게 말한다. 그렇다고 하자. 그러나 당신 자신은 무엇인가? 당신은 당신의 대신들의 신하가 아닌가. 그리고 당신의 대신들은 또 무엇인가? 그들보다 더 신분이 낮은 대신들과 첩들의 신하이고, 그들의 하인들의 하인이다. 모든 것을 갈취하고 모든 것을 찬탈하라, 그리고 돈을 후하게 마구 뿌려라. 포진을 치고 교수대와 차형을 세우고, 법률을 선포하고 칙령을 내려라. 또한 첩자와 군인, 사형집행인, 감옥, 쇠사슬을 더 많이 만들라. 불쌍한 소인배들이여, 이 모든 것이 당신들에게 무슨 쓸모가 있는가? 그로 인해 당신들이 시중을 더 잘 받지도, 도둑질을 덜 당하지도, 속임수를 덜 당하지도, 더 절대적인 힘을 갖지도 못할 것이다. 당신들은 늘 "짐朕이 원한다"라고 말할 것이지만, 언제나 다른 사람들이 원하는 일을 할 것이다.

자신의 의지에 따라 행동하는 유일한 사람은 그렇게 하기 위해 자신의 힘에 다른 사람의 힘을 보탤 필요가 없는 사람이다. 이로부터 모든 선 가

---

6   테미스토클레스가 그의 친구들에게 말했다. "여기 있는 이 작은 소년이 그리스의 지배자라네. 왜냐하면 그가 그의 어머니를 지배하고, 그의 어머니가 나를 지배하고, 내가 아테네인들을 다스리고, 아테네인들이 그리스인들을 다스리기 때문이지. 아! 왕에서부터 시작하여 숨어서 은밀히 조정하고 있는 최초의 손까지 차츰차츰 내려가 보면 가장 거대한 왕국에서 이렇게 작은 지도자들을 종종 찾아볼 수 있을 것이네."

운데서 최고의 것은 권력이 아니라 자유라는 결론이 나온다. 진정 자유로운 사람은 자신이 할 수 있는 것만 원하고, 자기 마음에 드는 일을 한다. 이것이 나의 기본적인 준칙이다. 단지 그것을 어린 시절에 어떻게 적용할지가 문제인데, 교육의 모든 준칙들은 거기서 생겨날 것이다.

사회는 인간이 자신의 힘에 대해 가졌던 권리를 빼앗음으로써, 특히 그의 힘들을 자신에게 충분하지 못한 것으로 만듦으로써 인간을 더욱 나약하게 만들었다. 바로 이것이 인간의 나약함과 더불어 욕망이 증대된 이유이며, 바로 이로부터 성년기에 비해 더 나약한 어린 시절이 비롯되었다. 어른이 강한 존재이고 어린아이가 나약한 존재라면 이는 어른은 본래 자립할 수 있게 되어 있지만 어린아이는 그렇지 못하기 때문이지, 어른이 어린아이보다 절대적으로 힘이 더 강하기 때문이 아니다. 그러므로 어른은 더 많은 의지를 가지고 어린아이는 더 변덕스럽기 마련이다. 나는 변덕이라는 용어를 진정한 욕구가 아닌, 남의 도움을 받아야만 만족시킬 수 있는 모든 욕망의 의미로 사용한다.

나는 이 나약한 상태의 이유를 말했다. 자연은 어머니와 아버지의 애정으로 거기에 대비해 두었다. 하지만 이 애정은 과도하거나 부족할 수도 있고 또 남용될 수도 있다. 사회 상태에서 살고 있는 부모들은 자식을 적절한 나이가 되기도 전에 사회 상태로 옮겨 놓는다. 아이가 갖는 욕구 이상을 아이에게 부여함으로써 부모들은 그의 나약함을 보완해 주지 못하고 오히려 강화시킨다. 본성이 요구하지 않는 것을 아이에게 요구함으로써, 아이가 자신의 의지를 행사하기 위해 가지고 있는 약간의 힘을 부모의 의지에 따르게 함으로써, 아이의 나약함과 부모의 애정에서 기인하는 상호의존성을 어느 쪽에서든 예속 상태로 바꾸어 놓음으로써 그를 한층 더 나약하게 만든다.

현명한 인간은 자기 자리에 머물러 있을 줄 안다. 그러나 제자리를 알지 못하는 어린아이는 제자리에 있을 수 없다. 우리 사회에는 아이가 제자리에서 빠져나갈 수 있는 출구가 수없이 많다. 그를 제자리에 붙잡아 두는 일은 그를 지도하는 사람들의 몫인데, 그 일은 쉽지 않다. 어린아이는 짐승도 어른도 아니고 어린아이여야 한다. 자신의 나약함을 깨달아야 하지만 그 때문에 고통받아서는 안 된다. 의존해야 하지만 복종해서는 안 된다. 또한 요구할 수는 있지만 명령을 해서는 안 된다. 아이는 자신의 욕구를 충족시키기 위해서만 남을 따르는데, 이는 아이에게 유용한 것, 자기를 보존하는 데 도움을 주거나 해를 끼칠 수 있는 것을 남들이 아이 자신보다 더 잘 알고 있기 때문이다. 그 누구도, 아버지조차도, 아무 쓸모없는 것을 아이에게 명령할 권한은 없다.

편견과 인간의 제도가 우리의 타고난 성향을 변질시키기 전에는, 어른들의 행복과 마찬가지로 아이들의 행복도 자신의 자유를 사용하는 데 있다. 그렇지만 어린아이들에게서 자유는 그들의 나약함의 제한을 받는다. 만약 스스로 자급자족할 수만 있다면 자기가 원하는 것을 하는 사람은 누구든지 행복할 것이다. 이것이 자연 상태에서 사는 어른의 경우이다. 만약 욕구가 자신의 힘을 초과한다면 자기가 원하는 것을 하는 자는 누구든지 행복하지 않을 것이다. 자연 상태에 있는 어린아이의 경우가 바로 그렇다. 어린아이들은 심지어 자연 상태에서도 불완전한 자유만을 누리는데, 그것이 사회 상태에서 어른들이 향유하는 자유와 유사하다. 더 이상 타인들 없이 지낼 수 없는 우리는 모두 이런 측면에서 다시 나약하고 불행하게 되었다. 우리는 어른이 되게끔 되어 있었는데, 법과 사회가 우리를 다시 어린아이의 상태로 빠뜨려 놓은 것이다. 부자와 귀족, 왕은 모두 남들이 열심히 그들의 불행을 덜어 주려는 것을 보고 거기서 유치한 허영심을 끌어내는 어린아이 같은 존재로, 성숙한 어른이라면 받지 않아도 될 시중을 받으면서 매우 우쭐댄다.

이런 고찰은 중요한 것으로서, 사회 제도의 온갖 모순들을 해결하는 데 도움이 된다. 의존 상태에는 두 가지 종류가 있다. 하나는 사물에 대한 의존으로서 자연적인 것이고, 다른 하나는 인간에 대한 의존으로서 사회적인 것이다. 어떤 도덕성도 없는 사물에 대한 의존은 자유에 전혀 해가 되지 않으며 악을 만들어 내지도 않는다. 반면 인간에 대한 의존은 무질서해서[7] 온갖 악을 만들어 낸다. 바로 이런 의존 때문에 주인과 노예는 서로를 타락시킨다. 이런 사회악을 치유할 수 있는 방법이 있다면, 그것은 인간을 법으로 대체하고 모든 개별의지의 행위보다 우월한, 실제적인 힘을 일반의지에 부여하는 것이다. 국가의 법률이 자연법처럼 어떤 인간의 힘으로도 꿈쩍하지 않는 엄격함을 가질 수만 있다면, 인간에 대한 의존은 다시 사물에 대한 의존이 될 수 있을 것이다. 그러면 공화국 안에 자연 상태가 갖는 모든 이점들과 사회 상태가 갖는 이점들을 결집시키고, 인간을 악으로부터 지켜 주는 자유에 인간을 미덕으로 고양시키는 도덕성을 결합시킬 수 있을 것이다.

어린아이를 오로지 사물에 대한 의존 상태에만 머물러 있게 하라, 그러면 여러분은 자연의 교육이 진행되는 가운데 자연의 질서를 따르게 될

---

7 내가 쓴 『정치법의 원리』에는 어떤 개별의지도 사회 제도 속에서 올바른 질서를 가질 수 없다는 것이 입증되어 있다.

것이다. 어린아이의 분별없는 의지에 대해서는 물리적 장애나 행동 자체에서 생겨나는 처벌만을 가하라, 그럴 때마다 아이가 상기할 수 있도록. 아이에게 나쁜 행동을 못 하게 하지 말고 그렇게 하는 것을 방해하는 것만으로 충분하다. 경험이나 무능력만이 아이에게서 법을 대신해야 한다. 아이가 원하는 것을 주되, 아이가 요구해서가 아니라 아이에게 필요하기 때문에 그렇게 해야 한다. 아이가 행동할 때 복종이 무엇인지 알지 못하게 하고, 아이를 위해 무엇을 해 줄 때도 지배가 무엇인지 알게 해서는 안 된다. 또한 아이가 자신의 행동과 여러분의 행동에서 똑같이 자유로움을 느낄 수 있게 하라. 아이에게 부족한 힘을 보완해 주되, 마음대로 남을 좌지우지하기 위해서가 아니라 자유롭기 위해 아이가 필요로 하는 만큼만 보완해 주어야 한다. 여러분의 시중을 일종의 굴욕감을 가지고 받음으로써, 아이가 그런 도움 없이 지낼 수 있고 자기 일을 자랑스럽게도 스스로 할 수 있게 될 때를 갈망하게 만들어야 한다.

자연은 신체를 튼튼하게 만들고 성장시킬 수 있는 방법들을 가지고 있는데, 사람들이 그것을 방해하는 일은 결코 있어선 안 된다. 아이가 나가고 싶어 할 때 가만히 있게 하거나, 제자리에 있고 싶어 할 때 나가도록 강제해서는 안 된다. 어린아이의 의지를 어른의 잘못으로 그르치지 않는다면, 아이가 공연히 아무것이나 원하는 일도 없을 것이다. 아이들은 그렇게 하고 싶을 때 뛰고 달리고 소리쳐야 한다. 아이의 모든 움직임은 스스로를 강화하기 위해 그의 체질이 필요로 하는 것들이다. 그러나 아이가 원하지만 스스로는 할 수 없고 다른 사람이 대신 해 주어야 하는 일은 경계해야 한다. 그리고 진정한 욕구 즉 자연스러운 욕구나 막 생겨나기 시작한 변덕스러운 욕구 또는 앞서 말했던 과도한 생명력 때문에 생겨난 욕구를 조심스럽게 구분해야 한다.

어린아이가 이것저것을 가지고 싶어 울 때 어떻게 해야 하는지는 앞서 이미 말했다. 단지 덧붙일 말은 아이가 자신이 원하는 것을 말로 요구할 수 있게 되기만 하면, 그것을 더 빨리 가지려고 혹은 거절당하더라도 반드시 손에 넣으려고 울면서 끈질기게 요구할 때 그런 요구는 단호하게 거절해야 한다는 것이다. 아이가 반드시 필요해서 말로 요구하면 여러분은 그것을 알아채고 즉시 그가 요구하는 것을 해 주어야 한다. 그러나 아이가 울어 대서 무엇인가를 양보하는 것은 아이가 눈물을 흘리도록 부추기는 일이 되고, 아이에게 여러분의 선의를 의심하도록 또 호의보다 귀찮게 하는 것이 여러분에게 더 힘을 발휘할 수 있다고 생각하도록 가르치는 일이 된다. 아이는 여러분이 친절하지 않다고 생각하면 곧 심술궂게 될 것이다. 또한 여러분이 약하다고 생각하면 아이는 곧 고집스러워질 것이다. 거절할 생각이 없는 것은 언제나 아이가 처음 욕구를 표현할 때 해 주어야 한다. 자주 거절하지는 말라. 그렇지만 한번 거절한 것은 절대로 철회해서는 안 된다.

무엇보다 어린아이에게 쓸데없는 인사치레를 가르치지 않도록 주의하라. 그런 말들은 아이에게 필요할 때 주변의 모든 것을 자신의 의지에 따르게 하고, 자신의 마음에 드는 것을 즉시 얻어 낼 수 있게 해 주는 마법의 주문과도 같이 쓰인다. 체면치레만 가르치는 부자들의 교육은 아무도 감히 자신에게 저항하지 못하게 하는 데 사용할 말들을 가르침으로써, 반드시 아이들을 예의 바르게 명령하는 사람으로 만든다. 부자의 자식들은 애원하는 어조나 말씨를 쓰지 않는다. 그들은 명령을 내릴 때처럼 무엇인가 부탁을 할 때도 똑같이 아니 심지어 더 거만해지기도 한다.

그렇게 해야 사람들이 제 말을 듣는다고 확신하고 있기 때문에 그렇다. 그들이 "괜찮으시다면s'il vous plaît"이라고 말하면 그것은 "내 마음에 든다il me plaît"를 의미하고, "부탁합니다je vous prie"라고 말하면 "명령하건대je vous ordonne"를 의미한다는 사실은 즉시 알 수 있다. 참으로 찬탄을 금치 못할 예절이다. 결국 낱말의 의미를 바꾸고 권위를 부리지 않고서는 달리 말할 수 없게 만들어 버리다니! 나는 에밀이 예의 없는 아이가 되는 것보다 오만해지는 것을 더 두려워한다. 그래서 명령을 내리면서 "부탁합니다je vous prie"라고 말하는 것보다, 부탁하면서 "이것을 해 주시오faites cela"라고 말하는 편이 훨씬 더 낫다고 생각한다. 나에게 중요한 것은 그가 사용하는 용어가 아니라 그 용어에 결부시키는 의미이다.

지나치게 엄격한 경우와 지나치게 관대한 경우가 있는데, 두 경우 모두 피해야 한다. 아이가 괴로워하게 내버려 두면, 여러분은 아이의 건강과 생명을 위험에 노출시켜 두는 것이다. 그래서 실제로 아이를 불행하게 만든다. 반면 여러분이 지나치게 조심해서 온갖 종류의 불편에서 벗어나게 해 주면, 앞으로 아이가 겪을 큰 불행을 마련해 두는 것이다. 또한 여러분은 아이를 나약하고 과민하게 만들어, 언젠가 여러분의 의지와 상관없이 그 아이가 장차 될 수밖에 없는 어른의 상태에서 멀어지게 하는 것이다. 아이들에게 자연에서 오는 약간의 고통을 겪지 않게 하려다가 자연이 그들에게 부여하지 않은 고통을 만들어 주는 셈이 된다. 여러분은 결코 오지 않을 수도 있는 먼 미래를 고려하여 아이들의 행복을 희생시킨다고 내가 비난했던 나쁜 아버지들의 경우에 나 또한 속한다고 말할 것이다.

그렇지 않다. 왜냐하면 내가 나의 제자에게 부여하는 자유가 그가 겪게 내버려 둔 약간의 불편함을 충분히 보상해 주기 때문이다. 나는 개구쟁이들이 눈밭에서 손가락도 펼 수 없을 정도로 몸이 파랗게 얼어붙은 채 뛰어노는 것을 바라본다. 원하기만 하면 몸을 녹이러 갈 수 있는데도 그들은 결코 그렇게 하지 않는다. 누군가 그렇게 하라고 강요하면 아이들은 심한 추위보다 백 배는 더 심한 속박을 느낄 것이다. 그런데 여러분은 무엇이 불만인가? 아이가 기꺼이 견디고 싶어 하는 불편만 겪게 하는데도 내가 여러분의 아이를 불행하게 만드는 것인가? 나는 아이를 자유롭게 내버려 둠으로써 지금 당장 그를 행복하게 해 주고 있다. 또한 그가 견디어야 할 불행에 대비해 그를 무장시킴으로써 나는 미래에도 그가 행복할 수 있게 준비하고 있다. 아이가 나의 제자가 될지 여러분의 제자가 될지 선택할 수 있다면, 그가 조금이라도 주저하리라 생각하는가?

여러분은 자신의 기질에서 멀어진 존재에게 어떤 진정한 행복이 가능하다고 생각하는가? 인간이면 겪게 되어 있는 모든 고통을 면제해 주려는 것은 자신의 타고난 기질에서 멀어지게 하는 일이 아닐까? 그렇다. 나는 그렇게 생각한다. 큰 행복을 깨닫기 위해서는 작은 고통을 겪어 봐야 한다. 그것이 인간의 본질이다. 육체적인 것이 지나치게 좋으면 정신적인 것이 부패한다. 고통을 겪어 보지 못한 인간이라면 그는 인간애의 감동도, 연민이 주는 즐거움도 알지 못할 것이다. 그의 마음은 어떤 것에도 감동받지 못하고, 사람을 잘 사귀지도 못할 것이며, 인간들 사이에서 일종의 괴물이 되어 버릴 것이다.

여러분의 아이를 불행하게 만드는 가장 확실한 방법이 무엇인지 알고 있는가? 그것은 아이가 모든 것을 가지는 데 익숙해지게 만드는 것이다. 왜냐하면 아이의 욕망은 쉽게 채워지는 만큼 계속 커질 텐데, 여러분은 조만간 그럴 능력이 없어져 본의 아니게 결국 거절할 수밖에 없게 될 것이기 때문이다. 거절에 익숙하지 않은 아이는 자신이 원하는 것을 빼앗겼을 때보다 더 큰 고통을 느낄 것이다. 먼저 그는 여러분이 들고 있는 지팡이를 원하고 곧 여러분의 시계를 달라고 할 것이다. 그러고는 날아가는 새를 원하고 밤하늘에서 반짝이는 별을 가지고 싶어 할 것이다. 급기야는 눈에 보이는 모든 것을 가지고 싶어 할 것이다. 신이 아닌 이상 어떻게 그 아이를 만족시키겠는가?

자기 능력이 미치는 모든 것을 자신의 것으로 간주하는 것은 인간의 자연스러운 성향이다. 이런 의미에서 홉스의 원리는 어느 정도는 진실이다. 우리의 욕망과 함께 그것을 만족시킬 수 있는 수단도 증가시키면, 누구나 만물의 주인이 될 것이다. 그러므로 무언가를 손에 넣기 위해서 원하기만 하면 되는 어린아이는 자신이 세계의 주인이라고 생각한다. 그는 모든 인간을 자신의 노예로 여긴다. 그리하여 결국 그에게 무엇인가를 거절할 수밖에 없을 때가 되면, 명령을 내리는 것만으로 모든 것이 가능하다고 생각하는 아이는 이 거절을 일종의 반역 행위로 간주한다. 사람들이 아이에게 제시하는 이유는 이성적으로 생각할 수 없는 나이의 아이가 생각하기에 모두 핑계일 뿐이다. 아이는 도처에서 악의를 느낄 뿐이다. 이른바 부당하다는 느낌이 아이의 천성을 격하게 만들어 그 아이는 모든 사람을 증오하면서, 어떤 친절에도 감사할 줄 모르고, 반대에 부딪치기만 하면 화를 낼 것이다.

과연 이처럼 분노에 사로잡혀서 더할 수 없이 성마르고 격한 감정에 시달리는 어린아이가 어떻게 행복할 수 있다고 생각하겠는가? 그런 아이가 행복하다고! 그는 폭군이다. 또한 가장 비천한 노예인 동시에 가장 불행한 존재이다. 나는 이런 방식으로 키워진 아이들을 본 일이 있다. 그들은 어깨로 밀쳐서 집을 쓰러뜨려 보라고, 종탑에 보이는 닭 모양의 풍향계를 달라고, 북소리를 더 오래 들을 수 있게 행진하는 군대를 멈춰 세우라고도 했다. 조금만 늦게 요구를 들어주어도 누구의 말도 들으려 하지 않고 주위가 떠나가라 소리를 질러 댔다. 그들의 비위를 맞춰 보려고 아무리 애를 써도 모두 허사였다. 그들의 욕망은 무엇이든 손쉽게 채워진 탓에 더 강력해져서 불가능한 것도 막무가내로 고집을 부리지만, 어디서나 반대와 장애에 부딪치고 고통과 괴로움을 느낄 뿐이었다. 언제나 투덜거리고 반항적이고 화가 나 있는 그들은 매일매일을 소리 지르고 불평을 늘어놓으면서 보냈다. 이들이 행운아들인가? 나약함과 지배욕이 결합하면 어리석음과 불행이 생겨날 뿐이다. 지나치게 애지중지 키워 버릇이 없는 아이들 중 어떤 아이는 탁자를 두드리고 다른 아이는 바다에 채찍질을 해 달라고 한다. 이 아이들이 만족하고 살려면 그 전에 무척이나 채찍질을 하고 탁자를 두드려 대야 할 것이다.[8]

이러한 지배와 독재의 관념이 아이를 어린 시절부터 불행하게 만든다면, 그가 성장하여 인간관계가 확대되고 빈번해지기 시작할 때에는 어떻게 되겠는가? 자기 앞에서 모두가 굽실거리는 것을 보는 데 익숙해져 있었는데, 세상에 나오면서 마음대로 할 수 있다고 생각한 세상의 무게에 짓눌리고 모두에게서 저항을 느낀다면 얼마나 놀라겠는가!

그들의 오만한 태도, 유치한 허영심은 모욕과 경멸, 조롱을 가져다줄

---

8 「플루타르코스 영웅전」에서 크세르크세스는 바다가 다리를 떠내려가게 했다고 바다에 채찍질을 삼백 대 가했다고 한다 — 옮긴이.

뿐이다. 그들은 물을 마시듯이 모욕을 당한다. 혹독한 시련을 겪으면서 그들은 곧 자신의 처지도 자신의 힘도 모르고 있었음을 깨닫게 된다. 모든 것을 다 할 수 없게 된 그들은 이제 아무것도 할 수 없다고 생각한다. 익숙하지 않은 너무나 많은 장애들이 그들에게 반감을 일으키고, 너무나 많은 멸시를 받으면서 점점 비천해진다. 그리하여 그들은 겁이 많아지고 비겁하고 비굴해져서 지금까지 자기 이상으로 높이 받들어졌던 만큼 이번에는 자기 이하로 격하된다.

본래의 규칙으로 돌아가자. 자연은 어린아이들이 사랑과 도움을 받게 해 두었지, 복종하고 두려워하게 만들지 않았다. 사람들이 아이들을 보고 두려움을 느끼도록 자연이 아이들에게 위압적인 태도와 엄격한 눈, 거칠고 위협적인 목소리를 부여했는가? 사자의 으르렁거리는 소리가 다른 동물들을 공포로 몰아넣고, 사자의 무시무시한 갈기만 보아도 동물들이 벌벌 떤다는 것은 나도 알고 있다. 하지만 무례할뿐더러 불쾌감을 줄 만큼 우스꽝스러운 장면이 있다면, 그것은 예복을 차려입고 수장을 선두로 배내옷을 입은 어린아이 앞에 엎드린 장관들의 무리일 것이다. 그들은 아기에게 엄숙한 말로 연설을 늘어놓는데, 아이가 하는 대답이라고는 고작 울고 침을 흘리는 것이다.[9]

어린아이를 그 자체로 살펴본다면, 세상에 그보다 더 나약하고 더 비참하고, 주변의 모든 것에게 휘둘리는 존재가 또 있겠는가? 어린아이만큼 동정과 보살핌과 보호를 필요로 하는 존재가 또 있겠는가? 오로지 주변에 있는 모두가 그의 나약함에 관심을 갖고 열의를 다해 그를 도와줄

---

9 이것은 세습 왕권에 대한 비판이다 — 옮긴이.

수 있도록, 아이가 그토록 유순한 모습과 감동적인 표정을 보여 주는 것 같지 않은가? 그러니 강압적이고 반항적인 어린아이가 주변의 모든 사람들에게 명령을 내리고, 그냥 버려두면 죽고 말 그가 뻔뻔스럽게도 주인의 어투로 말하는 것을 본다면, 그보다 더 충격적이고 질서에 어긋나는 일이 있겠는가?

한편 생애 초기의 나약함 때문에 아이들은 너무나 많은 방식으로 속박을 당해서, 그들이 크게 남용할 수도 없고 또 빼앗아 봤자 아이한테도 우리한테도 별 소용이 없는 제한된 자유마저 그들에게서 빼앗음으로써 아이가 받는 속박에 우리의 변덕이 만들어 낸 속박까지 덧붙인다면, 그것이 얼마나 잔인한 일인지 누가 모르겠는가? 오만한 어린아이만큼 비웃음을 살 만한 대상이 없다면, 겁에 질린 어린아이만큼 동정을 살 만한 대상도 없다. 철들 나이만 되면 사회에 예속되기 시작하는데 왜 개인적인 속박을 더해 그것을 앞당기려 하는가? 삶의 한순간만이라도 자연이 부과하지 않은 이러한 속박에서 벗어나게 해 주자. 그리하여 자연이 준 자유를 어린 시절에 누리도록 내버려 두자. 그렇게 하는 것이 최소한 일시적이나마 노예 상태에서 물들게 될 악덕으로부터 어린 시절을 보호하는 것이다. 엄격한 가정교사들이여, 아이가 하자는 대로 하는 아버지들이여, 빈약한 반론이라도 내세워 보라. 그런데 여러분의 방법론을 자랑하기 전에 한 번쯤은 자연의 방법을 배워 보도록 하라.

다시 실천의 문제로 돌아가자. 나는 앞서 여러분의 아이가 무엇인가를 요구하기 때문이 아니라 필요하기[10] 때문에 그것을 얻어야 한다는 것과, 복종해서가 아니라 오로지 필요 때문에 무엇인가를 해야 한다고 말했다. 따라서 복종한다와 명령한다는 아이들이 쓰는 낱말에서 추방될 것이며, 의무와 책임이라는 낱말은 더더욱 그럴 것이다. 반면 힘, 필연, 무능력, 제한이 아이들의 낱말에서 중요한 자리를 차지해야 한다. 철들 나이가 되기 전에는 도덕적 존재나 사회적 관계에 대해 아무 관념도 가질 수 없을 것이므로, 되도록이면 이런 것을 표현하는 낱말들의 사용은 피해야 한다. 아이가 그 낱말에 그릇된 관념을 먼저 결부시킬까 염려되기 때문이다. 이후로 우리는 이 그릇된 관념을 전혀 알 수도 없고, 알더라도 그때는 없앨 수 없을 것이다. 어린아이의 머릿속에 박혀 버린 최초의 그릇된 관념은 아이에게서 오류와 악덕의 씨앗이 된다. 특히 주의를 기울여야 하는 것이 바로 이 첫걸음이다. 오로지 사물의 감각적인 자극만 받는 동안은 아이의 모든 관념이 감각에 집중되게 하라. 아이가 주변 어디서나 물질의 세계만 지각하게 하는 것이 좋다. 그렇지 않으면 아이는 여러분의 말을 전혀 들으려 하지 않거나, 여러분이 말하는 도덕적 세계에 대해 일생 동안 지울 수 없는 환상적인 관념들을 갖게 되리라고 확신해도 좋다.

아이들과 함께 이치를 따지는 것이 로크의 중요한 준칙이었는데, 이 준칙은 오늘날 널리 유행하고 있다. 그렇지만 내가 보기에는 이렇게 성공했다고 해서 그 준칙을 신뢰할 만하다고 여기는 것은 적합하지 않은 듯하다. 나는 어른들이 어릴 때 그토록 이치를 따지며 가르쳤던 아이들보다 더 어리석은 것을 보지 못했다. 인간이 지닌 온갖 능력들 가운데 이

---

10 대개 고통이 반드시 필요하듯 쾌락도 때때로 필요하다는 사실을 깨달아야 한다. 결코 만족시켜서는 안 될 아이들의 욕망이 딱 하나 있다면, 그것은 타인을 자신에게 복종시키려는 욕망이다. 따라서 아이들이 요구하는 모든 것에서 특히 주의를 기울여야 할 것은 무엇보다 아이들에게 그런 요구를 하게 만든 동기이다. 아이들에게 실제적인 기쁨을 줄 수 있는 것은 가능한 한 모두 주어라. 그러나 그들이 오로지 변덕 때문에 혹은 권한을 행사하기 위해 요구하는 것은 언제나 거절하라.

성은, 다시 말해 다른 모든 능력들을 혼합한 것에 불과한 이성은 가장 어렵게 또 가장 늦게 발달하는 능력이다. 그런데 다른 능력들을 발달시키려고 이 이성을 이용하려 들다니! 훌륭한 교육의 걸작은 이성적인 인간을 만들어 내는 것이다. 그런데 사람들은 이성을 통해 어린아이를 교육시키려 한다! 이는 끝에서부터 시작하는 셈이고, 결과물을 도구로 삼으려 드는 셈이다. 어린아이들이 이치를 알아듣는다면 더 이상 교육을 받을 필요도 없을 것이다. 그러나 아주 어렸을 때부터 알아듣지도 못할 말들을 들려주면, 아이들은 빈말에 만족하고 사람들이 그들에게 말하는 모든 것에 참견하려는 습관이 생긴다. 또 자신이 스승만큼 현명하다고 생각하면서 논쟁을 일삼는 반항적인 사람이 되도록 길들여진다. 그리하여 합리적인 동기에 의해 아이들에게서 얻어 낸다고 생각하는 모든 것이 사실은 오로지 사람들이 항상 인위적으로 그와 결부시키는 탐욕이나 두려움 또는 허영심의 동기를 통해서 얻어진 것이 된다.

사람들이 아이들에게 주는, 또 줄 수 있는 도덕적인 교훈들은 거의 대부분이 다음과 같은 공식으로 요약될 수 있다.

선생: 그런 짓을 해서는 안 된다.
아이: 왜 그런 짓은 하면 안 되나요?
선생: 나쁜 짓이기 때문이지.
아이: 나쁜 짓이라고요! 무엇이 나쁜 짓입니까?
선생: 사람들이 너에게 하지 못하게 하는 일이다.
아이: 나에게 금지된 일을 하면 어떤 해를 입나요?
선생: 말을 듣지 않았으니 벌을 받을 것이다.

아이: 아무도 모르게 할 건데요.

선생: 누군가 너를 감시할 것이다.

아이: 숨어서 할 건데요.

선생: 누군가 너에게 물어볼 것이다.

아이: 거짓말을 하면 되지요.

선생: 거짓말해서는 안 돼.

아이: 왜 거짓말을 하면 안 되나요?

선생: 그것은 나쁜 짓이니까….

이것은 피할 수 없는 순환논법이다. 거기서 벗어나면 아이는 더 이상 여러분의 말을 이해하지 못할 것이다. 매우 유용한 교훈이 아닌가? 이런 대화 대신에 무엇을 끌어댈 수 있을지 몹시 궁금하다. 로크도 틀림없이 당황했을 것이다. 선악을 분별하고, 인간의 의무들의 근거를 깨닫는 것은 어린아이가 할 수 있는 일이 아니다.

자연은 어린아이가 어른이 되기 전에는 어린아이로 있기를 원한다. 만약 우리가 이 순서를 뒤바꾸려 한다면, 덜 익어서 맛이 없고 이내 썩어 버릴 설익은 열매가 맺어질 것이다. 우리는 어린 박사 아니면 늙은 아이를 얻게 될 것이다. 어린아이는 보고 생각하고 느끼는 자기 나름의 방식을 가지고 있다. 그것을 우리의 방식으로 대체하려 드는 것보다 더 무분별한 일도 없다. 나는 열 살 된 아이가 판단력을 갖기를 바라느니 차라리 키가 150센티미터 정도 되기를 바랄 것이다. 사실 그 나이에 이성이 무슨 소용이 있겠는가? 이성은 힘을 억제하는 것인데, 어린아이에게는 그러한 억제가 필요하지 않다.

여러분의 제자에게 복종의 의무를 납득시키겠다면서, 여러분은 소위 설득에 강제와 위협을 덧붙이고 더 나쁘게는 아첨과 약속을 남발한다. 그리하여 결국 이득에 이끌려서든 힘에 억눌려서든 아이들은 이치를 납득한 척한다. 여러분이 복종인지 반항인지 알아차리기만 하면 곧 아이들은 복종이 자신에게 이롭고 반항이 해롭다는 것을 매우 잘 알게 된다. 그러나 어른들은 아이들에게 불쾌한 일만 요구하므로, 또 다른 사람의 의지에 맞추어 행동하는 것은 언제나 괴로운 일이므로, 아이들은 자기 마음대로 하기 위해 숨어 버린다. 아이는 남들이 자신이 복종하지 않았다는 것을 모르기만 하면 된다고 생각하지만, 발각되면 더 큰 화가 생길까 두려워 자신이 잘못했다는 것을 즉시 시인할 태세도 갖추고 있다. 왜 의무를 져야 하는지 그 근거를 이해하기란 어린 나이로는 불가능하다. 따라서 아이가 그것을 진정으로 깨닫게 해 줄 수 있는 사람은 세상에 없다. 그러나 처벌에 대한 두려움, 용서받을 수 있다는 희망, 성가신 재촉, 대답하는 난처함 때문에 아이들은 결국 어른들이 요구하는 자백을 다 하게 된다. 그러면 어른들은 그들을 귀찮게 하거나 겁먹게 했을 뿐인데도 그들을 이해시켰다고 믿는다.

이것이 어떤 결과를 초래하겠는가? 첫째, 여러분은 아이들이 깨닫지도 못할 의무를 강요함으로써 여러분의 독재에 대해 아이들이 불만을 품게 만든다. 그 결과 아이들은 여러분을 사랑하지 않게 된다. 또 상을 받기 위해 혹은 처벌을 모면하기 위해 속마음을 숨기고 위장하고 거짓말하는 법을 아이들에게 가르치게 된다. 마지막으로 은밀한 동기를 표면상의 동기로 감추는 데 익숙해지게 만듦으로써, 끊임없이 여러분을 속이고 자신의 진짜 성격을 알지 못하게 하고, 기회가 있으면 여러분과 다른 사람들에게 빈말로 대답을 때우는 방법을 여러분이 직접 아이들에게 알려 주는 결과가 초래된다. 양심에 입각해서 볼 때 법이 아무리 의무적이라 해도, 성인들에게도 마찬가지로 강제적인 구속이 수단으로 사용되지 않느냐고 여러분은 말할 것이다. 나도 동의한다. 그런데 그 성인들이 바로 교육이 망쳐 놓은 아이들이 아니라면 누구란 말인가? 이것을 예방해야 한다. 어린아이에게는 힘을 사용하고 어른에게는 이성을 사용하라. 자연의 질서가 그러하다. 현자는 법을 필요로 하지 않는다.

여러분의 제자를 제 나이에 맞게 대하도록 하라. 먼저 그를 제자리에 앉힌 뒤 거기에 잘 붙잡아 두어서 더 이상 거기서 빠져나올 시도를 하지 못하게 하라. 그러면 그는 지혜가 무엇인지 머리로 알기 전에, 지혜의 가장 중요한 가르침을 실천하게 될 것이다. 결코 제자에게 명령하지 말라. 어떤 명령이든 절대로 안 된다. 여러분이 자신에게 권위를 가지려 한다는 생각조차 하지 않게 해야 한다. 오로지 그는 자신이 나약하고 여러분이 강하다는 사실만 알면 된다. 아이는 자신의 상황과 여러분의 상황으로 볼 때, 자신이 필연적으로 여러분의 뜻에 맡겨져 있다는 사실을 알고 배우고 깨달으면 된다. 또한 자연이 인간에게 부과한 가혹한 굴레, 유한한 존재라면 모두 다 굴복해야 할 필연의 무거운 굴레가 그의 오만한 머리 위에 씌어 있다는 것을 일찍부터 깨달아야 한다. 결코 인간의 변덕[11]이 아니라 사물들 속에서 이 필연을 볼 수 있어야 한다. 그를 제어할 수 있는 규제는 권위가 아니라 힘이어야 한다. 그가 삼가야 할 일을 금지하

---

11 어린아이는 자신의 의지에 반하는 의지를 모두 변덕으로 치부하고 그 이유를 알지 못한다는 것을 확실히 알고 있어야 한다. 어린아이는 자신의 변덕에 반하는 것에 대해서도 그 이유를 전혀 깨닫지 못한다.

지 말고, 설명이나 추론 없이 그 일을 하지 못하게 그냥 막아라. 그에게 허용할 것은 간청하거나 애원하지 않더라도, 특히 조건을 달지 말고 처음 말했을 때 그냥 주도록 하라. 허용할 때는 흔쾌히 하고, 거절할 때는 반감을 확실하게 보이는 것이 좋다. 일단 거절한 것은 절대로 철회하지 말고, 아무리 성가시게 졸라도 흔들려서는 안 된다. 한번 "안 돼"라고 말했으면 그것은 견고한 벽이 되어야 한다. 그러면 아이는 대항하느라 대여섯 번 힘을 소진하지 않을 것이고, 더 이상 결과를 뒤엎으려 하지도 않을 것이다.

이런 방식을 통해 여러분은 아이가 자신이 원하는 것을 갖지 못하게 되더라도 참을 줄 알고 체념할 줄 알며 변함없이 평화로운 아이로 만들 수 있을 것이다. 왜냐하면 타인의 악의에 대해서는 그렇지 않지만, 상황의 필연성을 참을성 있게 견디는 것은 인간의 본성에 속하기 때문이다. "이젠 없어"라는 말은 어린아이가 그것이 거짓말이라고 생각하지 않는 한 결코 반항하지 않을 대답이다. 그런데 여기에 중도란 없다. 아무것도 요구하지 않든지, 애초에 완벽하게 복종을 시키든지 해야 한다. 가장 나쁜 교육은 아이가 자신의 의지와 여러분의 의지 사이에서 망설이게 내버려 두고, 끊임없이 둘 중 누구의 뜻대로 할지 서로 다투는 것이다. 나는 차라리 아이가 늘 이기게 하는 편이 훨씬 더 낫다고 생각한다.

어린아이를 교육할 생각을 한 이래로, 그들을 지도하는 데 경쟁심, 질투, 선망, 허영심, 탐욕, 비굴한 두려움 말고 다른 수단을 생각해 내지 못한 것은 참 이상한 일이다. 이것들은 모두 매우 위험하고 가장 잘 발효하여 신체가 성장하기도 전에 정신을 타락시키기에 매우 적합한 정념들이다. 아이들의 머릿속에 때 이른 가르침을 주입시키려 할 때마다, 그 가르침은 모두 아이의 마음 깊은 곳에 악덕을 심어 놓는다. 지각없는 교사들은 아이들에게 선이 무엇인가를 가르치려다 그들을 악하게 만들면서도 자신들이 대단한 일을 하고 있다고 생각한다. 그러고는 우리에게 다음과 같이 심각하게 말한다. "인간이 바로 이렇다." 맞는 말이다. 여러분이 만들어 낸 인간이 바로 그렇다.

사람들은 성공할 수 있는 유일한 수단만 제외하고 온갖 수단을 다 사용해 왔다. 그 유일한 수단은 잘 규제된 자유이다. 가능한 것과 불가능한 것, 이 원칙만 가지고 어린아이를 원하는 곳으로 이끌어 갈 줄 모른다면, 아이를 교육하겠다는 생각은 하지 말아야 한다. 아이는 가능한 것의 범위도 불가능한 것의 범위도 알지 못하므로, 여러분이 원하는 만큼 아이의 주변에서 그 범위를 넓히거나 좁힐 수 있다. 또 필연성이라는 유일한 끈을 사용하여 아이가 불평하지 못하게 한 채 복종시키거나 유도하거나 제지할 수 있다. 오로지 사물의 힘으로 아이가 순순히 말을 잘 따르게 함으로써 어떤 악덕도 싹틀 기회를 없애야 한다. 왜냐하면 정념은 아무런 효과도 내지 못하는 한 활성화되지 않기 때문이다.

여러분의 제자에게 어떤 종류의 교훈도 말로 주어서는 안 된다. 아이는 체험을 통해서만 교훈을 얻어야 한다. 어떤 종류의 처벌도 가하지 말라. 왜냐하면 아이는 잘못을 저지른다는 것이 무엇인지도 모르기 때문이다. 아이에게 용서를 빌게 시키는 일도 절대 없어야 한다. 아이는 여러분에게 모욕을 주는 방법도 모를 것이기 때문이다. 아이가 하는 행동에 도덕성이라고는 없기 때문에, 아이는 도덕적으로 나쁜 행동 또는 처벌이나 질책을 받을 만한 행동을 결코 할 수 없다.

나는 당황한 독자가 우리의 아이들과 비교하며 이 아이를 판단하리라는 것을 이미 알고 있다. 그런 독자라면 잘못 생각하는 것이다. 여러분이 제자들에게 끊임없이 제약을 가하면 그들의 격렬한 기질이 격화된다. 여러분 아래서 억압을 받으면 받을수록 그곳을 벗어나기만 하면 그들은 난폭해진다. 여러분이 가한 엄한 구속에 대해, 할 수만 있게 되면 보상을 받으려 하기 때문이다. 도시에서 온 두 명의 아이가 그 동네 아이들 전부보다 동네를 더 소란스럽게 할 수도 있다. 귀족 가문의 자식과 농부의 자식을 한 방에 가두어 보라. 전자는 후자가 제자리를 뜨기도 전에 모든 것을 뒤엎고 부수어 놓을 것이다. 왜 그럴까? 자신이 언제나 자유롭다고 믿는 후자가 결코 방종의 기회를 서둘러 이용하지 않는 데 반해, 전자는 서둘러 그 기회를 남용하려 들기 때문이다. 그렇지만 시골의 아이들 또한 종종 응석을 받아 주기도 하고 제재를 받기도 하기 때문에 내가 원하는 그런 상태와는 상당히 거리가 있다.

자연의 최초의 활동은 언제나 올바르다는 것을 명명백백한 준칙으로 삼도록 하자. 다시 말해 본래부터 인간의 마음속에 타고난 악은 없다. 따라서 어떻게 어떤 경로를 통해 인간의 마음속에 깃들게 되었는지 설명되지 않는 악덕도 없다. 인간에게 자연스러운 유일한 정념은 자기애 혹은 넓은 의미의 이기심이다. 이 이기심은 그 자체로 혹은 우리 자신과 관련해서 볼 때는 선하고 유용한 것이다. 또한 타자와 필연적인 관련은 없으므로 그 점에서 본래 이해관계가 없다. 오로지 그것을 어떻게 적용하는지에 따라 그리고 그것에 어떤 관계들을 부여하는지에 따라 좋게도 되고 나쁘게도 된다. 그러므로 이기심을 이끌어 갈 안내자인 이성이 생겨날 때까지 어린아이는 남들이 보거나 듣는다고 해서, 즉 다른 사람과의 관계 때문에 뭔가를 하는 일은 없도록 하는 것이 중요하다. 오로지 자연이 요구하는 것만 해야 한다. 그렇게 할 때 아이는 선한 일만 하게 될 것이다.

　나는 아이가 결코 해를 끼치지 않는다거나 상처를 입지 않을 것이라고, 또 손 닿는 곳에 가구가 있어도 부수지 않을 거라고 말하려는 것은 아니다. 그도 나쁜 짓을 많이 할 수 있을 것이다. 그렇지만 나쁜 행동이란 남에게 해를 끼치려는 의도에 따라 정해지는 것이다. 아이는 결코 남을 해치겠다는 의도를 갖지 않을 것이므로 사실상 나쁜 행동을 하는 것이 아니다. 만약 아이가 단 한 번이라도 그런 의도를 가진다면, 만사는 끝장이다. 아이는 거의 어찌해 볼 도리 없이 악해질 것이다.

　인색한 자의 눈에 나쁘게 보이는 것도 이성의 눈에는 그렇지 않은 경우가 있다. 아이들이 마음껏 경솔한 짓을 하도록 내버려 둘 때는, 그 때문에 비싼 대가를 치르게 될 것들은 모두 치워 두고, 그들의 손이 닿을 곳에는 깨지기 쉽거나 귀중한 것을 두지 않는 것이 좋다. 아이의 방에는 허름하지만 단단한 가구들을 들여놓아야 한다. 거울이라든가 도자기, 사치품은 안 된다. 내가 시골에서 키울 에밀의 경우, 그의 방에는 농부의 방과 구별될 만한 것이라곤 아무것도 없다. 그가 자기 방에 머물러 있을 일이 별로 없을 텐데, 그의 방을 정성껏 치장한들 무슨 소용이 있겠는가? 아니 내가 잘못 생각했다. 그 자신이 직접 방을 꾸밀 것이다. 그가 무엇으로 방을 장식할지는 곧 알게 될 것이다.

　여러분이 주의를 주었는데도 어린아이가 소란을 피우고 쓸모 있는 물건을 부수었다면, 여러분이 태만했던 것이므로 아이를 벌하거나 꾸짖지 말라. 아이는 한마디의 꾸지람도 들어서는 안 된다. 또 여러분의 마음을 언짢게 했다는 것을 아이가 눈치채게 해서도 안 된다. 가구가 저절로 부서진 것처럼 그렇게 행동하라. 요컨대 여러분이 아무 말도 하지 않을 수만 있다면 큰 성과를 거둔 것이다.

여기서 내가 감히 교육 전체에서 가장 훌륭하고 가장 중요하며 가장 유용한 규칙을 제시해도 될는지? 그것은 시간을 벌려고 하지 말고 시간을 소비하라는 것이다. 일반 독자들이여, 나의 역설을 용서하라. 생각이 깊어지면 역설을 말할 수밖에 없다. 여러분이 뭐라 하든지 나는 편견에 갇힌 사람보다는 차라리 역설을 말하는 사람이 되는 편을 택하겠다. 인생에서 가장 위험한 기간은 태어났을 때부터 열두 살이 될 때까지이다. 이 기간은 오류와 악덕이 싹트는 시기로서, 그것들을 근절할 수 있는 수단도 아직 없다. 그런 수단이 생겼을 때는 그 뿌리가 너무도 깊어져 그것을 뽑아내기에 이미 너무 늦다. 어린아이들이 젖먹이에서 단계를 건너뛰어 단숨에 철이 든다면 사람들이 그들에게 시행하는 교육이 적합할지도 모른다. 하지만 자연의 진전을 따르겠다면, 정반대의 교육이 필요하다. 아이들의 정신이 온전히 능력을 발휘할 수 있을 때까지 아이들이 정신으로 무엇인가를 해서는 안 될 것이다. 왜냐하면 아이들의 정신이 아무것도 보지 못하는 동안은, 그들은 여러분이 제시하는 빛을 발견할 수 없기 때문이다. 또한 거대한 관념의 평원에 이성이 그려 놓은 길은 아이의 눈이 아무리 밝다 해도 아직은 매우 희미해서, 아이들의 정신이 그 길을 따라가기란 불가능하기 때문이다.

그러므로 최초의 교육은 전적으로 소극적이어야 한다. 그것은 미덕이나 진리를 가르치는 것이 아니라 악덕으로부터 마음을, 오류로부터 정신을 보호하는 것이다. 만약 여러분이 아무것도 하지 않고 또 아무것도 하지 않게 자신을 내버려 둘 수 있다면, 또 여러분의 제자를 오른손과 왼손을 구별할 줄도 모르는 채 열두 살이 될 때까지 건강하고 튼튼하게 지도할 수만 있다면, 처음 가르침을 시작할 때부터 그의 오성의 눈은 이성을 향해 열릴 것이다. 편견도 습관도 없는 그는 여러분의 정성이 빚어낸 효과를 방해할 만한 것이라곤 아무것도 갖지 않을 것이다. 오래지 않아 그는 여러분의 손에 이끌리어 가장 현명한 인간이 되어 갈 것이다. 그리고 여러분은 아무것도 하지 않는 것으로 시작하여 교육의 기적을 일구게 될 것이다.

관습과 정반대되는 방법을 취하라. 그러면 여러분은 거의 언제나 제대로 하게 될 것이다. 아이를 아이답게 키우려 하지 않고 박사를 만들고 싶어 하기 때문에, 아버지들과 교사들은 꽤 일찍부터, 그러나 너무 이르다고 결코 생각하지 않으면서, 아이를 꾸짖고 교정하고 질책하거나 비위를 맞추고 위협하고 약속을 하고 가르치고 이치를 따졌던 것이다. 그러니 좀 더 잘 행동하고 이치에 맞게 행동하라, 그러나 여러분의 제자와 이치를 따지지는 말라. 특히 그가 싫어하는 일을 기어이 인정하게 하려고 이치를 따져서는 안 된다. 왜냐하면 항상 불쾌한 일에 이치를 끌어대는 것은 아이에게 이치를 지겨운 것으로 만들어서, 아직 그것을 이해하지 못하는 머릿속에 일찌감치 불신을 키워 줄 뿐이기 때문이다. 그의 신체와 기관들과 감각을 단련시키고 힘을 길러 주라. 하지만 되도록 오랫동안 정신은 아무 일도 하지 않게 내버려 두는 것이 좋다. 감정을 평가하는 판단력이 생기기 전에 갖게 되는 모든 감정을 경계해야 한다. 또한 외부에서 오는 낯선 인상들을 차단해야 한다. 악이 생겨나는 것을 막기 위해 서둘러 선을 행하려 하지 말라. 왜냐하면 이성으로 선을 이해할 수 있을 때만 선은 선이 되기 때문이다. 모든 지체가 이득이 된다고 생각하라. 아무엇도 잃지 않고 끝을 향해 나아가는 것은 결국 많은 것을 얻는 일이다. 아이들 속에서 어린 시절이 무르익게 내버려 두라. 마침내 아이에게 교훈이 필요하게 되었는가? 내일까지 연기해도 위험이 없다면 오늘 그 교훈을 주는 일은 삼가라.

이런 방법이 유용하다는 것을 확인시켜 주는 또 다른 고찰은 아이가 지닌 특수한 재능에 대한 것이다. 어떤 정신적인 지도가 그에게 적합한지 알기 위해서는 그의 특수한 재능을 반드시 알아야 한다. 각각의 정신은 고유한 형식을 가지고 있으며 그 형식에 맞는 지도를 받을 필요가 있다. 아이에게 들인 정성이 성공하려면 다른 형식이 아닌 그 고유의 형식에 맞게 지도하는 것이 중요하다. 신중한 인간이라면 오랫동안 아이의 기질을 살피고, 여러분의 제자에게 처음 말을 걸기 전에 그를 잘 관찰해야 한다. 그를 온전하게 더 잘 보려면 우선 그의 성격이 완전히 자유롭게 싹을 틔우도록 내버려 두고, 어떤 구속도 하지 말라. 여러분은 이 자유로운 시기가 아이에게 낭비라고 생각하는가? 정반대이다. 그것은 최대한 잘 활용된 시기일 것이다. 왜냐하면 이를 통해 여러분은 귀중한 시기에 단 한 순간도 낭비하지 않는 법을 배우기 때문이다. 반면 무엇을 해야 할지 알기 전에 행동을 시작한다면 여러분은 닥치는 대로 행동하게 될 것이다. 잘못 판단하기 일쑤여서 다시 제자리로 돌아와야 할 것이다. 그리하여 목표에 도달하려고 서두르지 않았을 때보다 여러분은 목표에서 더 멀어져 있을 것이다. 그러니 아무것도 잃지 않으려다가 많은 것을 잃어버리는 구두쇠처럼 행동하지 말라. 최초의 시기에 시간을 희생하면, 더 나이가 들었을 때 잃은 것 이상으로 시간을 되찾을 것이다. 현명한 의사는 한 번 보고 경솔하게 처방을 내리지 않는다. 처방을 내리기 전에 그는 먼저 환자의 체질부터 살펴본다. 환자 치료를 늦게 시작하겠지만, 그는 환자를 회복시킨다. 반대로 지나치게 성급한 의사는 환자를 죽이고 만다.

그런데 이런 식으로 아이를 감각이 없는 존재인 것처럼, 자동인형인 양 키우려면 아이를 어디에 두어야 할까? 사람이 살지 않는 섬이나 달에 붙잡아 두어야 할까? 모든 인간들에게서 격리시켜야 할까? 이 세상에서 아이는 계속 다른 사람의 정념이 빚어내는 장면과 그 실례를 보지 않는가? 다른 또래 아이들을 절대로 보지 않을 수 있는가? 부모와 이웃들, 유모, 보모, 하인, 심지어 결국 천사는 아닐 교사까지 보지 않을 수가 있는가?

이런 반론은 강경하고 확고하다. 그러나 내가 자연의 교육이 쉬운 일이라고 여러분에게 말한 적이 있는가? 오 인간들이여! 모든 좋은 것을 여러분이 어렵게 만들었다면 그것이 내 잘못인가? 나는 그 일의 어려움을 알고 있고 그것을 인정한다. 아마도 이 어려움은 극복될 수 없을 것이다. 그러나 그것을 예방하려고 노력한다면 어느 정도까지 방지할 수 있다는 것도 어쨌든 확실하다. 나는 사람들이 설정해야 할 목표를 제시하고 있다. 거기에 도달할 수 있다고 말하는 것이 아니라, 거기에 가장 근접한 사람이 가장 성공한 사람이라고 말하는 것이다.

감히 한 인간을 키워 내려는 시도를 하기 전에 자신이 먼저 인간이 되어야 한다는 것을 명심하라. 그는 자신이 구상하고 있는 본보기를 자기 안에서 찾아내야만 한다. 아이가 아직 아무것도 인지하지 못하는 동안에는, 아이에게 접근하는 모든 것에 대해, 봐서 좋은 대상만 먼저 볼 수 있게 조처할 시간이 있다. 사람들이 여러분의 마음에 들려고 애쓰도록, 여러분 자신을 존경받을 만한 사람으로 만들라, 그리고 무엇보다 여러분을 사랑하게 하는 것부터 시작하라. 여러분이 아이 주변에 있는 모든 사람들의 스승이 되지 못한다면, 아이의 스승도 되지 못할 것이다. 권위는 미덕에 대한 존경심에 근거를 두지 않는다면 절대로 충분하지 못하다. 지갑을 열어서 돈을 후하게 뿌리라는 말이 아니다. 나는 돈이 누군가를 사랑하게 만든 예를 본 적이 없다. 그렇다고 인색하거나 몰인정해서도 안 되고, 도움을 줄 수 있는 가난한 사람을 동정만 해서도 안 된다. 그러나 여러분이 마음도 함께 열지 않는다면 금고 문을 열어 보았자 소용이 없을 것이다. 다른 사람들의 마음도 여전히 여러분에게 닫혀 있을 것이다. 여러분이 주어야 할 것은 여러분의 시간, 정성, 애정, 그리고 여러분 자신이다. 왜냐하면 설령 여러분이 뭔가를 할 수 있다 하더라도, 사람들은 여러분이 가진 돈이 여러분 자신은 아니라는 사실을 언제나 느끼고 있기 때문이다. 어떤 기부보다 더 효과를 발휘하고 현실적으로 더 유용하며 관심과 호의를 담은 정표들이 있다. 적선보다는 위로를 더 필요로 하는 가난한 사람과 병자들이 얼마나 많은가! 또한 돈보다 보호가 더 도움이 되는 억압당하는 사람들이 얼마나 많은가! 서로 싸우는 사람들은 화해시키고, 소송은 막도록 하라. 아이들에게 의무를 이행하게 하고, 아버지에게 관용을 베풀게 하라. 행복한 결혼은 도와주고, 모욕을 가하는 일은 말려야 한다. 사람들에게서 정당함을 인정받지 못하고 강자에게 억압받는 약자를 위해 여러분 제자의 부모가 가진 신망을 아낌없이 활용하라. 여러분이 가난한 자들을 보호해야 한다고 소리 높여 공언하라. 정의롭고 인간적이고 친절한 사람이 되어야 한다. 그저 적선만 할 것이 아니라 자비를 베풀라. 자비로운 행동은 돈보다도 더 많은 고통을 덜어 준다. 타인들을 사랑하라, 그러면 그들도 여러분을 사랑할 것이다. 그들을 섬기면 그들도 여러분을 섬길 것이다. 그들의 형제가 되라, 그러면 그들도 여러분의 아이들이 될 것이다.

이것이 또한 내가 에밀을, 주인 다음으로 최하급 인간인 파렴치한 하인들로부터 멀리 떨어진 시골에서 키우고 싶은 이유들 중의 하나이다. 시골은 도시의 악습으로부터 멀리 떨어져 있는데, 도시는 그 악습을 감추는 반짝거리는 외관 때문에 아이들에게 매혹적으로 보이며 또 아이들은 쉽게 거기에 물든다. 반면에 시골 사람들의 악습은 꾸밈이 없고 너무도 조잡하여 그것을 모방해 봤자 아무런 이득도 취할 것이 없으므로, 사람을 유혹하기는커녕 염증을 갖게 하는 데 더 적합하다.

시골에서 교사는 아이에게 보여 주고 싶은 것들을 훨씬 더 뜻대로 결정할 것이다. 그의 명성, 그의 견해, 그가 보여 주는 모범은 도시에서보다 더 권위를 가질 수 있다. 그는 모두에게 쓸모 있는 사람이기 때문에 누구나 앞다투어 그에게 친절을 베풀고 그의 존경을 받으려 하며, 실제로 교사가 바라는 그런 모습으로 학생 앞에 나타나려 할 것이다. 사람들은 악습을 고치지는 못하더라도 문제를 일으키는 짓은 삼갈 것이다. 이것이 목적을 달성하기 위해 우리가 필요로 하는 전부이다.

여러분 자신의 잘못을 남 탓으로 돌리는 일은 그만두라. 아이들이 목격하는 악은 여러분이 그들에게 가르치는 악보다는 그들을 덜 타락시킨다. 여러분이 언제나 설교를 늘어놓고 도덕가연하고 현학적인 태도를 취하면, 여러분이 좋은 것이라 생각해서 아이들에게 제시한 하나의 관념을 통해 아무런 가치도 없는 다른 스무 개의 관념도 동시에 제시하는 꼴이 된다. 여러분의 머릿속에서 일어나는 생각에 골몰하여 아이의 머릿속에서 빚어지는 효과를 보지 못하는 것이다. 계속해서 아이들을 기진맥진하게 만드는 말의 홍수 가운데 그들이 잘 이해하지 못하는 말이 하나도 없을 것이라고 생각하는가? 아이들도 자기 나름대로 여러분의 산만한 설명을 해석해 보고 거기서 자기 능력에 맞게 체계를 세울 만한 것을 찾아, 기회가 생기면 여러분에 맞서 그 체계를 주장할 수 있으리라는 생각이 들지 않는가?

여러분이 방금 가르침을 준 꼬마 아이가 하는 말을 한번 들어 보라. 그가 마음대로 재잘거리며 질문하고 허튼소리를 하게 내버려 둬 보라. 그러면 여러분은 여러분의 논리적 추론이 아이의 머릿속에서 이상한 형태를 갖게 된 데 놀랄 것이다. 아이는 모든 것을 뒤섞어 혼동하고 뒤집어 놓아 여러분을 애태울 것이고, 때로는 예상치 못한 반론으로 여러분을 실망시킬 것이다. 그리하여 결국 여러분이 입을 다물거나, 아이의 입을 다물게 하는 지경에 이를 것이다. 아이는 그토록 말하기 좋아하던 사람이 입을 다무는 것을 보고 무슨 생각을 할 수 있을까? 이런 식으로 언젠가 아이가 우위를 점하고 또 그렇다는 것을 알아채게 되면 교육은 끝장이다. 그 순간부터 모든 것은 끝나고 그는 더 이상 교육을 받으려 하지 않을 것이며 여러분을 반박하려 할 것이다.

열성적인 교사들이여, 단순해지고 신중해지라. 그리고 자제하라. 다른 사람들이 행동하는 것을 막기 위해서만 서둘러라. 반복해서 말하지만, 좋은 가르침이라 하더라도 나쁜 가르침도 함께 주게 될까 염려되니 가능한 한 뒤로 미루는 것이 좋다. 자연이 인간의 첫 번째 낙원으로 삼은 이 세상에서, 순진무구한 아이에게 선과 악에 대한 인식을 부여하고 싶어 하다가 유혹자 역할을 하지 않도록 경계하라. 어린아이가 외부에서 본을 보고 배우는 것을 막을 수 없다면, 그런 본보기가 아이에게 적합한 이미지로 머릿속에 각인될 수 있도록 여러분의 모든 주의를 집중시켜라.

격렬한 정념은 그것을 목격한 아이에게 지대한 영향을 미친다. 왜냐하면 그러한 정념에는 매우 두드러진 징후들이 있어서, 아이가 강한 충격을 받고 관심을 온통 거기에 집중시키지 않을 수 없기 때문이다. 특히 분노는 격해지면 너무도 소란스러워서 가까이 있다면 알아채지 않을 수가 없다. 교육자에게 그것은 일장연설을 늘어놓을 수 있는 기회가 아니냐고 물어보지도 말라. 어림없다! 훌륭한 연설, 절대로 안 된다. 아무것도, 단 한 마디도 하지 말라. 아이가 직접 와서 보게 하라. 그 광경에 놀란 아이가 여러분에게 질문할 것이다. 대답은 간단하다. 대답은 아이의 감각에 충격을 주는 대상 그 자체에서 나온다. 벌겋게 달아오른 얼굴과 이글거리는 눈, 위협적인 몸짓이 보이고 고함 소리가 들려온다. 이 모든 징후들은 육체가 평안한 상태에 있지 않다는 것을 나타낸다. 아무것도 꾸미거나 숨기지 말고 아이에게 침착하게 다음과 같이 말하라. "이 불쌍한 사람은 병에 걸려서 지금 열에 들떠 있단다." 여러분은 여기서 몇 마디 짧은 말로 질병들과 그 결과들에 대한 관념을 심어 줄 기회를 끌어낼 수 있다. 왜냐하면 이 또한 자연스러운 일로, 아이가 자신도 예속되어 있음을 느껴야 할 필연성의 사슬들 중 하나이기 때문이다.

이러한 관념은 그릇된 것이 아니다. 아이는 이 관념에 의거해서 일찍부터 격렬한 정념에 사로잡히는 것에 대해 거부감을 갖고 그것을 질병으로 간주하게 될 것이다. 적절하게 주어진 이런 관념이 엄청 지겨운 도덕 설교 못지않게 유익한 효과를 내지 못할 거라고 생각하는가? 그리고 이 관념이 미래에 가져올 결과를 생각해 보라. 여러분은 부득이한 경우, 언젠가 말 안 듣는 반항적인 아이를 병에 걸린 것으로 취급해도 괜찮을 것이다. 아이를 자신의 방에 가두어 놓고, 필요하면 침대에 눕혀 둔 채 식사량을 줄이고 앞으로 나타날 악덕을 두려워하게 하면서 그것을 추악하고 무서운 것으로 여기게 할 수 있을 것이다. 그렇더라도 그의 악덕을 치유하기 위해 여러분이 취할 수밖에 없는 엄격한 태도를 아이는 결코 처벌로 간주할 수 없을 것이다. 만약 여러분 자신이 잠시 흥분하여 여러분이 수련해야 할 냉정함과 자제력을 잃는 경우가 있다 하더라도, 아이에게 여러분의 잘못을 감추려 해서는 안 된다. 차라리 솔직하게, 부드러운 비난을 조금 섞어서 이렇게 말해 주는 것이 좋다. "얘야, 네가 나를 병들게 했구나."

또한 어린아이가 갖게 된 단순한 관념들이 빚어낼 어리석은 말들이라도 그것을 아이가 보는 앞에서 지적하거나 아이가 알아챌 수 있도록 언급해서는 절대로 안 된다. 한 번만이라도 부주의하게 웃음을 터트린다면 그것으로 육 개월 동안의 노력이 허사가 될 수도 있고, 평생 돌이킬 수 없는 실수가 될 수도 있다. 아이의 스승이 되려면 자기 자신을 다스릴 줄 알아야 한다는 말은 아무리 반복해도 충분치 못할 것이다. 이웃인 여인 두 사람이 한창 싸움에 열을 올리고 있을 때, 나의 귀여운 에밀이 더 화가 난 여인에게로 다가가 그녀에게 동정 어린 어조로 다음과 같이 말하는 장면을 상상해 본다. "아주머니, 병에 걸리셨군요. 참 안됐습니다." 이 뜻밖의 말은 분명 구경꾼들에게 그리고 어쩌면 두 당사자들에게도 효력을 발휘할 것이다. 나는 웃거나 꾸짖거나 칭찬하지 않고, 에밀이 그 효력을 알아채기 전에 적어도 그 점에 대해 생각해 보기 전에, 싫든 좋든 그를 데리고 그 자리를 떠나 그가 빨리 그 일을 잊을 수 있도록 다른 일들로 서둘러 그의 관심을 전환시킬 것이다.

나의 계획은 모든 것을 세세하게 말하는 것이 아니다. 다만 보편적인 준칙들을 설명하고 까다로운 상황에 대해 그 실례를 제공하는 것이다. 나는 사회 속에서 어린아이가 열두 살이 될 때까지 인간 대 인간의 관계와 인간 행위의 도덕성에 관해 어떤 관념도 심어 주지 않은 채 그를 지도하는 것은 불가능하다고 생각한다. 아이에게 그 개념들이 최대한 늦게 필요해지도록 노력하는 것으로 충분하며, 또한 그러한 개념들이 불가피해질 경우에는 아이가 자신이 모든 것의 주인이라고 생각하지 않도록 또 조심성 없이 자신도 모르게 타인에게 해를 끼치지 않도록 현재의 유용성 안에 그 개념들을 제한시키는 것으로 충분하다. 최초의 순진무구한 상태 속에서 위험하지 않게 성공적으로 지도할 수 있는 온화하고 침착한 성격의 아이들도 있지만, 일찍부터 사나워져서 묶어 두지 않으려면 서둘러 어른으로 만들어야 하는 난폭한 성격의 아이들도 있다.

우리의 첫 번째 의무들은 우리 자신에 대한 것이다. 우리의 최초의 감정은 우리 자신에게로 집중된다. 우리의 자연적인 모든 움직임들은 우선 자기 보존과 행복에 관련되어 있다. 따라서 우리가 느끼는 최초의 정의감은 우리에게 의무인 정의가 아니라 우리에게 권리인 정의에서 비롯된다. 따라서 아이들에게 자신의 권리에 대해 말하지 않고 의무에 관해 먼저 말함으로써 필요한 것과 반대되는 것 즉 그들이 이해할 수도 없고 그들의 관심도 끌 수 없는 것부터 말하는 것 또한 일반 교육의 잘못된 방향들 중의 하나이다.

그러므로 앞서 내가 가정했던 아이들 중 하나를 지도해야 한다면 다음과 같이 생각할 것이다. 어린아이는 사람이 아니라[12] 사물에 저항한다.

그리고 곧 경험을 통해 자기보다 나이와 힘에 있어서 우위에 있는 사람을 존경하는 법을 배우게 된다. 그러나 사물은 스스로를 방어하지 못한다. 따라서 아이에게 심어 주어야 할 최초의 관념은 자유의 관념이 아니라 소유의 관념이다. 아이가 소유의 관념을 가지려면 아이 자신이 무엇인가를 소유해야 한다. 그의 옷이나 가구, 장난감을 예로 드는 것은 아이에게 아무런 의미가 없다. 아이는 이러한 물건들을 자기 마음대로 사용하지만 그것들을 왜, 어떻게 가지게 되었는지 모르기 때문이다. 누군가 주었기 때문에 그것들을 가지게 되었다고 말해 줘도 별반 나을 것이 없다. 왜냐하면 누군가 그것을 주기 위해서는 누군가가 그것을 소유해야 하기 때문이다. 결국 이것은 그의 소유 이전의 소유이다. 그런데 사람들은 증여가 일종의 계약이라는 점과, 아이가 아직 계약이 무엇인지 알 수 없다는 점[13]을 고려하지 않고 그에게 소유의 원칙을 설명하려 든다. 독자들이여, 당부하건대, 이러한 예와 다른 수많은 예들을 보더라도 사람들이 아이의 능력으로는 아직 이해할 수 없는 낱말들을 그의 머리에 주입하면서 그러고도 어떻게 그들을 훌륭하게 가르쳤다고 믿는지 잘 생각해 보도록 하라.

---

12 어린아이가, 자기보다 어린 사람이나 심지어 자기 또래를 대할 때도 마찬가지이지만, 어른에게 대드는 것을 허용해서는 절대로 안 된다. 만약 그가 누군가를, 그가 하인이든 남을 괴롭히는 사람이든 그를 심하게 때린다면 다시는 그런 짓을 하고 싶은 마음이 들지 않도록 그가 한 이상으로 그를 때려 주도록 하라. 나는 경솔한 보모들이 아이의 반항기를 부추겨 남을 때리도록 조장하고 또 자신을 때리게 내버려 두며 아프지 않다고 웃어 버리는 것을 본 적이 있다. 그녀들은 화가 난 아이의 의도에서는 그것이 살인이나 마찬가지이며, 어려서 남을 때리고 싶어 하는 자는 어른이 되어서는 살인을 저지르려 할 것이라는 생각조차 하지 못한다.
13 이러한 이유로 대부분의 아이들은 자신이 누군가에게 주었던 것을 되찾으려 하고 돌려주지 않으려 하면 울어 댄다. 아이들이 증여가 무엇인지를 제대로 이해하게 되었을 때 이러한 일은 더 이상 일어나지 않는다. 그렇게 되면 아이들은 무엇인가를 주는 일에 더욱 신중해진다.

그러므로 소유의 기원으로 거슬러 올라가야 한다. 왜냐하면 소유에 관한 최초의 관념은 바로 거기서 생겨나야 하기 때문이다. 시골에서 사는 아이는 밭일에 대해 어떤 개념을 가지게 될 것이다. 그러기 위해서는 보는 눈과 그럴 여가만 있으면 되는데, 시골에서 사는 아이는 둘 다를 가지고 있다. 어떤 나이이든 그렇지만 특히 그 나이 때는 창조하고 모방하고 생산하고 싶어 하며, 또 힘과 활동이 드러나는 표식들을 보여 주고 싶어 한다. 밭을 경작하고 씨를 뿌리고 식물이 싹을 틔우고 자라는 것을 단 한 번만 봐도 아이는 이번에는 자신이 직접 경작을 해 보고 싶어 할 것이다.

　앞서 세운 원칙대로, 나는 아이가 하고 싶어 하는 일은 반대하지 않는다. 오히려 반대로 그 일을 할 수 있게 도와주고 아이의 취미를 공유하며, 아이의 기쁨을 위해서가 아니라 나의 즐거움을 위해서 함께 일을 한다. 적어도 아이는 그렇게 생각할 것이다. 나는 아이의 정원에서 일하는 일꾼이 된다. 아이가 힘을 갖게 될 때까지 나는 아이를 대신해서 땅을 경작한다. 아이는 그 땅에 누에콩을 심고 땅을 소유하게 되는데, 이 소유가 남아메리카의 누네스 발보아[14]가 스페인 왕의 이름으로 남쪽 해안에 깃발 하나 꽂고 자기 것으로 삼은 소유보다 더 신성하고 존경할 만한 것임은 분명하다.

　우리는 매일 와서 누에콩에 물을 주고 기쁨에 차서 그것이 자라는 것을 본다. 나는 아이에게 "이것은 네 것이다"라고 말해 줌으로써 그 기쁨을 더욱 증대시킨다. 그리고 "누구의 것"이라는 어휘를 아이에게 설명하

14　1513년에 처음으로 태평양에 도달한 스페인의 탐험가 — 옮긴이.

면서 아이가 거기에 시간과 노동, 노고, 요컨대 그 자신을 바쳤음을 깨닫게 해 준다. 또한 싫다고 하는데도 자신의 팔을 붙잡고 있는 다른 사람의 손에서 자기 팔을 빼낼 수 있듯이, 그가 누구든 그에게 맞서서 당당히 요구할 수 있는 아이 자신의 무엇인가가 그 땅에 있음을 알게 해 준다.

어느 날 아이가 손에 물뿌리개를 들고 서둘러 달려온다. "오 이게 무슨 일인지! 정말 참담해요! 누에콩이 죄다 뽑혀 있고 밭은 온통 파헤쳐져 위치조차 분간이 안 되고. 아! 나의 노동과 작업, 내가 들인 수고와 흘린 땀의 달콤한 결실이 어떻게 된 거지? 누가 나의 재산을 빼앗아 갔지? 누가 누에콩을 가져간 거지?" 어린 마음이 분노에 차 있다. 처음으로 느껴 본 불의의 감정이 그의 마음에 쓰라린 고통을 부어 넣었다. 눈물이 줄줄 흘러내린다. 비탄에 잠긴 아이의 신음 소리와 울음소리가 대기를 가득 메운다. 나도 그의 고통과 분노를 함께 느낀다. 조사하고 탐색하고 수소문을 한다. 마침내 정원사가 저지른 짓임을 알아낸다. 그를 불러온다.

그러나 잘못 생각한 것은 바로 우리이다. 우리가 무엇 때문에 화가 났는지 알고 나서 정원사는 우리보다 더 소리 높여 불평하기 시작한다. "뭐라고요! 나리들, 내 작품을 망쳐 놓은 것은 바로 나리들입니다! 나는 거기다 몰타산 멜론을 심어 두었어요. 보물을 찾듯 어렵게 씨를 구했고, 열매가 익으면 나리들을 대접할 생각도 하고 있었지요. 그런데 거기다 그 보잘것없는 누에콩을 심으려고 당신들은 싹이 난 나의 멜론을 모두 망쳐 놓았단 말씀입니다. 달리 어찌해 볼 수도 없어요. 나리들은 나에게 돌이킬 수 없는 손해를 끼쳤고 맛있는 멜론을 먹을 기회도 스스로 놓쳐 버리고 말았어요."

장 자크: 미안하오, 가엾은 로베르. 당신의 노동과 수고가 거기에 들어
　　　　있는데. 우리가 당신 일을 망치는 잘못을 범했다는 것을 깨달았습
　　　　니다. 우리가 다른 몰타산 씨를 구해 보도록 하겠습니다. 그리고
　　　　다시는 누군가 우리보다 먼저 손을 댔는지 알아보기 전에 땅을 경
　　　　작하는 일은 없도록 하겠습니다.

로베르: 아! 좋습니다, 나리들. 그렇다면 나리들은 가만히 계시기만 하
　　　　면 됩니다. 경작되지 않은 땅은 거의 없으니까요. 나로 말하면 저
　　　　의 부친께서 개량해 놓은 땅을 경작하고 있습니다. 누구나 그렇게
　　　　합니다. 나리들이 보신 땅은 전부 오래전부터 주인이 있습니다.

에밀: 로베르 씨, 그럼 이렇게 멜론 씨를 망치는 일이 종종 있습니까?

로베르: 죄송하지만, 도련님. 당신처럼 경솔한 도련님들이 자주 오지
　　　　는 않습니다. 아무도 이웃의 밭을 건드리지 않아요. 자신의 노동
　　　　을 보장받기 위해 누구나 다른 사람의 노동도 존중하거든요.

에밀: 하지만 나는 땅이 없어요.

로베르: 그것이 나와 무슨 상관이 있습니까? 나리들이 내 땅을 망친다
　　　　면 나도 더 이상 나리들이 산책하도록 내버려 두지 않을 겁니다.
　　　　나리들도 아시겠지만, 나도 내 수고를 헛되게 하고 싶지 않으니
　　　　까요.

장 자크: 로베르, 당신은 좋은 사람이니 타협안을 하나 제안해도 되겠
　　　　소? 그것은 나와 이 어린 친구에게 당신 땅의 한 귀퉁이를 경작할
　　　　수 있게 허락해 달라는 거요. 수확의 반을 당신이 가진다는 조건
　　　　으로 말이오.

로베르: 조건 없이 그렇게 해 드리겠습니다. 하지만 만약 나리들이 내

멜론을 건드린다면 나도 누에콩을 죄다 엎어 버리리라는 것을 기억해 두세요.

이런 방식은 어린아이에게 기본적인 개념들을 가르치기 위한 시도이다. 여기서 우리는 소유의 관념이 어떤 식으로 최초의 점유자가 노동을 통해 갖게 되는 권리인지 자연스럽게 역추적하여 알 수 있게 된다. 이는 명백하고 분명하고 단순하여 어린아이의 이해력으로도 이해할 수 있는 사실이다. 여기서 소유권과 교환까지의 거리는 한 걸음 정도면 되겠지만, 일단 멈추어야 한다.

또한 내가 지금까지 두 쪽에 걸쳐 기술한 설명이, 실제로 행동에 옮기는 경우에는 아마도 일 년은 족히 걸리는 일이라는 것을 알 수 있을 것이다. 왜냐하면 도덕적인 개념들을 익히는 일은 아무리 느리게 진전해도 느리다 할 수 없고, 한 걸음씩 다져 나간다 해도 지나치게 다진다고 할 수 없기 때문이다. 젊은 교사들이여, 당부하건대, 이와 같은 예에 유의해서 매사에 당신의 가르침이 말보다는 행동으로 이루어져야 한다는 것을 명심하라. 아이들은 자신이 말한 것과 들은 것은 쉽게 잊어버리지만, 자신이 직접 한 행동과 사람들이 그에게 했던 행동은 잊지 않기 때문이다.

이러한 가르침들은 이미 말했듯이 학생의 천성이 온화한지 거친지에 따라 필요한 시기가 앞당겨지기도 하고 늦추어지기도 하므로 시의적절하게 주어져야 한다. 그 가르침들을 이용하는 방법은 명약관화하지만, 까다로운 상황에서 중요한 것을 놓치지 않도록 예를 하나 더 들어 보겠다.

성미가 까다로운 여러분의 아이가 손대는 것마다 부수어 버린다고 화내지 말고, 그가 망가뜨릴 만한 것을 그의 손이 닿지 않는 곳에 두도록 하라. 아이가 자신이 사용하는 가구를 부수면, 절대 서둘러 다른 가구를 마련해 주지 말라. 그가 물건이 없어짐으로써 생기는 피해를 깨닫게 해 주어야 한다. 아이가 제 방의 창문을 깨뜨렸다면, 감기에 걸릴까 염려하지 말고 밤낮으로 바람이 들이닥치도록 내버려 두라. 아이가 어리석은 사람이 되는 것보다는 감기에 걸리는 편이 차라리 낫기 때문이다. 아이가 여러분을 성가시게 하더라도 아무 불평 하지 말고 그가 불편함을 먼저 느낄 수 있게 하라. 종국에는 여전히 아무 말 없이 창문을 갈아 끼운다. 아이가 또 창문을 깨뜨린다면? 그때는 방법을 바꾸어야 한다. 냉정하게 그러나 화는 내지 말고 그에게 다음과 같이 말하라. "창문은 내 것이다. 내가 수고하여 창문을 그곳에 달아 두었다. 그것을 잘 보존했으면 좋겠구나." 그리고 나서 창문이 없는 어두운 곳에 아이를 가두어 둔다. 너무도 새로운 이런 방식에 아이는 소리를 지르며 화를 내기 시작할 것이다. 하지만 아무도 그 소리에 귀를 기울이지 말라. 곧 아이는 지쳐서 태도가 달라질 것이다. 아이는 눈물을 흘리며 하소연한다. 그때 하인이 나타나면, 반항하던 아이는 그에게 자신을 나가게 해 달라고 부탁할 것이다. 그렇게 하지 않을 구실을 찾을 것도 없다. 하인은 "저 역시 창문을 잘 간수해야 합니다"라고 말한 뒤 그냥 나가 버린다. 결국 몇 시간 동안, 지긋지긋해져서 절대로 잊지 못할 만큼 충분히 오랫동안 아이가 그곳에 머문 후, 누군가 아이에게 가서 선생님께 자신을 풀어 주면 다시는 창문을 깨뜨리지 않겠다고 말하고 화해를 요청해 보라는 제안을 한다. 아이로서는 더 바랄 것이 없다. 아이는 다른 사람을 시켜서 자기를 보러 와 달라고 여러분에게 부탁할 것이다. 이제 여러분이 그곳에 간다. 아이가 여러분에게 제안을 하면 즉시 그것을 수락하고 다음과 같이 말하라. "잘 생각했다. 그렇게 하면 우리 둘 다에게 이롭겠구나. 왜 이런 좋은 생각을 진작 하지 못했을까!" 그러고는 그가 한 약속에 대해 이의를 달거나 확인 받으려 하지 말고, 그 화해를 마치 서약이라도 한 듯이 신성하고 불가침한 것으로 여기면서 기쁘게 그를 안아 주고 즉시 그를 방으로 데리고 가라. 이런 방식에서 아이가 성실한 약속과 그 유용성에 대해 어떤 생각을 가지게 될지 생각해 보라. 이미 버릇이 나빠진 아이를 제외하고 이런 지도의 시련을 치르고도 고의로 창문을 깨트리려는 아이가 세상에 한 명이라도 있다면, 내 생각이 틀린 것이리라. 이 모든 일의 연쇄 고리를 잘 살펴보라. 그 심술궂은 꼬마는 누에콩을 심으려고 땅을 파헤칠 때, 그가 가진 지식 때문에 그 자신이 갇힐 감옥을 스스로 파고 있다는 생각은 거의 하지 못했던 것이다.[15]

이제 우리는 도덕의 세계로 들어섰다. 그리고 여기서 악을 향하는 문이 열린다. 계약, 의무와 함께 속임수와 거짓이 생겨난다. 해서 안 되는 일을 할 수 있게 되면 곧 사람들은 하지 말았어야 할 일을 숨기려 든다. 이익 때문에 약속을 한 이상 더 큰 이익이 생기면 약속은 어길 수 있다.

---

15 게다가 약속을 지켜야 한다는 의무가 아이의 머릿속에서 유용성의 무게로 확고하게 자리 잡지 못하더라도, 막 생겨나기 시작한 내면의 감정이 곧 그것을 아이에게 양심의 법칙으로 부과할 것이다. 적용될 수 있는 지식만 갖추면 곧 발전하게 될 내재적 원칙으로 말이다. 이 최초의 특징은 인간의 손으로 표시되는 것이 아니라, 모든 정의의 창조자에 의해 우리의 마음에 새겨진다. 계약이라는 최초의 법칙과 그것이 부과하는 의무를 제거하면 인간 사회에서 모든 것은 환상이고 공허하다. 자신의 이익을 위해서만 약속을 지키는 자는 아무것도 약속하지 않았을 때보다 약속에 더 매여 있다고 할 수도 없다. 아니면 기껏해야 정구 경기자들이 비스크(정구에서 약한 편에 덤으로 주는 점수 — 옮긴이)를 활용하듯이, 약속을 어길 권한을 갖는 것이다. 그런데 경기자들이 비스크의 활용을 늦추는 것은 오로지 더 유리하게 이용할 수 있는 순간을 기다리기 위해서이다. 이 원칙은 매우 중요하므로 깊이 연구해 볼 만하다. 왜냐하면 인간이 스스로 모순에 처하기 시작하는 것은 바로 이 지점이기 때문이다.

벌만 받지 않는다면 약속을 어기는 것은 더 이상 문제가 되지 않는다. 그리고 자연스럽게 그럴 수단이 생긴다. 그래서 사람들은 숨거나 거짓말을 한다. 악덕을 미리 방지할 수 없어서 우리는 이렇게 처벌을 하게 되었다. 바로 이것이 인간의 잘못과 더불어 시작된 인생의 불행이다.

아이들에게 벌이라 하고 벌을 가해서는 안 된다. 그들이 저지른 나쁜 행동이 가져온 자연스러운 결과로서 그들에게 벌이 부과된다는 것을 이해시키려고 나는 이미 충분히 설명했다. 따라서 절대로 거짓말을 심하게 비난하지 말고, 거짓말을 했다는 바로 그 이유만으로 아이들을 벌하지 말라. 다만 거짓말의 모든 나쁜 결과들, 진실을 말하는데도 믿어 주지 않는다든지, 본인이 저지르지 않았다고 부인하는데도 저지르지 않은 잘못 때문에 비난을 받는다든지 하는 결과들이 거짓말을 한 아이들의 머리에 떠오르게 하면 된다. 그러나 거짓말을 한다는 것이 아이들한테 과연 어떤 일인지 설명해 보자.

거짓말에는 두 종류가 있다. 과거와 관련된 사실상의 거짓말과 미래와 관련된 당위적인 거짓말이 그것이다. 전자는 자신이 한 일을 부인하거나 하지 않은 일을 했다고 우겨 대는 경우, 일반적으로 사실의 진상에 대해 고의적으로 반대되는 말을 하는 경우에 발생한다. 후자는 지킬 생각이 없는 약속을 할 때, 일반적으로 말하면 자신의 의지와 상반되는 의사를 표명하는 경우에 발생한다. 이 두 거짓말은 때로 하나의 거짓말 속에 동시에 포함될 수도 있다.[16] 하지만 여기서 나는 이 두 거짓말의 차이

---

16 나쁜 짓을 저질러 고소당한 죄인이 자신은 정직한 사람이라고 말하면서 자신을 변호하는 경우이다. 그때 그는 사실에 있어서나 당위에 있어서나 거짓말을 하고 있는 것이다.

를 통해 그것들을 고찰해 보고자 한다.

　다른 사람의 도움이 필요하다고 느끼고 계속해서 그들의 호의를 얻는 자는 그들을 속이는 일에는 아무런 관심도 없다. 오히려 다른 사람들이 잘못 생각하고 그에게 해를 입힐까 두려워서 그는 그들이 사실을 있는 그대로 보는지에 지대한 관심을 갖는다. 따라서 사실상의 거짓말이 아이들에게서 자연스럽지 않다는 것은 명백하다. 그러나 복종의 규칙이 거짓말을 할 필요성을 만들어 낸다. 왜냐하면 복종하는 것은 괴로운 일이어서 가능한 한 남들이 모르게 거기서 벗어나려 하기 때문이다. 또한 처벌이나 꾸중을 피하는 데서 오는 현재의 이익이 진실을 밝힘으로써 얻게 될 먼 미래의 이득을 능가하기 때문이다. 자유롭고 자연적인 교육을 받고 있는 여러분의 아이가 도대체 왜 여러분에게 거짓말을 하겠는가? 여러분에게 숨길 것이 무엇이 있겠는가? 여러분이 그를 나무라지도 않고 어떤 일로 처벌하지도 않으며 아무것도 요구하지 않는데도 말이다. 제 또래의 아이에게 하듯이 여러분에게 자신이 한 일을 모두 순진하게 말하지 않을 이유가 무엇이겠는가? 아이는 모든 것을 고백하면서 친구에게서도 여러분에게서도 위험을 느낄 수 없다.

　당위의 거짓말은 훨씬 부자연스럽다. 어떤 행위를 하겠다 혹은 하지 않겠다는 약속은 일종의 계약행위로서 자연 상태를 벗어나 자유를 위반하는 것이기 때문이다. 게다가 어린아이들이 하는 모든 약속은 그 자체로는 아무런 의미가 없다. 아이들의 제한된 시야는 현재를 넘어서까지 확장될 수 없어 약속을 하면서도 아이들은 자신이 무엇을 하고 있는지 알지 못하기 때문이다. 약속을 할 때도 아이는 거의 거짓말을 할 수가 없다. 왜냐하면 당장 난관에서 벗어날 것만 생각하므로 지금 효과를 발휘하지 않는 수단은 그것이 무엇이든 아이에게 마찬가지이기 때문이다. 미래에 대한 약속을 할 때 아이는 아무것도 약속하지 않는 셈이다. 아직 잠자고 있는 아이의 상상력은 서로 다른 두 개의 시간대로 그의 존재를 펼쳐 놓을 줄 모른다. 내일 창문으로 뛰어내리겠다는 약속을 하고 채찍을 피할 수만 있다면, 또 과자 한 봉지를 얻을 수만 있다면 그는 당장 그렇게 약속할 것이다. 법이 아이들의 약속을 전혀 고려하지 않는 것은 바로 이 때문이다. 매우 엄격한 아버지와 교사가 아이들에게 약속을 지키라고 요구할 때, 그것은 오로지 아이가 약속을 하지 않더라도 해야만 할 일에 국한된다.

약속을 하면서도 자신이 무슨 일을 하고 있는지 모르는 어린아이는 따라서 약속을 하면서 거짓말을 할 수가 없다. 그러나 아이가 약속을 지키지 않을 때는 사정이 다르다. 그것은 일종의 소급된 거짓말이라 할 수 있다. 왜냐하면 아이는 그런 약속을 했다는 사실은 또렷이 기억하기 때문이다. 하지만 그가 알지 못하는 것은 약속을 지키는 일의 중요성이다. 미래를 읽을 수 없는 아이는 상황의 결과 또한 예측할 수 없다. 그러므로 아이가 약속을 어길 때도 그는 제 나이의 이성에 어긋나는 일은 아무것도 하지 않는 셈이다.

따라서 어린아이의 거짓말은 모두 교사 탓이 된다. 그리고 그들에게 진실을 말하는 법을 가르치려는 것은 거짓말하는 법을 가르치는 일에 불과하다는 결론이 나온다. 사람들은 아이를 통제하고 지도하고 가르치는 데 급급해서 자기 안에서 성공할 수 있는 충분한 수단을 절대로 찾아내지 못한다. 근거 없는 교훈과 이유 없는 규칙들로 아이들의 정신에 새로 영향력을 미치려 들며, 아이들이 무지하지만 진실한 채 남아 있기보다 그들의 가르침을 알고 거짓말을 하는 편이 더 낫다고 생각한다.

　제자들에게 실천적인 가르침만 주려 하고, 그들이 학자가 되기보다 선량한 사람이 되기를 바라는 우리로서는 제자들이 혹여 진실을 숨길까 두려워 그들에게 진실을 요구하지도 않는다. 또한 그들이 지킬 마음이 없는 약속은 아예 하게 만들지도 않는다. 내가 없을 때 누가 저지른 일인지 알 수 없는 어떤 손실이 생기더라도 나는 에밀을 비난하거나, 그에게 "도련님이 한 짓입니까?"라고 묻지 않을 것이다.[17] 그럴 경우 내가 그에게 부인하는 법을 가르치는 것이 아니면 무엇이란 말인가? 만약 아이의 성격이 까다로워서 내가 그와 무슨 약속이라도 해야 한다면, 나는 적절한 조처를 취해 언제나 내가 아니라 그가 제안을 하게 만들 것이다. 그리고 그가 약속을 할 때는 언제나 그 약속의 이행이 그에게 당장 뚜렷한 이득이 되게 할 것이며, 만약 한 번이라도 약속을 어긴다면 그 거짓말로 인해 그가 손해를 입게 만들 것이다. 이때 손해는 상황의 당연한 귀결로 초래된 것이지, 스승의 분풀이에서 비롯된 것이 아니라는 것을 알게 해야 한다. 그러나 그런 가혹한 수단을 사용할 필요도 없이, 나는 에밀이 먼 훗날에 거짓말을 한다는 것이 무슨 일인지 알게 되리라고, 또한 거짓말이 무엇에 소용되는지 알지 못했던 그가 거짓말을 알고 매우 놀랄 것이라고 확신한다. 내가 에밀의 행복을 다른 사람의 판단이나 의지와 무관한 것으로 만들어 주면, 그의 내면에서 거짓말에 대한 관심이 점점 더 없어질 것

17　특히 어린아이가 잘못을 저질렀을 때 이런 질문보다 더 경솔한 것도 없다. 그럴 경우 만약 아이가 여러분이 자신이 한 짓을 알고 있다고 생각한다면, 그는 여러분이 자신에게 덫을 놓고 있다는 사실을 알게 될 것이다. 이러한 생각은 반드시 아이가 여러분에게 반감을 품게 할 것이다. 만약 그가 그렇게 생각하지 않는다면 다음과 같이 생각할 것이다. "왜 내가 나의 잘못을 밝혀야 하지?" 바로 이것이 거짓말의 첫 번째 유혹이며, 여러분의 경솔한 질문이 만들어 낸 결과물이다.

은 명백한 사실이다.

서둘러 가르치려 들지 않으면 급하게 요구할 것이 없어져서, 여유를 갖고 적절한 시기가 되었을 때만 무엇인가를 요구하게 된다. 그러면 아이는 조금도 나빠지지 않으니 그 점에서 배움을 얻는 셈이다. 하지만 경솔한 교사가 어떻게 처신할지 몰라 아이에게 매 순간 이것저것 분별없이 아무렇게나 도를 넘은 약속을 하게 하면, 온갖 약속에 짓눌려 지쳐 버린 아이는 그 약속들을 등한히 하고 잊어버리고 마침내는 무시하게 되며, 약속을 죄다 헛된 형식적인 말로 간주하고 장난삼아 약속을 일삼고 어겨 버린다. 그러므로 아이가 약속을 충실하게 지키기를 바란다면 약속을 신중하게 요구하라.

거짓말에 대해 내가 방금 언급한 상세한 사항들은 많은 측면에서, 사람들이 아이들에게 명령하는 다른 모든 의무에도 적용될 수 있다. 사람들은 아이들에게 의무를 명령함으로써 오로지 아이들이 의무를 끔찍이 싫어하도록 만들 뿐만 아니라 실천할 수도 없게 만든다. 사람들은 아이들에게 미덕을 설교하는 것 같지만 실상은 아이들이 모든 악덕을 사랑하게끔 만든다. 악덕을 지니지 못하게 하면서 오히려 그것을 가르치는 것이다. 아이들이 독실한 신앙심을 갖기를 바라면서 교회로 데려가 지겨워하게 만든다. 계속 기도를 중얼거리게 함으로써 신에게 더는 기도하지 않아도 되는 행복을 갈망하게 한다. 자비심을 일깨우겠다고, 마치 자신은 적선하는 것을 경멸이라도 하는 듯이, 아이에게 동냥을 주게 한다. 그런데 적선을 해야 할 사람은 아이가 아니라 선생이다. 제자에게 아무리 큰 애정을 가졌다 하더라도 그 명예로운 일을 제자에게 양보해서는 안 된다. 아이가 제 나이엔 아직 적선할 자격이 없다는 것을 판단할 수 있게 해 주어야 한다. 적선은 주는 것의 가치와 받는 사람이 그것을 필요로 한다는 것을 알고 있는 사람이 하는 행동이다. 아직 이런 점을 전혀 알지 못하는 어린아이가 적선을 한다는 것은 결코 칭찬받을 일이 아니다. 그는 자비심도 선한 마음도 없이 그저 베푸는 것이다. 아이가 자신과 여러분이 한 일에 근거하여 아이들만 적선을 하고 어른은 더 이상 적선을 하지 않는다고 생각하게 되면, 아이는 적선에 거의 수치심까지 느낄 것이다.

아이에게 적선을 하도록 시키는 것은 아이가 그 가치를 모르는 물건, 그러니까 아이에게는 적선할 때만 쓸모가 있는 주머니 속 금속 조각을 내주게 시키는 일에 지나지 않는다는 것을 알아야 한다. 아이는 과자 한 개를 주느니 차라리 100루이[18]를 내주려 할 것이다. 퍼 주기 좋아하는 아이에게 그에게 소중한 것, 가령 장난감이나 사탕, 간식을 주라고 시켜 보라. 그러면 우리는 여러분이 그를 진정으로 관대한 사람으로 키웠는지 아닌지 곧 알게 될 것이다.

그런 일에서 방책이 하나 더 있는데, 그것은 어린아이가 준 것을 빨리 그에게 되돌려주는 것이다. 그렇게 하면 아이는 곧 다시 그에게 돌아올 것을 알고 있는 물건들은 무엇이든 내어 주는 습관을 갖게 된다. 내가 본 바로는 아이들은 대부분 이런 두 종류의 관대함만 갖고 있다. 즉 그에게 아무 쓸모가 없는 것을 주든지, 다시 사람들에게서 돌려받을 수 있다고 확신하는 물건을 내어 주는 것이다. 로크는 아이들이 경험을 통해 가장 인심이 후한 사람이 언제나 가장 많은 것을 나누어 받을 수 있다는 것을

18 프랑스 국왕의 조상이 새겨진 옛 금화 ─ 옮긴이.

이해할 수 있게 하라고 말했다. 이는 어린아이를 겉으로는 관대하지만 실상은 인색하게 만드는 것이다. 덧붙여 로크는 이런 식으로 아이들이 관대한 행동을 하는 습관을 갖게 될 것이라고도 말했다. 그렇다. 소 한 마리를 갖기 위해 계란 한 개를 내어 주는 고리대금업자의 관대함을 가지게 될 것이다. 하지만 진정으로 베풀어야 할 때가 오면 그런 습관은 사라질 것이다. 이제 사람들이 돌려주지 않으면 아이들도 곧 내어 주는 행위를 그만둘 것이다. 손의 습관보다 마음의 습관에 더 신경을 써야 한다. 어린아이들에게 가르치는 모든 다른 미덕들도 이와 마찬가지이다. 사람들은 아이들에게 확실한 미덕을 설교하겠다고 그들의 어린 시절을 우울하게 허비하게 만든다! 참으로 현학적인 교육이 아닌가!

선생들이여, 겉치레를 버리고 덕을 갖춘 선량한 인간이 되시오. 당신들의 모범적인 언행이 제자들의 기억 속에 새겨져 그들의 영혼에 스며들기를 기다리시오. 나는 제자에게 자선 행위를 하도록 성급하게 요구하는 대신 그가 보는 앞에서 내가 몸소 적선을 행할 것이며, 그가 이를 제 나이에 맞지 않게 명예로운 일로 여겨 나를 모방할 엄두조차 내지 못하게 하겠다. 왜냐하면 그가 인간의 의무를 단순히 어린아이가 해야 할 일로 여기는 습관을 가져서는 안 되기 때문이다. 내가 가난한 사람들을 돕는 것을 보고 그가 나에게 질문을 한다면, 또 내가 그에게 대답을 해도 좋을 시기가 되었다면[19] 이렇게 말할 것이다. "애야, 그것은 가난한 사람들이 부자들이 존재하기를 원했을 때 부자들도 자신의 재산이나 노동으로 생

---

19 여러분은 내가 아이에게 맞춰서가 아니라 내가 원할 때 그의 질문을 해결해 준다는 점을 잘 이해해야 한다. 그렇지 않으면 나는 그의 의지에 복종하고 교사가 학생에게 종속되는 가장 위험한 상황에 처하게 될 것이다.

활할 수단을 갖지 못한 사람들을 모두 부양하겠다고 약속을 했기 때문이란다." "그렇다면 선생님도 그런 약속을 하셨나요?" 하고 그가 되물을 것이다. "물론이지, 내가 내 손을 경유하는 재산을 마음대로 하는 것은 그 소유와 결부된 조건을 수락할 때에만 가능하다네."

여러분은 이런 말을 아이에게 어떻게 이해시킬 수 있는지 알게 되었을 것이다. 그런데 에밀이 아닌 다른 아이라면 이런 말을 듣고 난 후에도 나를 흉내 내어 부자처럼 행동하고 싶어 할지도 모른다. 그럴 경우 나는 최소한 아이가 보란 듯이 뻐기지는 못하게 할 것이다. 그보다는 차라리 아이가 내 권리를 빼앗아 몰래 숨어서 적선하는 편이 나을 것이다. 이런 짓은 그 나이에 저지를 수 있는 속임수이므로, 이것만은 나도 용서하겠다.

나는 모방에서 나온 이 모든 미덕들이 원숭이의 미덕이며, 어떤 선한 행동도 다른 사람들이 그렇게 하기 때문이 아니라 그것을 선량한 일이라 믿고 행할 때에만 도덕적으로 선하다는 것을 알고 있다. 그러나 아직 아무것도 마음으로 느끼지 못하는 나이에는, 아이가 습관으로 가지면 좋을 행위를 모방할 수 있게 하는 일이 정말로 필요하다. 아이가 분별력을 가지고 선을 사랑하여 그런 행동을 스스로 할 수 있을 때까지는 말이다. 인간은 모방을 잘하며 동물마저도 그러하다. 모방의 취향은 질서정연한 자연에서 온 것이다. 하지만 그것은 사회 속에서 악덕으로 변질된다. 원숭이는 자신이 두려워하는 인간을 모방하지 무시하는 다른 동물들을 모방하지 않는다. 자신보다 나은 존재가 하는 행동을 좋은 것이라고 판단하는 것이다. 반대로 인간들 사이에서는 온갖 종류의 광대들이 아름다운 것을 타락시키거나 우스꽝스럽게 만들기 위해 그것을 모방한다. 그들은 자신이 열등하다는 감정을 가지고 자신보다 더 가치 있는 것에 필적하려고 애쓴다. 그들이 찬미하는 것을 모방하려고 애쓸 때도 그들이 선택한 대상에서 모방꾼들의 잘못된 취향은 드러난다. 그들은 자신이 더 훌륭해지거나 현명해지는 것보다, 다른 사람들을 압도하거나 자신의 재능이 칭송받기를 훨씬 더 원한다. 인간들 사이에서 모방의 근거는 언제나 자기 자신을 벗어나려는 욕망에서 비롯된다. 나의 계획이 성공적으로 이행될 경우, 에밀은 결코 그와 같은 욕망을 갖지 않을 것이다. 요컨대 이러한 욕망에서 빚어지는 겉치레의 선은 없이 살아가야 한다.

여러분이 행하는 교육의 모든 규칙들을 더 깊이 연구하면, 여러분은 그 규칙들이, 특히 미덕이나 풍습과 관련하여, 이처럼 모두 뒤집혀 있음을 발견할 것이다. 어린아이에게 적합하고 모든 연령의 사람들에게 가장 중요한 유일한 도덕적 교훈은 누구에게도 악을 행하지 말라는 것이다. 선을 행하라는 교훈조차 이 교훈을 따르지 않으면 위험하고 거짓되며 모순적이 되어 버린다. 선을 행하지 않는 사람이 누가 있는가? 모든 사람이, 악인까지도 다른 사람들처럼 선을 행한다. 악인은 백 명의 불행한 사람을 희생시키고 한 사람을 행복하게 만든다. 여기서 우리의 모든 불행이 비롯된다. 가장 숭고한 미덕은 소극적이다. 그리고 이것이 가장 어렵다. 왜냐하면 그것은 과시하지 않기 때문이다. 또한 그렇기 때문에 도움을 청한 다른 사람이 우리 덕분에 만족해서 돌아가게 하는 기쁨, 인간의 마음이 가질 수 있는 너무도 달콤한 이 기쁨마저도 넘어서 있기 때문이다. 절대로 다른 사람들에게 악을 행하지 않는 사람이 있다면, 필연적으로 그는 다른 사람들에게 얼마나 큰 선을 행하는 것인지! 그러기 위해서 그는 얼마나 용감한 정신과 강한 성격을 지녀야 하는지! 그것을 해내는 것이 얼마나 위대하고 고통스러운 일인지 느끼려면, 이 교훈을 두고 논

중하지 말고 실천하도록 노력하라.[20]

지금까지 아이들이 그들 자신이나 다른 사람들에게 해를 끼치거나 특히 나중에 고치기 힘든 나쁜 습관이 생기게 하지 않으려고, 때때로 아이들에게 반드시 주어야 할 가르침들을 제시할 때 얼마나 신중해야 하는지 몇 가지 소견을 피력했다. 그러나 올바른 교육을 받은 아이들에게는 그럴 필요가 거의 없다는 것을 확신해도 좋다. 왜냐하면 아이들이 말을 안 듣고 고약하게 굴고 거짓말을 일삼고 욕심을 부리는 것은 그들의 마음 속에 그렇게 될 만한 악덕의 씨를 심어 주지 않는 한 불가능하기 때문이다. 따라서 지금까지 내가 이 점에 대해 한 말은 정상적인 경우보다 예외적인 경우에 더욱 유용하다. 하지만 아이가 자신이 속한 어린 상태에서 벗어나 어른들의 악덕에 물들 기회가 많아짐에 따라 예외적인 경우는 더 많아진다. 당연히 세상에서 멀리 떨어져 자라는 아이들보다 세상 한복판에서 자라는 아이들에게 더 일찍부터 가르침을 주어야 한다. 따라서 세상에서 격리되어 따로 행해지는 교육은, 그것이 설령 어린아이에게 자랄 시간을 충분히 주는 일에 불과하다 하더라도, 더 바람직할 것이다.

이와 반대되는 또 다른 종류의 예외도 있는데, 그것은 탁월한 천성으

---

20 절대로 남에게 악을 행하지 말라는 교훈은 사회에 가능한 한 덜 집착해야 한다는 교훈도 함축하고 있다. 왜냐하면 사회 상태에서는 어떤 사람의 선이 필연적으로 다른 사람에게 악이 되기 때문이다. 이런 관계는 사물의 본질에 속하며 그 무엇도 이 관계를 바꿀 수 없을 것이다. 이러한 원칙을 토대로 사회인과 고독한 인간 중 어느 쪽이 더 나은지 생각해 보라. 어느 유명한 저자가 혼자 있는 사람은 악인뿐이라고 말했다(디드로의 『사생아』에 나오는 구절이다. 루소는 이 구절을 읽고 디드로가 은근히 자신을 비난한다고 생각하고 디드로와 결별하기에 이른다 — 옮긴이). 나는 혼자 있는 사람은 선인뿐이라고 말하겠다. 이 명제는 격언은 아니지만 전자보다 더 진실하고 이치에 더 잘 맞다. 악인이 혼자 있다면 무슨 나쁜 짓을 할 수 있겠는가? 그가 남을 해치려고 간교한 술책을 부리는 것은 사회 속에서이다. 이러한 논거를 들어 선한 사람을 반박하려 한다면, 나는 이 주가 달린 글을 통해 대답하겠다.

로 인해 제 나이보다 조숙한 아이들의 경우이다. 어린 시절을 벗어나지 못하는 사람들이 있듯이 이를테면 어린 시절을 거치지 않은, 거의 태어나면서부터 어른인 사람들도 있다. 곤란한 것은 이 후자의 예외가 매우 드물고 알아보기 힘들다는 점, 또 모든 어머니들은 아이는 누구나 신동일 수 있다고 생각하고 아무런 의심 없이 자기 아이도 그렇다고 생각하는 점이다. 어머니들은 한술 더 떠서 평범한 단계를 보여 주는 것들 즉 활기, 재치, 경솔한 언동, 남다른 순진성조차 비범한 징후라 여긴다. 이 모든 것이 어린아이는 어린아이에 불과하다는 것을 가장 잘 보여 주는 그 나이 때 갖는 특징들인데도 말이다. 말을 많이 시키고 무슨 말을 하든지 다 허용해서 어떤 고려나 예법의 구애도 받지 않는 아이가 우연히 운 좋게 적절히 맞아떨어지는 말을 하는 것이 그리 놀라운 일인가? 마치 점성가가 수많은 거짓말을 하고서도 어떤 진실도 예언하지 못한다면 그것이 더 놀라운 일인 것처럼, 아이가 그렇게 못 한다면 그것이 더 놀라울 것이다. 앙리 4세[21]는 거짓말을 그토록 많이 하다 보면 결국 진실을 말하게 될 것이라고 했다. 재치 있는 말을 몇 마디라도 하고 싶은 사람이면 누구든 어리석은 말을 엄청 늘어놓기만 하면 된다. 신이시여, 축하받을 특별한 재능 없이 유행을 따르는 사람들을 악으로부터 보호하소서!

가장 값비싼 보석이 아이들의 손에 들어가기도 하듯이, 매우 훌륭한 생각들이 아이들의 머릿속에 떠오를 수도 있다. 더 정확히 말하면 아이들의 입에서 매우 훌륭한 말들이 튀어나올 수도 있다. 그렇다고 해서 보석이나 생각이 그들의 것은 아니다. 그 나이에는 종류가 무엇이든 진정

---

21   Henri Ⅳ(1553~1610): 종교전쟁을 종결한 16세기 말 프랑스의 국왕으로서 명군으로 일컬어진다 ─ 옮긴이.

한 소유란 없다. 어린아이가 말하는 것들은 그에게서 우리가 그 말들에 대해 갖는 의미를 지니지 않으며, 아이는 그 말들에 동일한 관념을 결부시키지도 못한다. 또 이 관념들은, 아이에게 설령 그 관념들이 있다 하더라도, 그의 머릿속에서 아무런 맥락도 연관도 없다. 그가 생각하는 모든 것에는 고정적이거나 확실한 것은 전혀 없다. 소위 여러분이 신동이라 하는 아이를 살펴보라. 때로는 아이에게서 매우 활기찬 힘이나 통찰력 있는 명석한 정신을 발견할 때도 있을 것이다. 하지만 대개는 바로 그 동일한 정신이 마치 짙은 안개에 휩싸여 있기라도 한 듯이 무기력하게 맥이 빠져 보인다. 때로는 여러분을 앞지르다가 때로는 가만히 움직이지 않는다. 어느 순간 "그는 정말 천재야"라고 말하다가도 다음 순간 "정말 바보로군"이라고 말하게 될 것이다. 그러나 어느 경우든 다 잘못 생각한 것 같다. 그는 그저 어린아이인 것이다. 그는 한순간 바람을 가르고 날아올랐다가 다음 순간 다시 둥우리로 떨어지는 한 마리 수리 새끼인 것이다.

그러므로 겉모습이 어떻든 아이를 제 나이에 맞게 다루도록 하라. 그리고 지나치게 아이를 훈련시키려다 그 힘을 다 소진시켜 버리지 않는지 염려하라. 그 어린 뇌가 뜨거워져서 끓어오르기 시작하는 게 보이면, 처음에는 자유롭게 발효되도록 내버려 두라. 그러나 모든 것이 다 빠져나가 버릴지도 모르므로, 절대로 자극을 가해서는 안 된다. 최초의 주정酒精이 증발하고 나면, 세월이 흘러 모든 것이 열기와 진정한 힘으로 변할 때까지, 남아 있는 다른 주정은 저장하고 압축하라. 그렇지 않으면 여러분은 시간과 노고를 허비하고 여러분 자신이 이루어 온 일을 망치게 될 것이다. 여러분이 경솔하게 이 불붙기 쉬운 알코올 기체에 취해 버린다면 이후 여러분에게는 생기 없는 과실 찌꺼기만 남을 것이다.

어리석은 아이가 수준이 떨어지는 어른이 된다. 이보다 더 일반적이고 더 확실하게 관찰되는 것도 없다. 어린아이에게서 진짜 어리석음과, 강한 정신을 예고하는 거짓 어리석음을 구분하는 것보다 더 어려운 일도 없다. 처음에는 이 두 극단적인 경우가 매우 비슷한 징후를 보이는 것이 이상하게 여겨진다. 그렇지만 그럴 수밖에 없다. 왜냐하면 아직 진정한 관념을 갖지 못한 나이에, 재능을 가진 사람과 갖지 못한 사람 사이에 존재하는 차이라고는, 기껏해야 후자가 잘못된 관념만 받아들이는 반면 전자는 틀린 관념들밖에 발견하지 못해 아무것도 받아들이지 않는다는 점이다. 그러므로 한쪽은 아무것도 할 수가 없고 다른 쪽은 아무것도 마음에 들지 않는다는 점에서, 후자는 바보 같다. 그 둘을 구분할 수 있는 유일한 징후는 우연에 달려 있다. 재능을 가진 사람은 우연하게 그의 이해력이 미치는 범위에서 어떤 관념을 가질 수 있기 때문이다. 반면 바보는 언제 어디서나 늘 마찬가지이다. 소少 카토[22]는 어린 시절에 집에서 바보처럼 보였다고 한다.[23] 그는 과묵하고 고집스러웠는데, 이것이 사람들이 그에 대해 내리는 판단의 전부였다. 그의 삼촌이 그를 알아본 것은 바로 술라[24]의 응접실에서였다. 그 방에 들어가지 않았더라면 아마도 카토는 철들 나이까지 무지한 아이로 여겨졌을 것이다. 만약 카이사르가 세상에 나타나지 않았더라면, 그의 불길한 재능을 간파하고 그의 계획을 그렇게

---

22 Marcus Porcius Cato Uticensis(기원전 95-기원전 46): 카이사르에 맞서 로마 공화국을 옹호한 로마의 정치가이자 스토아 철학자이다 — 옮긴이.

23 플루타르코스, 『우티카의 카토의 일생』에서 인용 — 옮긴이.

24 Lucius Cornelius Sulla Felix(기원전 138-기원전 78): 로마의 장군이자 정치가. 종신 집정관으로 임명되어 제정을 설립하려고 했다 — 옮긴이.

일찍이 예견한 바로 그 카토를 사람들은 여전히 망상가로 취급했을 것이다. 오, 너무 성급하게 아이들을 판단하는 사람들은 얼마나 잘 틀리는지! 그들은 종종 아이들보다 더 아이 같다. 나는 고맙게도 내게 우정을 베풀어 준 어떤 사람이 꽤 나이가 들어서도 자기 집에서 또는 친구들 사이에서 편협한 정신의 소유자로 통하는 것을 본 적이 있다.[25] 그의 뛰어난 머리는 소리 없이 익어 가고 있었던 것이다. 그는 철학자로서 갑자기 두각을 나타냈는데, 나는 후세가 그 시대의 가장 뛰어난 이론가들과 심오한 형이상학자들 사이에 명예롭고 각별한 자리를 그에게 지정해 주리라고 믿어 의심하지 않는다.

어린아이를 존중하라, 그리고 좋은 쪽으로든 나쁜 쪽으로든 성급하게 그를 판단하지 말라. 특별한 아이라면 그가 오랫동안 자기를 보여 주고 증명하고 확인하게 한 연후에 그에게 맞는 특별한 방법을 채택하라. 자연의 작용을 방해할지도 모르니, 여러분이 자연을 대신해서 뭔가를 하려 하기 전에 오랫동안 자연이 하는 대로 그냥 내버려 두어야 한다. 여러분은 시간의 가치를 잘 알고 있으므로 시간을 낭비하고 싶지 않다고 말할 것이다. 여러분은 시간을 잘못 쓰는 것이 아무것도 하지 않는 것보다 훨씬 더 시간을 허비하는 일임을 모르고 있다. 또한 교육을 잘못 받은 아이는 교육을 전혀 받지 못한 아이보다 결코 더 현명하지 못하다는 사실도 알지 못한다. 여러분은 아이가 아무 일도 하지 않은 채 생애 첫 시기를 소비하는 것을 보고 불안해한다. 아니! 그런데 행복한 것이 아무것도 아닌가? 온종일 뛰어놀고 달리고 하는 것이 아무것도 아니란 말인가? 일생

25 루소에게 영향을 준 『감각론』의 저자 콩디야크(Condillac, 1715~1780)를 가리킨다 ― 옮긴이.

동안 그 시기만큼 바쁠 때도 없을 것이다. 사람들이 그토록 근엄하다고 여기는 『국가』에서 플라톤은 축제와 놀이, 노래, 오락을 통해서만 아이들을 교육시킨다. 아이들에게 즐기는 법을 잘 가르쳐 놓았을 때 할 일을 다 했다고 말할 수 있을 정도이다. 또 세네카[26]는 고대 로마의 젊은이들에 대해 언급하면서 그들은 언제나 서 있었고, 앉아서 배워야 할 것은 어떤 것도 그들에게 가르치지 않았다고 말한다.[27] 그 때문에 성인이 된 그들이 쓸모가 적었던가? 그러니 이렇게 한가로이 지내는 것에 대해 그다지 겁낼 일이 없다. 인생을 유익하게 활용하겠다고 잠을 자지 않으려는 사람이 있다면 여러분은 뭐라고 할 것인가? 무모한 자라 할 것이다. 그는 시간을 즐기지 못하고 스스로 시간을 버리고 있다. 잠을 피하려고 죽음으로 치닫는 셈이다. 이 점에서도 마찬가지라고, 어린 시절은 이성이 잠자고 있을 때라고 생각하라.

얼핏 배우기 쉬워 보이는 것이 오히려 아이들의 능력을 잃게 하는 원인이다. 사람들은 쉽다는 사실 자체가 아이가 아무것도 배우고 있지 않다는 증거임을 알지 못한다. 아이들의 매끄럽고 반들반들한 두뇌는 사람들이 보여 주는 것들을 거울처럼 반사한다. 하지만 아무것도 남아 있지 않고 아무것도 스며들지 못한다. 아이는 낱말만 받아들이고 관념은 반사시킨다. 아이가 말하는 것을 듣는 사람들은 그 말들을 이해하는데 정작 아이는 전혀 이해하지 못한다.

---

26 Lucius Annaeus Seneca(기원전 4?-65): 후기 스토아 철학을 대표하는 로마 제정시대 정치가로서 젊은 시절부터 웅변가로서 이름을 날렸다. 말년에 네로 황제의 교사가 되었지만 황제 암살 음모사건에 관련되어 자살을 명령받았다 — 옮긴이.

27 세네카, 『루키리우스에게 보낸 편지』에서 인용 — 옮긴이.

기억과 추론은 본질적으로 서로 다른 능력이지만, 하나의 능력이 개발될 때만 또 다른 능력도 진정으로 발전할 수 있다. 철들 나이가 되기 전에 아이는 관념은 받아들이지 못하고 이미지만 받아들인다. 이 둘 사이에는 차이가 있는데, 이미지는 감각의 대상들을 절대적으로 그린 것에 불과하고 관념은 관계에 의해 결정되는, 대상들에 대한 개념이다. 하나의 이미지는 그것이 그려지는 정신 속에서 홀로 존재할 수 있지만, 모든 관념은 또 다른 관념들을 전제로 한다. 사람은 뭔가를 상상할 때 단지 계속 보기만 한다. 반면에 뭔가를 이해할 때는 비교한다. 우리의 감각은 순전히 수동적인 데 반해, 지각이나 관념은 모두 판단을 하는 능동적인 원리에서 생겨난다. 이 점은 다음에 증명할 것이다.

　따라서 나는 아이들은 판단을 할 수 없기 때문에 진정한 기억을 가지고 있지 않다고 말하겠다. 그들은 소리나 형상, 감각은 기억하지만 관념을 기억하는 일은 드물고 관념들의 관계를 기억하는 경우는 더더욱 드물다. 사람들은 아이들도 기하학의 몇 가지 기본 요소들을 배울 수 있다는 것을 반증으로 제시하고는 나를 충분히 반박했다고 생각한다. 그런데 오히려 정반대로 그것은 내 주장을 뒷받침해 준다. 그들은 아이들이 스스로 추론하기는커녕 추론을 기억조차 할 줄 모른다는 사실을 증명하고 있는 것이다. 왜냐하면 이 어린 기하학자들의 방식을 따라가 보면 그들이 도형에 대해 정확한 인상과 증명하는 용어들만 기억하고 있다는 것을 금방 알 수 있기 때문이다. 조금만 새로운 반론을 제기해도 그들은 더 이상 이해하지 못한다. 도형을 뒤집어 보여 줘도 마찬가지로 알지 못한다. 아이들이 가진 모든 지식은 감각 속에 있고 어떤 것도 이해력에까지 이르지는 못한다. 어렸을 때 낱말로만 배운 사물들을 어른이 되어 거의 다시 배워야 하는 것을 보면, 아이들의 기억 자체가 다른 능력에 비해서 더 완전한 것도 아니다.

그렇다고 해서 내가 아이들이 어떤 종류의 추론도 할 수 없다고 생각하는 것은 아니다.[28] 반대로 나는 그들이 잘 알고 있는 것, 당장 민감한 이해관계에 놓여 있는 것에 대해서는 제법 추론을 잘 해낸다는 것을 알고 있다. 그러나 아이들에게 없는 지식을 그들이 가진 것으로 간주하고, 그들이 이해할 수 없을 것에 대해 추론을 시키면서 사람들이 잘못 판단하는 것은 그들의 지식에 대해서이다. 또한 사람들은 미래의 이득이라든가 어른이 되었을 때의 행복, 성인이 되어 사람들에게서 받을 존경 등 어떻게 해도 아이들에게 자극이 되지 않는 문제들에 그들의 주의를 집중시키려 함으로써 잘못을 범한다. 앞날을 전혀 내다볼 줄 모르는 아이들에게 늘어놓는 그런 연설은 그들에게 아무런 의미가 없다. 그런데도 이 불쌍한 아이들이 강제로 하는 공부는 모두 그들의 정신과 아무 상관도 없는 대상들을 목표로 하고 있다. 거기에 아이들이 얼마나 관심을 기울일 수 있을지 한번 생각해 보라.

제자들에게 줄 가르침을 우리한테 화려하게 늘어놓는 교육자들은 다

---

28 나는 글을 쓸 때 호흡이 긴 저술에서는 동일한 낱말에 항상 동일한 의미를 부여하기가 불가능하다는 생각을 수없이 많이 했다. 우리의 관념이 가질 수 있는 변화와 같은 양의 용어와 표현, 문장을 제공해 줄 수 있을 만큼 풍부한 언어는 없다. 모든 용어들을 정의하고, 정의된 것을 끊임없이 또 다른 정의로 대체하는 방법은 훌륭하지만 실현 불가능하다. 어떻게 순환을 피할 것인가? 정의하기 위해 낱말을 사용하지 않는다면 정의는 좋은 것일 수도 있다. 그럼에도 불구하고 나는 우리의 빈약한 언어로도, 동일한 낱말에 언제나 동일한 의미를 부여하는 것이 아니라, 낱말을 사용할 때마다 그 의미가 그와 결부된 관념들에 의해 충분히 결정되도록, 그 낱말이 속한 각 문장이 이를테면 정의의 역할을 하도록 만든다면, 우리는 명확해질 수 있다고 생각한다. 나는 때로는 아이들이 추론할 수 없다고 말하고, 때로는 그들에게 꽤 정교한 추론을 시키기도 한다. 이 점에서 나의 생각이 일관되지 못하다고 생각하지 않지만, 표현에서도 모순되지 않다고 장담하지는 못하겠다.

른 엉뚱한 말을 하고 그 대가로 돈을 받는다. 그런데 그들이 하는 행동을 보면 그들도 나와 똑같은 생각을 하고 있음을 알 수 있다. 그들이 결국 아이들에게 가르치는 것이 무엇인가? 낱말들이다. 여전히 그리고 언제나 말뿐이다. 그들이 아이들에게 가르친다고 자랑하는 여러 학문들 가운데 정말로 아이들에게 유익한 것은 애써 선택하지 않으려 한다. 왜냐하면 그것은 사물에 대한 학문으로서 이는 성공하지 못할 것이기 때문이다. 따라서 용어만 알면 잘 아는 듯이 보이는 학문들, 가령 문장紋章학, 지리학, 연대학, 언어 등을 선택한다. 이 공부들은 인간과 특히 어린아이와는 너무도 거리가 멀어서, 이 모든 것 가운데 어떤 것이 일생에 단 한 번이라도 쓸모가 있다면, 그것이 놀라울 지경이다.

여러분은 내가 교육에서 어학 공부를 쓸모없는 것들 속에 포함시켜서 놀랐을 것이다. 하지만 내가 여기서 오로지 유년기의 공부에 대해서만 말하고 있다는 점을 기억해야 할 것이다. 누가 뭐라 하든 나는 12세 내지 15세가 될 때까지, 신동을 제외하면, 어떤 아이도 두 가지 언어를 제대로 배울 수 있다고 생각하지 않는다.

만약 어학 공부가 단지 낱말 공부라면, 즉 그 낱말들을 나타내는 형태나 소리만을 공부하는 것이라면, 그 공부가 아이들에게 맞을 수도 있다. 그 점은 인정한다. 그러나 언어는 기호가 바뀌면 그것이 나타내는 관념도 바뀐다. 머리는 언어를 토대로 만들어지며, 사고는 고유 언어의 색깔을 띤다. 이성만 공통된 것이고, 각 언어의 정신에는 저마다 특별한 형식이 있다. 이 차이가 부분적으로 민족성의 원인 혹은 결과가 될 수 있을 것이다. 세계의 모든 민족에게서 언어가 풍속의 변화를 따르며 풍속과 마찬가지로 유지되든지 변형된다는 사실이 이러한 추측을 확인해 줄 수 있을 것 같다.

아이는 이 다양한 형식들 중 하나를 사용하면서 그것을 자기 것으로 삼게 되는데, 이 형식이 아이가 철이 들 때까지 간직하는 유일한 것이다. 그런데 두 가지 형식을 가지려면 관념들을 비교할 줄 알아야 할 것이다. 그런데 관념도 거의 이해할 수 없는데 어떻게 그것들을 비교할 수 있겠는가? 아이에게서 각 사물은 천 개의 여러 다른 기호들을 가질 수 있다. 그러나 각각의 관념은 하나의 형식만 가질 수 있다. 따라서 아이는 하나의 언어밖에 배울 수가 없다. 그렇지만 아이는 여러 언어를 배우지 않느냐고 사람들은 말할 것이다. 나는 그것을 인정하지 않는다. 나는 대여섯 개의 언어를 말한다고 믿고 있는 신동들을 본 적이 있다. 나는 그들이 라틴어나 프랑스어나 이탈리아 어휘를 사용함에도 불구하고 사실은 연달아 독일어를 하는 것을 들었다. 그들은 분명 대여섯 개의 외국 어휘를 사용했다. 하지만 항상 독일어로만 말했던 것이다. 한마디로 말해서 아이들에게 원하는 만큼 동의어들을 가르쳐도 여러분은 낱말을 바꾼 것이지 말을 바꾸지는 않은 것이다. 아이들은 결코 하나의 언어밖에 알지 못할 것이다.

사람들이 아이들에게 차라리 사어死語를 훈련시키려 드는 것은 이런 측면에서 표출되는 아이들의 무능력을 감추기 위해서이다. 사어의 경우, 사람들이 권위를 거부할 수 없는 심판관이 이제는 없다. 오래전에 이미 구어의 사용이 폐지되었으므로 사람들은 책에 쓰인 문어의 사용을 흉내 내는 것으로 만족하며, 이를 두고 그 언어를 말한다고들 한다. 선생들의 그리스어와 라틴어가 이러할진대, 아이들은 어떨지 한번 생각해 보라! 아이들이 전혀 아무것도 이해하지 못하는 입문서를 겨우 암기하자마자 프랑스어 문장을 라틴어 낱말로 옮기는 법부터 가르친다. 다음으로 진척이 보이면 키케로[29]의 문장을 산문으로, 베르길리우스[30]의 표절 작품들을 운문으로 짜 맞추는 법을 가르친다. 그러면 아이들은 라틴어를 말한다고 생각한다. 누가 그들에게 아니라고 반박하겠는가?

어떤 공부에 있어서건, 재현된 사물에 대한 관념이 없다면 재현하는 기호는 아무것도 아니다. 그럼에도 불구하고 사람들은 기호가 나타내는 사물에 대해 아무것도 이해시키지 못하면서 아이에게 기호들만 가르친다. 아이에게 지구가 어떻게 생겼는지 가르칠 생각을 하면서, 지도 보는 법만 가르친다. 또한 사람들이 보여 주는 종이가 아니라 다른 곳에 존재한다는 사실을 납득하지 못하는 아이에게 도시들과 나라들, 강들의 이름을 가르친다. "세계란 무엇인가? 그것은 마분지로 만든 공이다." 이렇게 시작하는 지리책을 어디선가 본 기억이 난다. 아이들의 지리책이 바로 이러하다. 나는 실제로 2년 동안 지구와 우주에 관해 배운 뒤 그들이 배운 대로 파리에서 생드니까지 갈 줄 아는 열 살짜리 아이는 단 한 명도 없다고 생각한다. 또한 아버지의 정원 도면을 보고 길을 잃지 않고 그 우회로들을 따라갈 수 있는 아이도 없다고 주장한다. 북경, 이스파한, 멕시코, 그리고 지구상의 모든 나라들을 잘 알고 있다는 박사들이 바로 그렇다.

나는 아이들에게 눈만 필요한 공부를 시키는 것이 좋다는 말을 들었

---

29 Marcus Tullius Cicero(기원전 106-기원전 43): 고대 로마의 연설가이자 정치가로 로마 공화정을 지키기 위해 노력하였다. 그는 안토니우스가 보낸 병사들에게 살해당했다 — 옮긴이.

30 Publius Vergilius Maro(기원전 70-기원전 19): 로마 최고의 시인으로 날씨, 가축, 양봉 등을 노래한 『전원시』와 로마 민족의 시조인 아이네이스를 노래한 『아이네이스』가 대표작이다 — 옮긴이.

다. 눈만 필요한 공부가 있다면 그럴 수도 있을 것이다. 하지만 나는 그런 공부는 알지 못한다.

이는 훨씬 더 우스꽝스러운 잘못인데, 사람들은 아이들에게 역사 공부를 시킨다. 역사는 사실들을 모아 놓은 것에 불과하므로 그것을 아이들이 이해할 수 있다고 생각하는 것이다. 하지만 사실이라는 말은 무엇을 뜻하는가? 역사적 사실을 결정하는 관계들은 쉽게 파악될 수 있고 그래서 별로 어렵지 않게 아이들의 머릿속에 그 관념들이 형성되리라고 생각하는가? 사건들에 대한 진정한 인식이 그것의 원인과 결과에 대한 인식과 분리될 수 있다고 생각하는가? 또 역사적인 것과 정신적인 것이 별로 연관이 없어서 따로따로 인식될 수 있다고 생각하는가? 인간의 행동에서 외적이고 순전히 물리적인 움직임만을 본다면, 여러분은 역사에서 무엇을 배우겠는가? 결코 아무것도 배우지 못할 것이다. 전혀 흥미롭지 않은 이 공부는 여러분에게 교훈도 즐거움도 주지 못할 것이다. 만약 여러분이 인간의 행동을 그것과 상관된 정신적 관계를 통해 평가하고 싶다면, 그 관계를 여러분의 제자에게 이해시켜 보라. 그러면 여러분은 역사가 과연 그들의 나이에 맞는지 그렇지 않은지 알게 될 것이다.

독자들이여, 여러분에게 말하고 있는 이 사람이 학자나 철학자가 아니라 당파도 체계도 없는 진리의 벗, 소박한 인간이라는 점을 항상 기억해 달라. 사람들과 별로 어울리지 않아 그들의 편견에 물들 기회는 적고, 사람들과 교제하면서 받은 강한 인상에 대해 숙고할 시간은 많은 고독한 사람이라는 점을. 나의 추론은 원리보다 사실에 근거를 두고 있다. 따라서 종종 나에게 그런 추론을 하도록 암시를 준 몇몇 관찰의 실례를 여러분에게 언급하는 것보다 여러분의 판단을 더 잘 도와줄 수 있는 방법은 없다고 생각한다.

나는 시골에서 아이들과 그들의 교육에 대단히 정성을 쏟는 한 훌륭한 어머니의 집에서 며칠을 지낸 일이 있다. 어느 날 아침 나는 맏아들의 수업을 참관한 적이 있었는데, 고대 역사를 아주 잘 가르쳐 온 가정교사가 알렉산드로스 대왕 이야기를 하면서, 그림에도 그려져 있고 분명 그럴 만한 가치도 있는 의사 필리포스의 유명한 언행에 관해 말하게 되었다.[31] 재능이 있는 가정교사는 알렉산드로스 대왕의 용감함에 대해 몇 가지 의견을 말했는데, 나는 그것이 마음에 전혀 들지 않았지만 제자의 마음속에서 선생의 권위를 떨어뜨리지 않기 위해 반박하지는 않았다. 식탁에서는 프랑스식대로 어김없이 그 착한 어린아이에게 마음껏 수다를 떨게 했다. 그 나이에 자연스러운 생기와 확실히 칭찬받으리라는 기대로 아이는 어리석은 말들을 늘어놓았고, 그러는 중에 간혹 나머지를 잊게 만드는 적절한 말도 튀어나왔다. 마침내 필리포스 의사 이야기가 나왔다. 아이는 분명하게 그리고 썩 재치 있게 그에 관한 이야기를 했다. 어머니가 요구하고 아들이 기대하던 찬사를 일상적으로 바친 후에 사람들은 아이가 말한 내용에 대해 토론을 벌이기 시작했다. 대부분의 사람들이 알렉산드로스 대왕의 무모함을 비난한 반면, 몇몇 사람들은 가정교사의 의견대로 그의 꿋꿋함과 용기를 찬미했다. 이로부터 나는 그 자리에 있던 사람들 가운데 누구도 알렉산드로스 대왕의 언행이 어떤 점에서 진정 아름다운지 모른다는 것을 알게 되었다. 나는 그들에게 내 생각에 알렉산드로스

31　이는 플루타르코스의 「알렉산드로스 대왕의 일생」에 나오는 유명한 이야기로, 알렉산드로스 대왕은 그가 총애하는 의사인 필리포스가 자신을 독살하라고 다리우스로부터 돈을 받았다는 말을 듣고도 그가 자신에게 내민 약을 들이켰다고 한다 — 옮긴이.

대왕의 행동에 최소한의 용기와 꿋꿋함이 있다 하더라도 결국 그의 행동은 엉뚱한 언동에 불과한 것 같다고 말했다. 그러자 또 만장일치로 그것이 엉뚱한 언동이라는 것을 인정했다. 내가 열을 올리며 대답하려 했을 때 입을 다물고 내 옆에 있던 한 부인이 내 귀에 대고 아주 작은 소리로 말했다. "잠자코 있어요, 장 자크, 저들은 당신 말을 이해하지 못할 테니까요." 나는 그녀를 바라보았고 충격을 받아 입을 다물었다.

식사가 끝난 뒤 나는 몇 가지 징후를 보고 나의 꼬마 박사가 그토록 열변을 토한 역사에 대해 아무것도 이해하지 못하고 있다는 것을 눈치채고 그의 손을 잡고 정원을 한 바퀴 돌면서 허심탄회하게 그에게 질문을 했다. 그 결과 나는 그가 칭찬이 자자한 알렉산드로스 대왕의 용기를 누구보다도 찬양하고 있다는 것을 알았다. 그런데 여러분은 그가 어디서 그 용기를 보았는지 알겠는가? 오로지 맛이 고약한 물약을 주저 없이 싫은 기색도 않고 단숨에 삼켜 버렸다는 데서 보았다. 보름도 채 되기 전, 사람들이 약을 먹여 그것을 무척이나 고통스럽게 삼켜야 했던 가엾은 아이는 아직도 쓴 뒷맛이 입에 남아 있었던 것이다. 죽음이니 독살이니 하는 것은 아이의 머릿속에서 불쾌한 감각으로만 여겨졌고, 아이는 센나 외에 다른 독약을 알지도 못했다. 그럼에도 영웅의 꿋꿋함이 그 어린 마음에 큰 인상을 남겼다는 점과 다음에 또 약을 삼켜야 할 경우 그도 알렉산드로스 대왕처럼 해 보리라 결심했다는 점은 인정해야 한다. 나는 그의 이해력을 넘어서는 설명은 하지 않은 채 칭찬할 만한 그의 태도를 격려하고, 아이들에게 역사를 가르친다고 생각하는 아버지와 교사들의 고매한 지혜에 혼자 웃으며 집으로 돌아왔다.

왕, 제국, 전쟁, 정복, 혁명, 법과 같은 낱말들을 아이들의 입에 넣어 주기는 쉽다. 그러나 이 낱말들과 명백한 관념을 결부시켜야 할 때는 정원사 로베르가 한 말과 이 모든 설명 사이에 상당한 거리가 있을 것이다.

예상하건대, "잠자코 있어요, 장 자크"라는 말에 불만인 일부 독자들은 내가 결국 알렉산드로스 대왕의 행동에서 찾아낸 아름다움이 무엇이냐고 물을 것이다. 딱한 사람들이여! 여러분에게 그 말을 한다 하더라도 여러분은 어떻게 이해하겠는가? 그것은 알렉산드로스 대왕이 미덕을 믿었다는 것이다. 자신의 머리와 목숨을 걸고 그것을 믿었다는 점이다. 그의 위대한 영혼이 그렇게 믿게끔 되어 있었다는 사실이다. 오, 그가 삼킨 약은 얼마나 아름다운 신앙 고백이었던가! 아니, 인간이 그렇게 숭고한 신앙 고백을 한 적은 없었다. 현대에도 알렉산드로스 대왕과 같은 사람이 있다면 비슷한 모습의 그를 내게 보여 주기 바란다.

말에 대한 지식이 없다면, 아이들에게 적합한 공부도 없다. 아이들에게 진정한 관념이 없다면, 진정한 기억도 없다. 왜냐하면 나는 감각만 간직한 기억은 진정한 기억이라고 부르지 않기 때문이다. 아이들에게 아무것도 재현해 보이지 않는 기호들의 목록을 그들의 머릿속에 기입한들 무슨 소용이 있는가? 아이들은 사물을 배우면서 기호를 배우지 않는가? 왜 그들에게 두 번씩 그것을 배우는 헛된 수고를 하게 한단 말인가? 그동안 그들에게 아무것도 의미하지 않는 말을 지식으로 간주하게 함으로써 아이들에게 얼마나 위험한 편견을 불어넣기 시작하는가! 아이 자신은 그 유용성을 알지도 못하면서, 처음으로 의미도 모르는 말에 만족할 때나 처음으로 다른 사람의 말을 근거로 해서 어떤 사물을 배울 때 바로 그 최초의 말과 사물로 인해 아이들의 판단력은 손상된다. 그러한 손상을 고치기 전까지 아이는 오랫동안 바보들의 눈에는 뛰어나 보일 것이다.[32]

그렇지 않다. 자연이 어린아이의 뇌에 온갖 종류의 인상을 받아들이기에 적합한 순응성을 부여한 것은 아이의 머릿속에 왕들의 이름, 시기, 문장학의 용어들, 지학의 용어들, 지리학의 용어들 등 그의 나이에 아무런 의미가 없을 뿐만 아니라 나이가 몇 살이든 아무 쓸모없는 온갖 낱말들을 새기기 위해서가 아니다. 그런데 사람들은 이런 것들로 아이의 어린 시절을 짓눌러서 우울하고 삭막하게 만든다. 자연이 그런 순응성을 부여한 것은 아이가 이해할 수 있고 그에게 쓸모가 있는 모든 관념들, 그의 행복과 관련이 있고 언젠가 그의 의무를 밝혀 줄 온갖 관념들이 일찍부터 지워질 수 없는 문자로 머리에 새겨져 일생 동안 그의 존재와 능력에 맞게 처신하는 데에 도움이 되도록 하기 위해서이다.

책을 통해 공부하지 않는다고 해서 어린아이가 가질 수 있는 그런 종류의 기억력이 아무것도 하지 않고 있는 것은 아니다. 아이가 보고 듣는 모든 것은 아이에게 자극을 주고 아이는 그것을 기억한다. 아이는 사람들이 하는 행동과 말을 자기 안에 면밀히 기록해 둔다. 그를 둘러싸고 있는 모든 것이 책이 되어, 그 속에서 아이는 그러겠다는 생각도 없이 자신의 판단력이 그것을 이용할 수 있을 때까지 계속해서 기억을 풍부하게

---

32 아이들과 마찬가지로 대부분의 학자들도 그렇다. 박식함은 많은 관념들보다 수많은 이미지에서 비롯된다. 시기, 고유명사, 장소, 별도로 분리되거나 관념이 없는 모든 대상들은 오로지 기호들만 기억함으로써 간직되며, 이 사물들 중 어떤 것도 그것을 읽은 페이지의 겉면이나 뒷면, 또는 처음에 그것을 보았을 때 위에 그려진 그림을 동시에 함께 보지 않고 생각나는 일은 드물다. 최근 몇 세기 동안 유행했던 학문이 대개 이러했다. 우리 세기의 학문은 다르다. 이제는 더 이상 연구도 관찰도 하지 않고 꿈을 꾸고 있다. 잠 못 이룬 며칠 밤에 걸쳐 꾼 꿈을 철학이라고 심각하게 내놓는다. 사람들은 나도 꿈을 꾼다고 말할 것이다. 나도 그렇게 생각한다. 하지만 다른 사람들은 애써 하지 않으려는 일인데, 나는 꿈은 꿈으로서 제시하고, 그 속에 깨어 있는 사람들에게도 유익한 어떤 것이 있는지 없는지는 독자에게 찾아보도록 맡기겠다.

만들어 간다. 아이가 가진 이 최초의 능력을 키우는 진짜 기술은 대상들의 선택에 있다. 또한 아이가 인식할 수 있는 것들은 계속해서 제시하고, 그가 몰라야 할 것들을 그에게 감추는 배려에 있다. 바로 이런 기술을 통해 청년시절에는 그의 교육에 소용되고, 일생에 걸쳐서는 그의 처신에 유용할 지식의 창고를 그에게 만들어 주도록 애써야 한다. 이러한 방법이 어린 천재를 만들어 내지도 못하고, 보모나 가정교사를 빛나게 해 주지도 못하는 것은 사실이다. 그러나 이 방법은 올바르고 건장하며 육체와 이해력이 건전한 인간, 어려서는 칭찬을 받지 못하더라도 성인이 되어서는 존경을 받을 수 있는 인간을 만들어 낸다.

에밀은 아무것도, 우화조차도, 너무도 순진하고 매력적인 라퐁텐[33]의 우화조차도 암기하지 않을 것이다. 왜냐하면 역사의 말이 역사가 아닌 것과 마찬가지로 우화를 이루고 있는 말이 우화는 아니기 때문이다. 교훈적인 우화가 아이들에게 재미를 주면서 그들을 속이고 있다는 점은 생각하지도 않고, 어떻게 사람들은 우화를 아이들의 도덕론이라 부를 정도로 맹목적일 수 있을까? 거짓말에 속은 아이들이 진실은 놓쳐 버린다는 사실, 또 아이들에게 교훈을 재미있는 것으로 만들기 위한 것이라고 하면서 그들이 교훈을 활용하지 못하도록 막는다는 사실은 생각조차 해 보지 않고 말이다. 우화는 어른들은 가르칠 수 있다. 하지만 아이들에게는 있는 그대로의 진실을 말해야 한다. 진실에 베일을 씌워 두면 아이들은 그것을 벗겨 내는 수고를 하려 들지 않는다.

---

33 Jean de La Fontaine(1621~1695): 프랑스의 유명한 시인이자 우화작가로 『우화시(*Fables*)』가 대표작이다 — 옮긴이.

모든 아이들에게 라퐁텐의 우화를 배우게 하지만, 그것을 이해하는 아이는 한 명도 없다. 설령 이해한다 하더라도, 이는 더 나쁜 경우가 될 것이다. 왜냐하면 우화의 교훈은 너무도 뒤죽박죽이고 아이들의 나이에는 맞지 않아서 그들을 미덕보다 악덕으로 이끌어 갈 것이기 때문이다. 여러분은 이 또한 역설이라고 말할 것이다. 그렇다고 치자. 하지만 그것이 진실인지 아닌지 한번 살펴보도록 하자.

나는 어린아이가 사람들이 그에게 가르치려는 우화를 이해하지 못한다고 말하고 있다. 왜냐하면 우화를 단순하게 만들려고 아무리 애를 써도 거기서 끌어내고 싶은 교훈에는 아이가 납득할 수 없는 관념이 어쩔 수 없이 포함되며, 또 시적 표현 자체가 그것을 기억하기 쉽게 하면서도 이해는 더 어렵게 만들기 때문이다. 사람들은 명료함을 대가로 지불하고 즐거움을 얻는다. 아이들로서는 이해할 수도 없고 쓸모도 없으며, 사람들이 경솔하게도 다른 우화들과 함께 아이들에게 배우게 하는 수많은 우화들은 인용하지 말고, 저자가 특별히 아이들을 위해 만든 것처럼 보이는 우화들에 한정하기로 하자.

라퐁텐의 우화집 전체에서 아이다운 순진함이 돋보이는 우화는 내가 알기로는 대여섯 개밖에 없다. 이 대여섯 개 중에서 첫 번째 것[34]을 예로 들겠다. 이 우화의 교훈이 어느 나이에나 가장 잘 맞고 아이들이 가장 잘 이해할 수 있으며 또 가장 즐겁게 배우는, 요컨대 이런 이유로 저자 자신이 특히 책의 첫머리에 내놓은 우화이기 때문이다. 저자가 실제로 아이들이 이해할 수 있고 그들을 즐겁게 하면서 가르침을 주는 목적을 가졌

---

34 포르메 씨가 잘 지적했듯이 그것은 첫 번째가 아니라 두 번째 우화이다.

다면 이 우화는 분명 그의 걸작이다. 그러므로 줄거리를 따라가면서 간략히 그것을 검토해 보는 것을 허락해 주기 바란다.

까마귀와 여우(우화)

- 까마귀 선생이, 앉아 나무 위에,

    선생! 이 말은 그 자체로는 무슨 뜻인가? 고유명사 앞에서는 무엇을 의미하는가? 이 경우에는 무슨 뜻인가?

    까마귀는 무엇인가?

    앉아 나무란 무엇인가? 앉아 나무라고 말하지 않는다. 나무 위에 앉아라고 말한다. 따라서 시에서 사용되는 도치법에 대해 말해야 한다. 또 산문은 무엇이고 운문은 무엇인지 말해야 한다.

- 부리에 치즈를 물고 있었다.

    어떤 치즈인가? 스위스산產인가, 브리산인가, 네덜란드산인가? 아이가 까마귀를 본 적이 없다면 당신이 까마귀에 관한 이야기를 한들 무슨 소용이 있는가? 아이가 까마귀를 본 적이 있다면 까마귀가 부리에 치즈를 물고 있다는 것을 어떻게 이해할 것인가? 언제나 보이는 실제 모습대로 이미지를 그리도록 하자.

- 여우 선생이, 그 냄새에 홀려 버린,

    또 선생! 그러나 여우한테는 어울리는 칭호이다. 여우는 그 방면에는 숙달된 선생이다. 여우가 어떤 것인지 말해야 하고, 그의 진짜 성질과 우화에서 갖는 인습적인 성격을 구분해야 한다.

홀려 버린alléché. 이 낱말은 통용되지 않는다. 그것을 설명해야 한다. 이제는 시에서만 사용된다는 사실을 말해야 한다. 어린아이는 왜 운문에서는 산문에서와 다르게 말을 하느냐고 물을 것이다. 당신은 그에게 뭐라고 대답하겠는가?

치즈 냄새에 홀려 버린! 나무에 앉은 까마귀가 입에 물고 있는 치즈는 덤불이나 굴속에 있던 여우가 냄새를 맡고 알 정도라면 냄새가 굉장히 강한 것임에 틀림없다! 여러분은 이런 식으로 제자에게, 확실한 증거가 있을 때만 받아들이고 다른 사람의 말에서 거짓과 진실을 가려낼 줄 아는 정확한 비판 정신을 길러 주는가?

• 까마귀에게 대략 이런 말을 했다.

이런 말! 그렇다면 여우가 말을 한다는 것인가? 여우가 까마귀와 같은 언어를 사용한다는 것인가? 현명한 교사여, 조심하라. 대답하기 전에 깊이 생각하라. 그 대답은 여러분이 생각했던 것 이상으로 중요하다.

• 야! 안녕하세요, 까마귀님!

님! 아이는 그것이 경칭임을 알기도 전에 조롱하는 표현으로 쓰인다는 것을 알게 된다. 무슈 뒤 꼬르보(까마귀님)라고 말하는 사람들은 이 뒤du[35]를 설명하기도 전에 다른 할 일이 많을 것이다.

---

35 흔히 귀족 성 앞에 붙는 단축관사 — 옮긴이.

- 당신은 정말 멋지군요! 내가 보기에 당신은 정말 아름다워요!

  허사虛辭, 쓸데없는 군말들이다. 다른 용어로 같은 말을 되풀이하는 것
  을 본 아이는 느슨하게 말하는 법을 배우게 된다. 여러분이 군말도 작
  가의 기술이라고 말하거나 그것이 말로써 칭찬을 부풀리려는 여우의
  속셈에 포함되어 있는 것이라고 말한다면, 이러한 변명은 나한테는 괜
  찮지만 나의 제자에게는 그렇지 못할 것이다.

- 거짓말이 아니라, 만약 당신의 노랫소리가

  거짓말이 아니라! 그렇다면 가끔 거짓말을 한다는 말인가? 여우가 거
  짓말을 하기 때문에 거짓말이 아니라라고 말한다는 것을 아이에게 가
  르쳐 준다면 아이는 어떻게 생각할까?

- 당신의 깃털에 어울린다면

  어울리다니! 이 말은 무슨 뜻인가? 아이에게 목소리와 깃털처럼 성질
  이 확연히 다른 것들을 비교하는 법을 가르쳐 보라, 그러면 여러분은
  그가 여러분의 말을 어떻게 이해하는지를 알게 될 것이다.

- 당신은 이 숲의 손님들 가운데 봉황[36]이 되겠지요.

  봉황! 봉황이란 무엇인가? 여기서 우리는 느닷없이 기만적인 고대로,
  거의 신화의 세계로 들어간다.

  이 숲의 손님들! 얼마나 비유적인 말인가! 아첨꾼은 자신의 말을 고상

---

36 원문에서는 불사조인 페닉스(phénix)이다 — 옮긴이.

하게 꾸미고 그것을 더욱 유혹적이 되게 하려고 말에 품위를 덧입힌다. 어린아이가 이런 교활함을 이해하겠는가? 고상한 문체와 저속한 문체가 무엇인지 알기나 할까? 아이가 그것을 어떻게 알 수 있겠는가?

- 그 말을 듣고, 까마귀는 기쁨에 얼이 빠져,

  이런 속담식의 표현을 이해하려면 이미 매우 강렬한 정념을 느껴 본 일이 있어야 한다.

- 자신의 아름다운 목소리를 들려주려고,

  이 시구와 우화 전체를 이해하려면 어린아이가 까마귀의 아름다운 목소리가 어떤 것인지 알고 있어야 한다는 사실을 잊어서는 안 된다.

- 부리를 크게 벌려, 먹이를 떨어뜨리고 만다.

  이 시구는 감탄할 만하며 리듬만으로도 그 이미지를 만든다. 흉하게 벌어진 큰 부리가 보이는 듯하다. 가지들 사이로 치즈 떨어지는 소리가 들리는 듯하다. 그러나 이런 유의 아름다움은 아이들에게는 소용이 없다.

- 여우가 그것을 집어 들고, 말한다, 이 선량한 양반아,

  여기서 벌써 선량하다는 말은 어리석음으로 변했다. 확실히 사람들은 아이들을 가르치기 위해 시간을 낭비하지 않는다.

- 잘 알아 두시오, 모름지기 아첨꾼은

  일반적인 격언이다. 우리는 더 이상 뭐가 뭔지 모른다.

- 아첨꾼의 말을 듣는 자를 등쳐 먹고 사는 법이오.

  열 살 난 아이는 이 시구를 절대로 이해하지 못한다.

- 이 교훈은 아마 치즈 한 쪽 값은 족히 될 것이오.

  이는 이해할 수 있는 말이고 생각도 꽤 훌륭하다. 그렇지만 여전히 교
  훈을 치즈에 비교할 줄 알고 치즈를 교훈보다 더 좋아하지 않을 아이
  는 별로 없을 것이다. 따라서 아이들에게 이 이야기가 일종의 빈정거
  림에 불과하다는 것을 이해시켜야 한다. 아이들이 이해하기에는 얼마
  나 어려운 책략인가!

- 창피하고 당황한 까마귀는,

  또 같은 뜻의 낱말을 반복하는 중복법이다. 이것은 용납할 수 없다.

- 뒤늦지만 다시는 걸려들지 않기로 맹세했다.

  맹세했다! 맹세가 무엇인지 아이에게 감히 설명하려는 어리석은 선생
  이 있다면 얼마나 바보 같은 선생인가?

  지금까지 자세한 설명을 늘어놓았지만, 그래도 이 우화의 모든 관념들
을 분석하고 하나하나의 관념을 구성하는 단순하고 기본적인 관념들로
그것들을 환원시키기에는 충분하지 못하다. 하지만 누가 자신의 말을 어

린아이에게 이해시키기 위해 이런 분석이 필요하다고 생각하겠는가? 우리 가운데 어린아이의 처지가 되어 볼 수 있을 정도로 철학자인 사람은 아무도 없다. 이제는 도덕의 문제로 넘어가 보자.

나는 자신의 이익을 위해서 아첨하고 거짓말하는 사람들이 있다는 사실을 과연 열 살짜리 아이에게 가르쳐야 할지 묻고 있다. 기껏해야 아이들을 조롱하고 그들의 어리석은 이기심을 몰래 비웃는 빈정대기 좋아하는 사람들이 있다는 사실 정도를 그들에게 가르칠 수 있을 것이다. 그런데 치즈가 모든 것을 망쳐 놓는다. 자기 부리에서 치즈가 떨어지지 않게 하라고 가르치기보다, 남의 부리에서 치즈가 떨어지게 만들도록 가르치게 된다. 이것이 나의 두 번째 역설인데, 이 또한 매우 중요하다.

우화를 배우는 아이들의 상황을 따라가 보라, 그러면 여러분은 아이들이 그것을 적용할 수 있는 경우 거의 언제나 작가의 의도와 반대로 하며, 고쳐 주거나 예방하려는 결점에 대해 아이들은 조심하기는커녕 다른 사람의 결점을 이용하는 악덕을 선호하게 된다는 것을 알게 될 것이다. 앞의 우화에서도 아이들은 까마귀를 비웃고 모두 여우를 좋아한다. 그 다음 우화에서 여러분은 매미를 본보기로 제시한다고 생각한다. 그런데 전혀 그렇지가 않다. 아이들이 선택하는 것은 개미이다. 아무도 모욕을 당하고 싶어 하지는 않는다. 아이들은 언제나 근사해 보이는 역할을 하려 들 것이다. 이는 이기심에서 비롯되는, 매우 자연스러운 선택이다. 그런데 어린아이에게는 얼마나 끔찍한 교훈인가! 모든 괴물들 중에서도 가장 밉살스러운 것은 남이 무엇을 요구하는지 알면서도 그것을 거절하는 인색하고 몰인정한 어린아이일 것이다. 개미는 한술 더 떠서 거절하면서 비웃도록 아이에게 가르친다.[37]

사자가 등장인물들 중 하나로 나오는 모든 우화에서는 사자가 통상 가장 두각을 나타내므로 어린아이는 반드시 자신이 사자 역을 맡으려 한다. 그리하여 자신이 뭔가 분배를 주관할 때 사자를 제대로 본받은 아이는 모든 것을 독점하려고 대단히 신경을 쓴다. 그러나 각다귀가 사자를 쓰러뜨릴 때는 사정이 달라진다. 그때 어린아이는 더 이상 사자가 아니고 각다귀이다. 그는 감히 당당하게 공격하지 못할 상대를 침으로 찔러 죽이는 법을 언젠가는 배우게 된다.

마른 늑대와 살찐 개의 우화에서 아이는 그에게 주려는 겸양의 교훈 대신 방종의 교훈을 배운다. 나는 언제나 말을 잘 들어야 한다는 설교를 들어 온 소녀가 이 우화를 읽고 상심하여 심하게 우는 것을 본 일이 있는데, 결코 그 일을 잊을 수 없을 것이다. 그 아이가 왜 우는지 이유를 알기 힘들었다. 그러다가 마침내 그 이유를 알아냈다. 그 가엾은 아이는 사슬에 묶여 있는 것이 지겨워 자기 목의 피부가 벗겨진 듯이 느꼈던 것이다. 아이는 늑대가 되지 못해 울었던 것이다.

따라서 위에서 인용한 첫 번째 우화가 가르치는 도덕은 어린아이에게는 가장 저열한 아첨의 교훈이다. 두 번째 것이 가르치는 도덕은 몰인정의 교훈이다. 세 번째 것이 가르치는 도덕은 불의이고, 네 번째 것이 가르치는 도덕은 빈정거림, 다섯 번째 것은 제멋대로 굴기이다. 이 마지막 교훈은 나의 제자에게 불필요한데, 그렇다고 여러분의 제자에게 더 적합한 것도 아니다. 서로 모순되는 교훈을 제자들에게 제시하게 된다면, 여

37 라퐁텐의 우화시 「매미와 개미」에서 개미는 매미에게 적선을 하기는커녕, "여름 내내 노래했으니 이젠 춤이나 멋지게 추시구려"라고 조롱한다 ― 옮긴이.

러분이 들인 노고에서 어떤 결실을 기대할 수 있겠는가? 하지만 이 점만 제외한다면, 내가 우화에 대한 반론으로 제시한 이 모든 도덕이 그 우화들을 보존해야 하는 이유도 똑같이 제공해 줄 것이다. 사회에는 말로 떠도는 도덕과 실천하는 도덕이 다 필요한데, 이 둘은 전혀 비슷하지 않다. 전자는 교리문답 속에 있는 것으로서, 거기에 그냥 버려져 있다. 후자는 아이들을 위한 라퐁텐의 우화와 어머니를 위한 그의 콩트들 속에 있다. 한 작가가 모든 것을 충족시키고 있는 셈이다.

라퐁텐 씨, 타협하자. 나는 기꺼이 당신의 작품을 읽고 당신을 좋아하며 당신의 우화에서 배울 것을 약속한다. 왜냐하면 나는 내가 그 우화들의 목적을 잘못 판단하지 않으리라 생각하기 때문이다. 그러나 나의 제자의 경우 그가 4분의 1도 이해하지 못하더라도 배워 두는 것이 그에게 도움이 되리라는 것을 당신이 내게 입증해 보일 때까지, 단 한 편의 우화도 공부시키지 않겠으니 허락하기 바란다. 또 그가 이해할 수 있는 우화들의 경우도, 그가 결코 엉뚱한 다른 것을 쫓지 않으리라는 것을, 속아 넘어가는 사람을 보고 자신의 잘못을 고치기는커녕 사기꾼을 본뜨려 하지 않으리라는 것을 내게 증명할 때까지 말이다.

이렇게 아이들의 의무를 모두 덜어 주면서 나는 아이들에게 가장 큰 불행의 도구인 책도 없애 버리겠다. 독서는 어린 시절의 재앙이지만 아이에게 줄 수 있는 거의 유일한 일거리이다.[38] 12세가 되어서야 에밀은

---

38 루소는 실제 사물에 대한 이해도 없는 어린아이에게 상상력을 통해 그에 대한 관념이나 정열만 갖게 만드는 교육에 대해 그 위험성을 지적하며 단호하게 반대한다. 이는 대여섯 살 때부터 아버지와 함께 책을 읽었던 루소 자신의 경험에서 나온 말이다.

　"이런 위험한 방법으로 나는 얼마 되지 않아 책을 줄줄 읽고 그것을 술술 이해하는 비상한 재능뿐만 아

겨우 책이 무엇인지 알게 될 것이다. 그러나 최소한 읽을 줄은 알아야 한다고 말할 것이다. 나도 그렇게 생각한다. 독서가 그에게 유용해지면 그도 읽을 줄 알아야 한다. 그때까지 독서는 그를 지겹게 할 뿐이다.

아이들에게 어떤 것도 복종을 통해 요구해서는 안 된다면, 그 결과로 당연히 아이들은 즐거움이든 유용함이든 그들이 실제적으로 당장 이득을 느끼지 못하는 것은 아무것도 배우지 않게 될 것이다. 그렇지 않다면 어떤 동기가 그들을 배움으로 이끌겠는가? 지금 눈앞에 없는 사람들에게 말하고 그들의 말을 듣는 기술, 즉 멀리 떨어진 채 중개자도 없이 우리의 감정, 의지, 욕망을 전달하는 기술은 모든 연령층이 유용성을 느낄 수 있는 기술이다. 그토록 유용하고 유쾌한 이 기술이 어떤 기적에 의해 아이에게는 고통이 되었는가? 어린아이에게 억지로 그것에 전념하도록 강요하기 때문이며, 아이가 전혀 이해하지 못하는 일에 그것을 사용하게 만들기 때문이다. 어린아이는 사람들이 자기를 괴롭히는 데 사용하는 도구를 완성시키는 일에 큰 관심이 없다. 그러나 이 도구가 그들을 즐겁게 하는 데 쓸모가 있게 만들면, 곧 아이는 여러분이 반대해도 거기에 전념하게 될 것이다.

사람들은 읽기를 배우는 최선의 방법을 찾아내는 것을 대단히 중요하게 여긴다. 그리하여 글자 맞추기 상자나 카드를 고안한다. 아이의 방을 인쇄소로 만드는 것이다. 로크는 아이가 주사위를 가지고 읽는 법을 배우기를 원한다. 참으로 참신한 발상이 아닌가? 정말 딱하기도 하다! 사람들이 늘 잊고 있는, 그러나 이 모든 것보다 더 확실한 수단은 배우려는 욕망이다. 아이가 이 욕망을 갖게 만들라. 그다음에 글자 맞추기 상자와 주사위를 치워 버려라. 어떤 방법을 취하든 아이에게 다 좋을 것이다.

눈앞의 이득, 바로 이것이 확실하게 지속적으로 성공으로 이끄는 유일한 그리고 위대한 원동력이다. 에밀은 때때로 아버지와 어머니, 친척, 친구로부터 만찬이나 산책, 뱃놀이 초대장이나 공공 축제 관람 초청장을 받는다. 그 초대장들은 짧고 명료하고 분명하게 또박또박 쓰여 있다. 그것을 읽어 줄 누군가를 구해야 한다. 그러나 이 누군가는 항상 때맞춰 옆에 있지 않을 수도 있고, 아이가 전날 그를 퉁명스럽게 대했다고 그도 퉁명스럽게 응수하기도 한다. 이렇게 기회와 시간이 흘러간다. 마침내 누군가가 그에게 초대장을 읽어 주지만 이미 때를 놓쳐 버린다. 아! 직접 읽을 줄 알았더라면! 또 다른 초대장을 받는다. 얼마나 간결한가! 내용도 너무나 궁금하다! 그것들을 해독하고 싶어질 것이다. 때로는 도와주는 사람이 있지만 때로는 거절당하기도 한다. 필사적으로 노력해서 마침내 초대장의 반 정도를 읽어 낸다. 내일 크림을 먹으러 가자는 것이다… 어디로 누구와 함께 간다는 것인지… 나머지를 읽기 위해 얼마나 애를 쓰겠는가? 나는 에밀에게 글자 맞추기 상자가 필요하다고 생각하지 않는다. 이제 쓰기에 대해 말해 볼까? 아니다, 나로서는 교육론에서 이런 사소한 것들로 노닥거리는 것이 부끄럽다.

다만 중요한 준칙이 되는 한마디만 덧붙이겠다. 그것은 서둘러 얻으려고 하지 않는 것은 대개 매우 확실하고도 빨리 얻게 된다는 사실이다.

나는 에밀이 열 살이 되기 전에 읽고 쓰는 법을 완벽하게 익힐 것이라고 거의 확신하는데, 이는 그가 열다섯 살이 되기 전에 읽고 쓰는 법을 아는 것이 내게 그다지 중요하지 않기 때문이다. 나는 에밀이 그 지식을 유용하게 만들어 줄 수 있는 모든 것을 대가로 지불하고 그 지식을 사는 것보다, 차라리 읽을 줄 모르는 편이 낫다고 생각한다. 영원히 독서에 대해 반감을 갖게 만들고 난 뒤에 독서가 그에게 무슨 소용이 있겠는가? "아직 그가 좋아할 수 없는 공부에 그가 진절머리 내지 않도록, 또 일단 확고해진 이런 혐오 때문에 무지한 시기를 지나서도 그가 그 공부를 멀리하지 않도록 특히 주의해야 할 것이다."[39]

내가 소극적인 방법을 강조할수록 그에 대한 반론도 더욱 강해지는 것이 느껴진다. 여러분의 제자는 여러분에게서 아무것도 배우지 못하더라도 다른 사람들에게서 배우게 될 것이다. 진실로써 오류를 예방해 주지 못하면 여러분의 제자는 거짓말을 배우게 될 것이다. 여러분이 그에게 주게 될까 봐 염려한 편견을 그는 주위의 모든 것을 통해 받아들일 것이며, 그 편견들은 그의 모든 감각을 통해 스며들 것이다. 이성이 형성되기도 전에 편견이 그의 이성을 타락시킬 수도 있고, 오랫동안 활동하지 않아 둔해진 그의 정신이 물질에 흡수되어 버릴 수도 있다. 어린 시절에 사고하는 습관이 들지 않으면 남은 생애 동안 사고 능력을 잃게 된다.

그 점에 대해 나는 쉽게 대답할 수 있을 것 같다. 하지만 왜 언제나 대답을 해야 하는가? 나의 방법이 그 자체로 반론에 답이 된다면 그 방법은

---

39 스페인 출신의 고대 로마 수사학자인 마르쿠스 파비우스 쿠인틸리아누스(Marcus Fabius Quintilianus)의 『웅변술』에서 인용 — 옮긴이.

훌륭한 것이다. 반면에 나의 방법이 답이 되지 못한다면 그것은 아무런 가치도 없다. 계속하겠다.

만약 여러분이 내가 그리기 시작한 도면을 따라 기존의 것과는 반대되는 규칙들을 지켜 나간다면, 제자의 정신을 멀리 이끌고 가서 끊임없이 다른 곳, 다른 기후, 다른 시대를 땅끝에서 하늘까지 헤매게 하는 대신, 항상 그를 자신에게 붙들어 두고 직접 그에게 와닿는 것에 주의를 기울이도록 애를 쓴다면, 여러분은 그가 지각하고 기억하고 심지어 추론까지 할 수 있음을 발견하게 될 것이다. 바로 이것이 자연의 질서이다. 감각적인 존재는 활동을 함으로써 자기 힘에 맞는 분별력을 획득한다. 그가 자기보존을 위해 필요한 정도를 넘어서는 힘을 가질 때, 그때 비로소 여분의 힘을 다른 용도에 사용할 수 있는 사변적인 능력이 발달한다. 그러니 여러분이 제자의 지성을 길러 줄 생각이라면 먼저 지성이 다스려야 할 힘을 길러 주라. 지속적으로 그의 신체를 단련시켜라. 그를 현명하고 합리적인 사람으로 만들려면, 먼저 그를 튼튼하고 건강하게 만들라. 일하고 행동하고 달리고 소리 지르고 언제나 활동하여, 기력에 있어서만큼은 어른이 되게 하라. 그러면 곧 그는 이성에서도 어른이 될 것이다.

여러분이 아이를 지도하면서 항상 그에게 가라, 오라, 거기 있어라, 이렇게 해라, 그렇게 하지 말라 같은 말만 한다면, 이런 방법으로 여러분은 사실 아이를 바보로 만들어 버릴 것이다. 만약 여러분의 머리가 늘 아이의 팔을 잡고 인도한다면, 아이의 머리는 그에게 쓸모없는 것이 되어 버린다. 하지만 우리의 약속을 기억하라. 여러분이 현학자일 뿐이라면 내 글을 읽을 필요가 없다.

신체 훈련이 정신의 활동에 해가 된다고 생각하는 것은 매우 딱한 잘못이다. 마치 이 두 활동이 조화롭게 진행되어서도 안 되고, 언제나 한쪽이 다른 한쪽을 이끌어서도 안 된다는 듯이 말이다!

지속적으로 신체를 단련시키면서 똑같이 정신도 키울 생각은 도무지 하지 않는 두 종류의 사람들이 있는데, 농민과 미개인이 그들이다. 농민은 상스럽고 거칠고 분별이 없다. 반면 감각이 대단히 발달한 것으로 알려진 미개인은 그들의 정신 또한 예민한 것으로 알려져 있다. 일반적으로 농민만큼 둔한 것도 없고 미개인만큼 예민한 것도 없다. 이러한 차이는 어디서 비롯된 것일까? 그것은 항상 남이 시키는 일이나 아버지가 해온 일, 혹은 자신이 어려서부터 해 온 일만 하는 농민이 오로지 습관에 의해서만 움직이기 때문이다. 끊임없이 같은 일만 반복하면서 거의 기계적으로 살아온 그에게서는 습관과 복종이 이성을 대신한다.

미개인의 경우는 사정이 다르다. 어떤 장소에도 매여 있지 않고 정해진 일도 없으며, 아무에게도 복종하지 않고 자신의 의지 외에 다른 법이 없는 미개인은 살아가면서 매사에 추론을 하지 않을 수 없다. 그는 한 번 움직일 때마다, 한 걸음 내디딜 때마다 미리 그 결과를 예측해야 한다. 따라서 신체가 단련되면 될수록 그의 정신도 더 일깨워진다. 힘과 이성이 동시에 성장하면서 서로가 서로를 통해 확장되는 것이다.

박식한 교사여, 우리의 두 제자들 가운데 누가 미개인을 닮고 누가 농민을 닮겠는지 보자. 가르침을 주는 권위에 언제나 전적으로 복종하는 여러분의 제자는 말에 따라서만 행동한다. 그는 배가 고파도 감히 먹지 못하고 즐거워도 웃지 못하며 슬퍼도 울지 못하고, 이 손 대신 다른 손을 내밀지도 못하며 누군가 그렇게 명령을 내릴 때만 발을 움직인다. 아마도 곧 그는 숨도 여러분이 정한 규칙에 따라서만 쉬게 될 것이다. 여러분이 제자 대신 모든 것을 생각해 주는데 도대체 그가 무엇을 생각하기를 바라는가? 여러분의 배려에 안주하고 있는데 그가 무엇을 예측할 필요가 있겠는가? 여러분이 자신의 보존과 안위를 책임지고 있다는 사실을 아는 아이는 자신은 그 걱정에서 놓여났다고 느낀다. 그의 판단력은 여러분의 판단력에 의지한다. 여러분이 금지하지 않는 것은 무엇이든 위험하지 않다는 것을 잘 알고 있으므로 아무 생각 없이 해 버린다. 비가 올지 예측하는 법을 무엇 때문에 배우겠는가? 그는 여러분이 자기 대신 하늘을 바라보고 있다는 것을 알고 있다. 그가 산책 시간을 스스로 조절할 필요가 있겠는가? 여러분이 그가 저녁식사 시간을 넘기도록 내버려 둘까 봐 염려하지 않는다. 여러분이 그에게 그만 먹으라고 하지 않는 한 그는 먹는다. 여러분이 그만 먹으라고 하면 그는 더 이상 먹지 않는다. 그는 본인의 위의 의사에 귀를 기울이지 않고 여러분의 의견을 듣는다. 그의 신체를 활동 정지시킨 채 아무리 그의 신체를 부드럽게 만들어도 소용이 없다. 그런다고 해서 그의 이해력이 더 유연해지지 않는다. 반대로 그나마 약간의 이성마저 그에게 가장 쓸모없어 보이는 사물들에 쓰게 함으로써, 그의 머릿속에서 이성의 신용만 떨어뜨린다. 이성이 무엇에 소용되는지 결코 알지 못하는 그는 마침내 이성이 아무짝에도 쓸모없는 것이라고 치부해 버린다. 추론을 잘못해서 그에게 일어날 수 있는 최악의 사태는 꾸중을 듣는 것일 텐데, 그런 일은 매우 자주 일어나므로 별로 개의치 않는다. 그렇게 흔한 위험은 더 이상 그에게 겁을 주지 못하는 것이다.

그럼에도 불구하고 여러분은 제자에게서 약간의 재치를 발견할 수도 있다. 그는 앞서 말했던 그런 어조로 부인들과 잡담을 나눌 때는 재치가 있다. 그러나 자신이 직접 감당해야 하는 상황에 처하거나, 어려운 상황에서 결단을 내려야 할 때가 되면 가장 거친 농민의 아들보다도 그가 백 배는 더 우둔하고 어리석다는 사실을 알게 될 것이다.

나의 제자, 아니 자연의 제자로 말할 것 같으면, 일찍부터 되도록 자급 자족하도록 훈련을 받아 다른 사람들에게 계속 의존하려는 습관이 없고, 자신의 훌륭한 지식을 그들에게 과시하려는 습관은 더더욱 없다. 반대 로 그는 자신과 직접 관련된 모든 것에 있어서 자신이 판단하고 예측하 고 추론한다. 그는 떠벌리지 않고 행동한다. 세상에서 일어나는 일에 대 해서는 하나도 모르지만 자신에게 적합한 일은 매우 잘할 줄 안다. 계속 활동하기 때문에 많은 것을 관찰하고 많은 결과들을 알 수밖에 없다. 그 는 일찍부터 풍부한 경험을 한다. 또한 사람이 아니라 자연에서 교훈을 얻는다. 어디서도 그를 가르치려는 의도가 보이지 않는 만큼 그는 더 잘 배우게 된다. 따라서 그의 신체와 정신은 동시에 단련된다. 언제나 다른 사람의 생각이 아닌 자신의 생각대로 행동하는 그는 계속해서 두 활동을 결합시키기 때문이다. 몸이 강하고 튼튼해질수록 그는 지각과 판단력을 더 갖추게 될 것이다. 이것이 바로 흔히 양립할 수 없는 것이라 생각하지 만 거의 모든 위대한 사람들이 겸비한 것, 즉 강한 신체와 강한 정신, 현 자의 이성과 장사壯士의 기운을 언젠가 갖게 되는 방법이다.

젊은 교사여, 내가 여러분에게 권고하고 있는 어려운 기술은 교훈 없 이 가르치고 아무것도 하지 않으면서 모든 것을 다 하는 기술이다. 이 기 술이 여러분의 나이에 맞지 않다는 점은 인정한다. 다시 말해 먼저 여러 분의 재능을 빛나게 하거나, 아버지들 앞에서 여러분을 돋보이게 하는 데는 적합하지 않다는 것이다. 하지만 이것이 성공에 적합한 유일한 방 법이다. 먼저 개구쟁이로 만들지 않고는 결코 현자를 만드는 데 성공하지 못할 것이다. 스파르타인들이 그렇게 교육했다. 그들은 아이들을 책에 붙들어 두는 대신 자신의 저녁거리를 훔치는 일부터 가르쳤다. 그렇다고 해서 스파르타인들이 자라서 거칠고 무례해졌던가? 임기응변으로 재치 있는 대답을 하는 그들의 힘과 기지를 모르는 사람이 있는가? 언제나 승리할 수 있게 교육받은 그들은 어떤 전쟁에서든 적을 제압했고, 수다스런 아테네인들은 그들의 공격만큼 그들의 말도 두려워했다.

최고로 정성을 들이는 교육에서 교사는 아이에게 명령을 하면서 그를 지도한다고 생각한다. 그러나 지도하고 있는 것은 사실 아이이다. 아이는 여러분에게서 자기 마음에 드는 것을 얻어 내기 위해 여러분이 아이에게 요구하는 것을 이용한다. 아이는 언제나 여러분이 한 시간 부지런히 일하고 그 대가로 일주일의 안락함을 얻게 하는 법을 알고 있다. 매 순간 아이와 계약을 맺어야 한다. 여러분은 여러분 방식으로 제의하고 아이는 아이 방식으로 지키는 이 계약들은 항상 아이의 변덕에 유리한 쪽으로 변하기 마련이다. 아이는 교환 조건으로 내건 것을 자신이 약속을 완수하든 하지 않든 얻어 낼 수 있다는 것을 확신하고 있다. 그것을 아이에게 이익이라고 서툴게 조작할 때 특히 그렇다. 어린아이는 대체로 교사가 아이의 마음을 읽는 것보다 교사의 머릿속을 더 잘 읽어 낸다. 그럴 수밖에 없다. 왜냐하면 자기 자신에게만 몰두하는 아이가 자기를 보전하기 위해 사용했을 통찰력을, 이번에는 명령만 하는 폭군의 사슬에서 자신의 타고난 자유를 구출하는 데에 전적으로 사용하기 때문이다. 반면 상대편을 꿰뚫어 보는 데서 그다지 절박한 이득이 없는 폭군은 가끔은 아이의 게으름이나 허영심을 방치하는 데서 오히려 득을 본다.

여러분의 제자와 반대되는 길을 취하도록 하라. 아이가 늘 자신이 선생이라고 생각하게 만들고 그러면서 언제나 여러분이 선생이어야 한다. 겉으로는 자유로워 보이는 예속만큼 완벽한 예속도 없다. 이런 식으로 사람의 의지마저 사로잡기 때문이다. 아무것도 모르고 아무것도 할 수 없고 아무것도 인식하지 못하는 가엾은 아이가 여러분 뜻대로 되지 않는다고? 아이와 관련해서 그를 둘러싸고 있는 모든 것을 여러분 마음대로 할 수 있지 않은가? 여러분 마음에 들도록 얼마든지 아이에게 영향을 미칠 수 있지 않은가? 아이의 공부, 놀이, 즐거움, 고통, 이 모든 것이 아이는 알아차리지도 못한 채 여러분의 손아귀에 있지 않은가? 아이는 분명 자신이 원하는 것만 해야 할 것이다. 하지만 아이는 여러분이 원하는 행동만 원해야 한다. 아이는 여러분이 예측하지 않은 걸음은 한 걸음도 내디디면 안 되고, 또한 그가 무슨 말을 할지 여러분이 이미 알고 있는 말 외에는 입을 열지 않아야 한다.

바로 이때 아이는 정신을 둔화시키지 않으면서 나이가 요구하는 신체 훈련에 전념할 수 있을 것이다. 불편한 지배를 피하려고 한껏 꾀를 부리는 대신 오로지 자신을 둘러싼 모든 것에서 아이가 현재의 행복에 가장 이로운 수단을 끌어내는 데 전념하는 것을 보게 되는 시기도 바로 이때다. 또한 아이가 손에 닿는 모든 대상을 자기 것으로 삼으려고, 또 남의 평판에 의존하지 않고 진정으로 사물을 즐기려고 고안해 내는 능란한 재주에 여러분이 깜짝 놀라게 되는 시기도 바로 이때다.

이처럼 제 마음대로 하게 내버려 둔다고 해서 아이의 변덕을 조장하는 일은 좀처럼 없을 것이다. 자신에게 적합한 일 외에 다른 것은 절대 하지 않음으로써 아이는 곧 자기가 해야 할 일 외에는 다른 아무것도 하지 않을 것이다. 또한 아이의 신체가 끊임없이 움직이고 있다 하더라도 눈앞에 뚜렷한 이득이 걸려 있는 한, 여러분은 아이가 개발할 수 있는 이성이 순수한 이론 공부에서보다 훨씬 더 그에게 적합한 방식으로 발달하는 것을 볼 수 있을 것이다.

그리하여 여러분이 자신을 제지하려고 늘 노심초사하는 모습을 보지 않아서 여러분을 불신하지도 않고 여러분에게 아무것도 숨길 것이 없는 아이는 여러분을 속이지도 거짓말을 하지도 않을 것이다. 아이는 두려움 없이 있는 그대로 자신을 드러내 보일 것이다. 여러분은 아이를 마음껏 살펴볼 수 있을 것이고, 아이가 가르침을 받는다는 생각조차 하지 못하는 사이에 여러분이 주려는 가르침을 아이 주변에 마련해 둘 수 있을 것이다.

아이는 더 이상 호기심에 찬 질투심으로 여러분의 품행을 염탐하지 않을 것이고, 여러분의 잘못을 꼬투리 잡고 은밀한 즐거움을 느끼려 하지도 않을 것이다. 우리가 예방하고 있는 이 부정적 측면은 매우 중요하다. 아이들의 첫 번째 관심사들 중의 하나는 이미 말한 바와 같이 자신을 지도하는 사람들의 약점을 찾아내는 일이다. 이런 경향은 심술로 나아가지만 심술에서 비롯되는 것은 아니다. 그것은 자신을 성가시게 하는 권위를 피하려는 욕구에서 나온다. 자신에게 부과되는 과중한 구속에 시달리는 아이들은 거기서 벗어나고 싶어 하는데, 그들이 선생들에게서 발견하는 결점이 아이들에게 그렇게 할 수 있는 좋은 수단을 제공한다. 그러는 동안에 아이는 사람들에게서 결점만 관찰하고 그것을 찾아내어 기뻐하는 습관을 갖게 된다. 이 또한 에밀의 마음속에서 차단된 악덕의 한 원천임은 명백하다. 나한테서 결점을 찾아내 보았자 아무런 이익이 없는 에밀은 나의 결점을 찾아내지 않을 것이고, 다른 사람들에게서도 결점을 찾아내고 싶어 하지 않을 것이다.

이 모든 일의 실천은 사람들이 별로 생각해 보지 않는 일이라서 어려운 듯이 보인다. 하지만 실상은 조금도 어려울 것이 없다. 사람들은 당연히 여러분이 택한 직업을 수행하는 데에 필요한 지식을 여러분이 갖고 있다고 생각한다. 또한 여러분이 인간의 마음의 자연스러운 진행을 알고 있으며, 인간과 각 개인을 관찰하고 분석할 줄 안다고 추측할 것이 틀림없다. 또한 여러분이 아이에게 나이에 맞는 온갖 흥미로운 대상들을 보여 줄 때, 사람들은 여러분이 제자의 의지가 무엇에 따르고 있는지 미리 알고 있다고 여길 것이 틀림없다. 한편 도구들을 갖고 있고 또 그것들의 용법을 잘 알고 있다는 것은 그 일을 뜻대로 좌지우지할 수 있다는 의미가 아닌가?

여러분은 어린아이의 변덕을 반박의 증거로 제시하겠지만, 그것은 잘못된 생각이다. 아이의 변덕은 결코 자연의 소산이 아니라 잘못된 규율의 산물이다. 즉 그것은 아이들이 복종했거나 명령했기 때문이다. 그 어느 쪽도 불필요하다는 말을 나는 수없이 반복했다. 결국 여러분의 제자는 여러분이 그에게 갖게 한 변덕만 가질 것이다. 여러분이 자신의 잘못 때문에 고생하는 것은 당연하다. 하지만 그것을 어떻게 고칠 수 있느냐고 여러분은 말할 것이다. 이 또한 더 나은 지도와 많은 인내심에 의해 가능하다.

나는 제멋대로일 뿐만 아니라 다른 사람들도 자기 뜻대로 움직이게 만드는 버릇이 들어서 그 결과 변덕쟁이가 된 아이를 몇 주 동안 맡아 본 일이 있다.[40] 첫날부터 아이는 내가 친절한지 시험해 보기 위해 자정에

---

40 징세 청부인인 뒤팽 씨 부인의 아들 슈농소를 가리키는 듯하다. 루소는 가정교사 대리로 잠깐 이 아

일어나려고 했다. 내가 한창 자고 있을 때 그는 침대에서 뛰어내려 실내복을 입은 채로 나를 불렀다. 나는 일어나 촛불을 켰다. 아이는 그 이상을 바라지는 않았다. 잠시 후에 다시 졸리자 그는 자신의 시험에 만족해하며 다시 자리에 누웠다. 이틀 후 아이는 그 시험을 반복하고 똑같은 성과를 얻었다. 그러나 나는 조금도 초조한 기색을 보이지 않았다. 그가 다시 잠자리에 누우며 내게 뽀뽀를 했을 때 나는 아주 침착하게 그에게 이렇게 말했다. "도련님, 이걸로 충분합니다. 다시는 이런 짓을 하지 마세요." 이 말이 아이의 호기심을 자극하여 아이는 내가 어떻게 감히 그를 거역하는지 알고 싶어졌다. 아이는 다음 날부터 잊지 않고 같은 시각에 다시 일어나 나를 불렀다. 나는 그에게 무엇을 원하는지 물어보았다. 그는 잠을 잘 수가 없다고 말했다. 나는 "그것 참 안됐군요"라고 대꾸하고 입을 다물고 가만히 있었다. 그가 촛불을 켜 달라고 내게 부탁했다. "뭘 하려고요?"라고 묻고 또 가만히 있었다. 이 간결한 어투에 그는 당황하기 시작했다. 더듬더듬 부싯돌을 찾으러 가서 그것을 치는 척했는데, 제 손가락을 때리는 소리를 듣고 나는 웃지 않을 수 없었다. 마침내 성공하지 못하리라는 것을 완전히 깨달은 아이는 내 침대로 부싯돌을 가지고 왔다. 나는 모르겠다고 말하고는 돌아누워 버렸다. 그러자 아이는 소리를 지르고 노래를 부르고 소란을 피우고, 아프지 않게 조심조심 의자나 탁자에 몸을 부딪치면서 방 안을 마구 뛰어다니기 시작했다. 그리고 나를 걱정시키기 위해 부딪쳐서 아프다고 크게 고함을 질러 댔다. 이 모든 것이 아무런 소용이 없었다. 나는 그럴듯한 훈계나 노여움을 기대한 아

이를 맡은 적이 있었다 — 옮긴이.

이가 이런 냉정함에는 전혀 대비하지 못했다는 사실을 알아차렸다.

그런데도 끝까지 고집을 부려 나의 인내심을 꺾어 보기로 결심한 아이는 계속 소란을 피워 댔고 마침내 나도 화가 났다. 그가 성공을 거둔 것이다. 그러나 적절치 못하게 화를 내면 모든 것을 망치게 되리라는 것을 예감한 나는 다른 방도를 취하기로 결심했다. 아무 말 없이 일어나 부싯돌이 있는 곳으로 가 보았지만 그것을 찾지 못하고 그에게 물어본다. 아이는 마침내 나를 꺾었다는 기쁨에 상기된 채 그것을 내게 건네주었다. 나는 부싯돌을 쳐서 촛불을 켜고 아이의 손을 잡고 조용히, 덧창이 잘 닫혀 있고 아무것도 부술 것이 없는 작은 옆방으로 데려갔다. 나는 불도 켜지 않은 채 아이를 그 방에 두고 문을 열쇠로 잠근 뒤 아이에게 한마디도 하지 않고 돌아와 잠자리에 누웠다. 처음에 엄청난 소동이 일어났으리라는 것은 물어볼 필요도 없다. 나도 예상했던 바였다. 나는 조금도 동요하지 않았다. 마침내 소란이 가라앉았다. 귀를 기울여 듣고 있던 나는 그가 침착해진 것을 알고 안심했다. 다음 날 날이 밝자 나는 옆방으로 가 보았다. 어린 반항아는 소파에 누워 깊은 잠에 빠져 있었다. 그토록 기진맥진했으니 잠이 필요했으리라.

일은 거기서 끝나지 않았다. 아이가 밤의 3분의 2를 침대 밖에서 보낸 사실을 어머니가 알게 되었다. 곧 만사는 틀어졌고, 거의 아이가 죽기라도 한 것 같았다. 이를 좋은 복수의 기회로 본 아이는 아무 소득이 없으리라는 것을 예견하지 못하고 꾀병을 부렸다. 의사가 불려 왔다. 어머니에게는 불행한 일이지만 의사는 익살꾼이어서 겁먹은 그녀를 놀리려고 열심히 더 겁을 주었다. 그러면서 내 귀에다 대고 그는 "내게 맡겨 두시오, 약속하건대 잠시 후면 꾀병 부리는 응석이 고쳐질 것이오"라고 말했다. 실제로 절식과 안정이 처방되었고, 약사에게 보이라는 권유를 받았다. 나는 그 가엾은 어머니가 나만 제외하고 주변의 모든 사람들에게 이처럼 속고 있는 것을 보고 한숨이 나왔다. 내가 그녀를 속이지 않았다는 바로 그 이유로 그녀는 나를 미워했다.

매우 엄중하게 나를 질책한 뒤 그녀는 아들이 몸이 약하고 집안의 유일한 상속자이니 어떤 대가를 치르더라도 아이를 잘 보호하고 그의 뜻을 거스르지 말았으면 좋겠다고 말했다. 이 점에서는 나도 그녀의 의견에 충분히 동의했다. 그러나 그녀는 아이의 뜻을 거역한다는 말의 의미를 매사에 아이의 말을 들어주지 않는 것으로 이해했다. 나는 어머니에게도 아이에게 한 것과 같은 태도를 취해야 한다는 것을 알았다. 나는 제법 냉정하게 그녀에게 말했다. "부인, 저는 상속자를 어떻게 가르쳐야 할지 모르겠습니다. 게다가 별로 알고 싶지도 않습니다. 그 점에 대해서는 부인이 알아서 조처하십시오." 그러나 여전히 얼마간은 내가 필요했다. 아버지가 모든 상황을 진정시켰다. 어머니는 가정교사에게 서둘러 돌아오라고 편지를 썼다. 내 잠을 방해하거나 꾀병을 부려 보아도 아무런 소득이 없다는 것을 안 아이는 마침내 혼자서 잠을 자고 건강을 챙기기로 결심했다.

이 꼬마 폭군이 얼마나 자주 이런 변덕을 부려서 불쌍한 가정교사를 복종시켰는지 상상도 하지 못할 것이다. 왜냐하면 상속자의 뜻이 조금이라도 거역되는 것을 견디지 못하는 어머니가 보는 앞에서 교육이 이루어졌기 때문이다. 아이가 몇 시에 외출하고 싶어 하든지 그를 데리고 나갈, 아니 그를 따라 나갈 준비가 되어 있어야 했고, 아이는 항상 교사가 가장 바쁜 시간을 알아내서 용의주도하게 그 시간을 택했다. 아이는 나에게도 동일한 지배력을 행사하기를 원했고, 밤에 내게 휴식을 줄 수밖에 없자 낮에 복수하려고 했다. 나는 모든 일에 기꺼이 동의했다. 그리고 아이의 비위를 맞추는 데서 내가 느끼는 기쁨을 그가 보는 앞에서 증명하는 일부터 시작했다. 그런 연후 아이의 변덕을 고쳐야 할 때가 되자 나는 행동을 달리했다.

우선 아이에게 잘못을 뒤집어씌울 필요가 있었는데, 이는 어렵지 않았다. 아이들이 그 당장만 생각한다는 것을 아는 나는 내가 아이보다 유리한 입장에서 앞날을 예측할 수 있다는 이점을 이용했다. 나는 아이가 매우 좋아하는 오락을 알고 있었는데, 일부러 그 오락을 집 안에서 할 수 있게 조처해 주었다. 아이가 놀이에 가장 열중해 있어 보일 때, 나는 아이에게 가서 산책을 한 바퀴 돌고 오자고 제안했다. 아이는 나를 멀리 밀쳐 냈다. 나는 계속 고집을 부리지만 아이는 내 말을 듣지 않는다. 내가 양보해야 했는데, 아이는 이 복종의 표시를 마음속에 소중히 새겨 두었다.

다음 날, 이번에는 내 차례였다. 아이는 심심해하고 있었는데, 내가 그렇게 만들었다. 반대로 나는 일에 깊이 몰두해 있는 척했다. 아이를 결심시키는 데는 그렇게까지 할 필요도 없었다. 아이는 어김없이 내게 와서 당장 자기를 데리고 산책을 가도록 나를 일에서 끌어내려 들었다. 나는 거절했고 아이는 고집을 부렸다. 아이에게 말했다. "안 됩니다. 도련님이 자기 마음대로 하는 것을 보고 나도 내 마음대로 하는 것을 배웠어요. 나는 외출하고 싶지 않습니다." 그러자 아이가 격한 어조로 대꾸했다. "좋아요, 저 혼자 가겠어요." "좋도록 하십시오." 그리고 나는 내 일을 계속했다.

아이는 자신이 하는 대로 내버려 둔 채 자신을 따라 옷을 입지 않는 나를 보고 약간 불안해하면서 옷을 입는다. 외출 준비를 다 하고 내게 와서 인사를 한다. 나도 인사를 건넨다. 아이는 자기가 어디로 갈지 내게 말하면서 나를 걱정시키려고 애를 쓴다. 그의 말대로라면 세상 끝까지라도 갈 듯하다. 조금도 동요하지 않고 나는 아이에게 잘 다녀오라고 말한다. 아이는 더욱 당황해한다. 그렇지만 짐짓 침착한 척하면서 나갈 채비를 하고 하인에게 자기를 따라오라고 말한다. 내가 미리 말을 해 둔 하인은 시간이 없다, 선생님에게서 지시받은 일을 하고 있으므로 그보다는 선생님 말을 따라야 한다고 대답한다. 그 말에 아이는 어쩔 줄을 모른다. 자신이 모든 사람들에게 중요한 존재라 믿고, 하늘과 땅도 자신을 보호하는 일에 관심이 집중되어 있다고 생각하는 아이를 혼자서 외출하게 내버려 두다니 어떻게 그런 일을 생각조차 할 수 있겠는가? 그러면서 아이는 자신이 약하다는 것을 깨닫기 시작한다. 자기를 알지 못하는 사람들 속에서 자신이 혼자가 될 것이라는 사실을 이해한 것이다. 아이는 앞으로 겪게 될 위험을 미리 짐작해 본다. 고집만 여전히 아이를 지탱해 주고 있다. 아이는 몹시 당황한 채 천천히 계단을 내려간다. 아이에게 일어날지도 모를 불상사에 대해 내게 책임을 물으리라는 기대에 다소 위안을 얻으며 마침내 거리로 나선다.

내가 기대했던 바이다. 모든 것이 사전에 준비되어 있었다. 일종의 공개 무대와도 같은 것이었기 때문에 아버지의 동의를 받아 둔 터였다. 겨우 몇 발짝 떼자마자 그는 여기저기서 자신을 두고 하는 이런저런 말을 듣게 된다. "이봐요, 예쁜 도련님! 이렇게 혼자서 어디를 가나요? 곧 길을 잃고 말 텐데. 우리 집으로 들어오시라 하고 싶군요." "아주머니, 조심하세요. 쓸데없는 짓만 하려다가 아버지 집에서 쫓겨난 어린 망나니라는 것을 모르시겠어요? 망나니를 집으로 끌어들여서는 안 되지요. 가고 싶은 대로 가게 내버려 둬요." "그렇다면! 신이 인도하시기를! 그에게 불행이 닥칠까 봐 걱정이군요." 아이는 조금 더 가다가 자기 또래의 개구쟁이들을 만난다. 그들은 아이를 건드리고 조롱한다. 앞으로 나갈수록 아이는 더 많은 장애를 발견한다. 아무런 보호도 받지 못하고 혼자 있는 아이는 자신이 모든 사람의 놀림감이 된다는 것을 알게 되고, 그의 견장과 금장식이 더 이상 자신을 존중받게 만들지 못한다는 사실에 몹시 놀란다.

그러는 동안, 아이가 눈치채지 못하게 그를 감시하는 임무를 맡긴 내 친구 중의 하나가 몰래 아이의 뒤를 밟다가, 때가 되었다 싶을 때 그에게 접근했다. 『푸르소냐크 씨氏』에 나오는 스브리가니[41]와 비슷한 이 역할에는 재치 있는 사람이 필요했고, 그 역할은 완벽하게 수행되었다. 그는 겁을 너무 줘서 아이를 소심한 겁쟁이로 만들지 않고도 아이의 무모한 나들이가 얼마나 경솔한 짓이었는지 제대로 깨닫게 했다. 그리하여 반 시간 후에는 완전히 풀이 죽고 창피해서 감히 눈도 들지 못하는 아이를 내게로 데려왔다.

원정의 실패를 마무리 짓기 위해 아이가 돌아온 바로 그때, 아버지가 외출하기 위해 내려오다 계단에서 아이와 마주쳤다. 아이는 어디서 오는 길인지, 왜 내가 그와 함께 있지 않았는지를 말해야 했다.[42] 가엾은 아이는 쥐구멍에라도 숨고 싶었을 것이다. 아버지는 꾸중을 길게 늘어놓지

---

41 몰리에르의 『푸르소냐크 씨(Monsieur de Pourceaugnac)』에 나오는 모사꾼 ― 옮긴이.
42 이런 경우에는 어린아이에게 진실을 요구해도 괜찮다. 왜냐하면 그럴 때는 아이도 진실을 감출 수 없다는 점을 잘 알고 있고, 감히 거짓말을 하더라도 즉시 그 사실이 밝혀질 것이기 때문이다.

않고, 내가 기대했던 것보다 더 냉담하게 아이에게 말했다. "혼자 외출하고 싶을 때는 네 마음대로 해도 좋다. 하지만 내 집 안에 제멋대로 구는 놈을 두고 싶지는 않으니, 앞으로 이런 일이 생기면 그때는 다시 집에 돌아오지 않도록 유념해라."

나는 비난도 조롱도 하지 않고 조금 심각한 태도로 아이를 맞이했다. 일어난 일들이 모두 장난에 불과하다는 사실을 그가 알아챌 수도 있어서 바로 그날은 산책을 데려가고 싶지 않았다. 다음 날 나는 혼자 있는 그를 마주치고 그가 혼자 있다는 이유로 조롱했던 바로 그 사람들 앞을 나와 함께 지나가면서 몹시 의기양양해하는 것을 보고 매우 기뻤다. 아이가 더 이상 나 없이 혼자 외출하겠다고 나를 위협하지 않게 되었다는 것은 충분히 짐작할 수 있으리라.

내가 그 아이와 함께 지낸 짧은 기간 동안, 내가 어떤 것도 명령하거나 금하지 않고 설교나 훈계도 없이 또 쓸데없는 교훈으로 그를 싫증 나게 만들지도 않고 내가 원하는 일을 모두 그에게 시키는 데 성공한 것은 바로 이런 방법들 또는 그와 유사한 다른 방법들을 통해서이다. 그 결과 내가 말을 하는 동안에 아이는 기분이 좋았다. 하지만 나의 침묵은 그를 두렵게 만들었다. 그는 무엇인가 잘못되고 있다는 것을 알아챘다. 항상 교훈은 사물 자체에서 그에게 주어졌다. 이쯤에서 다시 본론으로 돌아가자.

이처럼 자연의 지도에만 맡겨진 채 지속되는 훈련은 신체를 강화하면서 정신을 조금도 둔하게 만들지 않는다. 오히려 반대로 이런 훈련은 어릴 때도 가질 수 있고, 어떤 나이에든 가장 필수적인 단 한 종류의 이성을 형성시킨다. 이런 훈련을 통해 우리는 자신이 지닌 힘의 용도, 우리의 신체와 주변 사물들과의 관계, 우리가 사용할 수 있고 우리의 기관에 알맞은 자연적인 도구들의 용도를 제대로 인식하는 법을 배운다. 언제나 방 안에서 어머니가 보는 앞에서만 자라나 무게가 무엇인지 저항력이 무엇인지도 모른 채 큰 나무를 뽑거나 바위를 들어 올리려는 아이의 어리석음에 비길 만한 것이 또 있을까? 처음 제네바를 벗어났을 때 나는 달리는 말을 쫓아가려 했고, 8킬로미터나 떨어진 살레브산에 돌을 던졌다. 그 마을의 모든 아이들에게 놀림감이 되었던 나는 그들이 보기에 정말로 바보였다. 열여덟 살이 되면 사람들은 자연과학에서 지렛대가 무엇인지를 배운다. 열두 살의 농부 아들이라면 누구라도 아카데미 최고의 기계 기사보다 지렛대를 더 잘 사용할 줄 안다. 어린 학생들이 학교 마당에서 자기들끼리 배우는 수업이 교실에서 듣는 모든 것보다 백 배는 더 유익하다.

고양이가 처음으로 방 안에 들어가는 것을 보라. 살피고 바라보고 냄새도 맡아 보면서 잠시도 가만히 있지 않으며, 모든 것을 점검하고 알아본 후가 아니고는 아무것도 믿지 않는다. 막 걸음마를 시작한, 말하자면 세상이라는 공간으로 들어가는 어린아이도 이와 같다. 차이가 있다면 기껏 아이는 관찰하기 위해 자연이 부여한 손을, 고양이는 자연이 부여한 예민한 후각을 둘 다 공통으로 갖고 있는 시각에 덧붙인다는 점이다. 이러한 자질이 제대로 길러지느냐 그렇지 않느냐에 따라 아이는 재치가 있거나 아둔해지기도 하고, 둔중하거나 생기발랄해지기도 하며, 경솔해지거나 신중해지기도 한다.

인간의 최초의 자연스러운 움직임이란 주변에 있는 모든 것들과 비교하여 자신의 능력을 측정하고 자신이 지각하는 대상 하나하나에서 자신과 관련이 있는 감각적 특징을 모두 시험해 보는 것이므로, 인간의 첫 공부는 자신을 보존하는 일과 관련된 일종의 실험 물리학이다. 그런데 이 세상에서 자기 위치를 확인하기도 전에 사람들이 시키는 이론적인 공부 때문에 그로부터 등을 돌리게 된다. 섬세하고 유연한 기관들이 작용을 미칠 신체에 맞추어 조정될 수 있는 기간, 그리고 아직도 순수한 그의 감각들이 환상에서 벗어나 있는 기간이 기관들의 고유한 기능에 따라 그것들을 하나씩 하나씩 훈련시켜야 할 시기이다. 또한 사물이 우리와 맺는 감각적인 관계들을 인식하는 법을 배울 시기도 이때이다. 인간의 이해력 안에 들어오는 모든 것은 감각을 통한 것이므로, 인간의 최초의 이성은 감각적 이성이다. 바로 이것이 지적인 이성의 토대가 된다. 우리의 첫 번째 철학 선생은 바로 우리의 손과 발 그리고 눈이다. 이 모든 것을 책으로 대체하는 것은 추론하는 법을 가르치지 않고 다른 사람의 이성을 사용하라고 가르치는 것이다. 말하자면 많은 것을 믿도록 그러나 결코 아무것도 알지 못하도록 가르치는 것이다.

어떤 기술을 연마하기 위해서는 도구들을 마련하는 일부터 시작해야 하며, 도구들을 유용하게 사용하려면 오래 사용해도 버틸 수 있을 만큼 견고하게 만들어야 한다. 따라서 생각하는 법을 배우려면 지성의 도구가 되는 우리의 사지, 감각, 기관을 단련시켜야 한다. 그리고 도구들을 최대한 활용하기 위해서는 이를 제공하는 신체가 튼튼하고 건강해야 한다. 이처럼 인간의 진정한 이성은 신체와 무관하게 형성되기는커녕, 오히려 훌륭한 체질이야말로 정신의 작용을 쉽고 확실하게 만들어 준다.

어린 시절의 긴 여가를 어디에 써야 할지 보여 주면서, 나는 좀 우스꽝스러워 보일 수도 있는 세세한 사항들을 말해 보겠다. 사람들은 이렇게 말할 것이다. 당신 자신이 비난하던 오류에 빠져 아무도 배울 필요가 없는 것만 가르치는 괴상한 수업이군! 언제나 저절로 깨우쳐서 고생도 수고도 들일 필요가 없는 교육에 왜 시간을 낭비할 것인가? 열두 살 된 아이라면 당신이 제자에게 가르치려는 모든 것, 더욱이 자신의 선생들이 이미 가르쳐 준 그 모든 것을 모르는 아이가 어디 있겠는가?

여러분은 잘못 생각하고 있다. 나는 내 제자에게 여러분의 제자들은 분명 가지고 있지 않은, 시간이 아주 오래 걸리고 힘도 많이 드는 기술을 가르치고 있다. 그것은 무지하게 되는 기술이다. 왜냐하면 자신이 아는 것만 알고 있다고 생각하는 사람의 지식은 아주 사소한 것에 국한되기 때문이다. 여러분은 일찍부터 지식을 주입한다. 나는 지식을 익히는 데 적합한 도구에는 관심이 있다. 언젠가 베네치아인들이 한 스페인 대사에게 산마르코 성당의 보물을 거창하게 보여 주었더니, 탁자 밑을 보고 난 그 대사가 인사말로 "뿌리가 없군요"라는 말만 했다는 이야기를 들은 적이 있다. 나는 어떤 가정교사가 제자의 지식을 자랑스레 늘어놓는 것을 볼 때마다 그에게 바로 이 말을 하고 싶어진다.

고대인들의 생활 방식에 대해 깊이 성찰해 본 사람은 누구나 그들과 현대인을 가장 뚜렷하게 구별해 주는 강한 신체와 정신이 체육 훈련에서 비롯되었다고 여긴다. 이런 견해를 지지하는 몽테뉴[43]의 태도를 보면 그 자신도 이를 강하게 확신하고 있었음을 알 수 있다. 그는 끊임없이 여러

---

43 Michel de Montaigne(1533-1592): 프랑스 르네상스기의 철학자이자 모럴리스트로 자신과 인생에 대한 고찰을 담은 『수상록(*Essais*)』(1580)을 남겼다. 그는 모든 독단과 광신에 대해 반대하고 모든 것에 대해 날카로운 비판을 던지며, 천국에서의 구원이 아니라 지상에서의 삶의 행복을 추구하였다 — 옮긴이.

가지 방식으로 다시 이 이야기로 되돌아온다. 몽테뉴는 어린아이의 교육에 대해 언급하면서, 아이의 정신을 강인하게 만들려면 그의 근육을 단단하게 해 주어야 한다고 말한다. 노동에 익숙하게 함으로써 고통에도 익숙하게 만든다. 탈구, 복통, 그 외 온갖 질병의 격렬한 고통에 맞설 수 있게 하려면, 그를 고된 훈련에 익숙해지게 해야 한다. 현명한 로크, 착한 롤랭,[44] 박식한 플뢰리,[45] 현학적인 크루사즈[46]도 다른 모든 면에서는 서로들 의견이 달랐지만, 아이들의 신체를 많이 단련시켜야 한다는 점에서만은 의견이 서로 일치한다. 이는 그들의 원칙들 중에서 가장 올바른 것인데도 가장 등한시되고 있고 또 앞으로도 등한시될 원칙이다. 나는 이 원칙의 중요성에 대해 이미 충분히 말했으며, 이 점에 대해서는 로크의 책에 나온 것보다 더 훌륭한 근거와 더 이치에 맞는 규칙을 제시할 수도 없으므로 그 책을 참조하게 하는 것으로 만족하겠다. 다만 실례를 무릅쓰고 로크의 소견에 몇 가지 견해만 덧붙이겠다.

자라나는 신체의 팔다리는 옷 안에서 여유롭게 움직일 수 있어야 한다. 그들의 움직임이나 성장을 방해하는 것이 있어서는 안 되며, 너무 꼭 맞게 몸에 달라붙는 것은 절대로 안 된다. 동여매는 것도 안 된다. 성인에게도 갑갑하고 건강에 좋지 못한 프랑스 의복은 아이에게는 특히 더 해롭다. 집에만 틀어박혀 지내는 비활동적인 생활 때문에 늘어난 휴식 시간 동안, 순환이 막혀서 고인 체액은 고인 채로 부패해서 현대인들에

---

44 Charles Rolin(1661-1741): 파리 대학 학장으로 『공부론』, 『고대사』, 『로마사』의 저자 — 옮긴이.

45 Claude Fleury(1640-1723): 루이 14세 손자들의 교육을 맡은 페늘롱의 조수로서 법과 역사에 관한 저서를 남겼는데, 『교회사』가 주저이다 — 옮긴이.

46 Jean-Pierre de Crousaz(1663-1750): 스위스의 철학자이자 수학자, 베일의 회의주의와 라이프니츠의 독단론을 비판했다 — 옮긴이.

게서 날로 늘어 가는 질병인 괴혈병을 일으킨다. 고대인들은 이런 병을 거의 알지도 못했는데 고대인들의 옷 입는 방식이나 생활 방식이 이 병으로부터 그들을 지켜 주었던 것이다. 경기병의 의복은 이런 불편을 고쳐 주기는커녕 오히려 가중시킨다. 아이들에게 동여매기를 면하게 해 주겠다면서 신체를 온통 압박한다. 가장 좋은 것은 아이들에게 되도록 오랫동안 아동복을 입히고 그다음에는 아주 헐렁한 옷을 입혀서 몸매를 드러내어 자랑하지 않게 하는 것이다. 몸매를 드러내는 것은 오히려 몸매를 틀어지게 할 뿐이다. 아이들의 신체와 정신의 결함은 거의 모두 동일한 원인에서 비롯되는데, 그 원인이란 때가 되기 전에 아이를 어른으로 만들려 드는 것이다.

밝은 색과 어두운 색이 있다. 밝은 색이 아이들의 취향에 더 맞고 훨씬 더 잘 어울린다. 나는 사람들이 이 점에서 왜 그토록 자연스럽게 잘 어울리는 것을 고려하지 않는지 알 수가 없다. 그런데 아이들이 값이 비싸다고 어떤 옷감을 선호하게 되면, 그들의 마음은 이미 사치와 남들의 평판이 초래하는 온갖 변덕에 빠져 버린 것이다. 이러한 취향이 아이들 자신에게서 생겨난 것이 아님은 분명하다. 의복의 선택과 그 선택의 동기가 교육에 얼마나 지대한 영향을 미치는지 말로 다 할 수 없을 것이다. 맹목적인 어머니들은 자식에게 상으로 장신구를 주겠다고 약속할 뿐만 아니라, 심지어 제자에게 벌로서 더 투박하고 더 수수한 옷을 입히겠다고 위협하는 몰지각한 교사들도 있다. "공부를 더 잘하지 않으면, 또 네 옷을 더 잘 간수하지 않으면, 저 농부의 아이처럼 옷을 입히겠다." 이는 아이들에게, 인간은 입고 있는 옷을 빼면 아무것도 아니며 너희들의 가치는 전적으로 너희가 입고 있는 옷에 있다는 점을 알아 두라고 말하는 것과 같다. 이런 현명한 가르침이 젊은이에게 도움이 되어 그들이 장신구만 소중히 여기고 오로지 외모로만 가치판단을 하게 된다고 해서 놀랄 일이 겠는가?

만약 내가 이렇게 망쳐진 아이의 머리를 제자리로 돌려놓아야 한다면, 나는 가장 비싼 옷이 가장 불편한 옷이 되도록 온갖 수단을 동원해서 그 옷을 입으면 늘 거북하고 갑갑하도록 그래서 꼼짝 못 하게 만들겠다. 그리고 그 옷의 화려함 앞에서 자유와 즐거움은 사라지게 할 것이다. 그가 더 수수하게 옷을 입은 다른 아이들의 놀이에 끼어들려 하면, 모두 당장 놀이를 그만두고 달아나 버릴 것이다. 요컨대 사치로 아이를 귀찮게 하고 사치에 질리게 만들고, 그를 금박장식 옷의 노예로 만들어서 그것이 그의 삶에서 골칫거리가 되게 만들 것이다. 그 결과 아이는 자신의 옷치장을 어두컴컴한 감옥보다 더 두려운 눈으로 보게 될 것이다. 어린아이가 아직 우리의 편견의 노예가 되지 않은 시기에 아이의 첫 번째 욕망은 편안하고 자유로운 것이다. 가장 수수하고 가장 편안하고 그를 가장 덜 구속하는 것이 아이에게는 언제나 가장 값진 옷이다.

운동에 적합한 체질이 있다면 아무것도 하지 않는 데 더 적합한 체질도 있다. 체액이 고르게 한결같이 흐르도록 내버려 두는 후자의 체질은 공기의 변화로부터 신체를 보호해 주어야 한다. 반면에 신체가 끊임없이 운동에서 휴식으로, 더위에서 추위로 옮겨 가게 하는 전자의 체질은 바로 그 공기 변화에 신체가 익숙해지게 만들어야 한다. 그 결과 집 안에 틀어박혀 꼼짝하지 않는 사람들은 어느 계절이든 그리고 하루 중 어떤 시간이든 일정한 온도, 거의 동일한 온도에서 자기 신체를 보존할 수 있도록 언제나 따뜻하게 옷을 입어야 한다. 반대로 바람이 불든지 태양이 비추든지 비가 오든지 늘 오가는 사람들, 많이 움직이고 대부분의 시간을 바깥에서 보내는 사람들은 대기의 온갖 변화와 모든 온도에 불편을 느끼지 않고 익숙해지기 위해 항상 옷을 가볍게 입어야 한다. 나는 양쪽 모두에게 계절에 따라 옷을 바꾸어 입지 말도록 권유하겠다. 나의 에밀은 이를 꾸준히 실천할 것이다. 여기서 내가 말하고 싶은 것은 칩거하는 사람들처럼 여름에 겨울옷을 입으라는 것이 아니다. 부지런한 사람들처럼 겨울에도 여름옷을 입으라는 것이다. 이는 기사 작위를 받은 뉴턴[47]이 일생 동안 지녔던 습관인데, 그는 여든 살까지 살았다.

고대 이집트 사람들은 어느 계절이든 모자를 거의 혹은 전혀 쓰지 않고 언제나 맨머리로 돌아다녔다. 페르시아 사람들은 큼지막한 관을 머리에 쓰고 거기다 두터운 터번도 둘렀는데, 샤르댕[48]에 의하면 그 나라의 기후 때문에 이런 관습이 필요했다고 한다. 헤로도토스[49]가 전쟁터에서 관찰한, 페르시아인의 두개골과 이집트인의 두개골의 차이에 대해 나는 다른 곳[50]에서 지적한 일이 있다. 그러니까 뇌가 상처뿐만 아니라 감기, 염증, 그 외 온갖 공기의 영향에 더욱 잘 대비하려면, 머리뼈가 더 단단하고 더 치밀해야 하고 잘 부서지지 않고 미세한 구멍이 더 적어야 하므로, 여러분의 아이들을 여름이고 겨울이고 밤이고 낮이고 언제나 맨머리로 있는 데 익숙해지게 하라. 만약 위생 때문에 또 머리가 헝클어지지 않

---

47 Isaac Newton(1643~1727): 『보편 철학의 수학적 원리』의 저자로 만유인력의 법칙을 발견했다 — 옮긴이.

48 Jean Chardin(1643~1713): 『기사 샤르댕 씨의 페르시아와 그 외 동방의 다른 지역들 여행기』의 저자 — 옮긴이.

49 Herodotos(기원전 484?~기원전 425?): 그리스의 역사가로 역사의 아버지로 불린다. 페르시아 전쟁사를 다룬 『역사』는 그리스 최초로 과거의 사실을 시가가 아닌 실증적 학문의 대상으로 삼았다 — 옮긴이.

50 루소, 『연극에 대해 달랑베르에게 보내는 편지』 — 옮긴이.

도록 밤에 모자를 씌우고 싶다면 바스크인들이 머리를 감싸던 얼기설기한 그물 같은 얇은 천 모자로 하는 것이 좋다. 나는 내가 내세우는 근거보다 샤르댕의 관찰에서 강한 인상을 받아 대부분의 어머니들이 도처에 페르시아의 기후가 펼쳐져 있다고 생각하리라는 것을 잘 알고 있다. 그러나 내가 유럽인 제자를 택한 것은 내 제자를 아시아인으로 만들기 위한 것이 아니다.

일반적으로 사람들은 아이들에게 특히 아주 어릴 때 옷을 지나치게 많이 입힌다. 아이들은 더위보다는 추위에 더 단련을 시켜야 할 것이다. 아이들을 일찍부터 심한 추위에 노출시킨다고 해서 추위 때문에 아이들이 병이 나지는 않는다. 아직 너무도 유연하고 말랑말랑해서 땀을 많이 흘리는 피부 조직 때문에 심한 더위에서는 탈진할 수밖에 없다. 따라서 다른 어느 때보다 팔월에 아이들이 더위로 더 많이 죽는 것을 볼 수 있다. 게다가 북방 민족과 남방 민족을 비교해 보아도, 심한 더위보다는 심한 추위를 견딤으로써 더 튼튼해지는 것은 확실한 듯하다. 하지만 아이가 자라면서 근육질이 강해짐에 따라 차츰 태양 빛을 견디는 데도 익숙하게 만들어야 한다. 점진적으로 진행이 된다면 위험하지 않게 열대 지방의 혹서에도 단련될 것이다.

로크는 우리에게 남자답고 분별 있는 가르침을 제시하는 가운데 모순에 빠지기도 하는데, 사람들은 로크만큼 정확한 이론가가 그러리라곤 예상치 못할 것이다. 어린아이들이 여름에 얼음물로 목욕하기를 바라는 바로 그 로크가 아이들이 더울 때 찬 음료를 마시거나 습기 찬 땅바닥에 눕는 것은 바라지 않는다.[51] 그는 아이들의 구두가 늘 물에 젖어 있기를 바라는데, 아이가 더울 때라고 구두가 물에 덜 젖겠는가? 또 로크가 손에서 발을 유추하고 얼굴에서 몸을 유추한다면, 그와 똑같은 방식으로 발에서 몸을 유추할 수는 없는가? 나는 그에게 이렇게 말할 것이다. 여러분이 만약 인간이 전적으로 얼굴이기를 바란다면, 내가 인간이 전적으로 발이기를 바란다고 해서 왜 나를 비난하는가?

아이들이 더울 때 물을 마시지 못하게 하려고 로크는 아이들에게 물을 마시기 전에 먼저 빵을 한 조각 먹는 습관을 들이라고 처방한다. 아이는 목이 마른데 그에게 먹을 것을 주어야 한다는 말은 참으로 이상하다. 차라리 아이가 배고플 때 마실 것을 주는 편이 나을 것이다. 우리의 최초의 욕구가 너무도 제멋대로여서 그것을 만족시키면 죽음의 위험에 처할 수 있다는 생각을 나는 결코 납득하지 못하겠다. 만약 그렇다면 인류가 자기보존을 위해 어떻게 해야 하는지 배우기 전에 수백 번 멸종했을 것이다.

에밀이 목이 마르면 그때마다 나는 그에게 마실 것을 주기를 바란다. 어떤 가공도 하지 않은, 미지근하게 데우지도 않은 순수한 물을, 땀에 흠뻑 젖어 있든 한겨울이든, 그에게 가져다주기를 바란다. 내가 유일하게 부탁하는 것은 주의해서 수질을 가리는 일이다. 만약 강물이라면 강에서 떠 온 즉시 그에게 주라. 만약 샘물이라면 마시기 전에 잠시 동안 공기 중에 그것을 놔두어야 한다. 더운 계절에 강물은 따뜻하다. 그런데 공기와 접촉하지 못했던 샘물은 그렇지 않다. 샘물이 대기의 온도와 같아질 때까지 기다려야 한다. 반대로 겨울에는 이 점에서 샘물이 강물보다 덜

---

51 마치 농부의 아이들이나 잘 마른 땅을 골라 앉거나 눕는다는 듯이, 또 땅의 습기 때문에 그들 중 누군가 병에 걸렸다는 말을 듣기라도 한 듯이 말이다. 이 점에 대해 의사들의 말을 들어 보면, 사람들은 미개인들이 모두 류머티즘에 걸려 몸을 꿈짝하지도 못한다고 생각할 것이다.

위험하다. 겨울에 특히 바깥에서 땀을 흘리는 일은 자연스러운 일도 또 자주 있는 일도 아니다. 왜냐하면 끊임없이 피부를 자극하는 찬 공기가 땀을 체내로 밀어 넣어, 땀이 마음대로 밖으로 나올 수 있을 만큼 충분히 모공이 열리지 못하게 방해하기 때문이다. 한편, 나는 에밀이 겨울에 따뜻한 불 가가 아니라 밖에서, 들 한복판에서, 얼음 사이에서 훈련하기를 바란다. 눈덩이를 만들고 던지고 하느라 몸이 더워지는 동안 목이 마르면 물을 마시게 내버려 두자. 물을 마시고 난 다음에 계속 운동을 하게 하라. 어떤 사고도 염려하지 말자. 다른 운동을 해서 땀이 나고 목이 마르다 하면 그때도 찬물을 마시게 하라. 다만 멀리까지 천천히 그를 데리고 가 그가 마실 물을 찾게 하라. 추위를 예상하여 도착했을 때는 아무런 위험 없이 물을 마실 만큼 충분히 몸이 식어 있을 것이다. 무엇보다 그가 알아채지 못하도록 이런 조처를 해야 한다. 그가 자신의 건강에 끊임없이 신경을 쓰는 것보다는 때때로 아픈 편이 나을 것이다.

아이들은 극심한 운동을 하기 때문에 긴 잠이 필요하다. 하나가 다른 하나에 중화제 구실을 한다. 따라서 아이들에게는 둘 다 필요하다는 것을 알 수 있다. 밤의 시간은 휴식의 시간이고, 이는 자연이 그렇게 정해 두었다. 해가 지평선 아래에 있는 동안은 잠이 더욱 편안하고 달콤하다는 것, 햇볕으로 더워진 대기가 우리의 감각을 편안하게 두지 않는다는 것은 지속적으로 관찰된 바이다. 따라서 건강에 가장 좋은 습관은 분명 태양이 뜰 때 일어나고 해가 질 때 눕는 것이다. 이로부터 우리의 기후에서는 인간이나 다른 모든 동물들이 대개 여름보다 겨울에 더 많이 자야 한다는 결론이 나온다. 그러나 사회생활은 사람이 반드시 일정한 수면을 취할 수 있을 만큼 일관된 습관을 가지기에는 너무나 복잡하고 부자연스럽다. 그뿐만 아니라 큰 변화나 예상치 못한 일들이 일어나기 일쑤다. 아마도 규칙을 따라야 할 것이다. 하지만 가장 중요한 규칙은 필요할 경우 아무런 위험 없이 규칙을 어길 수 있다는 것이다. 그러므로 결코 중간에 깨지 않고 계속 단잠을 자게 두어서 여러분의 제자를 나약하게 만드는 경솔한 일은 절대 없어야 할 것이다. 처음에는 제약 없이 그가 자연의 법칙에 따르도록 내버려 두라. 그러나 우리 사회에서는 자연의 법칙을 넘어서야 한다는 사실을 잊지 말라. 늦게 잠자리에 들어도 아침에 일어날 수 있고, 갑자기 깨워서 일어나기도 하고 서서 며칠 밤을 새워도 몸이 괴롭지 않아야 한다는 점을 잊지 말라는 것이다. 일찍부터 이런 방식을 취해 늘 천천히 단계적으로 훈련해 나간다면, 이미 다 자란 뒤 이런 훈련을 시도할 때는 체질을 파괴할지도 모를 바로 그런 점들에 의해 체질이 단련될 수 있다.

먼저 불편한 잠자리에서도 자는 습관을 들이는 것이 중요하다. 이것이 더 이상 나쁜 침대를 만나지 않는 방법이다. 대개 고된 생활은 일단 익숙해지고 나면 유쾌한 감각을 배가시킨다. 반면 안락한 생활은 불쾌감을 무한히 만들어 낸다. 지나치게 섬세한 배려를 받고 자란 사람들은 솜털 위에서만 잠을 청한다. 판자 위에서 자는 데 익숙한 사람들은 어디서든 잠을 잘 수 있다. 등만 대면 잠이 드는 사람에게 딱딱한 침대는 없다.

깃털 또는 솜털에 몸이 폭 싸이는 푹신한 침대는 말하자면 몸을 녹여 노곤하게 만든다. 허리는 너무 따뜻하게 감싸면 열이 난다. 그리하여 종종 결석이나 다른 탈이 생기기도 하며 또 만병을 키우는 허약한 체질을 만든다.

가장 좋은 침대란 숙면을 취할 수 있게 해 주는 침대이다. 낮 동안 에밀과 내가 마련하는 침대가 바로 그런 침대이다. 우리의 침대를 만들기 위해 페르시아의 노예들을 데려올 필요는 없다. 우리는 땅을 일구면서 우리의 매트리스를 옮겨 놓는다.

나는 경험으로 아이가 건강하면 거의 마음대로 그를 재우고 깨울 수 있다는 것을 알고 있다. 아이가 잠자리에 누워 수다로 하녀를 귀찮게 할 때 하녀는 "그만 자요"라고 말한다. 이는 마치 아이가 아플 때 "건강하세요!"라고 말하는 것과 같다. 그를 재우는 진짜 방법은 아이를 귀찮게 하는 것이다. 아이가 입을 다물 수밖에 없을 때까지 말을 하면 그는 곧 잠이 들 것이다. 설교는 언제나 어딘가에 쓸모가 있다. 설교는 흔들어 재우는 것만큼의 가치가 있다. 그러나 이 수면제를 밤에는 사용하더라도 낮에는 삼가라.

나는 때때로 에밀을 깨울 것이다. 이는 그가 지나치게 오래 자는 습관이 들까 봐 염려해서라기보다 그를 모든 것에 심지어 갑자기 깨야 하는 상황에도 익숙해지게 만들기 위해서이다. 게다가 그가 스스로 잠에서 깨어날 줄 모른다면, 말하자면 내가 말 한마디 하지 않고도 내가 원하는 대로 그가 깨어나게 할 줄 모른다면 나는 내 일에 별로 재능이 없는 셈이다.

나는 에밀이 충분히 잠을 자 두지 않으면 다음 날 아침나절이 지루하리라는 것을 예상하게 해 준다. 이를 통해 그 자신이 잠에 할애할 시간을 모두 그만큼 득을 본 것으로 간주할 것이다. 그가 잠을 너무 많이 자면, 잠이 깨었을 때 그가 좋아하는 오락거리를 보여 준다. 적절한 시간에 그가 일어나기를 원하면 그에게 이렇게 말한다. "내일 여섯 시에 낚시하러 가서, 그곳에서 산책도 할 것입니다. 도련님도 가고 싶은가요?" 그는 동의하고 나에게 깨워 줄 것을 부탁한다. 나는 필요에 따라 약속을 하기도 하고 하지 않기도 한다. 만약 그가 너무 늦게 일어나면, 내가 이미 출발해 버린 것을 알게 된다. 스스로 깨는 법을 당장 터득하지 못하면 난처한 일들을 겪게 되는 것이다.

또한 드문 일이기는 하지만, 게으른 아이가 나태해지는 성향을 가지게 되면 그냥 내버려 두어 완전히 굳어지게 하지 말고 깨우쳐 줄 수 있는 자극제를 처방해야 한다. 아이를 강제로 움직이게 하는 것은 생각할 수 없는 일이고, 그렇게 유도할 수 있는 어떤 욕구에 따라 아이의 마음이 움직이게 해야 한다는 것은 잘 알고 있는 바이다. 자연의 질서 가운데서 선택적으로 취해진 이 욕구를 통해 우리는 동시에 두 가지 목적에 이를 수 있다.

나는 약간만 꾀를 쓰면 허영심이나 경쟁심, 질투심을 유발하지 않고도 아이들에게 무엇이든 어떤 것에 대한 취미를, 심지어 열정까지도 불어넣어 줄 수 있다고 생각한다. 아이들이 지닌 활력과 모방하는 성향이면 충분하다. 특히 아이들의 타고난 쾌활함만 있으면 된다. 이는 가장 확실히 취할 수 있는 수단인데도 교사가 미처 생각하지 못한 것이다. 놀이에 불과하다는 것을 너무도 잘 알고 있는 놀이를 할 때면 아이들은 어떤 놀이이든, 다른 경우라면 눈물을 펑펑 쏟지 않고는 배겨 내지 못할 일도, 아무 불평 없이 심지어 웃으면서 잘 참아 낸다. 오랜 단식, 타격, 화상, 온갖 종류의 피로감도 어린 야만인들에게는 오락이 된다. 고통 속에도 그 쓰라림을 없앨 수 있는 양념이 들어 있다는 증거이다. 하지만 모든 선생들이 이런 맛난 요리를 할 줄 아는 것은 아니며, 어쩌면 모든 제자들도 인상을 찡그리지 않고 그 맛을 느낄 줄 아는 것도 아니다. 그 점에 주의하지 않으면 나는 또다시 예외들 속에서 길을 잃고 말 것이다.

　한편 예외 없이 분명한 사실은 인간이 고통, 인류가 겪는 온갖 불행, 사고, 생명의 위험, 마지막으로 죽음에서 벗어날 수 없다는 것이다. 인간을 이 모든 관념에 익숙해지게 만들수록, 고통 자체에 고통을 견디면서 느끼는 초조함을 덧붙이는 성가시기만 한 민감성을 고쳐 줄 수 있을 것이다. 인간에게 타격을 줄 수 있는 고통들에 익숙해질수록, 몽테뉴도 그렇게 말한 것 같은데,[52] 낯설어서 느끼는 고통은 없앨 수 있을 것이다. 또한 그 무엇에게도 상처받지 않는, 굳건한 영혼을 만들 수 있을 것이다. 그의 신체는 급소를 맞힐지도 모를 온갖 화살을 막아 내는 갑옷이 될 것이다. 죽음에 접근했다고 해서 그 자체가 죽음은 아니므로, 그는 죽음을 거의 죽음으로 느끼지 않을 것이다. 그는 죽지 않을 것이다. 말하자면 살아 있든지 죽었든지, 그 이상도 그 이하도 아니다. 앞서 말한 몽테뉴가 모로코의 어느 왕을 언급하면서, 어떤 인간도 죽음 속으로 그토록 깊숙이 들어가 살았던 적은 없다고 말할 수 있었던 사람도 바로 이러한 인간이다.[53] 다른 미덕과 마찬가지로 인내심과 굳건함은 어린 시절에 수련을 쌓아야 할 것들이다. 그러나 이는 아이들에게 그 명칭을 알려 줌으로써 가르칠 수 있는 것이 아니라, 무엇인지 모르더라도 그 맛을 보게 함으로써 되는 일이다.

52　참조. "죽음에서 낯설음을 벗겨 내고 죽음과 사귀어 죽음에 익숙해지자. 무엇보다도 더 자주 죽음을 머릿속에 떠올리자. 어느 순간에나 죽음을 가능한 모든 모습으로 상상하자. 말이 비틀거릴 때, 기왓장이 떨어질 때, 바늘에 살짝 찔렸을 때. '그래, 이것이 바로 죽음이라면?' 하고 되새겨 보고 용기를 내고 굳건함을 보이자"(몽테뉴, 『수상록』) ― 옮긴이.
53　최후의 순간까지 출정하려다 죽음을 맞으면서도 자신의 죽음을 알리지 말라고 명한 모로코 왕의 이야기는 몽테뉴의 『수상록』에 등장한다 ― 옮긴이.

그런데 죽는다는 말이 나왔으니 하는 말인데, 천연두의 위험에 대비해 우리의 제자를 어떻게 하면 좋을까? 어렸을 때 예방접종을 시킬 것인가, 아니면 자연히 걸릴 때까지 기다릴 것인가? 우리의 관습에 더 맞는 첫 번째 선택은 생명이 가장 덜 소중한 나이에 겪는 위험을 무릅쓰고 생명이 가장 소중한 시기를 위험으로부터 보호해 준다. 어쨌든 잘 처방된 접종에도 위험이라는 명칭을 붙일 수 있다면 말이다.

　그러나 두 번째 선택은 우리의 일반적인 원칙에 더욱 합치하는 것으로, 자연이 모든 일을 보살피도록 내버려 두는 것이다. 자연은 혼자서 돌보기를 좋아하여 인간이 간섭하려 들면 곧 그 일을 그만두어 버린다. 자연의 인간은 언제나 준비가 되어 있다. 자연이라는 이 스승에게 접종을 받도록 내버려 두자, 그가 우리보다 적절한 시기를 더 잘 선택할 것이다.

　이로부터 내가 접종을 비판한다는 결론을 내리지 않기 바란다. 왜냐하면 내가 나의 제자에게 접종을 피하게 하는 이유가 여러분의 제자들에게는 해당되지 않을 수도 있기 때문이다. 여러분의 교육은 제자가 천연두에 걸렸을 때 그것을 피하지 못하도록 준비시켜 둔다. 만약 여러분이 천연두에 걸리도록 내버려 둔다면 그들은 십중팔구 죽을 것이다. 여러 나라에서 접종이 필요해질수록 사람들이 그 접종에 더 반대한다는 사실을 나는 알고 있다. 그 이유는 쉽게 알 수 있다. 나는 에밀과 관련해서는 이 문제를 거의 다루지 않을 것이다. 그는 시기와 장소, 상황에 따라서 접종을 받을 수도 받지 않을 수도 있다. 그에게는 아무래도 별로 상관이 없다. 그에게 천연두를 접종하면 병을 미리 예측하고 알게 되는 이득이 있을 것이다. 그것도 괜찮다. 하지만 에밀이 자연히 병에 걸리면 우리는 의사에게서 그를 지켜 준 셈이 되는데, 그것은 더욱 좋은 일이다.

오로지 교육받은 사람과 민중을 구별하기 위해 행하는 배타적인 교육은 가장 보편적인 그래서 가장 유용한 교육보다 가장 돈 많이 드는 교육을 선호한다. 그래서 공들여 키워지는 젊은이들은 많은 비용이 든다는 이유로 너나 할 것 없이 모두 말 타는 법을 배운다. 하지만 그들 대부분은 수영하는 법을 배우지 않는다. 수영은 비용도 들지 않고 일개 장인이라도 누구 못지않게 수영하는 법을 알 수 있기 때문이다. 그런데 승마 교습소에 다니지 않고도 여행객이라면 말에 올라타 거기에 매달려 필요한 만큼은 말을 다룬다. 그러나 물에서는 수영을 하지 않으면 익사하고, 수영은 배우지 않고서는 조금도 하지 못한다. 목숨을 걸고 반드시 말을 타야 할 필요는 없다. 반면 아무도 그렇게 자주 당할 수 있는 위험을 자신만 피할 수 있다고 확신하지 못한다. 에밀은 마치 땅에 있는 듯이 물속에 있을 수 있을 것이다. 어떤 환경에서든 왜 살 수 없단 말인가! 공중을 나는 법을 배울 수만 있다면 나는 그를 독수리로 만들 것이다. 또한 불 속에서 견딜 수만 있다면 에밀을 불도마뱀으로 만들 것이다.

사람들은 어린아이가 수영을 배우다가 익사하지 않을까 겁을 낸다. 만약 수영을 배우다가 익사하든 못 배워서 익사하든 그것은 언제나 여러분의 잘못일 것이다. 우리를 무모하게 만드는 것은 허영심뿐이다. 아무도 보고 있지 않으면 무모해지지 않는다. 에밀은 세상 사람들이 다 보고 있어도 무모해지지 않을 것이다. 훈련이 반드시 위험한 것은 아니므로 아버지 집 정원의 수로에서도 헬레스폰트 해협을 횡단하는 법을 배울 수 있을 것이다. 하지만 위험에 처해 당황하지 않는 법을 배우려면 위험 그 자체와 친해져야 한다. 그것이 내가 좀 전에 말했던 훈련의 핵심적인 부분이다. 게다가 위험을 그의 힘에 맞게 조절하고 언제나 그와 위험을 함께하려고 신경을 쓰므로, 내가 나를 보존하기 위해 들여야 하는 수고에 맞추어 그를 보전하는 데에도 수고를 들인다면 경솔한 짓을 저지를까 염려할 일은 없을 것이다.

어린아이는 어른보다 작다. 어른의 힘도 이성도 지니고 있지 않다. 그러나 어른만큼은 아니더라도 거의 그 수준으로 보고 들을 수 있다. 비록 조금 덜 섬세해도 비슷하게 예민한 미각을 지니고 있고, 어른처럼 관능을 느끼지는 못하지만 그들 못지않게 냄새를 구별한다. 우리에게서 가장 먼저 형성되어 완성되는 능력은 감각이다. 따라서 감각을 가장 먼저 길러 주어야 할 것이다. 그런데 사람들이 흔히 잊고 있는, 혹은 가장 등한시하는 유일한 기능이 바로 이 감각이다.

감각을 훈련시킨다는 것은 단지 그것을 사용하는 것만이 아니라 그것을 통해 제대로 판단하는 법을, 말하자면 느끼는 법을 배우는 것이다. 왜냐하면 우리는 배운 대로만 만지고 보고 들을 줄 알게 되기 때문이다.

판단에는 아무런 영향을 미치지 않고 신체를 건강하게 만드는 데만 소용되는 순전히 자연적이고 기계적인 훈련이 있다. 수영, 달리기, 높이뛰기, 팽이치기, 돌 던지기 등 어느 것이나 다 좋다. 하지만 우리에게 팔과 다리뿐인가? 눈과 귀도 있지 않은가? 이 기관들은 팔다리를 사용하는 데는 필요 없는 것들인가? 그러니 힘만 단련시키지 말고 힘을 인도하는 모든 감각들을 훈련시켜라. 그 감각들 각각을 최대한 이용하라. 그러고 나서 한 감각의 느낌을 다른 감각을 통해 검토해 보라. 측정하고 세어 보고 무게를 달아 보고 비교해 보라. 저항력을 평가해 본 후에 힘을 사용해야 한다. 언제나 수단을 사용하기 전에 결과를 평가해 보라. 아이가 부족하거나 과도하게 노력하지 않게 이끌라. 만약 이런 식으로 아이에게 자신의 모든 운동의 결과를 예측하고 경험을 통해 잘못을 바로잡도록 습관을 들여 주면, 아이가 활동을 많이 할수록 판단이 더 정확해질 것은 분명하지 않은가?

어떤 큰 물체를 움직이려 할 때, 너무 긴 지렛대를 사용하면 운동량을 지나치게 쓰게 될 것이다. 반대로 너무 짧은 지렛대를 사용하면 힘을 충분히 쓸 수 없을 것이다. 아이는 경험으로 그에게 필요한 막대기를 정확히 고르는 법을 배울 수 있다. 따라서 그런 지혜는 아이의 나이를 넘어서는 것이 아니다. 짐을 져야 할 때, 자신이 질 수 있을 만큼의 무게만 들고 싶은데 한번 들어 볼 생각이 없다면 눈으로 그 무게를 가늠해 보는 수밖에 없지 않은가? 아이가 재질은 같지만 부피가 다른 물체들을 비교할 줄 안다면, 아이에게 부피는 같지만 재질이 다른 덩어리들 중에서 선택하게 해 보라. 아이는 그것들의 비중을 비교하는 데 전력을 다해야 할 것이다. 나는 굵은 떡갈나무 지저깨비로 가득 찬 통이 물로 가득 찬 같은 크기의 통보다 덜 무겁다는 사실을 시험해 본 뒤에야 비로소 믿으려 드는, 교육을 잘 받은 한 젊은이를 본 적이 있다.

우리는 자신의 모든 감각을 똑같이 마음대로 사용할 수는 없다. 예컨대 깨어 있는 동안은 활동이 결코 중단되지 않는 촉각이 있다. 촉각은 우리 몸을 공격할 수 있는 모든 것을 우리에게 경고해 주려고 끊임없이 감시하는 보초마냥 우리 몸의 표면 전체에 널리 퍼져 있다. 그것은 또한 싫건 좋건 우리가 지속적인 훈련을 통해 가장 일찍 체험하게 되는 감각이다. 따라서 특별히 연마할 필요가 비교적 적은 감각이다. 그렇기는 하지만 시각의 안내를 받지 못하는 장님들은 시각이 우리에게 제공하는 판단을 촉각을 통해서만 끌어내는 법을 배워야 하기 때문에, 우리보다 더 확실하고 섬세한 촉각을 가지고 있다는 것을 알 수 있다. 그렇다면 사람들은 왜 우리에게 맹인들처럼 어둠 속에서 걷고, 손에 닿는 물체를 인식하고, 주변의 사물들을 판단하고, 한마디로 말해 맹인들이 눈 없이 낮에 하는 모든 일을 빛이 없는 밤에 하도록 훈련을 시키지 않는가? 태양이 빛나는 동안은 우리가 맹인들보다 유리하다. 그러나 어둠 속에서는 반대로 그들이 우리의 안내자가 된다. 우리는 일생의 반을 맹인으로 산다. 진짜 맹인은 언제나 걸어 다닐 줄 알지만, 우리는 한밤중에는 한 발자국도 감히 내딛지 못한다는 차이가 있지만 말이다. 우리에게는 불빛이 있다고 말할 것이다. 뭐라고! 언제나 도구들이다! 필요할 때 도구가 어디든 여러분을 따라다닐 것이라고 누가 보증하는가? 나로서는 에밀이 양초 가게에 눈을 두는 것보다, 손가락 끝에 눈을 달고 있는 편이 낫다고 생각한다.

한밤중에 어떤 건물 안에 갇혀 있다면 손바닥을 쳐 보라. 그러면 여러분은 그곳의 울림을 통해 공간이 넓은지 좁은지, 여러분이 한가운데 있는지 구석에 있는지 알 수 있을 것이다. 벽에서 반걸음 떨어진 곳에서는 주변이 덜 막히고 반사가 더 되어 공기가 얼굴에 다른 느낌을 준다. 가만히 있다가 차례차례로 몸을 사방으로 돌려 보라. 문이 열려 있다면 공기의 가벼운 흐름이 그 문 쪽을 가리켜 줄 것이다. 배를 타고 있다면 공기가 여러분의 얼굴에 부딪치는 방식에 따라 여러분이 어느 방향으로 가고 있는지 그리고 강물의 흐름이 느린지 빠른지도 알 수 있을 것이다. 이러한 관찰, 또 그와 비슷한 다른 많은 관찰들은 밤에만 제대로 이루어질 수 있다. 대낮에는 아무리 주의를 기울이려 해도 시각의 도움을 받든지 방해를 받든지 하므로 제대로 관찰되지 않을 것이다. 그런데 그곳에는 심지어 손도 막대기도 없다. 전혀 아무것도 만져 보지 않은 채 바로 촉각을 통해 얼마나 많은 시각적 인식이 얻어질 수 있는가!

밤놀이를 많이 하라. 이 견해는 보기보다 더 중요하다. 밤에는 사람들은 물론이고 때로는 짐승들까지도 자연히 겁을 먹는다.[54] 이성과 지식, 정신, 용기가 있다 하더라도 이런 구속에서 벗어나는 사람은 거의 없다. 나는 이론가, 강한 정신의 소유자들, 철학자, 낮에는 용감한 군인들이 밤에는 나뭇잎 소리에도 여자들처럼 벌벌 떠는 것을 보았다. 사람들은 이 공포심을 어린 시절에 유모들이 들려주는 옛날이야기 탓으로 돌린다. 이는 잘못된 생각이다. 거기에는 자연적인 원인이 있다. 그 원인은 무엇인가? 그것은 귀머거리를 의심 많은 사람으로 만들고 민중에게 쉽게 미신을 믿게 만드는 것과 동일한 원인, 즉 우리를 둘러싸고 있는 사물들과 우리 주변에서 일어나고 있는 일에 대한 무지이다.[55] 대상을 멀리서 알아보

---

54 이러한 두려움은 대일식 때 아주 분명하게 나타난다.
55 또 하나의 다른 원인이 있는데 한 철학자가 그것을 잘 설명했다. 그는 내가 자주 인용하는 책의 저자로서, 그보다 더 자주 나는 그의 탁월한 견해로부터 가르침을 받는다.

"특수한 상황 때문에 우리가 거리에 대해 정확한 관념을 가질 수 없을 때, 그래서 각도의 크기 아니 그보다는 우리 눈에 생기는 영상을 통해서만 대상을 판단할 수 있을 때, 우리는 대상의 크기를 반드시 잘못 판단한다. 누구나 밤에 여행을 하면서 곁에 있는 덤불을 멀리 있는 큰 나무라고 생각하거나, 멀리 있는 큰 나무를 가까이 있는 덤불로 생각하는 일을 겪은 적이 있을 것이다. 마찬가지로 대상의 형태를 알지 못하고 그 때문에 거리에 대한 관념을 전혀 가질 수 없으면, 그때도 역시 잘못 생각하기 마련이다. 바로 눈앞에서 재빨리 지나가는 파리는 이 경우에 아주 멀리서 날아가는 새로 보일 것이다. 들 한복판에서 꼼짝하지 않고 가령 마치 양과 같은 자세로 가만히 있는 말은 그것이 말임을 모르는 한은 한 마리 큰 양으로만 보일 것이다. 하지만 그것이 말이라는 것을 알게 되면 즉시 그것은 말처럼 크게 보여서 당장에 첫 번째 판단을 수정할 것이다.

밤에 거리를 판단할 수 없고 어두워서 사물의 형체를 알아볼 수 없는 미지의 장소에 있게 되면, 눈앞에 나타나는 대상들에 대해 매 순간 잘못된 판단을 내리는 위험에 처할 것이다. 밤의 어둠이 거의 모든 사람들에게 느끼게 하는 공포와 그런 종류의 내면의 두려움은 바로 여기서 비롯된다. 많은 사람들이 본 적이 있다고 말하는 유령이나 거대하고 무서운 형상들의 모습도 여기에 근거하고 있다. 사람들은 그들에게 대개 그 형상들은 상상 속에 있었던 것이라고 대답한다. 그렇지만 그것들은 실제로 그들의 눈에 있었을

고 그것들의 인상을 미리 짐작하는 데 익숙해 있는데, 더 이상 주변에 있는 것을 전혀 보지 못한다면 나를 해칠지 모르는데 방어할 수 없는 수많은 존재와 움직임이 주변에 있다고 어찌 상상하지 않겠는가? 내가 있는 곳은 안전하다는 사실을 알아도 소용없다. 내가 그 장소를 실제로 보고 있을 때만큼 그 사실을 잘 알 수는 결코 없다. 따라서 나는 대낮에는 없던 두려움의 원인을 언제나 갖고 있다. 사실 낯선 물체가 내 몸에 타격을 주려면 십중팔구 무슨 소리든 내서 자신의 존재를 드러내지 않을 수 없다는 것을 나도 알고 있다. 그러니 내가 얼마나 끊임없이 귀를 곤두세우겠는가! 원인을 가늠할 수 없는 아주 작은 소리에도 나를 보존하려는 관심 때문에 나는 내가 최대한 경계심을 갖게끔 부추길 모든 것, 결국 나에게 두려움을 갖게 하기에 적합한 모든 것을 먼저 상상하게 된다.

수도 있다. 따라서 그들이 보았다고 말하는 것을 그들이 실제로 보았을 가능성도 상당히 높다. 왜냐하면 어떤 대상을 그것이 눈에 형성하는 각도로만 판단할 수 있을 때는, 언제나 그 낯선 대상에 가까이 다가감에 따라 점점 더 크기가 커지기 때문이다. 따라서 자신이 본 것이 무엇인지 알지 못하고 보이는 거리가 어느 정도인지 가늠할 수 없는 사람에게 어떤 대상이 처음 나타났다면, 즉 처음에 이삼십 걸음 정도 떨어진 거리에서 몇 자 높이로 보였다가도, 그가 이제 대상에서 불과 몇 자밖에 떨어져 있지 않을 때 그것은 몇 미터 높이로 보일 것이다. 이 때문에 마침내 그가 대상을 만져 보거나 그것을 알아볼 수 있을 때까지는 놀라고 겁을 먹는 것이다. 왜냐하면 그것이 무엇인지 알고 나면 당장 그렇게 커 보이던 대상이 갑자기 작아져서 이제는 실제 크기로만 보일 것이기 때문이다. 하지만 달아나거나 감히 접근하지 못할 경우에는, 분명 그 대상이 눈에 만든 영상에 근거한 관념 외에 다른 관념을 갖지 못하므로, 크기나 형태에서 거대하고 무서운 모습을 한 어떤 형상이 실제로 본 것이 될 것이다. 따라서 유령에 대한 예단은 자연에 그 근거를 두고 있으며, 이러한 가상(假象)은 철학자들이 믿고 있듯이 오로지 상상에만 달린 것은 아니다"("박물지』, 6권, 22쪽).

나는 본문에서 어떻게 그것이 언제나 부분적으로 상상에 달려 있는지 입증하려고 애썼다. 이 인용문에서 설명된 원인에 관해 말하자면, 밤길을 걷는 습관이 형태들의 유사함과 거리의 차이로 인해 어둠 속에서 대상들이 우리의 눈에 만들어 낸 가상들을 구분하는 법을 가르쳐 주리라는 것을 알 수 있다. 왜냐하면 대상의 윤곽을 알아볼 수 있을 정도로 대기에 아직 빛이 있을 때는, 거리가 멀면 그 사이에 더 많은 공기가 있어서 대상이 멀리 있을수록 윤곽도 덜 뚜렷해 보이는 법이다. 뷔퐁 씨가 여기서 설명하는 오류를 막으려면 습관을 많이 쌓는 것으로 충분하다. 어느 설명을 선호하든 내 방법은 언제나 효율적이며, 경험이 이를 완벽하게 확인해 준다.

전혀 아무 소리도 들리지 않는다면? 그래도 나는 안심하지 못한다. 왜냐하면 여전히 누군가 소리 없이 나를 덮칠 수도 있기 때문이다. 나는 사물들이 전에 있던 모습 그대로라고 또는 여전히 그럴 것이라고 추측해야 하면서도, 보이지 않는 것을 보아야 한다. 그리하여 상상력을 발휘할 수밖에 없는 나는 곧 더 이상 상상력을 제어하지 못하고, 안심하려고 하는 일이 나를 더욱 불안하게 만들 뿐이다. 무슨 소리가 들리면 도둑의 소리로 여긴다. 아무 소리도 들리지 않으면 귀신들을 보게 된다. 나를 보존하려는 관심 때문에 생겨난 경계심이 두려움의 원인들만 제공한다. 나를 안심시켜 줄 것은 모두 나의 이성에만 들어 있는데, 더 강한 본능이 이성의 말과는 전혀 다른 말을 내게 한다. 어쩔 수 없으니 아무것도 두려워할 것이 없다고 생각해 봤자 무슨 소용이 있겠는가?

병의 원인을 발견하면 그 원인이 치료약을 가르쳐 준다. 모든 일에서 습관이 상상력을 죽인다. 상상력을 일깨우는 것은 새로운 대상들뿐이다. 매일 보는 사물들에 대해서는 상상력이 아니라 기억력이 작용한다. 이것이 "정념은 습관에서 생겨나지 않는다"라는 명제의 근거이다. 왜냐하면 정념은 상상의 불꽃에 의해서만 불붙을 수 있기 때문이다. 따라서 여러분이 어둠의 공포를 치유해 주고 싶은 사람이 있다면 그와는 이치를 따지지 말라. 그를 자주 어둠 속으로 데리고 가라. 어떤 철학 논의도 이 습관만 못하리라는 것을 확신해도 좋다. 지붕을 이는 일꾼의 머리는 지붕 위에서 현기증을 일으키지 않으며, 어두운 곳에 있는 데 익숙한 사람은 어둠 속에서 두려워할 일이 더 이상 없다.

결과적으로 이것이 우리의 밤놀이에서 첫 번째 이득에 추가된 또 하나의 이득이다. 하지만 이 놀이가 성공하려면 쾌활함을 아무리 권장해도 지나칠 수 없다. 어둠만큼 음울한 것도 없다. 그러니 여러분의 아이를 지하 독방에 가두지 말라. 어두운 곳에 들어갈 때는 아이가 웃을 수 있게 해 주라. 그리고 어둠 속에서 나오기 전에도 아이가 다시 웃게 하라. 어둠 속에 있는 동안 아이가 두고 온 재미와 다시 찾게 될 재미를 생각하면서, 어둠 속에서 떠오를 수 있는 터무니없는 상상을 떨쳐 버리게 하라.

인생에는 어느 시기를 넘어서면 앞으로 나아가면서도 퇴행하게 되는 그런 시기가 있다. 나는 그 시기를 지나왔다고 느낀다. 말하자면 이제 나는 다른 여정을 또 시작하고 있다. 나도 느끼는 중년의 공허감이 어린 시절의 달콤한 시간을 다시 그려 보게 한다. 늙어 가면서 나는 다시 어린아이가 되어, 서른 살 때보다 열 살 때 한 일을 더 기꺼이 회상한다. 독자들이여, 그러니 때로 내가 나 자신의 예를 인용하는 것을 용서하기 바란다. 왜냐하면 이 책을 제대로 만들기 위해서는 나도 즐겁게 책을 써야 하기 때문이다.

시골에서 랑베르시에라는 목사의 집에 기숙하고 있던 때의 일이다. 나는 아버지를 떠나온 불쌍한 고아에 지나지 않았지만, 나의 동료로 상속자 대접을 받던 나보다 부유한 사촌 하나가 있었다. 사촌 형 베르나르는 유달리 겁이 많았는데 특히 밤에 그랬다. 그가 겁이 많은 것을 내가 하도 놀려 대자, 나의 허풍에 지겨워진 랑베르시에 씨는 나의 용기를 시험해 보려 했다. 몹시 어두웠던 어느 가을 저녁, 그는 내게 교회 열쇠를 주면서 그가 설교단에 두고 온 성서를 찾아오라고 말했다. 그러고는 나의 명예심을 부추기는 말을 몇 마디 덧붙여서, 나는 도저히 뒤로 뺄 수가 없었다.

나는 등불도 없이 출발했다. 불이 있었더라면 상황이 훨씬 더 나빠졌을지도 모른다. 묘지를 지나가야만 했다. 나는 용감하게 그곳을 지나쳤다. 왜냐하면 야외에 있다고 느끼는 한 나는 결코 밤을 무서워하지 않았기 때문이다.

문을 열자 사람의 목소리와 비슷한 것 같은 어떤 울림이 둥근 천장에서 들렸는데, 그 때문에 로마인 같은 나의 의연함이 흔들리기 시작했다. 문이 열리자 나는 안으로 들어가려 했다. 그러나 겨우 몇 걸음 떼자마자 나는 멈추어 섰다. 그 넓은 공간을 지배하는 짙은 어둠을 보자, 나는 공포에 사로잡혀 머리카락이 곤두서는 듯했다. 나는 뒷걸음질 쳐 밖으로 나와서는 벌벌 떨며 달아나기 시작했다. 정원에서 쉴땅[56]이라는 이름의 작은 강아지와 마주쳤는데, 그 강아지가 비벼 대는 통에 나는 다시 안정을 되찾았다. 겁을 먹은 것이 부끄러워 다시 되돌아섰다. 쉴땅을 데려가려 했지만 따라오려 하지 않았다. 나는 문을 펄쩍 뛰어넘어 교회 안으로 들어갔다. 다시 안으로 들어서자마자 공포가 나를 덮쳤는데, 이번에는 너무 무서워서 의식을 잃을 정도였다. 교단은 오른쪽에 있었고 나는 그 사실을 잘 알고 있었는데도, 나도 모르게 몸을 돌려 왼쪽에서 한참 동안 교단을 찾았다. 의자들에 걸려 더 이상 내가 어디에 있는지 알지 못할 지경이 되었다. 교단도 문도 찾을 수 없게 된 나는 형언할 수 없는 혼란에 빠져들었다. 결국 문을 발견하고 교회를 빠져나오는 데 성공했지만, 낮이 아니면 혼자서는 다시 오지 않으리라 단단히 결심하고 다시 좀 전처럼 그곳을 떠났다.

나는 집으로 돌아왔다. 막 들어가려던 순간 나는 큰 소리로 웃음을 터

---

56 회교국가의 군주인 술탄을 의미한다 — 옮긴이.

트리는 랑베르시에 씨의 목소리를 들었다. 그 웃음이 나 때문이라고 지레짐작한 나는 모습을 드러내기가 부끄러워 문 열기를 주저하고 있었다. 그동안에 나는 랑베르시에 양이 나를 걱정해서 하녀에게 등을 가져오라고 말하는 소리와, 랑베르시에 씨가 저 대담한 사촌 형을 대동하고 나를 찾으러 나설 채비를 하는 소리를 들었다. 그다음에는 원정의 명예가 모두 그에게로 돌아갈 것이 틀림없었다. 그 순간 공포심은 모두 사라지고, 도망치다 붙잡힐지도 모른다는 두려움만 남았다. 나는 달음질쳐 교회로 날아갔다. 길을 잃고 헤매지도, 더듬거리지도 않고 교단에 도착한 나는 교단에 올라가 성서를 집어 들고 아래로 뛰어내렸다. 문을 닫는 것도 잊어버리고 세 걸음에 교회 밖으로 나왔다. 숨을 헐떡이며 방으로 들어가, 겁에 질리긴 했지만 나를 구조하기 위해 나서는 일을 미리 막았다는 안도감에 가슴을 두근거리며 나는 탁자 위에 성서를 집어던졌다.

사람들은 내가 이 일화를 따라야 할 모범으로, 이런 종류의 훈련에서 내가 요구하는 쾌활함의 일례로 제시하느냐고 물어볼 것이다. 그렇지 않다. 다만 옆방에 모인 사람들이 평화롭게 웃고 이야기하는 소리를 듣는 것보다 밤의 어둠을 두려워하는 사람을 안심시킬 수 있는 것은 없다는 증거로 제시하는 것이다. 나는 사람들이 이렇게 혼자서 제자와 노는 대신, 저녁마다 유쾌한 아이들을 많이 끌어모으기를 바란다. 처음에는 아이들을 따로따로 보내지 말고 여럿을 함께 보내도록 하고, 지나치게 겁을 먹지 않으리란 확신이 서기 전에는 누구든 완전히 혼자 위험을 무릅쓰고 모험을 감행하게 하지는 말라.

나는 조금만 꾀를 내어 이런 놀이를 마련해 준다면 그것만큼 재미있고 유익한 일도 없다고 생각한다. 커다란 방에 탁자, 안락의자, 의자, 칸막이를 가지고 미로 같은 것을 만들겠다. 미로의 뒤얽힌 꼬불꼬불한 길에다 여덟 개 내지 열 개의 눈속임 상자들 가운데 사탕이 가득 든 비슷하게 생긴 상자를 하나 두겠다. 그리고 그 멋진 사탕상자가 있는 정확한 위치를 분명하고 간결한 말로 가르쳐 줄 것이다. 어린아이보다 더 주의 깊고 덜 경솔한 사람이라면 그 상자를 찾아낼 충분한 정보를 주고,[57] 어린 경쟁자들에게 제비를 뽑게 한 후 사탕상자가 발견될 때까지 하나씩 차례로 들여보낼 것이다. 그런데 아이들의 재주로는 발견하기 쉽지 않게 배려해 둘 것이다.

상자를 손에 들고 자신의 원정에 우쭐대며 돌아오는 꼬마 헤라클레스를 상상해 보라. 상자를 탁자 위에 놓고 의식을 치르듯이 그 상자를 연다. 거기서 기대하던 설탕에 절인 과일 대신 이끼나 솜 위에 가지런히 놓인 풍뎅이, 달팽이, 숯, 도토리, 무, 그 외에 비슷한 다른 물건들을 발견하고, 이 즐거운 패거리가 터트리는 웃음과 함성 소리가 들린다. 또 다른 때는 새로 흰색 칠을 한 방의 벽 가까이 장난감이나 작은 가재도구를 걸어 두고 벽에 손을 대지 않고 그것을 찾아오게 한다. 가지러 간 아이가 돌아오자마자, 규칙을 조금이라도 어겼다면 모자 끝, 구두 끝, 옷자락, 소매에 묻은 흰 칠이 그의 실수를 폭로할 것이다. 이 정도로도 이런 종류의 놀이가 갖는 취지를 이해할 것이다. 아니 아마도 넘칠 것이다. 여러분에게 모든 것을 말해야 한다면, 아예 내 책을 읽지도 말라.

이런 식으로 길러진 사람은 밤에 다른 사람들보다 얼마나 유리하겠는

---

57 아이들에게 주의력 훈련을 시키기 위해서는, 아이들이 잘 알아들으면 당장 뚜렷한 이득이 생기는 것들만 말해 주도록 하라. 특히 장광설이나 불필요한 말을 늘어놓아서는 절대로 안 된다. 그리고 또한 여러분의 말에 불분명하거나 모호한 점을 남겨서도 안 된다.

가? 어둠 속에서 꿋꿋하게 걷는 습관이 든 그의 발과 주위의 모든 물체에 쉽게 적응하도록 훈련된 그의 손이 칠흑 같은 어둠 속에서도 별 어려움 없이 그를 안내해 줄 것이다. 어린 시절의 밤놀이로 가득 찬 그의 상상력이 공포감을 주는 대상에 관심을 갖기는 어려울 것이다. 터져 나오는 웃음소리가 들리는 것 같으면, 그것은 심술궂은 요정들의 소리가 아니라 옛 동료들의 웃음소리가 될 것이다. 어떤 모임을 떠올리면 그것은 그에게 마녀의 집회가 아니라 가정교사의 방이 될 것이다. 그에게 유쾌한 생각만 불러일으키는 밤은 결코 무시무시한 것이 되지는 않을 것이다. 밤을 두려워하는 대신 좋아하게 될 것이다. 군대에서 원정을 가게 되면 부대와 같이 가든 혼자 가든 언제나 만반의 준비가 되어 있을 것이다. 그는 사울의 진영으로 들어가 길을 헤매지 않고 그곳을 누비면서 아무도 깨우지 않고 왕의 천막까지 갔다가 들키지 않고 돌아올 것이다.[58] 레소스의 말들을 탈취해야 한다면, 걱정하지 말고 그에게 말하라. 다른 방식으로 길러진 사람들 중에서 오디세우스 같은 사람을 찾아내기는 어려울 것이다.[59]

나는 아이들을 깜짝 놀라게 하여 밤에 아무것도 무서워하지 않도록 길들이려는 사람들을 본 적이 있다. 이런 방법은 매우 나쁘다. 왜냐하면 그런 방법은 예상하는 것과 정반대의 결과를 가져와, 아이들을 한층 더 겁쟁이로 만들 뿐이기 때문이다. 그 정도나 종류를 알 수 없는 눈앞의 위험

---

58 『구약성서』, 「사무엘 상(上)」에 나오는 이야기로, 다윗은 사울의 천막에 몰래 들어가 사울의 목숨을 취하지는 않고 단지 그 머리 곁에서 창과 물병을 가지고 나갔다 ― 옮긴이.

59 『일리아스』의 이야기에 따르면 레소스는 트라키아의 왕으로 트로이를 돕기 위해 트로이 전쟁에 참여했다. 그는 백마들을 갖고 있었는데 이 말들이 트로이의 풀을 뜯고 스카만드로스강의 물을 마시는 한 트로이는 그리스에게 함락되지 않을 것이라는 예언이 있었다고 한다. 오디세우스는 디오메데스와 함께 레소스의 말들을 훔쳐 그리스 진영으로 돌아왔다 ― 옮긴이.

이라는 관념과, 종종 겪었던 기습의 두려움에 대해서는 이성도 습관도 마음을 안심시켜 줄 수 없다. 그런데 어떻게 여러분의 제자가 언제나 이런 예상치 못한 일을 당하지 않도록 대비할 것인가? 내 생각에 그 점에 대해 미리 일러 줄 수 있는 가장 좋은 조언은 다음과 같은 것이다. 나는 에밀에게 이렇게 말할 것이다. "도련님은 그때 정당방위의 상황에 처한 것입니다. 왜냐하면 공격자는 도련님을 해치려는 것인지 겁을 주려는 것인지 판단할 수 있는 여지를 주지 않고, 또 그가 유리한 입장에 있어 도망치는 것조차 도련님에게는 피신 수단이 되지 못하기 때문입니다. 그러므로 밤에 도련님을 덮치려는 자는 사람이든 짐승이든 대담하게 붙잡아야 합니다. 그가 발버둥 치면 인정사정 보지 말고 두들겨 패야 합니다. 그리고 그가 무슨 짓을 하든 또 무슨 말을 하든, 그것이 무엇인지 충분히 알기 전에는 결코 놓아주지 마십시오. 진상이 밝혀지면 아마도 걱정할 일이 없었다는 것을 알게 될 텐데, 장난꾼들을 다룰 때 이런 방법을 쓰면 틀림없이 그들은 다시는 그런 짓을 하지 못하게 될 것입니다."

우리의 감각 중에서 촉각이 가장 지속적으로 단련되는 것이라 하더라도, 내가 이미 말한 것처럼 촉각의 판단은 다른 어떤 감각의 판단보다 더 불완전하고 거친 상태로 남아 있다. 이는 우리가 촉각을 사용할 때는 지속적으로 시각도 함께 사용하는데, 눈이 손보다 빨리 대상에 가 닿아서 정신은 거의 언제나 손 없이 판단을 내리기 때문이다. 그 대신 촉각의 판단은 가장 제한적이라는 바로 그 이유로 가장 확실하다. 왜냐하면 우리의 손이 닿을 수 있는 거리까지만 확장되는 촉각의 판단이, 거의 지각되지 않는 대상들에까지 멀리 성급히 달려 나가는 다른 감각들의 경솔함을 바로잡아 주기 때문이다. 다른 감각들과 반대로 촉각은 일단 감지한 것은 모두 다 정확하게 지각한다. 게다가 우리가 원하는 경우, 신경의 활동과 근육의 힘을 결합시킴으로써 동시적인 감각으로 온도와 크기와 형태에 대한 판단에 무게와 내구성에 대한 판단을 결합시키기까지 한다. 따라서 촉각은 모든 감각들 중에서 낯선 물체가 우리의 몸에 미치는 인상을 가장 잘 알려 주기 때문에 가장 자주 사용되며, 자기 보존에 필수적인 인식을 우리에게 가장 즉각적으로 제공한다.

소리 나는 물체에서 소리는 촉각이 느낄 수 있는 진동을 일으킨다. 따라서 훈련된 촉각은 시각을 보완하는 것과 마찬가지로 어느 정도까지는 청각도 보완할 수가 있다. 왜 안 되겠는가? 첼로의 몸체에 손을 대어 보면 눈이나 귀의 도움 없이도 나무통이 진동하고 떨리는 방식만으로 그것이 내는 소리가 저음인지 고음인지, 그 소리가 고음의 첫 번째 현에서 나오는지 저음 현에서 나오는지 구별할 수 있다. 감각을 이런 차이에 익숙하게 훈련시키면, 시간이 지나면서 틀림없이 손가락으로 한 곡 전체를 들을 수 있을 만큼 감각이 예민해질 수 있을 것이다. 이렇게 가정하면, 음악을 통해 귀머거리에게도 쉽게 말을 할 수 있으리라는 것은 분명해진다. 왜냐하면 발음과 음성보다 규칙적인 조합을 잘 못할 것도 없는 음과 박자도 똑같이 말의 요소로 간주될 수 있기 때문이다.

촉각을 무디게, 더 둔하게 만드는 훈련이 있다. 반대로 촉각을 강화하여 더욱 섬세하고 예민하게 만드는 훈련도 있다. 단단한 물체의 지속적인 압력에 많은 운동과 힘을 결부시키는 전자는 피부를 거칠게 하고 굳은살이 생기게 만들어서 자연스러운 느낌을 없애 버린다. 반면에 후자는 가벼운 접촉을 빈번하게 해서 동일한 느낌에 변화를 주고, 끊임없이 반복되는 압력에 정신이 주의를 집중하여 그 온갖 변화를 쉽게 판단할 수 있게 해 주는 훈련이다. 이러한 차이는 악기를 사용하는 데서 뚜렷이 나타난다. 첼로, 콘트라베이스, 바이올린까지, 상처를 낼 정도로 딱딱한 이 악기들의 촉감은 손가락을 더욱 유연하게 만드는 한편 그 끝을 더욱 굳어지게 만든다. 클라브생의 매끄럽고 반들반들한 촉감은 손가락을 그만큼 유연하게 그러면서 동시에 더욱 예민하게 만든다. 따라서 이 점에서는 클라브생을 선호할 만하다.

피부가 공기의 영향을 받아 튼튼해져서 공기의 변화에 맞설 수 있게 되는 것은 중요하다. 왜냐하면 나머지를 모두 보호해 주는 것이 바로 피부이기 때문이다. 이를 제외하고는 나는 노예처럼 같은 일을 너무 오래 해서 손이 딱딱해지는 것도, 손의 피부가 거의 뼈처럼 되어 섬세한 느낌을 잃게 되는 것도 바라지 않는다. 왜냐하면 섬세한 느낌을 통해 우리는 손에 닿는 물체가 무엇인지 알 수 있고, 또 어둠 속에서도 접촉의 종류에 따라 여러 방식으로 소스라칠 때가 가끔 있기 때문이다.

왜 나의 제자가 발밑에 늘 소가죽을 달고 다녀야 하는가? 필요할 때 그의 발바닥이 신발창 노릇을 할 수 있다고 해서 해로울 것이 있겠는가? 이 부위에서는 부드러운 피부가 아무 소용이 없고 종종 오히려 해로울 수 있다는 것은 명백하다. 한겨울 한밤중에 도시에 쳐들어온 적 때문에 잠이 깬 제네바 사람들은 신발보다 총을 먼저 찾았다. 그들 중 한 사람이라도 맨발로 걸을 줄 몰랐더라면, 제네바가 함락당하지 않았을지 누가 알겠는가?[60]

---

60 1602년에 필립 2세의 사위인 사부와 공작이 사다리를 타고 제네바 점령을 시도했지만 성공하지 못했다 — 옮긴이.

예기치 못한 사고에 대비해 항상 인간을 무장시키자. 에밀이 어느 계절이고 아침마다 방이며 계단, 정원을 맨발로 뛰어다니게 하자. 나는 그런 행동을 탓하기는커녕 나도 따라 할 것이다. 다만 주의해서 유리 조각은 치워 둘 것이다. 손으로 하는 놀이나 작업에 대해서는 곧 말하겠다. 더욱이 신체발달을 돕는 온갖 걸음걸이법과 어떤 자세에서도 편안하고 굳건하게 있을 수 있는 법을 배우게 하겠다. 멀리 뛰는 법, 높이 뛰는 법, 나무에 기어오르고 담을 뛰어넘는 법도 알아야 한다. 언제나 몸의 균형을 잡을 수 있게 해 주고, 역학力學이 그에게 설명을 하려 들기 훨씬 전에 그의 움직임과 몸짓이 균형법칙에 따라 바로잡히게 해야 한다. 발을 땅에 디디고 몸의 무게가 다리에 실리는 방식에 따라 그는 자신의 상태가 좋은지 나쁜지를 느껴야 한다. 안정적인 앉음새는 언제나 멋있고, 가장 굳건한 자세가 또한 가장 우아하다. 내가 춤 선생이라면 마르셀[61]이 연출하는 우스꽝스러운 몸짓을 하지는 않을 것이다. 그가 그런 몸짓을 하고 있는 나라에서는 좋겠지만 말이다. 차라리 내 제자에게 끝없이 춤을 추게 하는 대신 그를 바위 밑으로 데려가겠다. 그곳에서 나는, 울퉁불퉁하고 거칠고 가파른 오솔길을 가볍게 걸어가려면 또 내려갈 때나 올라갈 때 이쪽 바위 끝에서 저쪽 끝으로 뛰어다니려면 어떤 자세를 취해야 하는지, 어떻게 몸과 머리를 가누어야 하는지, 어떤 운동을 해야 하는지,

---

61 파리의 유명한 춤 선생인 그는 자기 손님들을 잘 알고 있어서 술수를 부려 엉뚱한 짓을 하고 자기 재주를 굉장히 뽐내곤 했는데, 사람들은 그렇게 뽐내는 것을 우습다고 생각하는 척했지만 마음속으로는 그 때문에 그를 굉장히 존경했다. 오늘날에도 그에 못지않게 하찮은 다른 재주로 한 희극 배우가 그처럼 뽐내며 광대 노릇을 하고 있는데, 그럼에도 불구하고 그가 성공하는 것을 볼 수 있다. 이런 방법은 프랑스에서는 언제나 확실히 통한다. 더 소박하고 덜 속이는 진짜 재능은 프랑스에서 성공을 거두지 못한다. 프랑스에서는 겸손이 바보들의 미덕이다.

때로는 발을 때로는 손을 어떤 식으로 두어야 하는지 그에게 보여 주겠다. 나는 그를 오페라 극장의 무용수보다는 노루의 적수로 만들겠다.

촉각이 인간의 주위에 작용을 집중시키는 것과 마찬가지로 시각은 인간 너머로 그 작용을 펼친다. 시각의 작용이 착각을 많이 일으키는 것도 바로 이 때문이다. 인간은 한눈에 지평선의 반을 본다. 수많은 동시적인 감각들과 그것들이 야기하는 판단들 중에서 틀린 것이 어떻게 하나도 없을 수 있겠는가? 우리의 모든 감각 중에서 시각이 가장 널리 펼쳐지기 때문에, 또 다른 감각들을 훨씬 앞서감으로써 작용이 너무 빠르고 범위가 넓어 다른 감각들의 수정을 받을 수 없기 때문에, 바로 그런 이유로 가장 틀리기 쉽다. 게다가 넓이를 인식하고 그 각 부분들을 비교하기 위해서는 원근의 착각까지도 우리에게는 필요하다. 허상이 없다면 우리는 멀리 있는 것은 아무것도 보지 못할 것이다. 크기와 빛이 서서히 증감하지 않는다면 우리는 어떤 거리도 측정할 수 없을 것이다. 아니 더 정확히 말해서 우리에게는 거리가 아예 없을 것이다. 키가 같은 두 그루의 나무 중에서 백 걸음 떨어진 곳에 있는 나무가 열 걸음 떨어진 곳에 있는 나무와 같은 크기로 그만큼 뚜렷하게 보인다면, 우리는 그 두 그루의 나무들을 나란히 둔 셈이 되는 것이다. 만약 우리가 대상들의 모든 크기를 그것들의 진짜 크기로 보게 된다면, 어떤 공간도 보이지 않아 모든 것이 우리의 눈에 다 나타나게 될 것이다.

시각은 대상들의 크기와 그 거리를 판단하기 위하여 단 하나의 동일한 척도, 즉 대상들이 눈에 만드는 각도의 크기만 갖고 있다. 이 각도의 크기는 복합적인 원인의 단순한 결과이기 때문에, 그것이 우리에게 야기하는 판단은 각각의 원인을 미확정 상태로 두거나 그렇지 않으면 반드시 틀리기 쉬운 것이 된다. 왜냐하면 한 대상을 다른 대상보다 작아 보이게 하는 각도가 그것이 실제로 더 작아서 그런지 아니면 더 멀리 있어서 그런지, 단순히 보는 것만으로 어떻게 구분할 수 있겠는가?

그러므로 여기서는 앞의 것과 반대되는 방법을 따라야 한다. 그것은 감각을 단순화시키는 대신 그것을 다른 감각과 겹치게 해서 다른 감각을 통해 항상 그것을 검토하고, 시각 기관을 촉각 기관에 종속시키는 방법, 말하자면 첫 번째 감각의 격함을 촉각의 둔중하고 규칙적인 진행으로 제어하는 방법이다. 이런 실행 방법을 따르지 않고서, 어림짐작으로 한 측정은 매우 부정확하다. 한 번 보는 것만으로는 높이, 길이, 깊이, 거리를 판단하는 데서 결코 정확할 수 없다. 그것이 감각의 잘못이라기보다 그것을 사용하는 데서 생겨난 잘못이라는 증거는 기술자, 측량사, 건축가, 석수, 화가들이 일반적으로 우리보다 훨씬 더 눈썰미가 있어서 면적의 크기도 훨씬 더 정확하게 측정한다는 사실이다. 이는 그들이 이 점에서 우리가 게을러서 얻지 못하는 경험을 직업을 통해 얻음으로써, 각도에 수반되어 그 각도의 두 원인 간의 관계를 그들의 눈에 더욱 정확하게 결정지어 주는 가상에 의해 각도의 모호함을 제거하기 때문이다.

신체를 구속하지 않으면서 신체에 움직임을 주는 모든 것은 언제나 아이들에게서 쉽게 얻어 낼 수 있다. 아이들이 거리를 측정하고 식별하고 추정하는 일에 관심을 갖게 만들 방법은 얼마든지 있다. 저기에 매우 키가 큰 버찌나무가 있다고 하자. 버찌를 따려면 어떻게 하겠는가? 창고에 있는 사다리가 좋을까? 꽤 폭이 넓은 개울이 있다고 하자. 어떻게 건너갈 것인가? 집 뜰에 있는 널빤지가 양쪽 둑에 걸쳐질까? 창가에 선 채 성의 외호外濠에서 낚시를 하고 싶다. 낚싯줄은 몇 발이 있어야 할까? 저 두 나무 사이에 그네를 매달고 싶다. 두 길 정도 길이의 줄이면 충분할까? 다른 집에서는 우리의 방이 25자 평방이 되리라고 말하는 것을 들었다. 그 정도면 우리에게 적합하겠는가? 이 방보다 클까? 배가 매우 고프다. 저기 마을이 두 개 있는데, 저녁을 먹기 위해 그중 어디로 가면 더 빨리 도착할 수 있을까? 등등.

앞으로 군인으로 키우려 하는데, 스스로 달리기나 다른 운동을 하려 들지 않는 게으르고 안일한 아이에게 달리기 훈련을 시켜야 할 경우가 있었다. 왜 그렇게 되었는지는 모르겠지만, 그 아이는 자기와 같은 신분의 사람은 아무 일도 해서는 안 되고 아무것도 알아서는 안 되며, 자신의 귀족 신분이 온갖 재능과 손발을 대신해 주어야 한다고 믿고 있었다. 이런 신사를 발이 날렵한 아킬레우스로 만드는 데는 케이론[62]의 책략으로도 충분하지 못했을 것이다. 더구나 나는 그에게 결코 아무것도 명령하고 싶지가 않았던 만큼 훨씬 더 힘이 들었다. 나는 나의 권리에서 격려, 약속, 위협, 경쟁심, 잘난 체하려는 욕망을 몰아냈다. 어떻게 하면 그에게 아무 말도 하지 않고 달리고 싶은 욕망을 주입할 수 있을까? 나 자신이 달리는 것은 그다지 확실하지도 않고 문제를 일으킬 소지가 많은 방법이었을 것이다. 더욱이 신체기관의 작용과 판단력의 작용이 늘 협력하도록 만들기 위해서는, 이 훈련에서 그에게 가르침이 될 만한 주제를 끌어내야 하기도 했다. 내가 어떻게 처신했는지는 다음과 같다. 여기서 나란, 말하자면 이 실례 안에서 말하고 있는 사람이다.

오후에 그와 함께 산책을 하러 나서면서 나는 때때로 그가 매우 좋아

---

62 그리스 신화에 나오는 반인반마(半人半馬)의 괴물로서 아킬레우스를 맡아 키웠다 — 옮긴이.

하는 종류의 과자 두 개를 주머니에 넣어 두곤 했다. 우리는 산책길에서[63] 각자 하나씩 먹고 매우 만족해하며 돌아오곤 했다. 어느 날 그는 내가 과자를 세 개 가지고 있다는 것을 알아챘다. 그는 여섯 개라도 별 탈 없이 먹을 수 있었을 것이다. 그는 서둘러 자기 것을 먹어 버리고는 내게 세 번째 것을 달라고 했다. 나는 안 된다고 말했다. "내가 혼자서 잘 먹을 수도 있고 우리가 나누어 먹을 수도 있을 텐데. 그보다 저기 있는 두 사내아이에게 이 과자를 두고 경주를 시켜 보는 것이 좋겠군요." 나는 그들을 불러 과자를 보여 주고 조건을 제시했다. 그들로서는 더 바랄 것이 없었다. 과자를 결승점으로 쓸 큰 돌 위에 놓았다. 달리기할 길이 정해졌다. 우리는 그곳에 가서 앉았다. 신호를 하자 꼬마들은 출발했다. 달리기에서 이긴 아이가 과자를 집어 들고 진 아이와 구경꾼들이 보는 앞에서 사정없이 먹어 치웠다.

이 놀이는 과자보다 나았지만, 처음에는 성공하지 못했고 아무런 결실도 맺지 못했다. 나는 물러서지도 않고 서두르지도 않았다. 아이들을 교육한다는 것은 시간을 벌기 위해 시간을 소모할 줄 알아야 하는 그런 일이다. 우리는 산책을 계속했다. 종종 과자를 세 개 혹은 네 개 가져가기도 했고, 때로는 주자들에게 하나 혹은 두 개까지 건네곤 했다. 상이 별 것 아니었지만, 그 상을 두고 경쟁하는 아이들도 야심가는 아니었다. 상을 탄 아이는 칭찬과 축하를 받았다. 모든 일이 근사하게 치러졌다. 변

---

63 곧 알게 되겠지만 시골의 산책길이다. 도시의 공공 산책로는 남자아이고 여자아이고 할 것 없이 아이들에게 해롭다. 거기서 아이들은 허영심을 품게 되고 남이 자기를 바라봐 줄 것을 바라기 시작한다. 뤽상부르나 튀일리, 특히 팔레 루아얄에서 파리의 훌륭한 젊은이들은 그들을 그렇게 웃음거리로 만들고 유럽 전체에서 놀림이나 미움을 받게 만드는 그 무례하고 건방진 태도를 갖게 된다.

화를 주고 흥미를 증대시키기 위해 나는 달리기 코스를 더 길게 잡고 여러 아이들을 받아들이기도 했다. 그들이 경기장에 들어서면 지나가던 사람들이 모두 그들을 보려고 발길을 멈추었다. 갈채와 환호와 박수가 그들을 부추겼다. 한 아이가 다른 아이를 거의 따라잡거나 막 앞지르려 할 때면 나는 가끔 우리 꼬마 양반이 몸을 떨거나 벌떡 일어서기도 하고 소리를 지르는 것을 보았다. 그에게는 이것이 올림픽 경기와도 같은 것이었다.

그런데 경쟁자들이 간혹 속임수를 쓰기도 했다. 서로 붙잡거나 넘어뜨리기도 하고 상대방이 지나는 길에 서로 조약돌을 밀어 넣기도 했다. 이 때문에 그들을 따로 떼어 놓고, 목표 지점까지 거리는 같지만 서로 다른 지점에서 그들을 출발시킬 구실을 얻게 되었다. 이러한 계책을 마련한 이유는 곧 알게 될 것이다. 나는 이 중대 사안을 아주 상세히 다룰 것이기 때문이다.

자신도 매우 탐이 나는 과자를 늘 눈앞에서 남이 먹는 것을 보고 진력이 난 기사 도련님이 마침내 달리기를 잘하는 것도 무엇인가에 쓸모가 있지 않을까 하는 생각을 했고, 자신에게도 두 다리가 있음을 깨달은 그는 남몰래 자신의 역량을 시험해 보기 시작했다. 나는 짐짓 아무것도 모르는 체했지만, 나의 전략이 성공했다는 것을 알았다. 나는 그의 생각을 먼저 읽고 있었다. 그는 자신이 충분히 강해졌다고 생각하자 남은 과자를 가지겠다고 나를 조르는 척했다. 나는 거절하고 그는 계속 고집을 부린다. 그러다가 화가 난 태도로 그가 마침내 내게 이렇게 말한다. "좋아요! 과자를 돌 위에 올려놓고 달릴 길을 정해 주세요, 어디 두고 봅시다." 나는 웃으며 그에게 말한다. "좋습니다! 기사님도 달릴 줄 아시나? 시장기를 더할 뿐 채우시지 못할 텐데." 나의 조롱에 발끈한 그는 죽을힘을 다해 달려서 상을 따낸다. 이 승리는 내가 경주로를 아주 짧게 잡고 가장 잘 달리는 경쟁자는 신경 써서 제쳐 두었던 만큼 더욱 쉬웠다. 이 첫걸음을 내딛고 난 뒤 그를 다그치기가 얼마나 쉬웠겠는지 쉽게 짐작할 수 있을 것이다. 그는 곧 이 훈련에 재미를 붙여서, 특별히 배려하지 않아도 또 길이 아무리 멀어도 경주에서 다른 개구쟁이들을 거의 확실하게 물리쳤다.

이렇게 얻은 이득이 내가 생각지도 못한 다른 이득을 가져왔다. 상을 잘 타지 못할 때는 그도 다른 경쟁자들이 그러듯이 거의 언제나 혼자 그것을 먹었다. 그러나 이기는 일이 많아지자 그는 관대해져서 종종 진 아이들과 과자를 나누어 먹었다. 이 일은 나에게 도덕적 성찰을 하게 하여, 이로부터 나는 관대함의 진정한 근원이 무엇인지 배우게 되었다.

각자 동시에 출발해야 하는 지점을 여러 장소에 정하는 일을 그와 함께 계속하면서 나는 그가 알아채지 못하게 거리를 다르게 했는데, 그 결과 같은 목표물에 도착하는 데 다른 아이보다 더 먼 길을 가야 하는 아이는 눈에 띄게 불이익을 당했다. 내가 나의 제자에게 선택권을 주었는데도, 그는 그것을 이용할 줄 몰랐다. 거리에는 신경 쓰지 않고 그는 늘 가장 아름다운 길을 선택했다. 그래서 그가 선택할 길을 쉽게 미리 안 나는 내 마음대로 그가 과자를 잃거나 따게 만들 수가 있었다. 이러한 책략은 여러 가지 목적에 소용이 있었다. 그런데 나의 의도는 그가 거리의 차이를 알아차리게 하는 것이었으므로, 그가 그 차이를 느낄 수 있게 해 주려고 애썼다. 그러나 가만히 있을 때는 게으르면서도 놀이를 할 때는 너무도 활기차고 나를 의심하는 일도 거의 없어서, 내가 속임수를 쓰고 있다는 사실을 그가 알아채게 하는 데 몹시 애를 먹었다. 그의 부주의함에도 불구하고 마침내 나는 성공했다. 그는 그 때문에 나를 비난했다. 나는 그에게 말했다. "무엇이 불만입니까? 내가 기꺼이 주려는 선물이니 조건은 내 마음대로 할 수 있지 않나요? 누가 도련님에게 달리기를 시켰나요? 도련님에게 경주로의 길이를 똑같이 하겠다고 약속한 적이 있습니까? 선택은 도련님이 하지 않습니까? 가장 짧은 길을 택하세요, 아무도 방해하지 않을 테니. 도련님은 어찌하여 내가 도련님에게 유리하도록 배려한 것임을, 또 도련님이 불평하는 그 불공평도 이용할 줄만 알면 도련님께 전적으로 이득이 된다는 사실을 모르십니까?" 그것은 명백한 일이었다. 그는 알아들었고, 선택하기 위해 더 자세히 살펴보아야만 했다. 처음에는 몇 걸음인지 세어 보려고 했다. 하지만 어린아이의 걸음으로 측정하는 것은 느리고 또 틀리기 쉬웠다. 게다가 나는 하루에 달리기를 여러 번 시켜야겠다는 생각이 들었다. 그러자 놀이가 일종의 열광이 되어, 경주로를 주파하는 데 들일 시간을 그것을 측정하는 데 허비하는 것을 아까워했다. 어린아이의 활기는 그런 느린 일에는 맞지 않는다. 그래서 눈으로 더 잘 보고 거리를 더 잘 측정하는 연습을 했다. 그러자 이 취미를 확장시키고 더 길러주는 데 거의 힘이 들지 않았다. 몇 달에 걸쳐서 시험을 거듭하고 착오를 교정한 끝에 마침내 그는 매우 정확히 눈대중을 할 수 있게 되었고, 그저 멀리 떨어진 어떤 물체 위에 과자를 둘 생각이라고 그에게 일러만 주어도 그는 거의 측량사의 쇠줄만큼 정확한 관찰력을 갖게 되었다.

시각은 모든 감각들 중에서도 정신의 판단력과 가장 분리될 수 없는 감각이므로, 보는 법을 배우는 데는 많은 시간이 걸린다. 촉각과 시각 중에서, 시각이 형태와 거리를 우리에게 충실히 알릴 수 있도록 그것을 길들이려면 오랫동안 시각과 촉각을 비교해 보았어야 한다. 촉각이 없이는, 그 점진적인 운동 없이는 세상에서 가장 예리한 눈도 우리에게 넓이의 개념을 제공할 수 없을 것이다. 우주 전체도 굴에게는 하나의 점에 불과할 것이다. 설사 인간의 정신이 그 굴에게 우주에 관한 정보를 준다 하더라도, 굴에게 우주는 그 이상으로 보이지 않을 것이다. 크기를 추산하는 법을 배우는 것은 걸어 보고 만져 보고 수를 세어 보고 크기를 측정함으로써만 가능하다. 그러나 늘 측정한다 하더라도 감각이 도구에 기댈 때 감각은 어떤 정확성도 얻지 못할 것이다. 아이가 측정에서 추산으로 단번에 넘어가서도 안 된다. 처음에는 단번에 비교할 수 없는 것을 부분들로 계속 비교해 보고, 정확하게 나누어진 부분들을 측정에 의해 나누어진 부분들로 대체해야 하며, 항상 손으로 측정하는 대신 오로지 눈으로만 측정하는 습관을 들여야 한다. 그렇지만 아이가 자신의 착오를 바로잡을 수 있도록, 또 감각 속에 어떤 허상이 남아 있을 경우 더 나은 판단으로 그것을 바로잡는 법을 배울 수 있도록, 아이가 처음에 한 측정을 실물의 척도로 검증하는 것이 좋다. 어느 곳에서나 거의 동일한 자연적인 척도들이 있다. 사람의 보폭, 팔의 길이, 신장이 그러한 것들이다. 어린아이가 건물 층의 높이를 추산할 때 교사가 측정기 노릇을 할 수가 있다. 종탑의 높이를 추산할 때는 집에 견주어 보고 그것을 측정해 보게 하라. 길이 몇 리인지 알아보고자 한다면 걷는 시간을 재어 보면 된다. 특히 유의할 것은 이 모든 일을 아이 대신 해 주어서는 안 되며, 그 자신이 직접 하게 해야 한다.

물체의 형태를 알고 그것을 그대로 모사해서 그리는 법까지 배우지 않는다면, 물체의 넓이와 크기를 올바로 판단하는 법은 배울 수 없을 것이다. 왜냐하면 사실상 이러한 모사는 절대적으로 오로지 원근법에 의존하는데, 이 원근법에 대한 감을 어느 정도 갖고 있지 않으면 겉만 보고 넓이를 추산할 수 없기 때문이다. 아이들은 대단히 모방을 잘해서 누구나 그림을 그려 보려고 시도한다. 나는 그 기술 자체가 아니라 그의 눈이 정확해지고 손이 유연해지도록 내 제자도 그림 그리는 기술을 연마하기를 원한다. 이런 훈련을 통해 일반적으로 사람들이 얻을 수 있는 좋은 신체 습관과 통찰력 있는 감각을 내 제자도 얻을 수만 있다면, 그가 어떤 훈련을 알고 있는지는 별로 중요하지 않다. 따라서 나는 모작만 모방하게 하고 데생만 보고 데생을 하도록 시키는 그림 선생을 내 제자에게 구해 주지 않도록 충분한 주의를 기울일 것이다. 나는 그가 자연 이외에 다른 선생을, 사물 이외에 다른 모델을 갖지 않기를 바란다. 그가 상투적인 가짜 모작을 진짜 모작으로 여기지 않고 대상과 그것의 외관을 잘 관찰하는 습관을 들일 수 있도록, 원본을 재현한 종이가 아니라 원본 자체를 눈앞에 두기를 바라고, 집을 보고 집을, 나무를 보고 나무를, 사람을 보고 사람을 그리기를 바란다. 자주 관찰하여 대상의 정확한 형상이 그의 상상력 속에 잘 새겨질 때까지는, 심지어 대상 없이 기억만으로 무엇인가를 그리지 못하게 할 것이다. 이는 사물들의 진짜 모습을 기이하고 공상적인 형상으로 대체함으로써 그가 비율에 대한 인식과 자연의 아름다움에 대한 취향을 잃어버리지나 않을까 염려해서이다.

나는 이런 방법을 통해 그가 형체를 알아볼 수 있는 것은 아무것도 그리지 못한 채 오랫동안 서투른 그림을 그릴 것이고, 화가들의 우아한 선이나 가벼운 터치를 꽤 뒤늦게 터득할 것이며, 결코 회화적인 효과에 대

한 바른 식견이나 데생에 대한 좋은 안목을 갖게 되지 못하리라는 것을
잘 알고 있다.

그 대신에 그는 보다 정확한 눈썰미와 더 확실한 손, 그리고 동물, 식
물, 자연의 대상들 사이의 크기와 형태의 진정한 관계들에 대한 인식, 원
근법의 작용에 대한 보다 예민한 경험을 틀림없이 획득하게 될 것이다.
이것이 바로 내가 하고자 했던 일이다. 내가 의도하는 바는 내 제자가 대
상을 모사할 줄 아는 것보다 인식할 줄 아는 것이다. 나는 차라리 그가
내게 아칸서스 나무[64]를 그려 보이고 기둥머리의 잎사귀 장식은 좀 못 그
리더라도 그 편이 낫다고 생각한다.

게다가 모든 다른 훈련과 마찬가지로 이 훈련에서도 나는 제자가 혼
자 즐거움을 독차지하는 것을 원하지 않는다. 나는 끊임없이 그와 즐거
움을 나누어 가짐으로써 그를 한층 더 재미있게 해 주겠다. 또 나는 그가
나 이외에 다른 경쟁자를 갖는 것을 조금도 원하지 않아서 내가 계속 그
리고 위험 없이 그의 경쟁자가 되어 줄 것이다. 이는 우리 사이에서 질투
심을 유발하는 일 없이 그가 하는 일에 흥미를 불어넣어 줄 것이다. 나도
그를 흉내 내어 연필을 잡을 것이다. 처음에는 그처럼 서투르게 연필을
사용할 것이다. 내가 설령 아펠레스[65] 같은 화가라 할지라도, 나는 자신
이 엉터리 화가에 불과하다고 여길 것이다. 나는 하인들이 벽에 그린 그
림처럼 팔도 다리도 막대기 하나로, 또 손가락을 팔보다 더 굵게 사람을

---

64 프랑스 남부 지방에서 재배하는 톱니 모양의 잎을 가진 관상식물로서 아칸서스 잎은 코린트식 원주
    의 장식으로 새겨진다 — 옮긴이.
65 Apelles: 기원전 4세기 후반에 활약한 그리스의 화가로 알렉산더 대왕의 궁정화가로 일하면서 대왕
    의 많은 초상을 그렸고, 〈바다에서 올라오는 아프로디테〉 그림으로 유명하다 — 옮긴이.

그리는 것에서 시작하겠다. 한참이 지난 후에야 우리 둘 중 하나가 그와 같은 불균형을 발견할 것이다. 다리에는 두께가 있고 이 두께가 어느 부분에서나 같지 않다는 사실에 주목할 것이다. 팔도 몸에 비례하여 정해진 길이가 있다는 사실 등도 발견할 것이다. 이렇게 발전하는 동안 나는 기껏해야 그와 나란히 나아가거나 아주 조금만 앞지를 것이므로, 그는 언제나 쉽게 나를 따라잡거나 앞지르게 될 것이다. 우리는 그림물감과 붓도 가지게 될 것이다. 대상의 색깔과 그것의 전체적인 외관을 그 형상과 함께 모사해서 그리려고 애를 쓸 것이다. 채색하고 칠을 하면서 엉터리로 서투르게 그려 댈 것이다. 그러나 엉터리로 그리더라도 자연을 관찰하는 일은 그만두지 않을 것이다. 우리는 자연이라는 스승이 보는 앞이 아니면 아무것도 하지 않을 것이다.

우리는 우리 방의 장식을 고심하고 있었는데, 이렇게 해서 모든 것이 갖추어졌다. 나는 우리의 그림을 액자에 넣으라고 한다. 그러고는 남이 손을 대지 못하도록, 또 우리가 그린 그대로 그림을 보면서 각자 자신의 그림에 관심을 갖고 소홀히 하지 않도록, 그림에 예쁜 유리도 씌우게 한다. 그리고 그것들을 방 주위에 차례대로 배열한다. 각 그림은 스무 번, 서른 번 되풀이해서 그려져서 그림 한 점 한 점이 그린 사람의 진보를 보여 준다. 즉 처음에는 집이 거의 형태가 잡히지 않은 네모꼴에 불과한데 나중에는 집의 정면, 옆면, 균형, 그림자가 더할 나위 없이 정확하게, 거의 사실과 일치할 정도로 발전했다. 이처럼 점진적인 발전은 우리에게는 흥미롭고 또 다른 사람들이 보기에는 기묘한 그림들을 우리에게 지속적으로 제공하여, 우리의 경쟁심을 한층 더 자극하지 않을 수 없다. 이 데생들 중에서 가장 먼저 그린 것들, 가장 조잡한 것들은 그것들을 더욱 돋

보이게 해 줄 번쩍이는 금빛 틀에 끼운다. 그러나 모사가 더 정확해져서 정말 훌륭해진 그림들은 아주 소박한 검은 색 틀만 끼운다. 이런 그림에는 그 자체 외에 더 이상 다른 장식이 필요하지 않기 때문인데, 대상에게 마땅히 돌아갈 관심을 틀이 나눠 갖는 것은 애석한 일인 것이다. 그리하여 우리는 각자 꾸밈없는 소박한 그림틀이 부여하는 영광을 바라게 된다. 한 사람이 다른 사람의 데생을 경멸하고 싶을 때는 거기에 금빛 틀을 끼워 벌을 내린다. 아마도 언젠가 그 금빛 틀이 우리 사이에서 속담이 될 것이다. 그리고 얼마나 많은 사람들이 이렇게 자신을 틀에 끼워 놓고 스스로를 평가하는지 놀라워할 것이다.

나는 기하학이 어린아이들의 능력을 벗어나는 것이라고 이미 말했다. 그런데 그것은 우리의 잘못이다. 우리는 아이들의 방식과 우리의 방식이 다르며, 우리의 추론하는 기술이 아이들에게는 보는 기술에 불과하다는 사실을 깨닫지 못한다. 아이들에게 우리의 방법을 부과하는 대신 우리가 그들의 방법을 취하는 편이 나을 것이다. 왜냐하면 우리가 기하학을 배우는 방식은 추론하는 것만큼 상상력을 발휘하는 일이기 때문이다. 명제의 여건이 주어지면 그에 대한 증명을 생각해야 한다. 다시 말해 그것이 이미 알려진 어떤 명제의 귀결이 되어야 하는지 찾아내고, 바로 그 명제에서 끌어낼 수 있는 모든 귀결들 가운데 문제의 귀결을 정확하게 골라내야 한다.

이런 식으로는 아무리 정확한 추론가라도 창의적이지 않으면 어찌할 바를 모르게 마련이다. 그렇다면 이제 어떻게 되겠는가? 우리에게 증명을 찾아내게 하는 대신 그것을 말해 주게 되고, 우리에게 추론하는 법을 가르치는 대신 선생이 우리 대신 추론을 해 주면서 우리의 기억력만 훈련시킨다.

정확한 도형들을 그려 보라. 그리고 그것들을 결합시키고 서로 겹쳐 보고 그것들 간의 비율을 검토해 보라. 이렇게 하면서 관찰을 거듭하면 정의도 문제도, 단순한 겹쳐 놓기 이외에 다른 어떤 증명 형식도 문제 될 것 없이 기하학의 기초를 전부 발견하게 될 것이다. 나는 에밀에게 기하학을 가르칠 생각이 없다. 바로 그가 나에게 기하학을 가르쳐 줄 것이다. 내가 비율을 구하고 그가 그것을 발견할 것이다. 그런데 나는 그가 비율을 발견할 수 있도록 비율을 구할 것이다. 가령 원을 그리기 위해 컴퍼스를 사용하는 대신, 하나의 축을 중심으로 도는 실 끝의 바늘을 가지고 원을 그릴 것이다. 그런 연후에 내가 그것들의 반지름을 비교해 보려 하면 에밀이 나를 비웃으며, 늘 팽팽하게 당겨진 동일한 실이 동일하지 않은 거리를 그었을 리 없다는 사실을 내게 이해시켜 줄 것이다.

60도의 각을 재고 싶으면 나는 그 각의 꼭짓점에서 호弧가 아닌 원 전체를 그린다. 왜냐하면 아이들과는 어떤 것도 암시만 하고 넘어가서는 안 되기 때문이다. 각의 두 변 사이에 끼인 원의 부분이 원둘레의 6분의 1임을 발견한다. 그리고 나는 동일한 꼭짓점에서 더 큰 다른 원을 그리고 이 두 번째 호도 그 원의 6분의 1임을 발견한다. 세 번째 동심원을 그리고 같은 실험을 한다. 나는 계속해서 새로운 원을 그리고 또 실험을 한다. 내 어리석음에 충격을 받은 에밀이 같은 각 사이에 놓인 호는 크든 작든 항상 그것이 속한 원의 6분의 1이라는 사실 등을 내게 알려 줄 때에야 비로소 실험을 끝낸다. 이렇게 해서 우리는 곧 분도기를 사용하게 된다.

연속적인 각들의 총합이 두 직각과 같다는 것을 보여 주기 위해 사람

들은 원을 하나 그린다. 나는 반대로 에밀이 먼저 그것을 원에서 알아채
도록 하고 그다음에 그에게 말해 준다. 만약 원을 없애고 직선들을 남겨
둔다면 각들의 크기가 달라질 것인가 등등.

사람들은 도형의 정확성을 등한히 한 채 가정만 하고 증명에 열중한
다. 반대로 우리 둘 사이에서는 증명은 결코 문제 되지 않을 것이다. 우
리의 가장 중대한 관심사는 아주 곧고 정확하고 균등한 선을 그리는 일
이 될 것이다. 또 아주 반듯한 정사각형을 만들고 아주 둥근 원을 그리는
일이 될 것이다. 도형이 정확한지 확인하기 위해 우리는 감지할 수 있는
그것의 온갖 속성들을 통해 그것을 검토할 것이다. 그렇게 함으로써 우
리는 매일매일 그것의 새로운 속성들을 발견할 수 있는 기회를 가질 것
이다. 지름으로 접어 두 개의 반원을 만들고, 대각선으로 접어 정사각형
의 반쪽 두 개를 만들 것이다. 그러고는 가장자리들이 가장 정확하게 들
어맞는, 그 결과 가장 잘 그려진 도형을 알아내기 위해 우리가 만든 두
개의 도형을 비교해 볼 것이다. 이처럼 둘로 똑같이 나누는 일이 평행사
변형이나 사다리꼴 등에서도 언제나 가능한지, 또 그 밖에도 기타 등등
을 두고 토론할 것이다. 때로는 실험하기 전에 실험의 성공 여부를 예측
해 보기도 하고 그 이유들을 찾아내려고 노력할 것이다 등등.

나의 제자에게는 기하학이 자와 컴퍼스를 제대로 사용하는 기술에 불
과하다. 그가 이 기구들 중 어떤 것도 사용하지 않는 데생과 기하학을 혼
동하는 일이 있어서는 안 된다. 자와 컴퍼스는 자물쇠로 채워 보관해 둘
것이다. 그가 마구 그려 대는 습관을 갖지 않도록 드물게, 그것도 잠깐
동안만 사용이 허락될 것이다. 하지만 우리는 가끔은 산책할 때 도형들
을 갖고 나가 우리가 한 것이나 하려고 하는 것에 대해 이야기해 볼 수는

있을 것이다.

나는 토리노에서 만났던 한 젊은이를 잊을 수가 없다. 그는 어렸을 때 사람들이 날마다 둘레의 길이가 같은 온갖 기하학적 모양으로 된 와플들 중 하나를 선택하게 하고 그에게 둘레와 면적의 관계를 가르쳐 주었다고 한다. 그 꼬마 식도락가는 가장 먹을 면적이 넓은 것을 찾아내기 위해 아르키메데스의 기술을 전부 캐내고 말았다고 한다.

어린아이가 배드민턴을 칠 때 아이는 눈과 팔의 정확성을 훈련한다. 또 팽이를 칠 때는 힘을 써야 하므로 힘은 강해지지만 아무것도 배우지는 못한다. 나는 간혹 왜 아이들에게 정구, 펠멜 놀이, 당구, 활쏘기, 축구, 악기 연주 같은 어른들이 하는 기교적인 놀이를 똑같이 시키지 않는지 물어본 적이 있다. 사람들의 대답은 이 놀이들 중 몇몇은 그들의 힘에 부치고 또 다른 것들은 아이들이 하기에는 그들의 사지와 기관이 충분히 자라지 못했다는 것이다. 나는 이 이유들이 적절치 않다고 생각한다. 아이는 어른만큼 키가 크지 않지만 그래도 자기 것으로 맞춰진 옷을 입는다. 그가 석 자 높이의 당구대에서 우리 어른들과 함께 게임을 하라는 말이 아니다. 또 어른 정구장에 가서 공을 치라는 것도, 그 작은 손에 정구채를 잡게 하라는 것도 아니다. 창이 깨지지 않게 보호된 실내에서 놀고, 처음에는 물렁물렁한 공만 사용하고, 처음 잡는 정구채는 나무로 다음에는 양가죽으로, 마지막에는 그의 실력이 늘어남에 따라 팽팽하게 당긴 동물 창자로 된 것을 사용하라는 말이다. 덜 지치고 위험이 없다는 이유로 여러분은 배드민턴을 선호할 것이다. 이 두 가지 이유 때문이라면 여러분은 틀렸다. 배드민턴은 여자들을 위한 놀이이다. 그런데 날아오는 정구공에 달아나지 않는 여자는 한 명도 없다. 여자들의 하얀 피부는 멍에 단련되어서는 안 된다. 그들의 얼굴이 기대하는 것은 타박상이 아니다. 그러나 강해지도록 만들어진 우리가 고생 없이 강해질 수 있을 것이라고 생각하는가? 공격받지 않는다면 무슨 방어를 할 수 있겠는가? 서투르게 해도 위험이 없는 놀이는 늘 느슨하게 하기 마련이다. 떨어지는 배드민턴공은 누구에게도 아픔을 주지 않는다. 하지만 정구를 치면서 머리를 가려야 할 때만큼 팔을 날렵하게 만드는 것도 없고, 눈을 막아야 할 때만큼 관찰력을 정확하게 만드는 것도 없다. 방의 한쪽 끝에서 다른 쪽 끝으로 뛰어가기, 아직 공중에 떠 있는 공이 어느 정도 튀어 오를지 판단하기, 그 공을 강하고 확실한 손으로 되던져 보내기, 이러한 놀이들은 어른에게 적합하다기보다 어른으로 만드는 데 소용된다.

아이의 근육질은 너무 무르다고 한다. 힘은 덜 강하지만 그 때문에 훨씬 유연하다. 아이의 팔은 약하지만 그래도 팔이다. 그 차이를 고려하면 그와 비슷한 어른의 팔로 하는 일은 아이의 팔로도 모두 다 하게 되어 있다. 아이의 손은 조금도 능숙하지 못하다. 바로 그래서 나는 아이의 손을 능숙하게 만들기를 바란다. 아이처럼 훈련하지 않은 어른이라면 그보다 나을 것도 없을 것이다. 우리는 사용해 본 뒤에야 우리의 기관들의 용도를 알 수 있다. 우리 자신의 사용법을 우리에게 가르쳐 주는 것은 오랜 경험뿐이며, 이 경험이야말로 아무리 일찍 시행하더라도 이르다고 할 수 없는 진정한 공부이다.

행해지는 모든 일은 실현 가능한 것이다. 그런데 동작이 자유자재하고 능란한 아이가 어른이 하는 것처럼 사지를 날렵하게 움직이는 것을 보는 것만큼 흔한 일도 없다. 거의 모든 장터에서 아이들이 줄타기를 하고 물구나무를 서서 걷거나 줄 위에서 뛰고 춤추는 것을 볼 수 있다. 정말이지 수년에 걸쳐 아동 극단이 그들의 발레로 이탈리아 코미디 극장에 구경꾼들을 끌어들이지 않았는가! 독일이나 이탈리아에서 저 유명한 니콜리니 팬터마임 극단[66]에 대해 말하는 것을 들어 보지 못한 사람이 있는가? 누가 이 아이들에게서 어른 무용수들보다 덜 발달된 동작, 덜 우아한 자세, 덜 정확한 귀, 덜 경쾌한 춤을 본 적이 있는가? 처음에는 손가락이 통통하고 짧아 제대로 움직이지 못하고 손도 포동포동하여 아무것도 쥘 수가 없다. 그런데도 어떤 아이들은 다른 아이들이 아직도 연필이나 펜을 잡을 줄도 모르는 시기에 글을 쓰거나 그림을 그릴 줄 알지 않는가? 열 살 때 클라브생 연주를 기적처럼 해낸 한 어린 영국 소녀를 파리 전체가 아직도 기억하고 있다.[67] 나는 한 관리의 집에서 여덟 살이 된 그의 착한 아들이 쟁반들 가운데 세워 둔 조각상처럼 디저트 식탁에 올려진 채거의 제 키만 한 바이올린을 연주하여 음악 연주자들까지 놀라게 한 일을 본 적이 있다.

내가 보기에는 이 모든 예들과 그 외 수많은 다른 예들이 아이들은 어른이 하는 것을 할 수 없다고 가정하는 것이 터무니없으며, 아이들이 어떤 일에서 성공하는 것을 본 적이 없다면 그것은 아이들에게 그런 훈련을 시키지 않았기 때문임을 증명해 주는 듯하다.

사람들은 내가 정신의 측면에서 비난했던 아이들의 조기 교육의 잘못을 여기서 신체에 대해 저지르고 있다고 말할 것이다. 그 차이는 매우 크

---

66 마델렌 니콜리니(Madelen Nicolini)가 이끄는 팬터마임 극단에서 핵심 멤버들은 레겐스부르크 구두공의 여섯 살 난 아들과 세 살에서 열 살에 이르는 니콜리니 자신의 자식들 여섯 명으로 이루어졌다고 한다 — 옮긴이.

67 그 이후에 일곱 살 난 한 어린 소년이 더욱 놀라운 연주를 하고 있다(이 소년은 1756년에 태어나 1763년과 1764년 사이 겨울에 처음 파리에 와서 연주를 한 모차르트이다 — 옮긴이).

다. 왜냐하면 정신의 진보는 겉으로 보이는 것일 뿐이지만 신체의 진보는 실제적인 것이기 때문이다. 나는 아이들이 드러내 보이는 행동은 모두 실제로 행동을 하는 것인 반면, 가진 것처럼 보이는 정신은 실제로 갖고 있는 것이 아님을 이미 증명했다. 게다가 이 모든 것은 단지 놀이에 불과하고 또 그래야만 하기 때문에, 즉 자연이 아이들에게 요구하는 움직임을 손쉽게 자발적으로 하도록 지도하는 동시에 아이들의 오락을 더욱 재미있게 만들어 주기 위해 그것에 변화를 주는 기술일 뿐이고 또 그래야만 하기 때문에, 결코 조금이라도 강제를 두어 그것이 일이 되게 해서는 안 된다는 점을 항상 염두에 두어야 한다. 결국 아이들이 즐기게 될 놀이라면 나는 그것을 모두 아이들을 위한 교육물로 삼을 수 있다. 또 설사 내가 그렇게 할 수 없다 하더라도 아이들이 흔쾌히 즐거워하면서 시간을 보낸다면 모든 면에서 아이들의 발달은 그 당장 문제 될 것이 없다. 반면에 반드시 아이들에게 이러저러한 것을 가르쳐야 할 때는 어떤 방식을 취하든 강제나 불평 또는 지겨움 없이 성공하기는 언제나 불가능하다.

가장 지속적으로 또 가장 중요하게 사용되는 두 가지 감각에 대해 내가 말한 것은 다른 감각들을 훈련시키는 방법의 본보기도 될 수 있다. 시각과 촉각은 정지한 물체나 움직이는 물체에 똑같이 적용된다. 하지만 청각을 자극할 수 있는 것은 공기의 진동뿐이며, 소리를 내는 것은 오로지 움직이는 물체뿐이다. 따라서 모든 것이 정지해 있다면 우리는 결코 아무 소리도 듣지 못할 것이다. 우리가 마음이 내킬 때만 움직이는 밤에 두려워할 것이라곤 움직이는 물체뿐이다. 그때는 귀를 쫑긋 예민하게 하는 것이 중요하다. 또 우리를 자극하는 감각을 통해 그 감각을 야기한 물체가 큰지 작은지, 멀리 있는지 가까이 있는지 그리고 그 진동이 강한지 약한지 판단하는 것이 중요하다. 공기의 진동은 그것을 반사하는 반향의 지배를 받는데, 그 반향은 울림을 만들어 내어 감각을 반복해서 자극함으로써 소리를 내는 물체가 실제 위치가 아닌 다른 곳에 있는 것처럼 들리게 한다. 들판이나 계곡에서 귀를 땅에 대 보면 서 있을 때보다 사람의 목소리나 말발굽 소리가 훨씬 멀리서 들린다.

시각을 촉각과 비교했으므로 이번에는 또한 청각과도 비교해 보라. 한 물체에서 동시에 나온 두 인상 중 어느 것이 더 빨리 그 기관에 도달하는지 알아보는 것도 좋을 것이다. 대포의 불꽃을 보았을 때는 그 공격을 피할 수 있다. 하지만 소리가 들렸을 때는 이미 시간이 없다. 포탄은 벌써 그곳에 와 있다. 번개와 천둥 사이의 시간차를 통해 우리는 천둥이 어디서 쳤는지 거리를 판단할 수 있다. 어린아이가 이 모든 경험을 알 수 있도록 하라. 그의 능력이 미친다면 직접 그것을 경험하게 하고, 다른 것들은 귀납법을 통해 발견할 수 있게 하라. 그러나 여러분이 그것을 말로 해 주어야 한다면, 아이는 차라리 그것을 모르는 편이 백 배는 더 낫다.

우리는 청각에 상응하는 기관 즉 발성 기관을 가지고 있다. 그렇지만 시각에 상응하는 동일한 기관은 없어서 소리를 내듯이 색깔을 재현하지 못한다. 이것이 능동적 기관과 수동적 기관을 서로 훈련시킴으로써 청각을 키우는 또 하나의 방법이 된다.

인간은 세 종류의 목소리를 가지고 있다. 말하자면 그것은 말하는 혹은 분절된 목소리, 노래하는 혹은 선율을 내는 목소리, 정념의 언어로서 노래와 말에 생기를 불어넣는 감동적인 혹은 억양이 있는 목소리이다. 어린아이도 어른처럼 이 세 종류의 목소리를 가지고 있지만 어른이 하는 것처럼 그것들을 결합시킬 줄은 모른다. 그도 우리처럼 웃음, 비명, 한탄, 감탄, 신음 소리를 다 내지만 그 억양을 다른 두 가지 목소리에 혼합할 줄은 모른다. 완전한 음악이란 이 세 가지 목소리를 가장 잘 혼합한 것이다. 어린아이들은 이런 음악은 할 수 없으므로 그들의 노래에는 영혼이 깃들어 있지 않다. 마찬가지로 말하는 목소리에서도 아이들의 언어에는 억양이 없다. 소리를 지르지만 억양을 넣지는 못한다. 또 말에 힘을 싣지 못하는 것과 마찬가지로 목소리에도 억양이 별로 없다. 아직 일깨워지지 않은 정념의 언어가 우리 제자의 언어에 섞여 들지 못하기 때문에 그는 더욱 단조롭고 단순한 말투를 가질 것이다. 그러므로 비극이나 희극의 어떤 배역을 암송시키거나 이른바 낭독하는 법을 가르치려 들지 말라. 우리의 제자는 매우 분별력이 있어서 이해할 수 없는 것에 어떤 어조를 부여하거나 겪어 본 적 없는 감정에 표현을 주는 법은 알지 못할 것이다.

그에게 단조롭고 분명하게 말하는 법과 또박또박 말하는 법을, 그리고 정확하게 꾸밈없이 말하고 문법적인 억양과 운율을 알고 따르는 법을, 언제나 잘 들리도록 충분히 소리를 내지만 결코 필요 이상 소리 내지 않는 법을 가르치도록 하라. 이는 학교 교육을 받은 아이들에게서 흔히 나타나는 단점인데, 매사에 지나침이 있어서는 안 된다.

마찬가지로 노래를 할 때도 목소리를 정확하고 고르게 또 탄력 있게 잘 울리게 하라. 귀도 박자와 화음을 민감하게 느낄 수 있도록 만들어 주어라. 그 이상은 필요 없다. 모방적이고 연극적인 음악은 그 나이에는 맞지 않다. 심지어 나는 가사를 붙여서 노래하는 것도 바라지 않는다. 그가 가사 있는 노래를 불러 보고 싶어 하면 특별히 그에게 제 나이에 맞게 재미있고 그의 생각만큼 단순한 노래를 만들어 보려고 노력할 것이다.

글 읽는 법을 가르치는 데 서두르지 않는 내가 악보 읽는 법 역시 서둘러 가르치지 않으리라는 것은 쉽게 짐작할 수 있을 것이다. 너무 힘들여서 주의를 집중해야 하는 일은 그의 머리로부터 멀리해 주고, 그의 정신을 일찍부터 관습적인 기호들에 묶어 두지 말자. 이 일이 어려워 보인다는 것은 인정한다. 왜냐하면 우선 보기에, 말할 줄 알기 위해 글자를 아는 것보다 노래할 줄 알기 위해 음표를 아는 것이 더 필요한 것 같지는 않더라도, 말을 할 때는 자신의 생각을 표현하지만 노래를 할 때는 거의 다른 사람의 생각만 표현한다는 차이가 있기 때문이다. 그런데 다른 사람의 생각을 표현하려면 그것을 읽어 내야만 한다.

그러나 먼저 다른 사람의 생각을 읽는 대신에 들을 수 있으며, 노래는 눈보다 귀에 훨씬 더 충실하게 표현된다. 게다가 음악을 제대로 알기 위해서는 음악을 표현하는 것으로 충분하지 않고 작곡도 해야 하며, 이 둘은 함께 배워야 하고 그렇지 않으면 결코 음악을 제대로 알 수가 없다. 여러분의 어린 음악가에게 먼저 아주 규칙적이고 박자가 잘 맞는 악절을 만드는 훈련부터 시키도록 하라. 다음에는 그 악절들을 아주 단순하게 전조轉調시켜 서로 연결시키는 훈련을, 마지막으로 정확한 구두점들로 그 악절들 사이의 여러 관계를 나타내는 훈련을 시켜라. 이는 종지終止와 휴지를 잘 선택함으로써 이루어진다. 무엇보다 이상한 노래, 비장하거나 표현이 너무 풍부한 노래는 안 된다. 언제나 노래 부르기 쉽고 단순하며, 음조의 기본적인 음정에서 나온 멜로디, 항상 저음부를 잘 나타내 어렵지 않게 그것을 지각하고 반주할 수 있는 그런 멜로디여야 한다. 왜냐하면 목소리와 귀가 단련되려면 결코 클라브생 반주 없이 노래를 불러서는 안 되기 때문이다.

음들을 더 잘 표시하려면 발음할 때 그 음들을 또박또박 분절시킨다. 이로부터 몇몇 음절들을 갖고 계명으로 노래하는 관습이 생겨났다. 음정을 구별하려면 그 음정들과 음정들 사이의 고정된 여러 항들에 명칭을 붙여 주어야 한다. 여기서 음정들의 명칭과, 각 건반과 음계의 각 음들을 나타내는 알파벳 문자들이 생겨난다. 다(C)와 가(A)는 언제나 동일한 건반에 의해 표현되는, 변하지 않는 고정된 소리를 가리킨다. 도(ut)와 라(la)는 그렇지 않다. 도는 항상 장조의 주음이거나 단조의 제3음이다. 라는 항상 단조의 주음이거나 장조의 여섯 번째 음이다. 따라서 문자는 우리의 음악 체계에서 변하지 않는 항들을 나타내고, 음절은 다양한 음계에서 유사한 관계들의 대응 항들을 나타낸다. 문자는 건반을 가리키고 음절은 음계의 음정을 가리킨다. 프랑스의 음악가들은 이 구분들을 이상하게 뒤섞어 버렸다. 그들은 음절의 의미와 문자의 의미를 혼동했다. 그리하여 건반의 기호를 쓸데없이 중복함으로써, 음계의 음정들을 표현할 수 있는 기호를 남겨 두지 않았다. 그 결과 그들에게 도와 다는 언제나 같은 것이 되어 버렸다. 이는 같지 않고 또 같아서도 안 된다. 그렇게 되면 다가 무슨 쓸모가 있는가? 따라서 그들이 계명으로 노래하는 방법은 아무런 쓸모도 없이 지나치게 어렵기만 하고, 이런 방법으로는 예를 들어 두 개의 음절 도와 미가 똑같이 장3도, 단3도, 증3도, 감3도를 의미할 수 있으므로 정신에 아무런 명확한 관념을 줄 수 없다. 무슨 기이한 운명으로 음악에 관하여 세계에서 가장 훌륭한 책을 저술한 나라가 음악을 가장 어렵게 배우는 나라가 되었는가?

우리의 제자에게는 더욱 단순하고 명백한 방법을 가르치도록 하자.

그에게는 언제나 그 관계가 동일하고 또 동일한 음절에 의해 지시되는 두 개의 조성만 있다. 노래를 부르든 악기를 연주하든 그에게 기초가 될 수 있는 12개의 음 각각으로 자신의 조성을 만들 수 있게 해 주고, 라(D)로든 다(C)로든 사(G)로든 전조를 시킬 때 마지막 음이 음계에 따라 라나 도가 되게 하라. 이런 방식을 통해 그는 여러분을 이해하게 될 것이다. 노래를 하거나 악기를 연주하는 데 필요한 음계의 기본적인 관계들이 항상 그의 머리에 떠오를 것이고, 연주는 더 명확해지고 실력 또한 더 빨리 향상될 것이다. 프랑스인들이 자연스러운 계명 창법이라고 부르는 것보다 더 기괴한 것도 없다. 그것은 사물에 대한 관념을 멀리하고, 갈피를 잡을 수 없게 만드는 이상한 관념들로 그것을 대체한다. 조가 바뀔 때 전조된 계명으로 노래를 부르는 것보다 더 자연스러운 일은 없다. 그건 그렇고, 음악 얘기를 너무 많이 했다. 음악이 즐거운 것이 되기만 한다면 여러분이 하고 싶은 대로 음악을 가르쳐라.

이렇게 해서 우리는 우리의 상태와 관련하여 외부 물체들의 상태, 즉 그것들의 무게, 형태, 색깔, 견고성, 크기, 거리, 온도, 정지, 운동 등에 대해 잘 알게 되었다. 우리가 가까이해도 좋은 것과 멀리해서 좋은 것들에 대해, 또 그것들의 저항을 극복하거나 그것들의 저항으로부터 자신을 보호할 수 있는 대항책을 내세우기 위해 우리가 취해야 할 방도에 대해 배웠다. 하지만 이것으로 충분하지는 않다. 우리의 신체는 계속해서 소모되므로 끊임없이 되살릴 필요가 있다. 설령 우리가 다른 물질들을 우리의 신체로 변화시키는 능력을 가졌다 하더라도, 그 선택을 아무렇게나 해도 되는 것은 아니다. 모든 것이 인간의 양식이 되지는 않는다. 양식이 될 수 있는 물질들 중에서도 인종의 체질이나 사는 기후에 따라서, 또 특정한 기질이나 신분이 정하는 생활 방식에 따라서 더 적합한 것과 덜 적합한 것이 있다.

우리에게 맞는 양식을 고르기 위해 경험을 통해 그런 음식을 알아내고 고를 수 있게 될 때까지 기다려야 한다면, 우리는 굶어 죽든지 독을 먹고 죽게 될 것이다. 그러나 감각적인 존재들이 느끼는 쾌락을 자기 보존의 수단으로 삼게 해 준 신의 호의로 볼 때 우리 입에 맞는 것이 우리의 위장에도 맞는 것임을 알 수 있다. 본래 인간에게서 자신의 식욕보다 더 확실한 의사는 없다. 그리고 원시적인 상태에 있는 인간을 생각해 보면 그당시 인간이 가장 맛있다고 생각한 음식이 그의 몸에 가장 이로운 것이었음은 의심할 여지가 없다.

더 있다. 조물주는 단지 그가 우리에게 부여한 욕구만이 아니라 우리가 스스로 만들어 내는 욕구까지 채워 준다. 조물주가 우리의 취향이 생활 방식에 따라 달라지고 변질되게끔 해 둔 것은 언제나 우리에게 욕구와 나란히 욕망을 주기 위해서이다. 우리는 자연 상태에서 멀어질수록 자연스러운 취향을 잃게 된다. 아니 더 정확히 말해서 습관이 우리에게 두 번째 천성이 되어 최초의 천성을 대체함으로써 우리 중 누구도 첫 번째 천성을 더 이상 알지 못하게 되는 것이다.

이로부터 가장 자연스러운 취향은 또한 가장 단순한 것이어야 한다는 결론이 나온다. 왜냐하면 그것이 가장 쉽게 변화하는 취향이기 때문이다. 반면에 우리의 변덕 때문에 더 예민해져서 자극을 더 받게 되면 취향은 더 이상 변하지 않는 형태를 취하게 된다. 아직 어떤 나라에도 소속되지 않은 인간이 있다면 그는 어떤 나라든 그 나라의 관습에 어려움 없이 익숙해질 것이다. 하지만 한 나라에 소속된 인간은 이제 다른 나라 사람이 되지 못한다.

이는 어떤 의미로든 진실로 보인다. 특히 엄밀한 의미의 미각에 적용될 때 더욱 그러하다. 우리의 첫 양식은 모유이다. 우리는 반드시 점진적으로 강한 맛에 익숙해진다. 처음에는 강한 맛에 거부감을 갖는다. 과일, 야채, 풀, 그리고 마지막으로 어떤 양념도 소금조차 가미하지 않은 몇 가지 구운 고기가 최초의 인간들의 진수성찬이었다.[68] 원시인이 포도주를 처음 마시면 그는 인상을 찌푸리고 그것을 뱉어 버린다. 심지어 우리 중에도 스무 살까지 발효주를 맛본 일이 없는 사람은 이후로도 그 맛에 익숙해질 수 없다. 그러므로 청년 시절에 사람들이 포도주를 주지 않았다면, 우리는 모두 술을 마시지 못하는 사람이 될 것이다. 따라서 우리의 미각은 단순할수록 한층 더 보편적이 된다. 가장 일반적으로 사람들이 싫어하는 것이 복잡한 요리이다. 물이나 빵을 싫어하는 사람을 본 적이 있는가? 이것이 자연이 남겨 둔 흔적이고 또한 우리의 규칙이다. 어린아이가 가능한 한 그의 최초의 미각을 오래 간직할 수 있게 해 주어야 한다. 아이의 음식은 흔하면서 간단한 것으로 하고, 그의 미각이 별로 진하지 않은 맛에만 익숙해지게 하여 편협한 미각을 갖지 않게 하라.

여기서 나는 이런 생활 방식이 더 건강한 것인지 아닌지 검토하지 않겠다. 또 그런 식으로 고찰할 생각도 없다. 이런 생활 방식을 선택하려면 그것이 자연에 가장 잘 부합하는지, 또 다른 모두에게 매우 쉽게 적용될 수 있는지 알아보는 것으로 충분하다. 어른이 되었을 때 먹게 될 음식에 아이가 익숙해지게 해 주어야 한다고 말하는 사람들은 내가 보기에 생각

---

68 파우사니아스의 『아르카디아』를 보라. 또한 다음에 옮겨 적은 플루타르코스의 글(274-278쪽)을 보라.

을 잘못하고 있는 것 같다. 아이들의 생활 방식이 어른의 것과 그토록 다른데, 어째서 음식이 같아야 한다는 말인가? 노동과 걱정, 노고로 지친 어른은 뇌에 새로운 정기를 불어넣어 줄 살과 즙이 많은 음식을 필요로 한다. 반면에 한창 자라고 있는, 막 뛰어놀고 난 어린아이는 그에게 암죽을 많이 만들어 줄 수 있는 풍부한 음식이 필요하다. 그리고 어른은 이미 신분과 직업과 주거가 정해져 있다. 하지만 운명이 어린아이에게 무엇을 예정해 두었는지 누가 확신할 수 있는가? 모든 일에서 어린아이에게 지나치게 결정적인 형식을 부여해서, 필요할 경우 그것을 바꾸는 것이 아이에게 큰 고통이 되는 일은 없도록 하자. 어떤 다른 나라에 가든 프랑스 요리사를 데리고 다니지 않으면 굶어 죽게 만들거나, 언젠가 그가 프랑스에서만 사람들이 제대로 먹는 법을 안다는 말을 하게 하지는 말자. 여담이지만 이 말은 우스꽝스런 칭찬이 아닌가! 나라면 그와 반대로 프랑스 사람들에게 먹을 만한 요리를 만들어 주기 위해 그리 특별한 기술을 필요로 하는 이상, 먹을 줄 모르는 사람은 프랑스인들뿐이라고 말할 것이다.

우리의 다양한 감각들 중에서 미각이 일반적으로 우리에게 가장 영향을 많이 미치는 느낌들을 제공한다. 따라서 우리는 단지 우리 몸을 둘러싸고 있는 물질보다 우리 몸의 일부를 이루는 물질을 잘 판단하는 일에 더 관심을 갖는다. 촉각, 청각, 시각에는 아무래도 상관이 없는 것들이 많지만, 미각에는 아무래도 좋다고 할 수 있는 것이 거의 없다. 더욱이 이 감각의 작용은 전적으로 육체적이고 물질적이다. 그것은 상상력에 호소하는 바가 전혀 없는, 아니면 최소한 그 자극에 상상력이 가장 적게 개입하는 유일한 감각이다. 반면에 다른 모든 감각들의 인상에는 모방과 상상력을 통해 정신적인 것이 종종 섞여 든다. 따라서 일반적으로 향락을 추구하는 다정한 마음씨를 가진 사람들이나 정열적이고 아주 민감한 성격을 가진 사람들은 다른 감각들의 자극은 쉽게 받지만 미각에 대해서는 상당히 미온적이다. 이 때문에 미각을 다른 감각들보다 열등한 것으로 여기고, 거기에 심취하는 경향을 경멸할 만한 것으로 만드는 듯하다. 그러나 나는 바로 이러한 사실에서 오히려 반대로 어린아이들을 지도하기에 가장 적당한 방법은 아이들의 입맛을 통해 그들을 인도하는 것이라는 결론을 내리겠다. 식탐의 동기는 특히 허영심의 동기보다는 낫다. 허영심이 사람들의 변덕이나 온갖 종류의 악습에 종속된 여론의 산물이라면, 식탐은 감각에 직접 연결된 자연적인 욕구라는 점에서 그렇다. 식탐은 어린아이가 갖는 열정이다. 이 열정은 다른 어떤 열정 앞에서나 힘을 쓰지 못한다. 조금이라도 경쟁을 하면 그것은 사라져 버린다. 아무튼 나를 믿어 주기 바란다. 어린아이는 그가 먹는 것에 대한 생각을 너무나 일찍 접게 될 따름이다. 그가 다른 것에 사로잡혀 있을 때 미각은 전혀 그의 마음을 사로잡지 못할 것이다. 그가 자랄수록 수많은 격한 감정들이 식탐을 대신할 것이고 허영심을 부추겨 댈 것이다. 왜냐하면 이 허영심이라는 마지막 열정이 다른 열정들을 이용하다가 결국 그 모두를 삼켜 버리기 때문이다. 나는 맛있는 음식을 매우 중히 여겨서 아침에 깨어나면서부터 그날 안으로 먹을 것을 생각하며, 폴리비오스[69]가 전투를 묘사한 정확성보다 더 정확하게 식사를 묘사하는 그런 사람들을 가끔 관찰

---

69 Polybios(기원전 204?~기원전 125?): 그리스의 역사학자로 제1차 포에니 전쟁에서 기원전 144년까지의 로마 역사를 저술한 『통사』로 유명하다 ― 옮긴이.

한 일이 있다. 나는 이른바 어른이라는 이 사람들이 기력도 없고 우유부단하며, "오로지 먹기 위해 태어난" 마흔 살 먹은 어린아이에 불과하다는 사실을 발견했다. 식탐은 아무런 재능도 없는 사람들이 지닌 악덕이다. 식도락가의 영혼은 전적으로 그의 미각 속에 들어 있다. 그는 오로지 먹기 위해서 태어났다. 어리석고 무능하여 그에게 적당한 자리는 식탁뿐이며, 그가 아는 것은 요리의 맛을 판단하는 법뿐이다. 그런 일은 주저 없이 그에게 맡겨 두자. 우리를 위해서나 그를 위해서나 다른 어떤 일보다 그 일을 하는 것이 더 낫다.

무엇인가 할 수 있는 어린아이가 식탐에 빠져들지 않을까 염려하는 것은 소심한 사람의 걱정이다. 어린 시절에는 먹을 것만 생각하다가 청년이 되면 더 이상 그런 생각을 하지 않는다. 무엇을 먹든 상관없다고 생각하고 다른 많은 관심사들을 갖게 된다. 그렇다고 해서 내가 그런 천박한 동기를 신중하지 않게 이용하거나, 맛있는 음식을 미끼로 훌륭한 행동의 명예를 뒷받침하기를 바라는 것은 아니다. 그러나 어린 시절 전체가 놀이와 장난스런 오락에 지나지 않고 또 그래야 하므로, 순전히 신체적인 훈련에 물질적이고 감각적인 보상을 주면 왜 안 되는지 그 이유를 모르겠다. 마주르카섬에 사는 한 어린아이가 나무 꼭대기에 걸린 바구니를 보고 투석기로 돌을 던져 그것을 떨어뜨린다면, 그가 그것을 즐기는 것은 즉 그것을 얻는 데 사용한 힘을 맛있는 식사가 보상해 주는 것은 참으로 정당한 일이 아닌가?[70] 한 스파르타 청년이 채찍질을 백 대라도 맞을

---

70 수 세기 전부터 마주르카섬의 사람들은 이러한 관습을 잃어버렸다. 이는 그들의 투석기 병사들이 유명했던 시절의 일이다.

위험을 무릅쓰고 능숙하게 부엌으로 몰래 들어간다. 거기서 새끼 여우를 산 채로 훔쳐 옷 속에 숨겨 나오다가 그 새끼에게 할퀴이고 물려 피투성이가 된다. 들켜서 창피를 당하지 않으려고 창자가 찢어지는데도 눈썹 하나 까딱하지 않고 또 외마디 비명도 지르지 않는다면, 그가 마침내 자신의 먹이를 마음껏 즐기는 것은, 그러니까 먹이한테 먹힌 후 자신의 먹이를 먹는 것은 참으로 정당하지 않은가? 결코 맛있는 음식이 보상이 되어서는 안 된다. 하지만 때때로 맛있는 식사가 그것을 얻기 위해 기울인 수고의 결과여서 안 될 이유는 또 무엇인가? 에밀은 내가 돌 위에 둔 과자를 달리기를 잘한 것에 대한 상으로 여기지 않는다. 다만 그는 과자를 얻는 유일한 방법이 다른 아이보다 빨리 그 과자에 도달하는 것임을 알 뿐이다.

이것이 내가 단순한 요리에 대해 좀 전에 주장했던 준칙과 모순되는 것은 아니다. 왜냐하면 어린아이의 식욕을 부추기는 데서 중요한 것은 그들의 탐욕을 자극하는 것이 아니라 단지 그것을 만족시키는 것이기 때문이다. 이는 아이들의 미각을 까다롭게 만들려고만 하지 않는다면, 세상에서 가장 흔한 것으로도 얻어질 수 있을 것이다. 성장의 필요에 의해 촉발되는 지속적인 식욕은 아이들의 경우 다른 많은 것들을 대신하는 확실한 조미료가 된다. 과일, 유제품, 보통 빵보다 좀 더 맛이 좋은 오븐에서 구워 낸 과자, 특히 이 모든 것을 간소하게 나누어 주는 기술, 이것들로써 아이들에게 강한 맛에 대한 취향을 길러 주거나 그들의 미각을 무디게 할 위험 없이 아이들로 이루어진 대군을 세상 끝까지라도 이끌고 갈 수 있다.

고기에 대한 취향이 인간에게 자연스러운 것이 아니라는 증거들 중의 하나가 아이들이 그런 요리에는 관심이 없다는 것, 그들 모두가 유제품, 과자, 과일 등 식물성 음식을 더 좋아한다는 사실이다. 무엇보다도 이런 최초의 미각을 변질시키지 않고 육식을 좋아하게 만들지 않는 것이 중요하다. 이는 아이들의 건강을 위해서라기보다 그들의 성격을 위해서이다. 왜냐하면 경험을 어떤 식으로 설명하든, 일반적으로 고기를 많이 먹는 사람들이 그렇지 않은 사람들보다 더 잔인하고 난폭한 것은 확실하기 때문이다. 이는 어느 곳에서나 또 어느 시대에나 관찰될 수 있다. 영국인의 야만성은 널리 알려진 바이다.[71] 반대로 조로아스터 교도들은 가장 온화한 사람들이다.[72] 모든 원시인들은 잔인한데, 그들의 풍습 때문에 그들이 잔인해진 것이 결코 아니다. 그들의 잔인함은 음식 탓이다. 그들은 사냥을 하러 가듯 전쟁터로 나가면서 사람을 마치 곰 다루듯 다룬다. 영국에서조차 도살업자는 외과 의사처럼 증인으로 채택이 되지 않는다.[73] 극악무도한 흉악범들은 피를 마심으로써 살인에 무감각해진다. 호메로스는 고기를 먹는 키클로페스[74]들을 무시무시한 인간들로, 로토파고스족[75]은 일단 그들과 시험 삼아 사귀기만 하면 그들과 함께 살기 위해 자기

---

71 나는 영국인들이 그들의 인간미와 자기 민족의 선량한 천성을 대단히 자랑하면서 자기네 민족을 심성이 좋은 국민이라고 부르는 사실을 알고 있다. 그러나 그들이 아무리 이렇게 외쳐 대도 소용이 없다. 아무도 그들을 따라 그런 말을 하지 않는다.

72 조로아스터 교도들보다 더 엄격하게 모든 육식을 금하는 바니아인(인도의 한 종족 ― 옮긴이)들도 거의 그들만큼 유순하다. 그러나 그들의 도덕은 덜 순수하고 신앙도 덜 합리적이어서 그다지 교양인들은 아니다.

73 영국인 번역자 중 한 사람이 여기서 나의 오해를 지적했으며, 두 사람 모두 그것을 수정했다. 도살업자와 외과 의사는 증인으로 받아들여진다. 하지만 도살업자는 범죄 재판의 배심원으로 채택되지 못하고 외과 의사는 그럴 수 있다.

74 그리스 신화에 나오는 외눈박이 거인으로 날고기를 좋아하는 괴물들 ― 옮긴이.

75 연꽃을 먹는 아프리카의 종족 ― 옮긴이.

나라까지도 잊어버릴 만큼 매우 사랑스러운 민족으로 묘사한다. 플루타르코스[76]는 다음과 같이 말했다.

자네는 피타고라스가 왜 짐승의 고기를 먹지 않았느냐고 내게 묻고 있다. 그러나 나는 반대로 자네에게 이렇게 묻고 싶다. 살해된 고기를 입에 대고 죽어 가는 짐승의 뼈를 이로 깨물고, 죽은 육체 즉 시체를 자기 앞에 가져오게 하여 좀 전까지 울기도 하고 소리 지르기도 하고 걷기도 하고 보기도 하던 짐승의 사지를 자기 뱃속에 집어넣은 최초의 사람이 얼마나 용감한 사람이었는가라고. 어떻게 자기 손으로 감각을 가진 존재의 심장에 칼을 꽂을 수 있었을까? 그의 눈은 어떻게 살인을 지켜볼 수 있었을까? 아무런 방어도 못 하는 가엾은 동물의 피를 뽑고 가죽을 벗겨 내고 사지를 잘라 내는 것을 어떻게 보고 있을 수 있었을까? 어떻게 고기가 꿈틀거리는 모습을 견딜 수 있었을까? 그 고기의 냄새를 맡고 어떻게 구역질을 하지 않았을까? 상처에서 나오는 오물을 만지고 상처를 뒤덮고 있는 굳어 버린 검은 피를 씻어 내기에 이르러, 어떻게 혐오감이나 거부감을 느끼지 않고 공포에 사로잡히지 않을 수 있었을까?

---

76 Ploutarchos(46?-125?): 고대 그리스의 전기 작가이자 모럴리스트로 그가 쓴 『위인전』은 그리스와 로마의 유사한 위인들을 대비하여 연구한 23쌍에 다른 4명의 단독 전기를 합친 것으로 문학 면에서는 물론 고대사의 사료로서도 중요한 전기 저작이다. 그는 여기서 그리스의 위인들이 로마의 위인들보다 못할 것이 없음을 보여 주면서 애국심을 함양하는 교육적인 관심을 드러낸다. 그는 위대한 행동보다는 영혼의 표시, 일화, 삶의 방식, 돌발적인 사건 앞에서의 반응 등에 천착하여 역사가라기보다는 모럴리스트의 면모를 두드러지게 보였다. 플루타르코스는 르네상스에 들어와 대단한 인기를 끌게 되었고 마키아벨리, 몽테뉴, 몽테스키외, 루소, 나폴레옹 등 다양한 인물들로부터 찬양을 받았다 — 옮긴이.

벗겨진 가죽이 땅에 쌓이고,

꼬챙이에 꿰여 불에 구워진 고기는 지글지글 소리를 냈다.

인간은 전율 없이 그것을 먹을 수가 없었다.

그리고 그의 뱃속에서 그놈의 신음 소리가 들렸다.[77]

이것이 그토록 무시무시한 식사를 위하여 처음으로 자연을 정복했을 때, 처음으로 살아 있는 짐승에게 식욕을 느끼고 아직도 풀을 뜯고 있는 동물을 잡아먹으려 했을 때, 자기 손을 핥던 양을 어떻게 도살하여 고기를 자르고 익혀야 하는지 처음으로 말을 했을 때, 그가 틀림없이 상상하고 느껴야 했던 것이다. 마땅히 놀라야 할 것은 잔인한 향연을 처음 시작한 사람들에 대해서이지, 그것을 그만둔 사람들에 대해서가 아니다. 또한 그런 짓을 처음 한 사람들은 자신들의 야만성을 몇몇 구실들을 대어 변명할 수 있겠지만, 우리의 야만성에는 그런 구실이 없으며 그 때문에 우리가 그들보다 백 배는 더 야만스럽다.

이 최초의 사람들은 우리에게 이렇게 말할 것이다. 신의 깊은 은총을 받고 있는 인간들이여, 시대를 비교해 보고 여러분이 얼마나 행복하고 우리는 얼마나 비참했는지 보라! 방금 형성된 땅과 수증기로 가득 찬 대기는 아직 계절의 명령을 고분고분 따르지 않았다. 일정하지 않은 강물의 흐름은 도처에서 강의 연안을 파손시켰다. 못과 호수와 깊은 늪이 지구 표면의 4분의 3을 침수시켰고, 나머지 4분의 1은 불모의 숲으로 뒤덮여 있었다. 대지는 맛있는 열매를 조금도 생산하지 못했고 우리에게 경작 도구는 아무것도

---

77 『오디세이아』 12번째 노래의 시구를 각색한 것이다 — 옮긴이.

없었으며 그것을 사용하는 기술도 몰랐다. 아무런 씨도 뿌리지 않은 자에게 수확의 시기는 오지 않았다. 따라서 굶주림은 우리를 단 한 번도 떠나지 않았다. 겨울이면 이끼나 나무껍질이 우리의 일상적인 음식이었다. 개밀과 히드의 푸른 뿌리 몇 조각이 성찬이었다. 인간들이 너도밤나무 열매와 호두나 도토리를 찾아낼 수 있게 되자, 이 때문에 그들은 토속적인 노래 소리에 맞춰 떡갈나무나 너도밤나무 둘레를 돌며 기쁨에 겨워 춤을 추고 대지를 그들의 유모, 어머니라고 불렀다. 이것이 그들의 유일한 축제였으며 그들의 유일한 놀이였다. 인생의 나머지는 고통과 고생과 비참함뿐이었다.

마침내 모든 것을 빼앗기고 헐벗은 대지가 더 이상 인간에게 아무것도 제공하지 못하게 되자, 자기 보존을 위해 자연을 위반할 수밖에 없었던 우리는 비참함을 공유하던 동료들과 함께 멸망하기보다 그들을 잡아먹게 되었다. 하지만 당신들, 잔인한 인간들이여, 무엇이 당신들에게 피를 뿌리라고 강요했는가? 얼마나 풍요로운 재산이 당신들을 둘러싸고 있는지 보라! 대지는 얼마나 많은 열매를 당신들을 위해 생산해 주고 있는가! 얼마나 많은 부를 밭과 포도밭들이 당신들에게 제공하는가! 얼마나 많은 동물들이 여러분을 먹여 살릴 우유와 의복이 될 털을 제공해 주는가! 그들에게 무엇을 더 요구하는가! 충분하여 질릴 정도의 부와 넘쳐 나는 양식을 가지고도 그토록 살인을 저지르는 것은 어떤 격분 때문인가? 어찌하여 당신들을 먹여 살릴 수 없냐고 어머니를 책망하고 어머니에게 대들며 거짓말을 하는가? 어찌하여 신성한 율법을 만들어 낸 케레스[78]를 배반하고 인간에게 위안

---

78 그리스 신화에 나오는 곡물 또는 대지의 여신 데메테르를 로마에서는 케레스라고 불렀다. 이 여신은 인간에게 최대의 은혜를 베풀었다 하여 신들 중에서도 특히 숭배를 받았다 — 옮긴이.

을 주는 은혜로운 바쿠스[79]에게 죄를 짓는가? 마치 그들의 아낌없는 선물이 인류를 보존하는 데 충분치 못하다는 듯이 말이다! 어떻게 당신의 식탁에 짐승의 뼈를 그들이 준 달콤한 열매와 나란히 두고, 우유와 함께 그 우유를 제공한 짐승들의 피를 같이 먹을 마음이 드는가? 당신들이 맹수라고 부르는 표범이나 사자는 부득이 자신들의 본능에 따라 살기 위해 다른 동물들을 죽인다. 하지만 그들보다 백 배는 더 난폭한 당신들은 잔인한 쾌락에 빠져들기 위해 불필요하게 본능을 거스른다. 당신들이 먹는 동물들은 다른 동물을 잡아먹는 동물이 아니다. 당신들은 그 육식동물들은 먹지 않고 그들의 흉내를 내고 있는 것이다. 당신들은 누구에게도 해를 끼치지 않고 당신들을 따르고 당신들에게 봉사하는 저 죄 없는 유순한 동물들만 탐하고 있다. 그들의 봉사에 대한 대가로 당신들은 그들을 먹어 치우는 것이다.

오, 자연을 거역하는 살인자여! 만약 자연이 네가 살과 뼈를 가진, 너처럼 감각을 가진 살아 있는 존재인 너의 동료들을 먹어 치우도록 너를 만들었다고 고집스럽게 주장하려 한다면, 이 무시무시한 식사에 대해 자연이 네게 불러일으키는 그 혐오감도 없애 버려라. 네가 직접 동물들을 죽이도록 하라. 쇠 도구나 식칼을 들지 않은 너 자신의 손으로 죽이라고 나는 지금 말하고 있다. 사자나 곰이 하듯 너의 손톱으로 동물들을 찢어발기라. 그 소를 물어뜯어서 토막을 내라. 네 손톱을 피부 깊숙이 박아 넣어라. 어린 양을 산 채로 먹고 아직 뜨거운 그의 살을 삼키고 그의 피와 함께 영혼도 마시도록 하라. 너는 떨고 있다! 너는 너의 이 사이에서 살아 있는 고기가

---

79 그리스 신화에 나오는 신으로, 제우스의 넓적다리에서 태어났다고 한다. 전 유럽을 돌아다니며 포도 재배와 문명을 전파시켰다 ― 옮긴이.

꿈틀거리는 것을 감히 느끼려 하지 않는다! 불쌍한 인간이여! 너는 동물을 죽이는 데서 시작해서 동물을 잡아먹음으로써 동물을 두 번 죽이는 셈이 된다. 그뿐만이 아니다. 죽은 고기는 여전히 너에게 혐오감을 주고 너의 내장은 그것을 견디지 못한다. 불에 태워 형체를 변형시키고 끓이고 굽고 또 그것을 위장시키는 조미료를 뿌려 그것에 양념을 해야 한다. 너에게는 백정과 요리사와 고기 굽는 사람, 살해의 공포를 없애 주고 죽은 고기를 위장시켜 줄 사람들이 필요하다. 그리하여 이러한 위장에 속은 미각이 낯선 것을 거부하지 않고, 차마 눈 뜨고는 견딜 수 없을 참상의 시체를 기꺼이 맛보게 된다.

비록 이 발췌된 글이 나의 주제와는 무관하지만 나는 이 글을 옮겨 적고 싶어 견딜 수 없었다. 이에 대해 불만스럽게 생각할 독자는 별로 없으리라고 생각한다.

요컨대 여러분이 아이들에게 어떤 식이요법을 시키든 소박하고 흔한 음식들에만 익숙해지게 만든다면 그들 마음대로 그것을 먹고 뛰어놀게 내버려 두라. 그런 후에는 그들이 절대로 과식하지 않고 소화불량에 걸리지도 않으리라는 것을 확신해도 좋다. 하지만 만약 여러분이 대부분의 시간 동안 아이들을 굶기고 또 아이들이 여러분의 감시에서 벗어날 방법을 찾아낸다면, 그들은 전력을 다해 보충하려 들어서 심지어 토할 정도로 그리고 배가 터질 정도로 먹어 댈 것이다. 우리의 식욕은 오로지 우리가 자연의 규칙 외에 다른 규칙을 식욕에 부과하고 싶어 하기 때문에만 과도해진다. 항상 규제하고 명령하고 덧붙이고 삭제하는 우리는 손에 저울이 없으면 아무것도 하지 못한다. 그러나 이 저울은 우리의 변덕에 맞춘 것이지 위장을 기준으로 한 것이 아니다. 여기서도 내가 본 실례를 들어 보겠다. 농부들의 집에서는 빵 상자나 과일 바구니가 언제나 열려 있지만, 어른들뿐만 아니라 아이들도 소화불량이 무엇인지 모른다.

그럼에도 내 방식대로 하면 있을 수 없는 일이라고 생각하지만, 만일 어린아이가 지나치게 많이 먹는 일이 생기면, 그가 좋아하는 오락거리를 이용해 쉽게 그의 관심을 다른 데로 돌려 그도 모르는 사이에 영양실조로 기진맥진하게 만들 수 있을 것이다. 그토록 확실하고 손쉬운 방법을 어찌하여 다른 교사들은 모른단 말인가? 헤로도토스가 말하기를, 극심한 흉년에 시달리던 리디아인들은 자신들의 배고픔을 속여서 며칠 내내 먹을 생각조차 없이 지낼 수 있게 해 줄 경기와 다른 오락거리들을 고안해 냈다고 한다.[80] 여러분의 박식한 가정교사들은 아마도 이 문장을 백 번은 읽었겠지만, 그것을 아이들에게 적용시킬 수 있다는 사실은 모른다. 그들 중 누군가는 나에게 어린아이가 공부하러 가려고 기꺼이 식사를 그만두는 일은 없다고 말할 것이다. 선생님, 옳으신 말씀입니다. 그러나 내가 생각한 것은 그런 놀이가 아니다.

후각과 미각의 관계는 시각과 촉각의 관계와 같다. 후각은 이런저런 물질이 미각에 영향을 미칠 방식에 대해 미각에게 미리 알려 주어 경고하고 사람들이 거기서 미리 받는 인상에 따라 그 맛을 추구하거나 피하게 준비시킨다. 나는 미개인들이 우리와는 전혀 다른 방식으로 자극을

---

80 고대의 역사가들은 풍부한 식견을 가지고 있었는데, 설령 그것을 제시해 주는 사실들이 거짓이라 할지라도 그들의 식견을 활용할 수 있을 것이다. 그러나 우리는 역사를 참되게 이용할 줄 모른다. 그로부터 유용한 교훈을 이끌어 낼 수 있었으면 좋으련만. 그런데도 박학한 고증적 비평이 유일한 관심거리이다. 마치 그 사실이 진실인지 아닌지를 아는 것이 대단히 중요한 것처럼 말이다. 지각 있는 사람들은 역사를 인간의 마음에 매우 적합한 교훈을 주는 일련의 우화들로 여긴다.

받는 후각을 가졌으며, 좋은 냄새와 나쁜 냄새를 완전히 다르게 판단한다는 말을 들은 일이 있다. 충분히 그럴 것이라고 생각한다. 냄새는 그자체로는 약한 감각이다. 그렇지만 감각보다는 상상력을 더 자극하고, 그것이 실제로 제공하는 것보다 기대하게 만든 것에 의해 영향을 미친다. 그렇다면 생활 방식의 차이 때문에 다른 사람들의 미각과 많이 달라진 어떤 사람들의 미각은 맛에 대해서, 결국 맛을 예고하는 냄새에 대해서 정반대의 판단을 내릴 것이다. 타르타르인은 죽은 말고기 덩어리가 뿜어내는 악취를 맡으면서, 우리의 사냥꾼들이 반쯤 썩은 자고새에서 나는 냄새를 맡을 때 느끼는 쾌감을 느낄 것이다.

우리의 한가로운 감각들은, 예를 들면 화단의 꽃향기를 맡는다든지 하는 것은 너무 많이 걸어서 산책을 좋아하지 않는 사람들이나 충분히 일을 하지 않아 휴식이 주는 쾌감을 알지 못하는 사람들에게는 느껴질 수 없다. 항상 굶주린 사람들은 먹을 것을 예고해 주지 않는 향기에서는 큰 기쁨을 느낄 수 없을 것이다.

후각은 상상력의 감각이다. 후각은 신경에 더 강한 인상을 줌으로써 뇌를 많이 자극한다. 후각이 잠시 동안 흥분을 일으켰다가 결국에는 지치게 만드는 것도 이런 이유에서이다. 연애할 때 후각이 갖는 효과는 충분히 알려져 있다. 화장하는 방의 감미로운 향내는 사람들이 생각하는 것만큼 허술한 계략이 아니다. 나는 애인의 가슴에 달린 꽃의 향기에 결코 가슴이 두근거리지 않았던, 현명하지만 감수성 무딘 사람을 축복해야할지 동정해야 할지 잘 모르겠다.

후각은 아직 어떤 정념의 자극도 받지 못한 상상력이 거의 감동을 느끼지 못하고, 아직 충분한 경험이 없어서, 어떤 감각이 다른 감각을 예고

하는 것을 미리 예측할 수 없는 어린 시절에는, 그다지 활동적일 수가 없다. 이런 결과는 관찰을 통해 완벽하게 확인된다. 이 감각이 대부분의 어린아이들에게서 아직 둔하고 거의 멍한 상태로 있음은 분명하다. 아이의 감각이 어른만큼 섬세하지 못하기 때문이 아니다. 아마도 어른보다 더 섬세할 것이다. 그러나 아이들은 거기에 어떤 다른 관념도 결부시키지 않아서 쾌락이나 고통의 느낌에 쉽게 영향을 받지 않을뿐더러, 우리들처럼 그런 느낌에 의해 고무되거나 상처받지 않기 때문이다. 나는 바로 이 방식을 벗어나지 않고도 또 두 성性의 비교해부학에 의지하지 않고도, 일반적으로 왜 여성이 남성보다 더 강력하게 냄새의 영향을 받는지 쉽게 이유를 발견할 수 있을 것이라고 생각한다.

캐나다의 미개인들은 어렸을 때부터 후각이 매우 예민해져서 개를 데리고 있어도 개를 사냥에 이용하려 하지 않고 그들 자신이 개 노릇을 한다고 한다. 그래서 실상 나는 만약 개가 사냥감의 냄새를 맡듯이 아이들이 식사 냄새를 맡도록 키운다면, 아마 그들도 동일한 정도의 후각을 발달시킬 수 있을 것이라고 생각한다. 하지만 미각의 사용과 후각의 관계를 아이들에게 가르치기 위해서가 아니라면 아이들의 경우 이 감각에서 대단히 유용한 사용법을 끌어낼 수 있다고는 생각하지 않는다. 자연은 우리가 이 관계를 알 수밖에 없도록 배려해 두었다. 자연은 이 두 기관을 인접시키고 입안에 그들 사이의 직접적인 통로를 마련해 둠으로써, 미각의 작용과 후각의 작용을 거의 분리시킬 수 없는 것으로 만들었다. 그리하여 우리는 냄새를 맡지 않고서는 어떤 맛도 느끼지 못한다. 다만 가령 약의 쓴맛을 상큼한 향료로 덧씌우는 것과 같이 어린아이를 속이기 위해 이 자연스런 관계를 변질시키지 않았으면 한다. 왜냐하면 그럴 경우 이 두 감각 사이의 불일치가 너무 커서 어린아이를 속일 수 없기 때문이다. 더욱 강력한 감각이 다른 감각의 효과를 흡수한다고 해서 그 때문에 아이가 덜 싫어하면서 약을 먹게 되지는 않는다. 이런 혐오감은 그를 자극하는 온갖 감각들에게로 동시에 확장되어, 가장 약한 감각을 느낄 때도 그의 상상력이 또 다른 감각을 상기시킨다. 그 결과 매우 달콤한 향기도 그에게 불쾌한 냄새가 되어 버린다. 이렇게 우리의 신중하지 못한 대책 때문에 유쾌한 감각들이 희생되고 불쾌한 감각들이 증가하게 된다.

이제 다음 권들에서 이른바 여섯 번째 감각을 연마하는 일에 관하여 말할 일이 남아 있다. 통합적 지각이라고 불리는 이 감각은 모든 사람들에게 공통적인 것이기 때문이 아니라, 그것이 다른 감각들을 잘 조정하여 사용하는 데서 생겨나고 사물들의 모든 현상을 종합함으로써 우리에게 그 본성을 가르쳐 주기 때문이다. 따라서 여섯 번째 감각은 특별한 기관이 없다. 그것은 뇌 속에만 있고, 순전히 내적인 그 감각은 지각 혹은 관념이라고 불린다. 우리가 가진 지식의 폭은 이러한 관념들의 수에 의해 측정된다. 정신을 정확하게 만드는 것은 관념의 명백성, 명료성이다. 인간적인 이성이라고 불리는 것은 바로 이 관념들을 비교하는 기술이다. 따라서 내가 감각적 이성 혹은 유치한 이성이라 부르는 것은 여러 감각들을 종합해서 단순한 관념을 만드는 것이다. 또한 내가 지적인 이성 혹은 인간적인 이성이라고 부르는 것은 여러 단순한 관념들을 종합해서 복잡한 관념을 형성시키는 것이다.

그러므로 나의 방법이 자연의 방법이고 내가 그것을 틀리게 적용하지 않았다고 가정한다면, 우리는 감각의 나라를 통과하여 유치한 이성의 경계에까지 우리의 학생을 이끌어 온 셈이다. 그것을 넘어서 우리가 내디딜 첫걸음은 어른으로서의 걸음이어야 한다. 하지만 이 새로운 여정에 오르기 전에 잠시 우리가 지금까지 걸어온 길에 눈을 돌려 보자. 인생의 각 시기, 각각의 상태에는 저마다 그에 합당한 나름의 완성, 그것에 고유한 나름의 성숙이 있다. 우리는 완성된 인간이라는 말을 자주 들어 왔다. 그렇다면 완성된 어린아이에 대해서도 한번 생각해 보자. 그 모습은 우리에게 한층 새로운 것일 테고 아마 그 이상 유쾌하기도 할 것이다.

유한한 존재들의 삶은 참으로 가련하고 제한적이어서 있는 그대로만 본다면 우리는 결코 감동을 받지 못한다. 현실의 대상을 치장하는 것은 공상이다. 만약 우리를 자극하는 것에 상상력이 매력적인 어떤 것을 덧붙이지 않는다면, 거기서 느끼는 건조한 즐거움은 그 기관에 한정되고 마음은 언제나 냉랭한 채로 남아 있을 것이다. 가을의 보물로 치장한 대지는 눈이 탄복할 풍요로움을 펼쳐 놓는다. 그러나 이 찬탄은 조금도 감동적이지 않다. 그것은 감정에서 온다기보다 성찰에서 오기 때문이다. 거의 헐벗은 봄의 들판에는 아직 아무것도 뒤덮여 있지 않고 숲도 그림자를 드리우지 못하며, 초목은 겨우 싹을 틔웠을 뿐이지만 마음은 그 모습에 감동을 받는다. 이처럼 자연이 회생하는 것을 보면서 사람들은 자기 자신이 소생한다고 느낀다. 왜냐하면 기쁨의 이미지가 우리를 감싸기 때문이다. 언제나 모든 감미로운 감정에 결합할 준비를 하고 있는 감미로운 눈물, 쾌감을 수반하는 이 감미로운 눈물이 벌써 눈가에 맺힌다. 하지만 포도 수확의 광경은 아무리 생동감 있고 활기차고 유쾌해도 소용이 없다. 사람들은 항상 그것을 메마른 눈으로 바라본다.

왜 이런 차이가 있을까? 그것은 상상력이 봄의 정경에 그 뒤로 이어질 계절들의 정경을 연결시키기 때문이다. 상상력은 눈에 띄는 저 여린 새싹들에 꽃과 열매와 녹음을, 때로는 그것들이 감출 수 있는 신비로운 비밀들을 결부시킨다. 상상력은 연달아 이어질 시간들을 한데 모아 대상들을 앞으로 그렇게 될 모습이 아니라 자신이 바라는 모습대로 바라본다. 그 모습들을 선택하는 것은 상상력이기 때문이다. 반대로 가을에는 있는 모습을 실제 그대로 볼 수밖에 없다. 봄에 이르려 해도 겨울이 우리를 가로막고 있어서, 얼어붙은 상상력은 눈과 서리에 사그라지고 만다.

성숙기의 완성보다 오히려 아름다운 어린 시절을 보면서 발견하게 되는 매력의 원천이 바로 이와 같은 것이다. 우리가 한 인간을 바라보면서 진정한 기쁨을 맛보는 것은 언제인가? 그것은 우리가 그의 행동들을 기억하면서 그의 삶을 뒤돌아보게 될 때, 말하자면 우리 눈에 그가 다시 젊어져 보일 때이다. 만약 우리가 그를 현재의 모습 그대로 보거나 늙은 모습을 상상할 수밖에 없다면, 자연의 쇠퇴라는 관념이 우리의 모든 즐거움을 지워 버린다. 자신의 무덤을 향해 성큼 다가가는 인간을 바라볼 때는 아무런 즐거움도 느낄 수 없다. 죽음의 이미지가 모든 것을 추하게 만들어 버린다.

하지만 건강하고 활기찬, 제 나이에 맞게 잘 자란 열 살에서 열두 살 먹은 어린아이를 상상하면, 현재든 미래든 유쾌하지 않은 생각은 하나도 떠오르지 않는다. 격정적이고 생기발랄하고 활기에 차서 마음을 좀먹는 근심도, 앞날에 대한 길고 괴로운 예견도 없이 자신의 현존재에 완전히 몰두한 채, 자기 밖으로 넘쳐흐르고 싶어 하는 듯 충만한 생명력을 즐기는 그의 모습이 보인다. 나는 좀 더 나이 든 그의 모습을 미리 본다. 그때 그는 나날이 발달을 거듭하면서 매 순간 새로운 징후를 보여 주는 감각과 정신과 힘을 행사하고 있다. 그를 어린아이로 바라보면 그는 나를 즐겁게 한다. 또 어른이 된 그를 상상하면 그는 또 그 이상으로 나를 즐겁게 한다. 그의 뜨거운 피가 나의 피를 데워 주는 듯하다. 나는 그의 생명력으로 살아 있다고 느끼며 그의 활달함이 다시 나를 젊게 만든다.

시계가 울리면, 얼마나 놀라운 변화가 일어나는가! 당장 그의 눈이 흐려지고 쾌활함은 없어진다. 즐거움이여 안녕, 익살스러운 놀이도 그만이다. 엄격하고 불만에 찬 한 남자가 그의 손을 잡고 심각한 어조로 "자아, 도련님"이라고 말하고 그를 데려간다. 그들이 들어선 방에 책이 보인다. 책이라! 그의 나이에 이 무슨 침울한 가구家具인가! 가련한 아이는 끌려가면서 주위에 있는 모든 것을 아쉬운 눈길로 돌아보고 입을 다문 채 눈에는 감히 흘리지도 못하는 눈물을 가득 머금고, 가슴에는 감히 내뱉지도 못하는 한숨을 가득 품고 떠나간다.

오, 이 같은 일을 전혀 두려워할 필요 없이, 생의 어떤 시간도 거북하거나 지겹지 않고, 불안 없이 아침을 맞고 초조함 없이 밤을 맞이하면서 오로지 즐거움들로 시간을 헤아리는 너, 나의 행복한 아이, 사랑스러운 제자여, 이리 와서 너의 존재로 저 불행한 아이가 떠나 버린 것을 슬퍼하는 우리를 위로해 다오. 이리 오너라… 그가 온다. 그가 다가오자 나는 치솟는 기쁨을 느끼고, 그도 이 기쁨을 함께 나누는 것이 보인다. 그가 그의 친구, 동료, 놀이를 함께할 동반자에게 다가오는 것이다. 나를 보면서 그는 곧 재미있게 놀게 되리라고 확신한다. 우리는 서로에게 구속되지 않으면서도 항상 합의를 이루고, 다른 누구와 함께 있을 때보다 둘이 있을 때 가장 잘 지낸다.

그의 표정, 자세, 태도는 자신감과 만족감을 내비친다. 그의 얼굴은 건강한 빛을 발한다. 확고한 걸음걸이는 그의 모습을 활기차게 해 준다. 아직 빛이 바래지 않은 섬세한 그의 안색에 여성적인 유약한 기색이라고는 없다. 대기와 태양이 이미 그 기색에 존중할 만한 남성의 징후를 만들었다. 아직 둥그스름한 그의 근육은 이제 제 용모를 갖춰 가는 윤곽선을 조금씩 나타내기 시작한다. 아직 감정의 불꽃으로 일렁이지 않는 그의 눈은 적어도 타고난native[81] 평정심을 온전히 지니고 있다. 오랜 슬픔으로 눈빛이 어두워지지도 않았고 끝없는 눈물로 뺨에 주름이 잡히지도 않았다. 민첩하지만 확신에 찬 그의 동작 속에서 그 나이가 갖는 활달함과 확고한 독립심, 오랜 훈련의 경험을 보라. 그는 개방적이고 자유롭지만 오만하거나 경박하지 않은 태도를 지니고 있다. 사람들이 책에 고정시켜 놓지 않았던 그의 얼굴은 아래로 숙여져 있지 않다. 따라서 그에게 "고개를 들어요"라는 말을 할 필요도 없다. 그는 수치심이나 두려움 때문에 고개를 떨어트린 적이 전혀 없었던 것이다.

모임에 온 사람들 가운데에 그를 앉혀 보자. 여러분, 그를 관찰하라. 그리고 안심하고 질문을 해 보라. 이 아이가 남을 귀찮게 굴거나 수다를 떨거나 신중하지 못한 질문을 하지 않을까 염려하지 말라. 여러분을 붙잡고 자기에게만 관심을 가져 달라고 떼쓰지 않을까, 그에게서 놓여날 수 없지 않을까 하는 걱정은 접어 두라.

또한 그에게서 재미있는 이야기를 기대하지도 말고 내가 그에게 말해 주었던 것을 여러분에게 말할 것이라고 생각하지도 말라. 그에게서는 아무런 장식도 꾸밈도 허영심도 없는 순진하고 순박한 진실만 기대하라.

---

81 Natia. 나는 프랑스어에서 비슷한 말을 찾지 못해 이 낱말을 이탈리아어가 갖는 뜻으로 사용하고 있다. 내가 틀렸다 하더라도 내 말을 이해하기만 한다면 별문제가 없을 것이다.

그는 여러분에게 자신이 저지른 잘못이나 잘못 생각하고 있는 것을 잘한 일과 마찬가지로 자유롭게, 자신의 말이 여러분에게 일으킬 효과에 전혀 개의치 않고 말할 것이다. 그는 교육을 처음 받기 시작했을 당시 그때의 완전히 순박한 상태에서 말을 할 것이다.

사람들은 아이들의 장래를 낙관적으로 예측하기를 좋아해서 우연히 그들의 입에서 나오는 시의적절한 말로부터 희망을 끌어내고 싶어 하지만, 이 희망을 거의 대부분 뒤집어 버리는 수많은 어리석은 말에 늘 아쉬워한다. 나의 제자는 그런 희망을 주는 경우도 드물겠지만, 그런 아쉬움을 주는 일도 결코 없을 것이다. 왜냐하면 그는 쓸데없는 말은 한마디도 하지 않을 뿐만 아니라, 사람들이 듣지 않는다는 것을 알고 있는 수다를 늘어놓느라 힘을 소진시키지도 않기 때문이다. 그가 가진 관념들은 한정되어 있지만 명백하다. 그는 아무것도 암기는 못 하지만 경험을 통해 많은 것을 알고 있다. 다른 아이보다 사람이 쓴 책을 잘 읽지는 못하지만, 자연이 쓴 책은 더 잘 읽는다. 그의 정신은 그의 혀가 아니라 머리에 있다. 그는 기억력보다 판단력을 갖고 있다. 하나의 언어로밖에 말할 줄 모르지만 자기가 하는 말은 이해하고 있다. 다른 아이들만큼 말을 잘하지 못하지만 그 대신 다른 아이들보다 더 잘 행동한다.

그는 관례, 관습, 습관이 무엇인지 모른다. 그가 어제 한 일은 오늘 그가 하는 일에 아무런 영향도 미치지 않는다.[82] 그는 결코 공식을 따르지

---

82 습관의 매력은 인간이 타고난 게으름에서 생겨나며, 이 게으름은 습관에 빠져들면 더욱 커진다. 사람들은 이미 해 본 일은 더욱 쉽게 한다. 길이 닦이고 나면 그 때문에 그 길을 따라가는 것은 훨씬 쉬워진다. 따라서 습관의 지배력은 노인과 나태한 사람들에게서 매우 크고, 젊은이나 활달한 사람에게서 매우 작다는 것을 알 수 있을 것이다. 이러한 생활 태도는 정신이 나약한 사람들에게만 좋은 것으로서, 날이 갈수록 그들을 더욱 나약하게 만든다. 어린아이들에게 유익한 유일한 습관은 기꺼이 사물들

않고 권위나 모범에 굴복하지 않으며, 오로지 그에게 어울리는 행동과 말만 한다. 그러므로 그에게서 남이 시킨 말이나 학습에서 나온 태도를 기대하지 말라. 항상 그가 가진 관념의 충실한 표현과 그의 성향에서 나온 행동만 기대하라.

여러분은 그에게서 그의 현 상태와 관련된 몇몇 도덕적 개념을 발견하겠지만, 어른들의 상대적인 상태에 대한 도덕적 개념은 아무것도 보지 못할 것이다. 아이는 아직 사회의 능동적인 구성원은 아닌데, 그것들이 그에게 무슨 쓸모가 있겠는가? 그에게 자유와 소유에 대해서 또 계약에 대해 말을 해 보라. 거기까지는 그도 이해할 수 있다. 왜 자기의 것이 자기의 것인지, 자기 것이 아닌 것은 또 왜 자기 것이 아닌지 그도 알고 있는 것이다. 그것을 넘어서면 그는 더 이상 아무것도 이해하지 못한다. 그에게 의무와 복종에 대해서 말해 보라. 그는 여러분이 무슨 말을 하는지 이해하지 못한다. 그에게 명령을 하더라도 그는 여러분의 말을 알아듣지 못할 것이다. 그러나 이렇게 말해 보라. "네가 나에게 이런 기쁨을 주면 나도 기회가 닿을 때 그런 기쁨을 돌려줄 것이다." 그러면 당장 그는 여러분의 마음에 들려고 애를 쓸 것이다. 왜냐하면 그는 자신의 영역을 확장하고 그가 침해할 수 없다고 알고 있는 권리를 여러분에 대해 획득하기만 하면, 더 이상 바랄 것이 없기 때문이다. 심지어 그는 어떤 자리를 차지하고 어느 집단에 소속되어 뭐라도 된 듯 인정을 받게 된다 해도 싫어하지 않을 것이다. 하지만 그가 이 마지막 동기를 갖게 되면 그는 이제

의 필연성에 따르는 것이고, 어른들에게 유익한 유일한 습관은 기꺼이 이성에 따르는 것이다. 그 이외에 다른 모든 습관은 악덕이다.

자연을 벗어난 것이며, 여러분은 허영심이 들어오는 문을 미리 잘 막아주지 못한 셈이 된다.

아이는 도움이 필요할 때 마주치는 사람 아무한테나 그것을 부탁할 것이다. 왕에게도 하인에게 하듯이 부탁할 것이다. 아직 그의 눈에는 모든 사람들이 평등하기 때문이다. 그가 부탁하는 태도를 보면, 여러분은 그에게 빚을 진 사람이 없다는 사실을 그도 느끼고 있음을 알 수 있을 것이다. 자신의 요구가 일종의 은혜를 요구하는 것임을 알고 있는 것이다. 또한 그는 사람들이 인정상 은혜를 베풀게 된다는 사실도 알고 있다. 그의 표현은 단순하고 간결하다. 그의 목소리와 시선, 몸짓은 호의에나 거부에나 똑같이 익숙해 있다. 그것은 비굴하게 굽실거리는 노예의 복종도 아니고 주인의 강압적인 어조도 아니다. 다른 인간에 대한 겸허한 신뢰이고, 자유롭지만 강하고 친절한 존재에게 도움을 간청하는, 자유롭지만 취약하고 나약한 존재의 고귀하고 감동적인 온화함이다. 만약 여러분이 그가 요구하는 것을 들어준다면, 그는 여러분에게 감사의 말을 하지는 않겠지만 빚을 졌다고 느낄 것이다. 또 만약 여러분이 거절하더라도 그는 불평하거나 고집을 부리지 않을 것이다. 그는 그렇게 하는 것이 아무 소용 없다는 것을 알고 있다. 그는 '내가 거절당했다'고 생각하지 않고 '어쩔 수 없었어'라고 생각할 것이다. 내가 이미 말했듯이, 사람들은 확실하게 인정된 필연성에 대해서는 거의 반항하지 않는 법이다.

그를 혼자 자유롭게 내버려 둔 채 아무 말 말고 그가 행동하는 것을 지켜보라. 그리고 그가 무엇을 하는지 어떻게 처신하는지 살펴보라. 자신이 자유롭다는 것을 확인할 필요가 없기 때문에 그는 어떤 것도 경솔하게, 단지 스스로의 힘을 과시하기 위해 행동하지 않을 것이다. 그는 언제나 자기 마음대로 할 수 있다는 것을 알고 있지 않은가? 그는 민첩하고 몸이 가볍고 생기발랄하다. 그의 행동은 제 나이에 맞는 활기를 온전히 지니고 있지만, 목표가 없는 행동은 하나도 없다. 무엇을 하려고 하든 그는 자기 힘을 벗어나는 일은 아무것도 시도하지 않을 것이다. 왜냐하면 그는 자기 힘을 충분히 시험해 보았고 그래서 자기 힘이 어느 정도인지 알고 있기 때문이다. 그의 수단은 언제나 그의 의도에 적합할 것이며, 성공하리라는 확신 없이 행동하는 일은 거의 없을 것이다. 그의 눈은 주의 깊고 정확할 것이며, 보이는 모든 것에 대해 다른 사람들에게 아무 생각 없이 질문하지 않을 것이다. 스스로 그것을 관찰하고, 알고 싶은 것은 물어보기 전에 그것을 알아내려고 애쓸 것이다. 예기치 못한 곤경에 처하더라도 그는 다른 사람보다 덜 당황할 것이다. 위험이 있더라도 덜 두려워할 것이다. 아직 상상력이 활동하지 않기 때문에, 또 우리는 그의 상상력을 일깨우는 일은 아무것도 하지 않았기 때문에 그는 실제로 있는 것만 보고 위험을 액면 그대로 받아들여 언제나 냉정함을 유지한다. 필연성이 너무도 자주 그를 짓눌러 아직 그는 거기에 반항하지 못한다. 태어나면서부터 그는 필연성의 멍에를 져 왔고 이제는 거기에 아주 익숙해져 있는 것이다. 그는 언제라도 모든 준비가 다 되어 있다.

　일을 하든 놀든 그에게는 매한가지이다. 놀이가 곧 일이며 그는 여기서 그 둘의 차이를 느끼지 못한다. 그가 하는 모든 일에서 자신을 즐겁게 해 주는 재미와 자기 마음에 맞는 자유를 구가하면서, 그는 자신의 재능과 지식의 영역을 동시에 보여 준다. 생기 있고 쾌활한 눈, 만족스럽고 평온한 태도, 솔직하고 유쾌한 표정을 가진 한 귀여운 어린아이가 더할 수 없이 진지한 일을 장난치듯이 하거나, 너무도 하찮은 놀이에 깊이 몰두해 있는 것은 그 나이가 보여 줄 수 있는 정말 매력적이고 흐뭇한 광경이 아니겠는가?

이번에는 비교를 통해 그를 판단해 보겠는가? 그를 다른 아이들과 어울리게 하고 그가 하는 대로 내버려 두어 보라. 여러분은 곧 누가 가장 제대로 컸는지, 누가 그 나이에 맞는 완성에 가장 근접해 있는지 알 수 있을 것이다. 도시의 아이들 중에 그보다 더 재주 있는 아이는 없으며, 어떤 다른 아이보다 그는 더 강하다. 농촌 아이들 속에서도 그는 힘에서 그들과 비등하고 솜씨에서는 그들을 능가한다. 어린아이의 능력이 미치는 모든 일에서 그는 그들 모두보다 더 잘 판단하고 추론하고 예견한다. 움직이고 달리고 뛰고 물체를 움직이고, 큰 물건을 들어 올리고 거리를 측정하고 놀이를 고안해 내고 상을 따내고 하는 일에서는? 자연이 그의 명령을 따르는 듯이 보일 정도로 그는 모든 일을 쉽게 자신의 의지대로 이루어지게 할 줄 안다. 그는 자기 또래들을 이끌고 지도하게끔 만들어져 있다. 그에게서는 재능과 경험이 권리와 권위를 대신한다. 여러분 좋을 대로 그에게 의복과 칭호를 준다 해도 별 상관이 없다. 그는 어디서나 일등을 차지해 모든 분야에서 다른 아이들의 우두머리가 될 것이다. 그들은 항상 그가 자신들보다 우월하다는 것을 느낄 것이다. 명령하려 하지 않아도 그는 지도자가 될 것이다. 아이들은 복종한다는 생각도 없이 복종할 것이다.

그는 어린아이로서 성숙기에 이르렀고 어린아이로서 삶을 살아왔다. 그는 자신의 행복을 팔아 그 완성을 사들인 것이 아니다. 오히려 반대로 그 둘은 서로 협력해 왔다. 제 나이에 맞는 이성을 모두 획득하면서, 그는 자신의 기질이 허락하는 한 행복하고 자유로웠다. 설령 숙명의 낫이 그에게 닥쳐와 우리의 희망의 꽃을 베어 버린다 해도, 우리는 그의 삶과 죽음을 한꺼번에 한탄할 필요는 전혀 없다. 우리가 그에게 야기한 고통을 기억하면서 더 쓰라린 고통을 느끼지도 않을 것이다. 우리는 이렇게 생각할 것이다. "최소한 그는 자신의 어린 시절을 마음껏 누렸다. 우리는 자연이 그에게 부과한 것을 그가 잃게 하는 일은 아무것도 하지 않았다."

이러한 초기 교육의 매우 불리한 점은 그것이 통찰력을 가진 사람들에게만 뚜렷이 감지된다는 점과, 그렇게 정성 들여 키운 아이가 평범한 사람들의 눈에는 개구쟁이로밖에 보이지 않는다는 점이다. 교사는 제자의 이익보다 자신의 이익을 생각한다. 교사는 자신이 시간을 낭비하지 않으며 자기가 받는 돈이 정당하게 벌고 있는 것임을 입증하려 애쓴다. 원할 때 언제든지 보여 줄 수 있는, 쉽게 과시할 수 있는 지식을 제자에게 마련해 준다. 그가 아이에게 가르친 것이 쉽게 남의 눈에 뜨이기만 하면 그것이 유용하고 안 하고는 문제가 안 된다. 아이의 기억 속에 온갖 잡동사니를 아무렇게나 분별없이 쌓아 둔다. 아이를 시험할 때면 그에게 자기가 준 상품을 늘어놓게 한다. 아이가 그것을 펼쳐 놓으면 사람들은 만족한다. 그러고 나서 아이는 보따리를 싸서 나가 버린다. 나의 제자는 그다지 부자가 아니어서 펼쳐 놓을 보따리도 없고, 자기 자신 외에 보여 줄 것이라곤 없다. 그런데 어른처럼 아이도 잠깐 보아서는 알 수 없는 법이다. 첫눈에 아이의 성격을 이루는 특성들을 간파할 줄 아는 관찰자가 어디 있는가? 있기는 하겠지만 거의 없다. 십만 명의 아버지들 중에 그런 사람은 하나도 없을 것이다.

너무 많은 질문은 누구나 지겹고 싫증 나게 만드는데, 하물며 아이들은 더하다. 몇 분만 지나면 아이들의 주의력은 떨어지고, 끈질긴 질문자가 그들에게 묻는 말을 더 이상 듣지 않고 아무렇게나 대답해 버린다. 아이들을 시험하는 이런 방법은 헛되고 현학적이다. 재빨리 포착한 한마디 말이 장광설보다 아이들의 감각과 재치를 더 잘 보여 주는 수가 종종 있다. 그러나 그 말이 남이 일러 준 것이나 우연한 것이 아니도록 주의해야 한다. 어린아이의 판단력을 평가하려면 그 자신이 더 나은 판단력을 가지고 있어야 한다.

고인이 된 하이드 경卿[83]한테서 예전에 들은 말이 있다. 삼 년간 떠나 있다가 이탈리아에서 돌아온 그의 친구들 중 한 명이 아홉 살 내지 열 살 정도 된 그의 아들이 얼마나 발전했는지 시험을 해 보려 했다고 한다.[84] 어느 날 저녁 그들은 아이와 가정교사를 동반하고 산책을 나갔다가 학생들이 연을 날리며 놀고 있는 들판으로 갔다. 지나가다가 아버지가 아들에게, "저기 그림자가 있는 연은 어디에 있느냐?"라고 묻는다. 주저 없이 고개도 들지 않고 아이가 말한다. "큰길에 있어요." 실제로 큰길은 태양과 우리 사이에 있었다고 하이드 경이 덧붙여 말했다. 그 말에 아버지는 아들에게 입맞춤을 해 주고, 거기서 시험을 끝내고는 아무 말 없이 걸어 간다. 다음 날 그는 가정교사에게 급료 외에 종신 연금 증서를 보냈다.

얼마나 훌륭한 아버지인가! 또 얼마나 훌륭한 아들이 그에게 주어진 것인가! 질문은 그의 나이에 정확하게 맞는 것이었고 대답은 아주 간단

---

83 Henry Hyde, Viscount Cornbury(1710-1753): 영국의 정치가이자 작가로 뛰어난 재능을 갖춘 완벽한 신사였던 것으로 보인다 — 옮긴이.

84 하이드 경의 친구는 프랑스의 장군이자 정치가인 벨릴 공작(Charles Louis Auguste Fouquet, duc de Belle-Isle)이다. 그의 아들은 루이 마리 푸케 드 벨릴(Louis-Marie Fouquet de Belle-Isle)로 스물여섯 살에 칠년전쟁의 크레펠트 전투에서 기총병의 돌격을 선두에서 독려하다가 치명상을 입고 얼마 후 죽었는데, 그의 죽음은 프랑스에서 대대적인 찬양을 받았다 — 옮긴이.

했다. 그렇지만 그 답이 얼마나 어린아이다운 명확한 판단을 전제하고 있는지 보라! 어떤 조련사도 길들일 수 없었던 유명한 준마를 아리스토텔레스의 제자가 길들인 것도 바로 이런 방법을 통해서이다.[85]

---

85 아리스토텔레스의 제자는 알렉산드로스 대왕으로, 어린 알렉산드로스는 제 그림자를 보고 날뛰는 명마를 사람들이 다루지 못할 때 그 말을 해를 향하여 세워 진정시켰다고 한다 — 옮긴이.

제3권

청년기에 이르기까지 삶의 과정은 전반적으로 무력한 시기이지만, 이 최초 시기 동안에도 힘의 발달이 욕구의 발달을 넘어섬으로써, 성장하는 동물이 아직 절대적으로는 약하지만 상대적으로 강해지는 어떤 시점이 있다. 욕구들이 모두 다 발달한 것은 아니므로 그가 지닌 현재의 힘이 그가 가진 욕구들을 충분히 충족시키고도 남는다. 그는 인간으로서는 매우 나약할지 모르지만 어린아이로서는 매우 강하다.

인간의 나약함은 어디서 비롯되는가? 그것은 힘과 욕망 사이의 불균형에서 비롯된다. 우리를 나약하게 만드는 것은 바로 우리의 정념이다. 왜냐하면 우리의 정념을 만족시키기 위해서는 자연이 우리에게 준 것보다 더 많은 힘이 필요하기 때문이다. 따라서 욕망을 줄이면, 그것은 여러분이 힘을 키우는 것과 같다. 자신이 욕망하는 것 이상을 할 수 있는 사람은 여분의 힘을 지닌 셈이다. 그는 분명 매우 강한 존재일 것이다. 이것이 어린아이의 세 번째 상태로서, 지금부터 이 상태에 대해 이야기할 것이다. 이 상태를 표현하기에 적절한 용어가 없어서 나는 계속해서 어린 시절이라 부르겠다. 이 시기는 아직 성적으로 성숙한 사춘기는 아니지만 청년기에 가까워져 있기 때문이다.

12세 내지 13세가 되면 어린아이의 힘은 욕구보다 훨씬 더 빨리 발달한다. 아직 가장 강렬하고 가장 무서운 욕망을 느끼지는 못한다. 그 기관 자체가 여전히 미완성 상태에 있는데, 마치 그 상태에서 빠져나오기 위해 그의 의지가 그렇게 하도록 강요해 주기를 기다리는 듯하다. 대기나 계절의 타격을 그다지 민감하게 느끼지 않는 그는 쉽게 그것을 견뎌 내며, 몸의 열기가 생겨나기 시작하면서 그것이 옷을 대신해 주고, 식욕이 양념이 되어 준다. 그 나이에는 양식이 될 수 있는 것은 모두 다 맛있다. 졸리면 바닥에 누워 잠이 든다. 그는 어디서나 자신에게 필요한 모든 것에 둘러싸여 있음을 알게 된다. 어떤 상상의 욕구도 그를 괴롭히지 않는다. 남들의 평판은 그에게 아무런 힘도 발휘할 수가 없다. 그의 욕망은 팔보다 더 멀리 나가지 않는다. 그는 자족할 수 있을 뿐만 아니라 필요 이상의 힘을 가지고 있다. 이때가 일생 중 그런 상태에 있을 수 있는 유일한 시기이다.

나는 반론을 예상하고 있다. 내가 생각하는 것보다 아이는 더 많은 욕구를 가지고 있다고 말하지는 않겠지만, 내가 말하는 그런 힘이 아이한테 있다는 것은 부인할 것이다. 그러나 사람들은 내가 이 방에서 저 방으로 여행을 다니고 상자 속에서 밭을 갈고 마분지로 된 짐을 짊어진 움직이는 인형들이 아니라 내 제자 에밀을 두고 하는 말이라고는 생각하지 못할 것이다. 남성의 힘은 성년이 되어야만 나타난다고, 적절한 혈관들 속에서 형성되어 온몸으로 퍼지는 생명의 정기만이 근육에 단단함과 활력과 원기와 원동력을 줄 수 있다고, 진정한 힘은 거기서 생긴다고 말할 것이다. 이는 서재의 철학이다. 나는 경험에 호소하고 있다. 나는 농촌에서 다 자란 소년들이 그들의 아버지처럼 경작하고 일구고 쟁기를 잡고 통에 포도주를 채우고 수레를 끄는 것을 본다. 그들의 목소리가 그들의 나이를 밝혀 주지 않는다면 사람들은 그들을 어른으로 생각할 것이다.

심지어 우리가 사는 도시에서도 대장장이나 연장 만드는 사람, 제철공 같은 어린 노동자들은 거의 주인만큼 건장하여 그들을 제때 훈련만 시켰다면 주인 못지않게 숙련되었을 것이다. 차이가 있다 해도, 차이가 있음은 나도 인정하는데, 되풀이해 말하지만 어른의 격렬한 욕망들과 아이의 제한된 욕망들 사이의 차이보다는 훨씬 적다. 게다가 지금 문제는 단지 육체적인 힘만이 아니라, 특히 그 힘을 보완하고 인도하는 정신의 힘과 역량이다.

개인이 자신이 원하는 이상을 할 수 있는 이 시기는, 그가 절대적으로 최대한의 힘을 가진 시기는 아니라 하더라도, 앞서 말한 것처럼 상대적으로 최대한의 힘을 갖는 시기이다. 이는 일생 중 가장 중요한, 단 한 번밖에 오지 않는 시기이다. 그것도 아주 짧다. 앞으로 보겠지만 이 시기를 잘 활용하는 것이 중요한 만큼 더욱더 짧은 시기이다.

그렇다면 그가 지금은 넘치지만 나중에는 모자라게 될, 남아도는 힘과 역량으로 무엇을 할 것인가? 그는 필요할 때 자신에게 도움이 될 수 있는 일에 그것을 사용하려고 노력할 것이다. 말하자면 그는 현재 자기 존재의 여분을 미래에 투입할 것이다. 튼튼한 어린아이가 허약한 어른을 위해 비축을 해 두는 셈이다. 하지만 그는 도둑맞을 수도 있는 금고나 자신과 무관한 헛간에 자기 창고를 마련해 두지 않을 것이다. 자신이 얻은 것을 진짜 제 것으로 삼기 위해 그것을 놓아두는 곳은 바로 자신의 팔, 머릿속, 자기 자신이다. 따라서 이 시기가 바로 일과 학습과 공부를 해야 할 시기이다. 이 선택을 하는 것은 내가 아니며, 자연 자체가 이 시기를 지시한다는 것을 명심하라.

인간의 지능에는 한계가 있다. 따라서 인간은 모든 것을 알 수 없을 뿐만 아니라, 다른 사람들이 알고 있는 얼마 안 되는 것조차 완전하게 알 수 없다. 각각의 거짓 명제의 모순 명제가 진리인 이상, 진리의 수는 오류의 수만큼 무진장하다. 그러므로 사물을 배우는 데에 적합한 시기를 선택해야 하는 것과 마찬가지로 가르쳐야 할 사물들도 선택을 해야 한다. 우리의 능력이 닿는 지식들 가운데 어떤 것들은 거짓되고 어떤 것들은 쓸모가 없으며 또 어떤 것들은 그 지식을 가진 자의 오만함을 부추기는 데에 소용되기도 한다. 실제로 우리의 행복에 기여하는 약간의 지식들만 현명한 인간이, 요컨대 우리가 현명하게 키우려는 어린아이가 공부할 만한 가치가 있는 대상들이 된다. 문제는 무엇이 존재하는지가 아니라 무엇이 유용한지를 아는 것이다.

이 소수의 진리들 중에서, 이해하려면 이미 완성된 이해력을 지니고 있어야 하는 그런 진리들은 또 제외해야 한다. 인간관계에 대한 지식을 전제로 하는 진리들이 그것인데, 어린아이는 그런 진리들은 획득할 수 없기 때문이다. 그 자체로는 아무리 진리라 하더라도, 경험이 없는 미숙한 정신이 다른 주제들에 대해 그릇된 사고를 하게 만드는 진리들 또한 그러하다.

이렇게 해서 우리는 결국 사물들의 존재에 비해 상대적으로 아주 작은 범위로 축소되었다. 하지만 이 범위도 어린아이의 정신의 척도로 볼 때 얼마나 거대한 영역을 형성하는가! 아직 아무것도 모르는 인간의 오성이여, 어떤 무모한 손이 감히 그대의 베일에 손을 대었는가? 우리의 헛된 학문 때문에 불쌍한 어린아이의 주변에 얼마나 많은 심연들이 입을 벌리고 있는지가 눈에 보인다! 오, 그 위험한 오솔길로 아이를 데려가 자연의 성스러운 장막을 그의 눈앞에서 당겨 걷어 버리려는 너는 두려움에 떨지

어다. 먼저 그의 머리와 네 머리를 잘 확인해 두라, 그리고 어느 한쪽이 아니면 양쪽이 둘 다 머리가 이상해지지 않을까 염려하라. 거짓의 그럴 싸한 매력과 사람을 도취시키는 자만심의 환상을 두려워하라. 그리고 기억하라, 무지가 악을 저지르는 것이 아니라 오류만이 재난을 초래한다는 것을, 또한 모르는 것 때문이 아니라 안다고 생각하는 것 때문에 사람들은 길을 잃고 헤맨다는 사실을 기억하고 또 기억하라.

기하학에서 보여 주는 아이의 진보는 여러분에게 아이의 지능이 발달한 증거나 확실한 척도가 될 수도 있을 것이다. 그러나 아이가 유용한 것과 그렇지 않은 것을 구분할 수 있게만 되면, 그를 이론적인 연구로 이끌기 위해 많은 배려와 기술을 이용하는 것이 중요하다. 가령 그가 두 직선 사이의 비례중항을 구할 수 있게 하려면, 먼저 주어진 직사각형과 동일한 면적의 정사각형을 찾아낼 필요부터 알게 해 주라. 두 개의 비례중항이 문제라면, 먼저 그에게 재미있는 정육면체를 두 배로 만드는 문제들을 내주어야 할 것이다. 우리가 어떻게 단계적으로 선과 악을 구분하는 도덕적인 개념들에 접근하는지 보라. 지금까지 우리는 필연의 법칙 이외에 다른 법칙을 알지 못했다. 이제 유용한 것을 고려해 볼 텐데, 곧 적합하고 바람직한 것에 이르게 될 것이다.

동일한 본능이 인간의 여러 다양한 능력들을 일깨운다. 성장하려 노력하는 신체의 활동에 배우려고 노력하는 정신의 활동이 이어진다. 처음에 아이들은 그저 움직이기만 하다가 이어서 호기심을 갖게 된다. 제대로 인도되어 온 이 호기심은 바야흐로 우리가 도달한 이 시기의 원동력이다. 자연에서 비롯된 성향과 평판에서 생겨난 성향을 항상 구분하도록 하자. 박식하다는 평가를 받으려는 욕망에만 근거를 둔 지식욕이 있다. 가깝든 멀든 그의 흥미를 끌 수 있는 모든 것에 대한 지식욕, 인간의 타고난 호기심에서 생겨난 다른 지식욕도 있다. 행복하려는 욕망을 타고 나지만 이 욕망을 완전히 충족시키기는 불가능하기 때문에, 인간은 끊임없이 행복에 이바지할 새로운 수단을 구하게 된다. 이것이 호기심의 최초 원리로서 그것은 인간의 마음에서 자연스러운 것이다. 그러나 호기심의 개발은 오로지 우리의 정념과 지식에 비례해서 이루어진다. 도구와 책을 지니고 외딴섬에 유배되어 그곳에서 여생을 혼자 보낼 수밖에 없는 한 철학자를 가정해 보라. 그는 더 이상 세계의 체계니 인력의 법칙이니 미분법이니 하는 것에는 거의 신경도 쓰지 않을 것이다. 아마 평생 책이라곤 한 권도 펼쳐 보지 않겠지만, 그가 있는 섬이 아무리 크다 해도 그 섬 구석구석까지 살펴보는 일은 그만두지 않을 것이다. 그러므로 인간이 자연스럽게 관심을 갖게 되지 않는 지식들은 우리의 첫 공부에서 몰아내고, 본능에 따라 우리가 추구하게 되는 지식들로만 제한을 두자.

인류의 섬은 지구이다. 우리 눈에 가장 강한 인상을 주는 대상은 태양이다. 우리가 자신에게서 벗어나기 시작하면 우리의 첫 번째 관찰은 곧 이 둘에게로 향하게 되어 있다. 따라서 거의 모든 원시민족의 철학은 오로지 지구의 상상적인 분할과 태양의 신성함에 대한 이야기로 전개된다.

"갑자기 이리 멀리 오다니!" 이렇게 말할 것이다. 방금 우리는 우리 몸에 직접 닿는 것, 우리를 직접 둘러싸고 있는 것들에만 관심을 가졌다. 그런데 갑자기 이렇게 온 지구를 돌아다니고 우주의 끝으로 뛰어오른다! 이 거리는 우리의 발달한 힘과 정신의 성향이 빚어낸 결과이다. 나약하고 부족한 상태에서는 자신을 보존하려는 배려 때문에 우리는 자기 자신에게 집중한다. 반면 능력과 힘을 가진 상태에서는 자기 존재를 확장시키려는 욕망이 우리를 밖으로 끌어내어 가능한 한 멀리 자신을 힘껏 발산하게 한다. 그러나 지성의 세계는 아직 우리에게 미지의 것인 만큼, 우리의 사유는 우리 눈보다 멀리 나아가지 못하며 우리의 이해력은 그것이 가늠하는 공간이 확장되는 만큼만 확장된다.

우리의 감각을 관념으로 변형시키자. 그러나 감각적인 대상에서 지적인 대상으로 단번에 뛰어넘지는 말자. 우리가 지적인 대상에 이르게 되는 것은 감각적인 대상을 통해서이다. 정신의 첫 번째 작용에 있어서 감각들이 언제나 그 안내자가 되게 하라. 세상 이외에 다른 책은 없고, 사실 이외에 다른 가르침은 없다. 읽을 줄 아는 아이는 생각은 하지 않고 읽기만 한다. 아무것도 배우지 못하고 말만 배우는 것이다.

여러분의 제자가 자연현상에 주의를 기울이게 만들면 곧 그는 호기심을 갖게 될 것이다. 하지만 그의 호기심을 키워 주기 위해서라면, 결코 서둘러 호기심을 충족시켜 주어서는 안 된다. 아이의 이해력이 미치는 범위 내에서 문제를 내고, 그가 그 문제들을 스스로 풀게 내버려 두라. 무엇이든, 여러분이 그에게 말해 주었기 때문이 아니라 그가 스스로 그것을 이해했기 때문에 알게 해 주어야 한다. 지식을 배우는 것이 아니라 창안하게 만들라. 언젠가 여러분이 아이의 머릿속에서 이성을 권위로 대체한다면 그는 더 이상 추론하지 않을 것이다. 그리하여 남들의 평판의 노리개에 불과해질 것이다.

여러분은 그런 아이에게 지리를 가르치겠다고 지구의나 천구의, 지도를 찾아 주려 한다. 기구들은 얼마나 많은가! 왜 이런 온갖 모형들이 필요한가? 아이가 최소한 여러분이 무엇에 대해 말하고 있는지 알게 하기 위해서라면, 왜 그 대상 자체부터 그에게 보여 주지 않는가? 어느 아름다운 저녁에 탁 트인 지평선으로 지는 해를 온전히 바라볼 수 있는 적당한 장소로 산책을 나간다. 거기서 해가 지는 지점을 알아볼 수 있게 해 주는 사물들을 관찰한다. 다음 날 신선한 공기를 마시기 위해 해가 뜨기 전에 다시 같은 장소에 간다. 해가 제 앞으로 불화살들을 발사하여 멀리서 일출을 알리는 것이 보인다. 불길이 커지고 동쪽이 온통 불타오르는 듯하다. 그 광채를 보면서 사람들은 해가 나타나기 오래전부터 해를 기다린다. 매 순간 해가 모습을 나타내는 것이 보이는 듯하다. 마침내 해가 보인다. 번쩍이는 한 점이 마치 섬광처럼 솟아올라 곧 공간을 가득 채운다. 어둠의 장막이 걷히면서 서서히 사라진다. 인간은 마침내 자신이 살고 있는 곳을 알아보고 그것이 아름답게 장식되어 있음을 발견한다. 밤사이 초록이 새로운 생기를 얻었고, 막 태어난 햇살이 그것을 비추고 그것을 금빛으로 물들이는 광선들이 반짝이는 이슬의 그물에 뒤덮인 초록을 보여 준다. 그리고 그 이슬들이 눈에 빛과 색을 반사한다. 온갖 새들이 모여들어 함께 노래하며 생명의 아버지에게 일제히 인사한다. 이 순간에는 한 마리도 입을 다물고 있지 않다. 아직 희미한 새들의 지저귐이 하루 중 다른 어느 시간보다 더 느리고 부드러워서 막 잠에서 깨어난 평온함과 나른함이 느껴진다. 이 모든 것의 조화가 영혼에 스며들듯이 상쾌한 인상을 감각에 가져다준다. 바로 여기에 누구도 저항할 수 없는 삼십 분간의 매력이 있다. 이렇게 위대하고 아름답고 감미로운 광경을 본다면 누구라도 냉정을 유지하지 못한다.

희열에 가득 차서 교사는 그것을 아이에게 전달하고 싶어 한다. 그는 아이의 주의를 자신이 감동을 받은 감각들에 집중시킴으로써 그를 감동시킬 수 있다고 생각한다. 순진하고 어리석은 생각이다! 자연 경관의 생동감은 바로 인간의 마음속에 있다. 그 경관을 보기 위해서는 그것을 느껴야만 한다. 어린아이는 사물들을 지각하지만 그것들을 연결 짓는 관계를 지각할 수 없고, 그 합주의 감미로운 화음을 들을 수도 없다. 이 모든 감각들로부터 동시에 생겨나는 복합적인 인상을 느끼기 위해서는, 아이가 획득하지 못한 경험이 필요하고 느껴 보지 못한 감정이 필요하다. 메마른 들판을 오랫동안 돌아다녀 본 적이 없다면, 불타는 사막에 발을 데어 보지 않았다면, 내리쬐는 햇볕을 받은 바위들이 내뿜은 숨 막히는 반사열로 숨이 멎는 것 같은 고통을 받아 본 적이 없다면, 아이가 어떻게 아름다운 아침나절의 신선한 공기를 맛볼 수 있겠는가? 아이의 감각이 꽃의 향기나 초록의 매력, 이슬의 촉촉한 증기, 잔디밭 위를 걷는 몰랑몰랑하고 부드러운 느낌에 어떻게 매혹될 수 있겠는가? 사랑과 쾌락의 노래를 아직 모른다면, 어떻게 새들의 노래에 관능적인 감동이 일어나겠는가? 아이의 상상력이 아름다운 하루를 채울 열정을 그에게 묘사해 줄 줄 모른다면, 무슨 열정으로 그토록 아름다운 하루가 탄생하는 것을 볼 수 있겠는가? 요컨대 어떤 손이 자연의 경관을 정성껏 치장해 주었는지 모른다면, 어떻게 그 아름다움에 감동할 수 있겠는가?

아이에게 그가 이해할 수 없는 말은 하지 말아야 한다. 묘사도 웅변도 비유도 시도 안 된다. 지금은 감정도 취향도 문제가 아니다. 계속해서 명료하고 단순하고 냉정하도록 하라. 그래도 다른 말투로 말해야 할 시간이 너무나도 일찍 와 버릴 것이다.

우리가 정한 준칙의 정신에 따라 키워져서, 자기 자신에게서 모든 도구를 끌어내는 습관 그리고 또 자신의 부족함을 알게 된 다음이 아니면 결코 다른 사람에게 의지하지 않는 습관이 든 그는 새로운 대상을 볼 때마다 아무 말 없이 그것을 오랫동안 검토한다. 아이는 자주 생각에 잠기고 캐묻지 않는다. 그러니 적절한 때 아이에게 대상을 제시하면 된다는 것으로 만족하라. 그리고 나서 그가 충분히 호기심에 사로잡혀 있다는 것을 알게 되면, 아이가 문제를 해결할 수 있는 길에 들어서도록 간결한 질문을 하라.

지금 이 경우에는, 그와 함께 떠오르는 해를 지켜보고 나서, 같은 방향으로 옆에 있는 다른 대상들과 산들을 유심히 보게 한 후, 그것에 대해 아이가 마음 놓고 이야기를 하게 한 뒤 잠시 동안 꿈꾸는 사람처럼 침묵을 지켜라. 그러고는 아이에게 이렇게 말하라. "나는 어제 저녁 태양이 저기로 졌다가 오늘 아침 저기서 떠올랐다고 생각한다. 어떻게 이런 일이 있을 수 있을까?" 그리고 더 이상 아무 말도 덧붙이지 말라. 그가 여러분에게 질문을 하더라도 아무 대답도 하지 말고 다른 이야기를 하라. 그를 혼자 내버려 두라, 그리고 그가 내 질문에 대해 생각하고 있다고 확신해도 좋다.

아이에게 주의를 집중하는 습관을 들이고 그가 감각적인 진리에 제대로 자극을 받도록 하려면 진리를 발견하기 전에 그것 때문에 며칠 동안 조바심을 내야 한다. 아이가 이런 방법을 통해 그 진리를 충분히 이해하지 못한다면, 아이가 그것을 더욱 잘 지각할 수 있게 해 줄 방법이 있는데, 그 방법은 문제를 뒤집는 것이다. 설령 그가 어떻게 해가 졌다가 다시 떠오르는지 모른다 하더라도 최소한 어떻게 해가 떴다가 지는지는 알고 있는데, 이는 눈으로 보기만 하면 알 수 있기 때문이다. 그러므로 첫 번째 질문을 다른 질문을 통해 해명해 주도록 하라. 여러분의 제자가 아주 바보가 아니라면 이 유추는 너무도 명백하여 모를 수가 없다. 이것이 그의 첫 우주학 공부이다.

우리는 언제나 감각적인 관념에서 감각적인 관념으로 느리게 나아가기 때문에, 그리고 한 관념과 오랫동안 친숙해지고 나서야 다른 관념으로 넘어가기 때문에, 또 요컨대 우리 제자의 주의를 강제로 집중시키지는 못하기 때문에, 이 첫 공부로부터 태양의 운행이나 지구의 모양에 대한 지식까지는 상당한 거리가 있다. 그러나 눈에 보이는 천체들의 모든 움직임이 동일한 원리에 기인하고 최초의 관찰이 다른 모든 관찰로 이어지므로, 태양의 하루 동안의 회전으로부터 일식의 계산에까지 이르려면 낮과 밤을 제대로 이해하는 데 필요한 것보다 시간은 더 많이 걸리지만 노력은 덜 든다.

태양이 세계의 둘레를 도는 이상, 태양은 원을 그리고 모든 원은 하나의 중심을 갖게 마련이다. 우리는 이 사실을 이미 알고 있다. 이 중심은 지구의 중심에 있기 때문에 보이지는 않지만, 그에 상응하는 마주 보는 두 점을 지구 표면에 찍을 수 있다. 이 세 점을 지나 양쪽에서 하늘까지 늘어난 하나의 쇠꼬챙이가 세계의 축, 즉 태양이 하루 동안 움직이는 운동의 축이 될 것이다. 그 끝에서 도는 둥근 팽이는 제 축을 중심으로 도는 천공을 나타낸다. 팽이의 양 끝이 두 극이다. 아이는 그중의 하나를 알고 매우 기뻐할 것이다. 나는 그것을 작은곰자리의 꼬리에서 그에게 보여 준다. 이것이 밤에 맛볼 수 있는 재미이다. 차츰차츰 별과 친해지면서 행성들을 알아보고 별자리들을 관찰하는 취미가 처음으로 생겨난다.

우리는 세례 요한의 축일에 해가 뜨는 것을 보았다. 성탄절이나 어느 겨울날 다시 한번 태양이 뜨는 것을 보러 간다. 왜냐하면 모두 알다시피 우리는 게으르지 않으며 추위에 맞서는 것을 놀이로 삼고 있기 때문이다. 나는 우리가 처음 관찰했던 바로 그 장소에서 두 번째 관찰을 하도록 신경을 쓴다. 또한 미리 주의를 끌기 위해 조금만 꾀를 내면 둘 중 하나는 반드시 이렇게 외칠 것이다. "오, 오! 이것 참 재미있군! 이제는 태양이 같은 장소에서 뜨지 않아. 우리가 전에 알았던 곳은 여긴데, 지금은 태양이 저기서 떠올라." "그러니 여름의 동쪽이 있고 겨울의 동쪽이 있는 거로군." 젊은 교사여, 이제 당신은 제 궤도에 올라와 있다. 당신이 세계를 세계로, 태양을 태양으로 보면서 천체를 아주 명확하게 가르치는 데 이런 예들이면 충분할 것이다.

일반적으로 말해서 사물을 보여 주는 것이 불가능할 때를 제외하고는 그것을 기호로 대체하지 말라. 왜냐하면 기호는 아이의 주의력을 빼앗아 그것이 표상하는 사물을 잊어버리게 만들기 때문이다.

내가 보기에 혼천의渾天儀는 구성이 잘못되고 부적당한 비율로 제작된 기구이다. 뒤얽힌 고리들과 거기서 보이는 이상한 형상들은 아이들의 정신에 공포심을 일으키는 마법서와 같은 인상을 준다. 지구는 너무 작고 고리들은 지나치게 크고 수가 많다. 분지경선分至經線 같은 몇 개의 고리들은 전혀 쓸모가 없다. 각 고리는 지구보다 더 넓다. 판지의 두께가 단단한 느낌을 주어 그것들을 실제로 존재하는 고리 형태의 덩어리로 보이게 한다. 여러분이 아이에게 이 고리들은 가상의 것이라고 말하면 그 아이는 자신이 보고 있는 것이 무엇인지 알지 못해 더 이상 아무것도 이해하지 못하게 된다.

우리는 결코 자신을 아이들의 위치에 둘 줄 모른다. 그들의 생각 속으로 들어가지 않고 우리의 생각을 그들에게 빌려준다. 언제나 우리 자신의 논리를 따르면서 진리의 사슬들을 갖고 아이들의 머릿속에 엉뚱한 생각과 오류만 쌓아 올린다.

사람들은 학문을 연구하기 위해 분석을 택할지 종합을 택할지를 두고 논쟁을 벌인다. 하지만 선택이 언제나 필요한 것은 아니다. 때로는 한 연구 내에서 분석도 하고 구성도 할 수 있으며, 아이가 분석만 한다고 생각할 때 교수법을 통해 그를 유도할 수도 있다. 그럴 때 둘을 동시에 사용하면 그것들은 서로에게 증명이 될 수 있을 것이다. 반대되는 두 지점에서 동시에 출발하여 같은 길을 가고 있다고 생각하다가 어떤 지점에서 서로 만나게 되면 몹시 놀라겠지만, 이 놀라움은 매우 유쾌할 수밖에 없을 것이다. 가령 나는 이 두 출발 지점을 통해 지리학을 다루어서, 자기가 사는 곳에서 시작해 지구의 부분들을 측정하는 것을 지구 공전에 관한 연구와 결합시켜 보겠다. 이처럼 아이가 천구를 연구하느라 하늘에 가 있으면 그를 지구를 분할하는 공부로 다시 데려와 먼저 그 자신이 사는 곳을 보여 주도록 하라.

그의 지리학의 첫 두 지점은 그가 살고 있는 도시와 아버지의 시골 별장이 될 것이고 다음에는 중간 지점들, 그다음에는 근처의 강들 마지막으로 태양의 상相과 방향을 분간하는 방법이 될 것이다. 여기가 바로 합류 지점이다. 그가 직접 이 모든 것의 지도를 그려 보게 하라. 그것은 처음에는 두 점으로만 이루어진 매우 간단한 지도지만, 그가 거리나 위치를 알게 되고 추정함에 따라 점차 거기에 다른 것들을 덧붙여 나간다. 아이가 정확한 눈대중을 가질 수 있게 해 줌으로써 우리가 아이에게 미리 얼마나 큰 이점을 마련해 주었는지 여러분은 이미 알고 있다.

그래도 그를 좀 더 지도해야 할 것이다. 그러나 드러나지 않을 정도로 아주 조금만. 만약 그가 틀리더라도 하는 대로 그냥 내버려 두고 잘못을 고쳐 주지 말고, 그가 스스로 잘못을 알고 고칠 수 있을 때까지 말없이 기다려라. 아니면 적당한 기회에 그가 잘못을 깨달을 수 있게 약간의 책략만 쓰도록 하라. 틀리는 일이 한 번도 없다면 그는 제대로 배울 수 없을 것이다. 게다가 아이가 자기 나라의 지형을 정확하게 아는 것이 아니라 그것을 배우는 방법을 아는 것이 중요하다. 지도가 무엇을 나타내는지 제대로 이해하고 지도를 그리는 데 사용되는 기술에 대해 명확한 개념만 가지고 있다면, 머릿속에 지도가 들어 있는지는 별로 중요하지 않다. 이것만으로도 벌써 여러분 제자들의 지식과 내 제자의 무지 사이에 존재하는 차이를 보아야 한다. 그들은 지도를 알지만 내 제자는 지도를 만든다. 이것이 그의 방을 꾸밀 새로운 장식품들이다.

나의 교육 방침은 어린아이에게 많은 것을 가르치는 것이 아니라, 오로지 그의 머릿속에 옳고 명백한 관념들만 들어가게 하는 것임을 기억하라. 설령 그가 아무것도 모른다 할지라도 그가 생각을 틀리게 하지만 않는다면 나에게 문제 될 것은 없다. 그의 머릿속에 진리를 넣어 주는 경우는 오로지 그가 진리 대신 배울지도 모를 오류로부터 그를 지켜 주어야 할 때뿐이다. 이성과 판단력은 느리게 오고 편견은 무리 지어 한꺼번에 달려온다. 바로 이러한 편견에서 그를 지켜 주어야 한다. 그러나 여러분이 학문을 그 자체로만 본다면, 여러분은 바닥을 알 수 없는 암초로 가득한 가없이 넓은 바다 속으로 들어가게 될 것이다. 그리고 거기서 결코 빠져나오지 못할 것이다. 지식에 대한 사랑에 사로잡힌 사람이 그 매력에 현혹되어 멈출 줄 모른 채 이 지식에서 저 지식으로 달려가는 것을 보면 마치 해변에서 조개껍질을 주워 모으는 어린아이를 보는 듯하다. 그는 처음에는 그것들을 몸에 지니지만 또 새로 본 조개껍질에 마음이 끌려 버리고 줍기를 거듭하다가 결국 너무 많은 조개껍질에 질려 더 이상 어느 것을 골라야 할지 모르게 되어 마침내 다 던져 버리고 빈손으로 돌아간다.

최초의 시기 동안에 시간은 길었다. 우리는 시간을 잘 못 쓸까 봐 두려워하며 시간을 소비하려고 애썼다. 이제는 반대로 유용한 일을 모두 하기에는 우리한테 시간이 충분치 못하다. 정념들이 다가오고 있다는 것, 그래서 정념이 문을 두드리기만 하면 여러분의 제자는 온통 거기에만 주의를 쏟게 되리라는 것을 생각하라. 평온한 지성의 시기는 너무 짧고 또 매우 빨리 지나가 버린다. 그뿐만 아니라 다르게 활용해야 할 곳도 아주 많아서, 그 정도 기간이면 아이를 박식하게 만드는 데 충분하다고 주장하는 것은 어리석다. 아이에게 학문을 가르치는 것이 문제가 아니라, 학문을 사랑하는 취향을 갖게 하고 그 취향이 더 개발되었을 때 학문을 배우는 방법을 가르치는 것이 중요하다. 이것이 바로 모든 올바른 교육의 기본 원칙임이 틀림없다.

또한 이 시기는 차츰차츰 동일한 대상에게 꾸준히 지속적으로 주의를 기울이는 습관을 가져야 할 때이다. 하지만 이러한 주의력을 결코 강제로 길러 내어서는 안 되며 언제나 즐거움이고 욕망이어야 한다. 주의력이 조금이라도 아이를 짓누르지 않게, 또 그것이 지나쳐 싫증을 내지 않게 각별히 조심해야 한다. 그러니 늘 주의하여 살펴보라. 무슨 일이 일어나더라도 그가 지겨워하기 전에 그만두라. 왜냐하면 아이가 배운다는 것은 결코 그가 자기 뜻에 반해 어떤 일도 하지 않는다는 것만큼 중요하지는 않기 때문이다.

아이가 스스로 여러분에게 질문을 하면, 호기심을 채워 주기 위해서가 아니라 호기심을 돋울 수 있도록 필요한 만큼만 대답을 해 주도록 하라. 특히 배우기 위해 질문하는 대신 허튼소리를 해 대며 어리석은 질문으로 여러분을 괴롭히려는 것이 보이면, 그럴 때 아이는 더 이상 사물에 관심이 없고 다만 자신의 질문으로 여러분을 굴복시키는 데만 관심이 있다고 확신하고 즉시 멈추어라. 그가 하는 말보다 그렇게 말하게 된 동기를 더 고려해야 한다. 지금까지는 별로 필요하지 않던 이런 경고가 아이가 이치를 따지기 시작하면 매우 중요해진다.

보편적인 진리들을 연결하는 사슬이 있는데, 이를 통해 모든 학문들은 공통된 원리에 기반을 두고 순차적으로 발달한다. 이 사슬이 철학자들의 방법론이다. 그런데 여기서 문제는 이 사슬이 아니다. 전혀 다른 사슬이 있어서 그것에 의해 개별적인 대상 하나하나에 이어 다른 것이 끌려오고 또 뒤이어 오는 대상이 언제나 드러난다. 대부분의 사람들은 지속적인 호기심을 가지고 그 대상들 모두가 요구하는 주의력을 키워 가는 이 순서를 따르는데, 특히 아이들에게 이런 순서가 필요하다. 우리는 지도를 작성하기 위해 방향을 잡으면서 자오선들을 그어야 했다. 아침과 저녁에 생기는 똑같은 그림자들 사이의 두 교차점은 열세 살의 천문학자에게 훌륭한 자오선을 제공한다. 하지만 이 자오선들은 지워지며, 그것을 긋는 데는 시간이 걸린다. 그것들은 항상 같은 장소에서 작업을 하도록 강요한다. 그렇게 많이 신경을 쓰고 불편을 감수해야 한다면 아이는 마침내 싫증을 내고 말 것이다. 우리는 이미 그 점을 예상했기 때문에 미리 대비도 한다.

여기서 나는 또다시 길고 자세하게 설명을 늘어놓아야겠다. 독자들이여, 여러분이 투덜대는 소리가 들리지만 개의치 않겠다. 이 책에서 가장 쓸모 있는 부분을 여러분의 조바심 때문에 희생시키고 싶지는 않기 때문이다. 나의 장광설을 감수하라. 나도 여러분의 불평을 감수했으니까.

오래전부터 나와 내 제자는 호박琥珀, 유리, 밀랍 등의 물체를 마찰시키면 그것들은 짚을 끌어당기지만 또 다른 물체들은 짚을 끌어당기지 않는다는 사실을 발견했다. 우연히 우리는 훨씬 더 특이한 힘을 가진 물체를 발견한다. 그것은 마찰시키지 않았는데도 좀 떨어진 거리에서 줄밥이나 다른 쇠 부스러기를 끌어당긴다. 그 이상 더는 아무것도 모르면서 우리는 얼마나 한참 동안 이러한 성질에 재미있어 했는지! 마침내 우리는 그 성질이 철 자체에 전달되고 그 철이 어느 방향으로 자기를 띤다는 것을 알아낸다. 어느 날 우리는 장[1]에 갔다. 한 요술쟁이가 빵 한 조각을 가지고 물이 든 대야에 떠 있는 밀랍 오리를 끌어당기고 있다. 매우 놀랐지만 우리는 "그는 마술사야"라고 말하지 않는다. 왜냐하면 우리는 마술사가 무엇인지를 모르기 때문이다. 원인을 모르는 결과에 계속해서 충격을 받으면서도 우리는 아무것도 서둘러 판단하지 않고, 무지에서 빠져나올 기회를 발견할 때까지 그냥 모른 채 가만히 있는다.

집으로 돌아와 우리는 시장서 본 오리에 관해 많은 이야기를 나눈 끝에 그 오리를 흉내 내 만들어 보기로 결정한다. 우리는 자기를 잘 띠는 바늘을 하나 집어 그것을 흰 밀랍으로 감싸고는 바늘이 몸체를 뚫고 바

1 　나는 다음에 이어질 짧은 이야기에 대한 포르메 씨의 날카로운 비평을 읽고 웃음을 금할 수가 없었다. 그가 말하기를, "어린아이에 대한 경쟁심으로 발끈하여 그의 가정교사에게 심각하게 설교하는 이 요술쟁이는 에밀 같은 사람들의 세계에나 있는 사람이다." 재치 있는 포르메 씨는 이 사소한 장면이 조작된 것으로, 그 요술쟁이가 자신이 해야 할 역할을 미리 통고받았다는 사실은 짐작할 수 없었다. 왜냐하면 실상 내가 그런 말은 하지 않았기 때문이다. 하지만 그 대신 내가 모든 것을 시시콜콜히 말해야 하는 사람들에게 이 글을 쓰고 있는 것이 아니라는 점은 정말이지 여러 번 말한 바 있다!

늘 머리가 부리가 되도록 최선을 다해 오리 모양을 만든다. 우리는 물에 오리를 띄우고 부리에 열쇠 고리를 가까이 댄다. 그리고 시장의 오리가 빵 조각을 따라가는 것과 똑같이 우리의 오리도 열쇠를 따라가는 것을 바라본다. 이때 맛보는 우리의 환희는 쉽게 이해될 수 있을 것이다. 오리를 물 위에 가만히 내버려 두면 오리가 물 위에서 어떤 방향으로 멈추는지 관찰하는 것이 바로 우리가 다음번에 할 수 있는 일이다. 지금으로서는 우리의 대상에 완전히 몰두하여 그 이상은 바라지도 않는다.

벌써 그날 저녁에 우리는 주머니에 준비된 빵을 넣고 다시 시장에 간다. 요술쟁이가 재주를 부리자마자, 가까스로 참고 있던 나의 꼬마 박사는 그 재주가 어렵지 않으며 자기도 그 정도는 할 수 있다고 그에게 말한다. 그의 제의가 받아들여진다. 즉시 그는 주머니에서 쇳조각이 숨겨진 빵을 꺼낸다. 테이블로 다가가면서 가슴이 두근거린다. 그는 거의 벌벌 떨면서 빵을 내민다. 오리가 와서 그것을 따라간다. 아이는 기쁨에 겨워 소리를 지르며 몸을 떤다. 모인 사람들의 박수 소리와 환호에 얼떨떨해진 그는 제정신이 아니다. 당황한 요술쟁이는 그럼에도 불구하고 와서 그를 껴안고 칭찬하며 다음 날에도 등장하여 자리를 빛내 달라고 부탁한다. 그리고 더 많은 사람들을 모아 그의 솜씨에 박수갈채를 보내도록 신경을 쓰겠다는 말도 덧붙인다. 의기양양해진 나의 꼬마 자연과학자는 수다를 떨고 싶어 하지만, 나는 그 자리에서는 그의 입을 다물게 하고 칭찬에 만족해 있는 그를 데리고 온다.

다음 날까지 아이는 우스울 정도로 불안해하며 분초를 헤아린다. 그는 마주치는 사람 모두를 초대한다. 온 인류가 그의 영광을 목격하기를 바라는 모양이다. 힘겹게 시간을 기다리다가 시간을 앞질러 약속 장소로 날아간다. 자리는 이미 꽉 차 있다. 들어가면서 그의 어린 마음은 한 껏 부풀어 오른다. 앞서 다른 요술들이 펼쳐지기로 되어 있다. 요술쟁이 는 평소 실력 이상을 발휘하면서 놀라운 마술을 한다. 아이는 그것들을 아예 보지도 않는다. 흥분해서 땀을 흘리고 숨조차 겨우 쉬고 있다. 그는 초조감에 떨리는 손으로 주머니 속의 빵 조각을 만지작거리며 시간을 보 내고 있다. 마침내 그의 차례가 왔다. 주인은 거창하게 군중에게 그를 소 개한다. 아이는 다소 부끄러워하며 다가가 자신의 빵을 꺼내고… 인간 만사의 변화무쌍함이란! 어제는 그렇게 말을 잘 듣던 오리가 오늘은 버 릇이 없어졌다. 부리를 내놓기는커녕 꼬리를 돌려 달아나 버린다. 오리 는 빵과 빵을 내미는 손을 이전에 따라다닐 때만큼 기어코 피해 간다. 천 번을 시도해 봐도 아무 소용이 없고 야유만 들은 아이는 투덜거리며 자 신이 속았다, 이건 먼젓번 오리를 바꿔치기한 다른 오리라고 말하면서 요술쟁이에게 오리를 끌어당길 수 있으면 해 보라고 말한다.

요술쟁이는 대답도 하지 않고 빵 한 조각을 집더니 그것을 오리에게 내민다. 오리는 즉시 그 빵을 따라가고 손을 뒤로 당기면 그리로 따라온 다. 아이도 같은 빵 조각을 집어 든다. 하지만 전보다 더 잘되기는커녕 오리가 그를 비웃으며 대야 둘레를 빙빙 도는 것만 같다. 마침내 완전히 당황해 물러난 아이는 야유 소리에 감히 더는 나서지를 못한다.

그러자 요술쟁이는 아이가 가져온 빵 조각을 집어 들고 자기 빵을 가 지고 할 때처럼 성공을 거둔다. 그러고는 모든 사람들 앞에서 빵 속의 쇠 를 꺼내 우리를 웃음거리로 만들자 또다시 폭소가 터진다. 이렇게 속 빈 빵을 가지고 이전처럼 오리를 끌어당긴다. 모두가 보는 앞에서 제삼자의 손으로 자른 다른 빵을 가지고 똑같이 해 보이고, 장갑이나 손가락 끝으로도 그렇게 한다. 마침내 방 한가운데로 가서 이런 사람들 특유의 과장된 어조로, 오리가 자신의 몸짓 못지않게 자신의 목소리에 잘 따를 것이라고 선언한 뒤 오리에게 말을 한다. 그러자 오리가 그 말을 따른다. 그가 오른쪽으로 가라고 말을 하면 오리는 오른쪽으로 가고 돌아오라고 하면 돌아오고 돌라고 하면 돈다. 동작이 명령만큼 신속하다. 더욱 커진 박수 소리가 우리에게는 모조리 모욕이다. 우리는 들키지 않게 그곳을 빠져나와, 계획했던 대로 모두에게 우리의 성공담을 이야기하러 가지 못하고 우리 방에 틀어박힌다.

다음 날 아침 누군가 문을 두드린다. 내가 문을 연다. 그 요술쟁이이다. 그는 조심스럽게 우리의 행동에 대해 항의한다. 자기가 우리한테 무슨 짓을 했다고 자기 요술의 신용을 떨어트려 자기 밥벌이를 빼앗으려 드느냐고. "도대체 밀랍 오리를 끌어당기는 기술에 무슨 대단한 것이 있다고 한 성실한 인간의 생계를 희생시키면서까지 명예를 사려 합니까? 정말이지, 나리들, 제가 먹고사는 데에 무슨 다른 재주라도 있다면 이런 것을 자랑스레 여기지 않을 겁니다. 평생을 이런 보잘것없는 재주나 부리며 살아온 사람이 잠시 잠깐 관심을 가져 본 당신들보다 그에 대해 더 잘 알고 있다는 것을 생각했어야지요. 제가 처음부터 비장의 솜씨를 당신들께 보여 주지 않았던 것은 제가 알고 있는 것을 경솔하게도 서둘러 다 늘어놓으면 안 되기 때문입니다. 저는 필요한 경우를 위해 제일 잘하는 재주는 늘 남겨 두려고 신경을 씁니다. 어제 한 일 외에도 내게는 경솔한 아이들을 제지시킬 수 있는 다른 재주들이 더 있습니다. 근데 나리들, 저는 그토록 당신들을 골탕 먹인 비밀을 기꺼이 가르쳐 드리려 왔습니다. 부디 저에게 해가 되게 그것을 악용하지 마시고 다음번에는 더 신중하게 처신해 주실 것을 부탁드리겠습니다."

그러고는 자신의 연장을 우리에게 보여 준다. 그것이 최소한의 장치만 된 강력한 자석에 불과하고, 테이블 밑에 숨은 아이가 그것을 눈에 띄지 않도록 움직였다는 사실을 알고 우리는 너무나 놀란다.

그 사람은 자신의 연장을 다시 집어넣는다. 그에게 감사와 사과를 한 후 우리는 그에게 선물을 하고 싶다고 한다. 그는 거절한다. "아닙니다, 나리들, 제가 선물을 받을 만큼 당신들에게 칭찬을 받을 일은 없습니다. 나리들이 어떻게 생각하든 내게 빚을 진 것으로 해 두지요. 그것이 저의 유일한 복수입니다. 어느 신분의 사람이든 저마다 관대함이 있다는 것을 알아 두십시오. 저는 재주에 대한 대가는 받아도 수업료는 받지 않습니다."

나가면서 그는 특히 나를 소리 높여 꾸짖는다. "저 아이는 기꺼이 용서합니다. 몰라서 잘못을 저질렀으니까요. 하지만 선생님은 그의 잘못을 알 만한데 왜 그가 그렇게 하도록 내버려 두었습니까? 나리들은 함께 살고 있는 만큼 연장자인 선생님이 의당 그를 보살피고 가르쳐야 합니다. 경험이 많은 선생님이 권위를 갖고 그를 이끌어야지요. 어른이 되어 어렸을 때의 잘못을 후회하면서 아이는 아마도 선생님이 그에게 주의를 주지 않은 것들에 대해 원망할 것입니다."[2]

그가 떠나고 매우 혼란에 빠져 버린 우리 둘만 남는다. 나는 자신의 나

---

2 이 책망이 교사가 자기의 목적을 달성하기 위해 한 마디 한 마디 일러 준 말이라는 것을 깨닫지 못할 만큼 어리석은 독자가 있을 거라고 가정해야 했는가? 내가 이런 말투를 자연스럽게 요술쟁이에게 부여할 만큼 사람들은 내가 어리석다고 생각했을까? 나는 적어도 자기 신분의 성격에 맞게 말을 하게 하는 보잘것없는 재주는 증명해 보였다고 생각했다. 다음 문단의 끝부분도 보라. 포르메 씨 말고 다른 사람을 위해서는 모든 것을 다 말하지 않았는가?

약한 안이함을 자책한다. 다음에는 아이를 위해 이런 나약한 짓은 하지 않겠다고, 그가 잘못을 저지르기 전에 주의를 주겠다고 아이에게 약속한다. 왜냐하면 우리의 관계가 달라지고 스승의 엄격함이 친구의 호의를 대체해야 할 시기가 다가오고 있기 때문이다. 이러한 변화는 단계적이어야 한다. 모든 것을 예상해야 하며, 그것도 아주 멀리서부터 예상해야 한다.

다음 날 우리는 비밀을 알게 된 그 재주를 다시 보기 위해 또 장에 간다. 우리는 깊은 존경심을 가지고 소크라테스 같은 우리의 요술쟁이에게 다가간다. 감히 눈을 들어 그를 바라보기도 힘들다. 그는 우리에게 온갖 예의를 갖추고 좌석도 특별대우를 해 주어 우리를 더욱 부끄럽게 만든다. 그는 평상시와 마찬가지로 요술을 부린다. 하지만 오리로 요술을 부리면서 매우 자랑스럽게 우리를 종종 바라보고 오랫동안 즐기며 만족스러워한다. 우리는 모든 것을 알고 있지만 입 밖으로 발설하지 않는다. 만일 내 제자가 감히 입만 뻥긋해도 그는 호되게 혼이 날 것이다.

이 실례에서 세세한 모든 점들은 보기보다 중요하다. 이 가르침 하나에도 얼마나 많은 교훈들이 들어 있는가! 최초의 허영심이 발현되면서 얼마나 많은 모욕적인 결과가 생겨나는가! 젊은 교사여, 이 최초의 충동을 주의해서 살피도록 하라. 여러분이 그로부터 이렇게 부끄러움과 창피함[3]을 끌어낼 줄 안다면, 그런 일은 오랫동안 두 번 다시 일어나지 않으리라고 확신해도 좋다. "엄청난 준비로군!" 하고 여러분은 말할 것이다.

---

3   이 부끄러움과 창피함은 결국 요술쟁이의 방식이 아니라 나의 방식에서 나온 것이다. 포르메 씨가 내가 살아 있는 동안 내 책을 가로채어 아무런 격식도 차리지 않고 내 이름을 빼고 자신의 이름을 넣어 책을 인쇄하려 한 이상, 최소한 쓰는 수고까지는 아니더라도 읽는 수고는 들여야 했다.

나도 그렇게 생각한다. 이 모든 일은 우리에게 자오선 구실을 해 줄 나침반을 만들기 위함이다.

자석이 다른 물체를 통과하여 작용한다는 것을 알게 된 우리에게 우리가 본 것과 같은 도구를 만드는 것보다 더 시급한 일은 없다. 속을 도려낸 테이블, 이 테이블에 딱 맞는 평평한 대야, 거기에 아주 조금 차 있는 물, 좀 더 공들여 만든 오리 등. 대야 주변을 자주 주의 깊게 보다가 우리는 마침내 오리를 가만히 내버려 두면 오리가 언제나 거의 같은 방향으로 움직인다는 사실에 주목한다. 이 실험을 계속하면서 그 방향을 살펴본다. 그리하여 그것이 남북 방향임을 알아낸다. 그 이상은 필요 없다. 우리의 나침반이 발견된 것이다. 아니라 해도 발견된 거나 마찬가지이다. 우리는 이렇게 물리학에 입문했다.

지구에는 여러 가지 기후들이 있고 그 기후마다 다양한 기온들이 있다. 계절은 극지에 가까워질수록 더욱 뚜렷하게 변화한다. 모든 물체는 추위에 수축되고 열에는 확장한다. 이 효과는 액체에서 더 잘 측정될 수 있으며, 알코올을 함유한 액체에서는 더욱 뚜렷하게 나타난다. 여기서 온도계가 생겨난다. 바람이 얼굴을 때린다. 그러므로 공기는 하나의 물체, 일종의 유체流體이다. 공기를 볼 수 있는 방법은 전혀 없지만 감지할 수는 있다. 물속에 컵을 뒤집어 넣어 보면, 공기가 빠져나갈 출구를 남겨 두지 않는 한 컵에 물이 차지 않을 것이다. 따라서 공기는 저항할 수 있다. 컵을 더 집어넣으면, 물은 공간 속에서 공기를 더 밀어내겠지만 그 공간을 완전히 채우지는 못할 것이다. 그러므로 공기는 어느 정도 압축될 수 있다. 압축된 공기로 가득 찬 풍선은 어떤 다른 물질로 채워진 것보다 더 잘 튀어 오른다. 따라서 공기는 탄성체이다. 욕조 안에 누워 팔을 물 밖으로 꺼내어 수평으로 들어 보라. 팔에 엄청난 무게가 실리는 것을 느낄 것이다. 따라서 공기는 무게가 있는 물체이다. 공기를 다른 유체들과 균형 상태에 두어 보면 공기의 무게를 측정할 수 있다. 여기서 기압계, 연통관連通管,[4] 공기총,[5] 배기펌프가 생겨난다. 역학과 유체역학의 모든 법칙들 또한 이처럼 조잡한 실험들에 의해 발견된다. 나는 이 모든 것들 가운데 어느 것을 위해서도 물리 실험실로 들어가지는 않겠다. 저 모든 도구들과 기계 장치들은 내 마음에 들지 않는다. 과학적인 분위기가 과학을 죽인다. 이 모든 기계들은 어린아이에게 공포심을 일으키든지, 그렇지 않으면 아이가 그 효과에 기울여야 할 관심을 기계의 형태들이 분산시키고 빼앗아 버린다.

나는 우리가 직접 모든 기구들을 만들기를 원한다. 또한 실험하기 전에 도구부터 만들고 싶지 않다. 우연인 것처럼 실험을 한번 보고 난 후, 그것을 증명할 기구를 조금씩 만들어 보고 싶은 것이다. 우리가 만든 기구들이 그다지 완전하거나 정확하지 않더라도, 그것들이 어떠해야 하는지 또 거기서 생겨나야 할 작용들이 무엇인지에 대해 더 명백한 개념을 가지는 편이 오히려 낫다. 나의 첫 역학 수업을 위해 저울을 찾으러 가는 대신, 나는 의자 등받이 위에 나무막대기를 가로질러 놓고 균형을 잡은 막대기의 두 부분의 길이를 잰 뒤 양쪽 부분에 때로는 같고 때로는 같지 않은 무게를 가한다. 그런 다음 필요한 만큼 그것을 당기거나 밀면서, 무게와 지렛대 길이 사이의 상호 비례에서 균형이 비롯된다는 사실을 마침

---

4 높은 곳에 있는 액체를 용기를 기울이지 않고 낮은 곳으로 옮기는 관 — 옮긴이.
5 녹은 유리를 부풀리는 관 — 옮긴이.

내 찾아낸다. 이런 식으로 나의 꼬마 물리학자는 저울을 보기도 전에 벌써 저울을 고칠 수 있게 된다.

이론의 여지 없이, 이런 식으로 스스로 배운 사물들에 대해서는 다른 사람의 가르침을 통해 알게 된 사물들에 비해 훨씬 더 명백하고 확실한 개념들을 갖게 된다. 또 이성을 비굴하게 권위에 복종시키는 습관을 들이지 않을 수 있다. 그 이외에도 남이 제시하는 대로 모든 것을 받아들임으로써 정신이 태만에 빠져 버리게 내버려 두는 경우보다, 관계를 발견하고 관념들을 연결시키고 기구들을 만들어 내는 일에서 더욱 창의적이 된다. 시종이 늘 옷을 입혀 주고 신발을 신겨 주고 시중을 들어주고 또 말에만 끌려다니다 보면 몸이 마침내 수족을 놀릴 힘도 방법도 잃게 되는 것처럼, 정신도 마찬가지이다. 부알로[6]는 라신[7]에게 시를 어렵게 짓는 법을 가르쳐 준 것을 자랑하곤 했다. 학문 공부를 단축할 수 있는 많은 놀라운 방법들 가운데서, 학문을 힘들여서 배우는 방법을 누군가 우리에게 제시해 주는 것이 매우 필요할 것 같다.

더디고 힘든 공부의 가장 뚜렷한 이점은 이론 공부를 하면서도 몸의 활동성과 사지의 유연함을 유지시켜서 지속적으로 노동에, 인간에게 유용한 일에 손을 사용하도록 훈련시킨다는 점이다. 우리를 인도하고 감각의 정확성을 보완하도록 만들어진 많은 실험 도구들은 감각 훈련을 게

---

6   Nicolas Boileau Despréaux(1636-1711): 프랑스 고전주의 시대의 시인이자 문학 비평가로 주저는 『시학』이다 — 옮긴이.
7   Jean Racine(1639-1699): 코르네유와 더불어 프랑스의 고전주의 시대 비극을 대표하는 극작가로 숙명에 저항하는 격렬한 정념 때문에 스스로 파멸하는 인간의 비극적인 모습과 그들의 내면적 갈등을 간결하고 정선된 언어로 표현하여 비극 장르를 정점에 올려놓았다. 대표작은 『페드르』와 『앙드로마크』 등을 들 수 있다 — 옮긴이.

을리하게 한다. 각도기 덕분에 각의 크기를 짐작하지 않아도 된다. 거리를 정확하게 측정했던 눈은 자기 대신에 측정을 해 주는 측량줄만 믿게 된다. 전에는 손으로 무게를 알았는데 대저울을 사용하면 손으로 무게를 판단하지 않아도 된다. 도구들이 정교해지면 질수록 우리의 신체 기관들은 더 엉성하고 서툴러진다. 우리 주변에 너무 많은 기구들을 모아 놓은 덕에 우리는 더 이상 우리 자신에게 있는 기구들을 찾아내지 못하는 것이다.

그러나 기구들 노릇을 해 주던 재능을 그 기구들을 만드는 데에 쓴다면, 또 기구들 없이 지내기 위해 필요했던 통찰력을 그것들을 만드는 데에 사용한다면, 우리는 아무것도 잃지 않고 이득을 얻을 것이며, 자연에 기술을 보태어 재능을 무디게 하는 일 없이 더 창의적이 될 수 있을 것이다. 아이를 책에만 붙들어 두는 대신 작업장에서 일거리를 준다면 그의 손이 정신을 위해 일할 것이다. 그는 철학자가 되면서도 자신은 노동자일 뿐이라고 생각한다. 결국 이러한 훈련은 다른 용도로도 쓰이게 될 텐데, 이에 대해서는 다음에 말할 것이다. 그리고 여러분은 어떻게 우리가 철학의 유희에서 인간의 진정한 직업으로 나아갈 수 있는지도 알게 될 것이다.

순수 이론적인 지식은 아이들에게 심지어 청년기에 가까워지고 있는 아이들에게도 결코 적합하지 않다는 말은 이미 했다. 그렇지만 아이들을 이론 물리학에 너무 깊이 파고들게 하지 않고도 아이들의 온갖 경험이 연역에 의해 서로 연결되도록 해 주어서, 그 연결고리의 도움으로 아이들이 자신의 경험들을 머릿속에 순서대로 정리해 두고 필요할 때 그것들을 떠올릴 수 있도록 해 줘라. 왜냐하면 고립된 사실들은, 그리고 고립된 추론들도 마찬가지로, 기억 속으로 그것들을 다시 데려올 실마리가 없으면 오랫동안 기억하기가 매우 어렵기 때문이다.

자연의 법칙에 대한 공부에서는 항상 가장 평범하고 가장 뚜렷한 현상들부터 시작하라. 그리고 여러분의 제자가 이 현상들을 이치로 보지 않고 사실로 보는 습관을 들이도록 하라. 나는 돌을 하나 집어 들고 그것을 공중에 놓는 시늉을 한다. 내가 손을 벌리면 돌은 떨어진다. 나는 내 행동에 주의를 집중하고 있는 에밀을 보다가 이렇게 말한다. "이 돌이 왜 떨어졌을까?"

이 질문에 어떤 아이가 말문이 막히겠는가? 그런 아이는 없다. 내가 대단히 신경을 써서 대답할 줄 모르게 미리 조처해 두지 않았더라면, 심지어 에밀조차 대답할 것이다. 모두 돌은 무겁기 때문에 떨어진다고 말할 것이다. 그런데 무엇이 무거운가? 떨어지는 것이 무겁다. 그렇다면 돌은 떨어지기 때문에 떨어진다? 여기서 나의 꼬마 철학자는 정말로 말이 막힌다. 이것이 그의 첫 번째 체계적인 물리학 수업이다. 이것이 그 분야에서 그에게 도움이 되건 되지 않건, 이는 언제나 양식 있는 수업이 될 것이다.

아이의 지능이 발달함에 따라, 다른 중요한 고려 사항들 때문에 우리는 더욱 엄선하여 아이가 할 일들을 정해 주어야 한다. 그가 자신의 행복이 무엇인가를 이해할 수 있을 만큼 충분히 자기 자신을 알게 되면, 또 자신에게 적합한 것과 그렇지 않은 것을 판단할 수 있을 만큼 확장된 관계들을 파악할 수 있게 되면 곧, 그때부터 그는 노동과 오락의 차이를 깨닫고 오락을 노동의 휴식으로만 여길 수 있게 된다. 그때 비로소 실제로 유용한 대상들이 그의 공부에 포함되고, 아이가 단순한 놀이에 기울였던 것보다 더 지속적으로 열의를 쏟게 할 수 있다. 언제나 반복적인 필연의 법칙은 인간에게 더 불쾌한 고통을 피하려면 마음에 들지 않는 일도 해야 한다고 일찍부터 가르친다. 이것이 앞날을 예측하는 능력의 용도이다. 이 능력이 잘 조정되느냐 그렇지 않느냐에 따라 인간의 모든 지혜도 모든 불행도 생겨난다.

모든 인간은 행복하기를 원한다. 하지만 행복해지기 위해서는 행복이 무엇인지 아는 데서 시작해야 할 것이다. 자연인의 행복은 그의 생활만큼 단순하다. 그것은 고통스럽지 않은 것이다. 건강, 자유, 필수품이 행복을 구성한다. 도덕적인 인간의 행복은 이와 다르지만 지금 문제는 그것이 아니다. 아이들의, 특히 아직 허영심이 일깨워지지 않고 평판의 독기毒氣로 타락하지 않은 아이들의 흥미를 끌 수 있는 것은 순전히 물질적인 대상들뿐이라는 사실은 아무리 반복해서 말해도 지나치지 않을 것이다.

아이들이 욕구를 느끼기 전에 그것을 예측할 때는 그들의 지능이 이미 상당히 발달하여 시간의 가치를 알기 시작한 때이다. 그때는 아이들이 유용한 대상들에, 그들 나이에 그들의 이해력이 미치는 범위에서 유용성을 느끼는 대상들에게 시간을 사용하는 습관을 들여 주는 것이 중요하다. 도덕적 질서와 사회의 관습에 기인하는 모든 것은 아직 그들이 이해할 수 없는 것이기 때문에, 그들에게 곧바로 제시해서는 안 된다. 아이들이 막연히 자신에게 이득이 된다는 말은 들었지만 그 이득이 무엇인지도 모르고, 사람들이 크면 거기서 이득을 얻을 것이라고 보장하지만 그들은 이른바 그 이득이라는 것을 이해할 수 없어서 지금은 전혀 관심도 없는데, 그 이득에 전념할 것을 아이들에게 요구하는 것은 어리석은 짓이다.

아이가 말만 듣고 뭔가를 하지 못하게 하라. 아이가 좋다고 느끼는 것 외에는 어떤 일도 그에게 좋지 않다. 여러분은 아이를 제가 알고 있는 것보다 앞서 나가게 하면서 여러분이 선견지명을 발휘하고 있는 듯이 생각하지만, 여러분에게 없는 것이 바로 그 선견지명이다. 아마도 그가 결코 이용하지 못할 쓸데없는 도구들을 그에게 갖추어 주느라, 여러분은 인간의 가장 보편적인 도구인 양식을 그에게서 빼앗고 있다. 아이가 늘 남의 손에 끌려다니며 남의 손에 움직이는 기계에 불과하도록 길들이고 있는 것이다. 여러분은 아이가 어렸을 때는 유순하기를 바란다. 이는 그가 커서 귀가 얇고 속기 쉬운 사람이 되기를 바라는 것이다. 여러분은 아이에게 끊임없이 이렇게 말한다. "내가 도련님에게 요구하는 것은 모두 다 도련님을 위한 것입니다. 하지만 도련님은 그것을 알지 못합니다. 내가 요구하는 것을 도련님이 하든 말든 나하고 무슨 상관이 있겠습니까? 도련님이 공부하는 것은 오로지 도련님을 위해서입니다." 여러분은 그를 현명하게 만든다면서 지금 하는 이 모든 근사한 말로, 장차 환상가나 연금술사, 협잡꾼, 위선자, 온갖 종류의 미치광이들이 아이를 함정에 빠트리기 위해 또는 아이가 자신의 터무니없는 짓거리들을 받아들이게 하려고 그에게 해 댈 말이 성공적으로 먹혀들도록 미리 준비시켜 두는 셈이다.

어른은 어린아이가 유용성을 이해할 수 없는 사물들을 잘 알고 있어야 한다. 어른이 알아 두어야 할 모든 것을 아이가 배워야 하는가? 또 그가 배울 수 있겠는가? 아이에게 제 나이에 유용한 모든 것을 가르치도록 애써라. 그러면 여러분은 그의 시간이 모두 매우 알차게 됨을 보게 될 것이다. 여러분은 왜 오늘 그에게 알맞은 공부를 무시하고, 그가 이르게 될지 확신할 수 없는 나이에 할 공부를 시키고 싶어 하는가? 그러나 "알아야 할 것을, 그것을 사용할 시기가 되었을 때 배우는 것이 과연 제때인가?"라고 여러분은 말할 것이다. 그것은 나도 모른다. 다만 내가 아는 것은 그것을 더 일찍 배우는 것은 불가능하다는 사실이다. 왜냐하면 우리의 진정한 스승은 경험과 느낌이며, 인간은 오로지 자신이 처해 있는 관계 속에서만 인간에게 적합한 것을 느낄 수 있기 때문이다. 어린아이는 어른이 되기 위해 태어났음을 알고 있으며, 그가 어른의 상태에 대해 가질 수 있는 모든 관념들이 그에게는 교육의 기회가 된다. 그러나 그의 이해력이 미치지 않는 어른 상태의 관념들에 대해서는 완전히 무지한 상태로 남아 있어야 한다. 나의 책 전체는 이러한 교육 원칙의 연속적인 증명에 불과하다.

우리가 '유용하다'는 말의 개념을 우리의 제자에게 심어 줄 수 있기만 하면, 아이를 지도하는 데에 또 하나의 커다란 실마리를 갖게 된다. 왜냐하면 이 단어는 아이에게서 제 나이와 관련된 의미만 지니고 있고 또 아이는 그것이 현재 자신의 행복과 맺는 관계를 명백하게 알고 있는 만큼, 이 말은 그에게 강한 인상을 주기 때문이다. 여러분의 아이들은 이 말에 그다지 강한 인상을 받지 않는다. 왜냐하면 여러분은 아이들이 이해할 수 있는 관념을 제시하기 위해 애쓰지 않았고, 또 남들이 늘 그들에게 유용한 것을 대신 마련해 주어 아이들 스스로 유용성에 대해 생각해 볼 필요가 없으므로 유용성이 무엇인지 알지 못하기 때문이다.

"이것이 무엇에 소용되지?" 바로 이것이 앞으로 성스러운 말이 된다. 즉 우리 삶에서 이루어지는 모든 활동에서 그와 나 사이에 결정적인 말이 된다. 내 편에서 보자면 그의 모든 질문에 반드시 뒤따르는 질문이다. 또한 아이들이 이득을 끌어낸다기보다 제 주변 사람들 모두에게 모종의 지배력을 행사하려고 쉬지 않고 그러나 헛되이 사람들을 피곤하게 만드는 어리석고 성가신 수많은 의문들에 제동을 거는 데 쓰이는 질문이다. 유용한 것 외에는 아무것도 알고 싶어 하지 않는 것을 가장 중요한 가르침이라 배운 사람은 소크라테스처럼 질문한다. 그는 어떤 질문을 자기가 왜 하는지 스스로 납득하기 전에는 어떤 질문도 하지 않는다. 그는 남들이 자신의 질문에 대답하기 전에 그 질문의 동기에 대해 먼저 물어 오리라는 것을 알고 있는 것이다.

여러분의 제자에게 영향을 미칠 수 있도록 내가 여러분 손에 얼마나 강력한 도구를 쥐어 주는 것인지 알아야 한다. 어떤 것의 이유도 알지 못하므로, 제자는 여러분이 괜찮다고만 하면 거의 입을 다물 것이다. 반대로 여러분에게는 여러분의 지식과 경험이 이점으로 작용하여, 여러분이 제자에게 제안하는 모든 것의 유용성을 그에게 입증해 보일 수 있지 않겠는가? 여러분이 오해하지 않기를 바란다. 왜냐하면 이런 질문을 여러분의 제자에게 하는 것은 이번에는 그가 여러분에게 그와 똑같은 질문을 하도록 그에게 가르치는 일이 되기 때문이다. 그리하여 다음에 여러분이 그에게 제안하는 모든 것에 대해 그가 여러분을 본받아 반드시 이렇게 말하리라는 것을 생각하고 있어야 한다. "이것은 무엇에 소용이 있습니까?"

아마도 바로 이것이 교사가 피하기 가장 어려운 함정일 것이다. 아이가 질문을 하면 여러분은 궁지에서 빠져나올 궁리만 하다가 여러분이 아이가 이해할 수 없는 이유를 하나라도 제시하면, 아이는 여러분이 자신의 생각이 아닌 여러분의 생각으로 추론하는 것을 보면서 여러분의 말이 여러분 나이에는 맞으나 제 나이에는 맞지 않다고 생각하게 될 것이다. 그는 다시는 여러분을 신뢰하지 않을 것이고 그러면 모든 것은 끝장이다. 하지만 말문이 막혔다고 제자에게 자기 잘못을 시인하려 드는 교사가 어디 있는가? 모두 자신이 저지른 잘못조차 시인하지 않는 것을 철칙으로 삼고 있다. 나로서는, 나의 논거들을 제자에게 이해시킬 수 없다면 내가 저지르지 않은 잘못조차도 시인하는 것을 철칙으로 삼겠다. 그리하여 제자의 마음속에 늘 명료하게 비치는 나의 행동은 그에게 의심받는 일이 없을 것이며, 내 잘못을 가정함으로써 나는 다른 교사들이 자신의 잘못을 감추어 얻는 신망보다 더한 신망을 받게 될 것이다.

우선 아이가 배워야 할 것을 그에게 제시하는 일이 대부분 여러분 몫이 아니라는 점을 염두에 두라. 그것을 원하고 구하고 발견하는 것은 아이가 해야 할 일이다. 그리고 여러분이 할 일은 그것을 아이의 힘이 미치는 곳에 두어 교묘하게 그 욕구가 생겨나게 하고, 그것을 만족시키는 수단을 제공하는 것이다. 이로부터 여러분이 질문을 빈번하게 해서는 안 될 뿐만 아니라, 질문을 잘 선택해야 한다는 결론이 나온다. 또한 여러분이 그에게 할 질문보다 그가 여러분에게 할 질문이 훨씬 많을 것이므로, 항상 여러분은 자신의 의견을 드러내는 경우보다 다음과 같이 말하는 상황에 더 자주 놓이게 될 것이다. "도련님이 묻는 것은 어떤 점에서 알아두어 유용할까요?"

게다가 자신이 배우는 것과 그것의 용도를 잘 이해하기만 하면 아이가 어떤 것을 배우느냐는 그다지 중요하지 않으므로, 여러분이 아이에게 하는 말에 관해 해명을 해서 도울 필요가 없어지면 곧 어떤 해명도 제공하지 말라. 거리낌 없이 그에게 말하라. "너에게 해 줄 만한 좋은 대답이 없구나. 내가 틀렸으니 그냥 넘어가자." 만약 여러분의 가르침이 실제로 빚

나갔다면 그것을 완전히 버려도 해될 것이 없다. 만약 빗나간 것이 아니었다면, 여러분은 조금만 신경을 써도 그것의 유용성을 깨닫게 해 줄 기회를 곧 발견하게 될 것이다.

나는 말로 하는 설명을 좋아하지 않는다. 아이들은 그런 것에 별로 주의를 기울이지 않아서 거의 기억하지도 못한다. 사물들! 오로지 사물들이다! 우리가 말에 지나치게 힘을 부여하고 있다고 아무리 강조해도 충분치 못할 것이다. 우리의 수다스러운 교육으로 수다쟁이들만 만들어 내고 있다.

내가 제자와 함께 태양의 운행과 방향을 가늠하는 법을 연구하는 동안 갑자기 그가 나를 가로막고 이 모든 것이 무엇에 소용이 있냐고 물었다고 가정해 보자. 내가 얼마나 많은 사물들에 대해 얼마나 근사한 이야기를 그에게 해 주겠는가! 나는 그의 질문에 대답하면서, 특히 우리의 이야기를 듣는 증인들이 있다면,[8] 그를 가르칠 기회를 잡는다. 나는 그에게 여행의 유용성, 상업의 이점들, 각 기후의 특산물, 여러 민족들의 풍습, 달력의 용도, 농사를 위해 계절의 순환을 예측하는 법, 항해술, 바다에서 자기 위치를 몰라도 방향을 잡아서 정확하게 제 길을 찾아가는 방법 등에 대해 그에게 말해 줄 것이다. 정치, 자연의 역사, 천문학, 도덕, 사람들의 권리까지 나의 설명에 포함되어, 이 모든 학문들에 대한 거시적 관념과 그것을 배우고 싶은 열망을 제자에게 불어넣어 줄 것이다. 모든 것을 다 말해 버리면 나는 정말로 현학을 과시한 셈이 될 테고, 아이는 단 하

---

8 나는 사람들이 아이들에게 현학적인 가르침을 줄 때는 아이들보다 그곳에 있는 어른들에게 들려줄 생각을 하는 것을 자주 보았다. 지금 이 말에 나는 강한 확신을 갖는데, 왜냐하면 나 자신도 그렇게 하는 경우를 관찰했기 때문이다.

나의 관념도 이해하지 못할 것이다. 그는 전처럼 나에게 방향을 가늠하는 일이 무엇에 쓰이느냐고 몹시 물어보고 싶을 것이다. 하지만 내가 화를 낼까 봐 감히 물어보지 못한다. 억지로 들어야 했던 것을 이해하는 척하는 편이 오히려 낫다고 생각할 것이다. 훌륭한 교육이란 것이 이런 식으로 이루어지고 있다.

하지만 보다 소박하게 키워지고 또 그토록 노력해서 무딘 이해력을 갖게 한 우리의 에밀은 이 모든 것에 대해 아무것도 듣지 않을 것이다. 그는 이해하지 못한 첫마디 말에 당장 달아나 방에서 장난을 치며, 내가 혼자 잘난 척 떠들게 내버려 둘 것이다. 좀 더 투박한 해답을 찾아보자. 나의 화려한 지식은 그에게는 아무런 가치도 없다.

우리는 몽모랑시 북쪽에서 숲의 위치를 관측하고 있었다. 그때 그가 다음과 같은 성가신 질문으로 나를 가로막았다. "이것이 무엇에 소용이 있어요?" 내가 말한다. "도련님 말이 맞아요. 그 점에 대해 시간을 두고 생각해 봐야겠군요. 만약 이 공부가 아무짝에도 쓸모없다는 사실을 발견하게 되면 다시는 이런 공부를 하지 않을 것입니다. 유익한 놀이가 부족한 건 아니니까요." 우리는 다른 일을 하면서 그날 나머지 시간 동안에 지리를 문제 삼지 않는다.

다음 날 아침 나는 식사하기 전에 산책을 하자고 그에게 제안한다. 그로서는 더 바랄 게 없다. 아이들은 언제나 달릴 준비가 되어 있다. 더구나 이 아이는 튼튼한 다리를 갖고 있다. 우리는 숲으로 올라가고 초원을 돌아다니다가 길을 잃어 우리가 어디 있는지 모르게 된다. 돌아가야 할 때가 되었는데 돌아가는 길을 다시 찾을 수가 없다. 시간이 흐르고 날씨는 더워지고 배도 고프다. 서둘러 보지만 이쪽저쪽 헛되이 헤매기만 하고, 도처에 숲과 채석장과 들판만 보일 뿐 우리의 위치를 알아볼 수 있는 지표라곤 아무것도 없다. 더위와 피로에 매우 지치고 몹시 배가 고파진 우리는 열심히 걸어 보지만 더욱 헤매게 될 뿐이다. 마침내 우리는 쉬면서 생각을 좀 해 보려고 그 자리에 주저앉는다. 다른 아이들처럼 키워졌다고 가정하면 에밀은 아무 생각도 하지 않고 울기만 할 것이다. 그는 우리가 몽모랑시의 입구에 있으며 작은 덤불이 그것을 가리고 있다는 사실을 모른다. 하지만 이 덤불이 그에게는 숲과 같은 것으로, 키가 그만 한 사람은 덤불 속에 묻히고 만다.

얼마간 말없이 있다가 나는 불안한 태도로 그에게 말한다. "에밀, 여기서 나가려면 어떻게 해야 할까요?"

땀에 흠뻑 젖은 채 눈물을 흘리는 에밀: 아무것도 모르겠어요. 지치고 배고프고 목마르고, 이제는 꼼짝도 못 하겠어요.

장 자크: 내가 도련님보다 나을 거라고 생각하나요? 눈물로 식사를 할 수만 있다면 나도 울지 않겠습니까? 우는 것이 문제가 아니고 우리가 지금 있는 곳을 알아내는 것이 문제입니다. 시계를 보십시오. 지금 몇 시인가요?

에밀: 정오예요, 그런데 아무것도 먹지를 못했어요.

장 자크: 정말 정오군요. 나도 아무것도 못 먹었어요.

에밀: 오! 선생님도 얼마나 시장하시겠어요!

장 자크: 불행하게도 내 점심 식사가 여기까지 나를 찾으러 오지는 않을 테고. 정오라. 정확하게 어제 우리가 몽모랑시에서 숲의 위치를 관측했던 시간이군요. 마찬가지로 숲에서 몽모랑시의 위치를

관측할 수만 있다면!

에밀: 그래요. 하지만 어제 우리는 숲을 보았는데, 여기서는 도시가 보이지 않아요.

장 자크: 그게 문제인데… 도시가 안 보여도 그 위치를 알 수만 있다면!

에밀: 오, 맞아요, 선생님!

장 자크: 우리가 말하지 않았던가요, 숲은…

에밀: 몽모랑시의 북쪽에 있었어요.

장 자크: 그렇다면 결과적으로 몽모랑시는 당연히…

에밀: 숲의 남쪽에 있어야 해요.

장 자크: 우리 정오에 북쪽을 찾는 방법을 알고 있지 않나요?

에밀: 그래요, 그림자의 방향으로.

장 자크: 그런데 남쪽은?

에밀: 어떻게 해야 하지요?

장 자크: 남쪽은 북쪽의 반대지.

에밀: 그렇죠. 그림자의 반대쪽만 찾으면 돼요. 오! 저기가 남쪽이에요! 저기요! 분명 몽모랑시는 이쪽이에요.

장 자크: 도련님 말이 맞겠는데요. 숲을 가로질러 이 오솔길로 가 봐요.

손뼉을 치고 기뻐서 탄성을 지르는 에밀: 아! 몽모랑시가 보여요! 저기, 바로 우리 앞에 전부 보여요. 가서 아침도 먹고 점심도 먹어요. 빨리 빨리 달려요. 천문학도 어디 쓰일 데가 있군요.

그가 이 마지막 말을 하지 않더라도 나중에 그렇게 생각하게 될 것이라는 사실을 주목하라. 그 말을 하는 것이 나만 아니면 아무래도 상관없다. 그런데 이날의 가르침을 평생 잊지 않으리라는 것은 확신해도 좋다. 그 대신 이 모든 것을 방 안에서 그가 추측만 하게 했더라면 바로 다음 날로 내 말은 잊혔을 것이다. 가능한 한 행동으로 말해야 하고, 행동으로 실행할 수 없는 것만 말로 해 주어야 한다.

독자는 각 공부마다 일일이 실례를 제시할 정도로 내가 독자를 무시하리라고 예상하지 않을 것이다. 하지만 무엇이 문제이건, 교사에게 제자의 능력에 맞추어 증거를 제시하도록 아무리 권고해도 지나치지 않다. 다시 한번 말하지만 잘못은 아이가 이해하지 못하는 데 있는 것이 아니고 그가 이해한다고 생각하는 데 있기 때문이다.

어떤 아이에게 화학에 대한 취미를 길러 주려고 몇 가지 금속의 침전을 보여 준 후, 잉크가 어떻게 만들어지는지 설명해 주었던 기억이 난다. 나는 그에게 잉크의 검은색은 황산염에서 분리되어 알칼리 용액에 침전된, 잘게 간 철분에서 생겨난 것일 뿐이라고 말했다. 내가 현학적인 설명을 늘어놓는 중에, 꼬마 배신자는 내가 가르쳐 준 질문을 가지고 갑자기 내 말을 가로막았다. 나는 매우 당황했다.

잠시 생각에 잠겼다가 나는 결심을 했다. 그 집주인의 지하실에 있는 포도주와 포도주 가게의 다른 싸구려 포도주를 가져오게 했다. 나는 작은 병에 휘발하지 않는 알칼리 용액을 부었다. 그러고는 그 두 가지 다른 포도주가 든 두 개의 컵을 내 앞에 두고[9] 그에게 이렇게 말했다.

---

9   아이에게 설명을 하려고 할 때마다 그에 앞서는 사소한 장치가 아이의 주의를 끄는 데 많은 도움이 된다.

사람들은 몇 가지 식료품을 실제보다 더 좋아 보이게 하기 위해 위조를 하기도 한다. 이런 위조는 눈과 맛을 속인다. 하지만 위조는 몸에 해롭고, 전과 달리 그럴듯하게 보이지만 그 물건을 전보다 더 나쁘게 만드는 것이다.

특히 음료, 그중에서도 특히 포도주를 위조한다. 왜냐하면 속인다는 것을 알기가 더 어렵고 위조하는 사람은 더 많은 이득을 챙기기 때문이다.

떫고 신맛이 나는 포도주는 일산화납을 섞어 위조하는데, 일산화납은 납을 가공한 것이다. 산과 결합된 납은 아주 연한 염산이 되어 포도주의 떫은맛을 없애 주지만 그것을 마시는 사람에게는 일종의 독약이 된다. 그러니 의심스러운 포도주는 마시기 전에 일산화납을 탄 것인지 아닌지 알아보아야 한다. 그렇다면 이제 그것을 알아내기 위해 어떻게 추론하는지 한번 보도록 하자.

포도주 액에는, 거기서 걸러 낸 증류주를 통해 알 수 있듯이 인화성 알코올이 함유되어 있다. 그러나 그뿐 아니라 거기서 식초나 주석酒石도 걸러 내는 것을 보아 알 수 있듯 거기에는 산도 함유되어 있다.

산은 금속 물질들과 친화력이 있어서 용해되어 금속과 결합하면 합성염을 만들어 낸다. 가령 공기나 물속의 산에 의해 용해된 철에 불과한 녹이라든가, 식초에 녹은 구리일 뿐인 녹청 같은 것들이 그렇다.

하지만 바로 이 산이 금속 물질보다 알칼리 물질과 더 친화력이 있어서, 내가 방금 말한 합성염 속에 알칼리 물질들이 끼어들면 산은 결합되어 있던 금속을 버리고 알칼리에 붙을 수밖에 없다.

이때 금속 물질을 용해된 상태에 두었던 산에서 금속 물질이 분리되면서 그것이 침전하여 용액을 뿌옇게 만들게 된다.

　그러므로 만약 두 포도주들 중 하나에 일산화납이 들어 있다면 그것은 지금 포도주의 산이 일산화납을 용해한 상태이다. 거기다 알칼리 액을 부으면 그로 인해 산은 알칼리와 결합하기 위해 분리될 수밖에 없을 것이다. 이번에는 납이 용해된 상태가 아니므로 다시 나타나 용액을 흐리게 만들고 결국은 컵의 밑바닥에 가라앉고 말 것이다.

　포도주에 납이나[10] 다른 금속이 들어 있지 않다면, 알칼리는 아주 조용하게 산과 결합하여[11] 나머지는 모두 용해된 채 남아 있고 어떤 침전도 일어나지 않을 것이다.

　그리고 나서 나는 알칼리 용액을 두 컵에 연달아 부었다. 집에서 만든 포도주가 든 컵은 맑고 거의 투명한 채 그대로 있었고, 다른 것은 단번에 흐려져 한 시간 후에는 컵 밑바닥에 침전된 납이 분명하게 보였다.

　나는 계속해서 말했다. 이것이 마실 수 있는 순수한 자연 포도주이고, 저것은 독이 있는 변조한 포도주이다. 도련님이 나에게 어떤 유용성이 있느냐고 물었던 바로 그 지식에 의해 이러한 사실이 밝혀졌다. 잉크가 어떻게 만들어지는지 잘 알고 있는 사람은 불순물이 든 포도주도 알아볼 수 있다.

　나는 내가 든 예에 몹시 만족했지만, 아이는 전혀 감명을 받지 못했다

10　파리의 포도주 가게에서 소매로 파는 포도주에 모두 일산화납이 들어 있지는 않더라도 납이 없는 경우는 거의 없다. 왜냐하면 이 가게들의 계산대에는 일산화납이 입혀져 있어 계량기에서 쏟아지는 포도주가 그 납 위를 지나가거나 거기에 머물 때 언제나 일부를 녹여 내기 때문이다. 너무나 위험하고 명백한 이런 잘못을 경찰이 묵인해 주는 것은 이상한 일이다. 하긴 실제로 그런 포도주를 마시지 않는 부자들은 그 독에 중독되는 일은 좀처럼 없다.

11　식물성 산은 매우 부드럽다. 만약 그것이 광물성 산이고 덜 퍼져 있다면 비등 상태가 아니고는 결합이 이루어지지 않을 것이다.

는 것을 알아챘다. 내가 어리석은 짓을 했을 뿐이라는 사실을 깨닫는 데
는 약간의 시간이 걸렸다. 왜냐하면 열두 살의 아이가 내 설명을 따라올
수 없다는 점은 말할 것도 없고, 두 포도주를 맛보고 둘 다 맛있다고 생
각한 아이는 내가 그에게 그토록 훌륭히 설명했다고 생각한 위조라는 어
휘에 어떤 관념도 결부시키지 못해 이런 실험의 유용성이 그의 머릿속에
입력되지 않았기 때문이다. 건강에 해롭다느니, 독이니 하는 어휘들도
그에게는 심지어 아무런 뜻을 갖지 못했다. 아이는 이 점에서 필리포스
의사[12]에 관해 말한 역사가의 경우와 마찬가지였던 것이다. 모든 아이들
이 다 이러할 것이다.

우리가 그 연계를 알아채지 못하는 인과관계, 우리가 조금도 생각해 보
지 않는 선과 악, 또 결코 느껴 본 적 없는 욕구는 우리에게 아무것도 아니
다. 그것들을 가지고 우리에게 그와 관련된 어떤 일을 하도록 흥미를 유
발시키기는 불가능하다. 서른 살에 천국의 영광이 보이듯이, 열다섯 살
에는 현자의 행복이 보인다. 이 두 가지를 제대로 이해하지 못한다면 그
것들을 얻으려고 그다지 애쓰지 않을 것이다. 그것들을 이해한다 하더
라도 원하지 않는다면, 그것들이 자신에게 적합한 것이라고 느끼지 못한
다면, 여전히 별로 애쓰지 않을 것이다. 우리가 가르쳐 주려는 것이 유익
한 거라고 아이에게 입증하기는 쉽다. 하지만 아이를 납득시킬 줄 모른다
면 입증은 아무런 가치도 없다. 우리가 평온하게 이성적으로 동의하거나
비난해 보았자 소용이 없다. 우리를 행동하게 만드는 것은 정념뿐인데,
아직 가져 본 적 없는 이득을 위해 어떻게 열정을 쏟을 수 있겠는가?

12 플루타르코스의 「알렉산드로스 대왕의 의사 이야기」에서 인용 ─ 옮긴이.

아이에게 그가 볼 수 없는 것은 절대로 보여 주지 말라. 아이가 인간성이 무엇인지 거의 모르는 동안에는 아이를 인간의 상태로 끌어올릴 수 없으므로, 그를 위해 인간을 아이의 상태로 낮추도록 하라. 아이가 더 나이 들었을 때 아이에게 유용할 것을 생각하고 있더라도, 지금 당장은 아이가 그것이 유용한지 알아볼 수 있는 것에 대해서만 말해 주도록 하라. 더욱이 다른 아이들과 비교는 절대로 하면 안 되며, 아이가 이치를 따지기 시작하면 달리기를 할 때라도 적수니 경쟁상대니 하는 말은 절대로 하지 말라. 나는 질투나 허영심을 통해서만 배울 수 있는 것은 차라리 배우지 않는 편이 훨씬 낫다고 생각한다. 나는 단지 그가 보여 준 진보를 매년 기록해 둘 것이다. 그래서 다음 해에 그가 더 진보한 부분과 그 기록을 비교할 것이다. 그리고 이렇게 말해 주겠다. "도련님은 키가 상당히 자랐습니다. 저건 도련님이 건너뛰었던 도랑이고 짊어졌던 짐입니다. 또 이건 돌을 던졌던 거리이고 단숨에 달렸던 길입니다. 이제 앞으로 도련님이 어떻게 할지 보도록 하지요." 이런 식으로 나는 누구도 시기하게 만들지 않고 그를 부추긴다. 그는 자신을 넘어서려 할 것이고 또 당연히 그래야 한다. 아이가 자기 자신과 경쟁한다고 해서 곤란해질 일은 없는 듯하다.

나는 책을 싫어한다. 책이란 자신이 알지 못하는 것에 대해 말하는 법만 가르쳐 준다. 헤르메스[13]는 자신이 발견한 것들을 대홍수로부터 안전하게 지키려고 학문의 기본 원리들을 돌기둥에 새겼다고 한다. 만약 그것들을 사람들의 머릿속에 잘 새겨 두었더라면 구전으로 잘 보존될 수

---

13 그리스 신화에 따르면 헤르메스는 문자의 창안자이다 — 옮긴이.

있었을 것이다. 제대로 준비된 두뇌야말로 인간의 지식이 가장 확실하게 새겨지는 건축물이다. 수많은 책들 속에 흩어져 있는 많은 가르침들을 수집하여, 알기 쉽고 따라가는 재미도 있어 이 나이에 자극을 줄 수 있는 하나의 일반적인 주제 아래 모아 놓을 방법은 없을까? 만약 인간의 자연스런 모든 욕구가 아이의 정신이 감지할 수 있게 드러나고, 그 욕구들을 채울 수단들 또한 마찬가지로 쉽게 잇달아 발달되는 그런 상황을 만들어낼 수 있다면, 이런 상태를 생생하고도 순수하게 묘사해 보임으로서 가장 먼저 아이의 상상력을 훈련시켜야 한다.

열성적인 철학자여, 당신의 상상력이 벌써 불타오르는 것이 보인다. 너무 애쓰지 말라. 그런 상황은 이미 발견되어 있고, 당신한테 수고를 끼치지 않아도 당신이 직접 묘사한 것보다 훨씬 더 잘, 최소한 더 진실하고 소박하게 묘사되어 있다. 우리에게 반드시 책이 필요한 이상, 자연 교육에 관해 가장 만족할 만한 개론을 제공한다고 생각이 드는 책이 한 권 있다. 이 책이 에밀이 읽을 첫 번째 책이 될 것이다. 이 책만이 오랫동안 그의 서가를 채우는 유일한 책이 될 것이고, 거기서 언제나 각별한 위치를 차지할 것이다. 자연과학에 관해 우리가 나누는 대화는 모두 이 책의 주석에 불과할 것이다. 우리가 성장하는 동안 이 책은 우리의 판단력을 시험하는 시금석 역할을 할 것이다. 취미가 변질되지만 않는다면 이 책을 읽는 일은 늘 즐거울 것이다. 그렇다면 이 놀라운 책은 무엇인가? 아리스토텔레스인가? 플리니우스[14]인가? 뷔퐁인가? 아니다, 그것은 『로빈슨 크

---

14 Gaius Plinius Secundus Major(23~79): 고대 로마의 정치가, 문인, 학자로서 전 37권으로 된 최초의 백과사전 『박물지』를 편찬했다 — 옮긴이.

루소』이다.

다른 인간의 도움도, 온갖 기술의 도구도 없이, 섬에서 혼자 살면서도 자신의 생존과 자기보존에 대비하면서 심지어 어느 정도 안락함마저 누리는 로빈슨 크루소야말로 모든 연령의 사람들에게 흥미로운 대상이며, 수천 가지 방법으로 아이들을 유쾌하게 해 줄 수 있는 소재이다. 그것은 처음에 내가 비유로 써먹었던 무인도를 우리가 실현시키는 방법이다. 이 상태가 사회인의 상태가 아니라는 것은 나도 인정한다. 이것이 에밀의 상태가 되어서도 안 될 것이다. 하지만 에밀은 바로 이 상태에 비추어 다른 모든 상태들을 판단해야 한다. 편견을 넘어서 사물의 진정한 관계에 따라 판단을 정리하는 가장 확실한 방법은 자신을 고립된 인간의 상황에 두고, 고립된 인간이 자신의 유용성을 참작하여 모든 것에 대해 직접 판단을 내리듯이 모든 일을 판단하는 것이다.

온갖 잡동사니를 빼고 나면, 섬 근처에서 일어난 로빈슨의 난파에서 시작하여 그를 구하러 섬에 온 배의 도착으로 끝나는 이 소설은, 지금 다루고 있는 시기 동안, 에밀에게 오락거리인 동시에 가르침이 되어 줄 것이다. 나는 그의 머리가 완전히 거기에 빠져서 끊임없이 자기 집이나 염소, 재배지에 몰두하기를 바란다. 그리하여 그런 비슷한 상황에서 그가 알아 두어야 할 모든 것을 책이 아니라 사물을 통해 세세하게 배우기를 바란다. 자신이 바로 로빈슨이라고 생각하기를 바란다. 동물 가죽을 걸치고 커다란 모자에 장검에, 그에게 필요 없어 보이는 양산만 제외하고, 그림에 나오는 온통 기괴한 차림새를 갖춘 자기 모습을 상상해 보았으면 한다. 이런저런 것이 그에게 부족해지면 어떤 대책을 마련해야 할지 고심하고, 주인공의 행동을 검토하며 빠트린 것은 없는지 또 더 잘해야 할 것은 없는지 찾아보기 바란다. 주인공의 잘못을 주의해서 표시해 두고, 비슷한 경우에 자신은 그런 잘못을 저지르지 않도록 그것을 활용하기 바란다. 왜냐하면 그는 자신도 비슷한 거처를 마련하러 갈 계획이 있다고 믿어 의심치 않기 때문이다. 그것은 필요와 자유 외에 다른 행복을 알지 못하는 이 행복한 나이에 가질 수 있는 진짜 공상적인 계획이다.

이런 엉뚱한 생각은, 오로지 그것을 유리하게 활용할 생각만으로 이런 생각을 해 내는 솜씨 좋은 사람에게 얼마나 좋은 자원인가! 서둘러 자기 섬에 창고를 만들고 싶어 하는 아이는 가르치려는 선생보다 더 열심히 배울 것이다. 그는 쓸모 있는 것은 모두 다, 오로지 그것만 알고 싶어 할 것이다. 지도할 필요도 없고 그저 붙잡아 두기만 하면 된다. 요컨대 그가 자신의 행복을 그 섬에 국한시키고 있는 동안에는 서둘러 그를 그 섬에 정착시켜 주자. 왜냐하면 그가 거기서 더 살고 싶어 해도 더 이상 혼자 살고 싶어 하지 않을 날이, 지금도 로빈슨을 조금도 감동시키지 못하는 프라이데이[15]가 더는 그를 충족시켜 주지 못할 날이 다가오고 있기 때문이다.

혼자서도 충분히 할 수 있는 자연적인 기술들의 실행은 여러 사람들이 서로 협력해야 할 산업 기술들을 연구하도록 이끈다. 자연적인 기술은 혼자 있는 사람이나 미개인도 수행할 수 있지만, 산업 기술은 사회에서만 생겨날 수 있으며 또 사회를 필요로 하게 한다. 육체적인 욕구만 아는 동안 인간은 각자 자급자족한다. 여분이 생기면서 노동의 배분과 할당

---

15 로빈슨 크루소가 섬에서 만난 원주민으로 로빈슨 크루소는 금요일에 만난 그에게 이 이름을 붙여 주었다 ― 옮긴이.

이 필요해진다. 왜냐하면 혼자 일하는 사람은 한 사람의 생계밖에 벌지 못하지만, 함께 일하는 백 명의 사람들은 이백 명이 먹고살 수 있는 만큼 벌게 되기 때문이다. 따라서 그중 일부가 손을 놓고 쉬게 되면 곧 일하는 사람들이 협력하여 일하지 않는 사람들이 해야 할 노동을 벌충해야 한다.

여러분이 매우 각별히 신경을 써야 할 일은 여러분의 제자가 아직 이해하지 못하는 사회적인 관계에 관한 모든 개념들을 그의 머리에서 멀리 떼어 놓는 것이다. 하지만 지식들의 연계 때문에 사람들의 상호의존성을 보여 주지 않을 수 없을 때는, 그것을 도덕적인 측면에서 보여 주지 말고, 우선 사람들을 서로에게 유용하게 만드는 산업과 기계 기술 쪽으로 아이의 모든 주의를 돌려라. 아이를 이 작업장 저 작업장으로 데리고 다니면서, 어떤 일도 그가 직접 해 보지 않고 그냥 보기만 한다거나, 작업장에서 일어나고 있는 모든 일, 아니면 최소한 그가 관찰한 모든 일의 이유를 완벽하게 알지 못한 채 그곳을 벗어나는 일은 절대로 없게 하라. 이를 위해 여러분 자신이 직접 일을 하면서 어디서든 그에게 본보기를 보여 주도록 하라. 그를 장인으로 만들려면 어디서든 수습생이 되라, 그리고 한 시간의 노동이 하루 종일 설명을 듣고 얻어 내는 것 이상을 그에게 가르쳐 줄 것이라고 생각하라.

여러 기술에는 그것들의 실제적인 유용성에 반비례하여 주어지는 공적인 평가가 있다. 공적인 평가는 그것의 무용성 자체에 비례하여 내려지기도 하는데, 이는 당연하다. 가장 유용한 기술은 돈을 가장 적게 버는 기술이다. 왜냐하면 노동자의 수는 사람들의 수요에 비례하고, 모든 사람들에게 필요한 노동은 반드시 가난한 사람도 지불할 수 있는 값에 맞춰지기 때문이다. 반대로 오로지 한가하고 부유한 사람들만 위해서 일하는, 장인이라 불리지 않고 예술가로 불리는 대단한 사람들은 자신의 하찮은 작품에 제멋대로 값을 매긴다. 이 쓸데없는 작품들의 가치는 오로지 평판에만 따르므로 그 값 자체가 가치의 일부를 이루며, 사람들은 그 가격에 비례하여 그것들을 평가한다. 부자가 그런 작품을 존중하는 것은 그것의 쓸모 때문이 아니라, 가난한 자는 그 값을 지불할 수 없기 때문이다. "나는 민중이 탐낼 것만 갖고 싶다."[16]

제자가 이런 어리석은 편견을 갖게 내버려 둔다면, 또 여러분 자신도 그 편견을 두둔한다면, 가령 여러분이 열쇠 가게에 들어갈 때보다 금은방에 들어가면서 더 경의를 표하는 것을 제자들이 본다면, 여러분의 제자들은 어떻게 되겠는가? 그들이 도처에서 실질적인 유용성에서 비롯된 값과 모순되는 황당한 가격을 본다면, 물건이 비쌀수록 그것의 가치가 떨어진다면, 기술의 진정한 장점과 사물의 참된 가치에 대해 그들이 어떤 판단을 내리겠는가? 이러한 관념이 제자들의 머리에 박히도록 내버려 둔 최초의 순간부터 남은 교육은 접어라. 여러분의 뜻과 상관없이 그들은 세상의 다른 사람들처럼 길러질 것이다. 십사 년 동안의 노고가 허사로 돌아가는 셈이다.

자기 섬에 가구들을 갖출 생각을 하는 에밀은 보는 눈이 달라져 있을 것이다. 로빈슨은 사이드[17]의 온갖 싸구려 장신구들보다 연장 만드는 사람의 가게를 훨씬 더 소중히 여겼을 것이다. 그에게 연장 만드는 사람

---

16 폭군 네로의 총애를 받아 '우아함의 심판관'이라 불렸던 로마의 문인 페트로니우스(Gaius Petronius)의 장편소설 『사티리콘』에서 인용되었다 — 옮긴이.

17 이 사람의 신원은 알 수 없다 — 옮긴이.

은 매우 존경할 만한 사람이고, 사이드는 하찮은 협잡꾼으로 보였을 것이다.

내 아들은 이 세상에서 살도록 태어났다. 그는 현자가 아니라 어리석은 자들과 함께 살아갈 것이다. 따라서 어리석은 자들이 광기에 이끌리고 싶어 하는 이상, 내 아들도 광기에 대해 알아야만 한다. 사물에 대한 실질적인 지식도 좋겠지만, 사람들과 그들이 내리는 판단에 대한 지식은 더욱 가치가 있다. 인간 사회에서 인간의 가장 중요한 도구는 인간이고, 가장 현명한 자는 이 도구를 가장 잘 사용하는 자이기 때문이다. 아이들은 사회 질서를 확고부동하다고 생각하고 거기에 자신을 맞춘다. 그런데 그것과 반대되는 상상적인 질서의 관념을 아이들에게 심어 주는 것이 무슨 소용이 있겠는가? 먼저 그들에게 현명해지도록 가르치고, 그다음에 다른 사람들이 어떤 점에서 어리석은지 판단하도록 가르쳐라.

바로 이러한 허울 좋은 준칙에 근거를 두고, 아버지들은 그릇된 신중함으로 자식들에게 편견을 주입하여 그들을 편견의 노예로 만들고자 애쓴다. 아버지들 자신도 지각없는 군중을 자신의 정념의 도구로 삼는다고 생각하면서 오히려 그들의 노리개가 된다. 인간을 알려면 그에 앞서 얼마나 많은 것을 알아야 하는가! 인간은 현자가 마지막 공부 대상으로 삼는 것인데, 여러분은 그것을 아이의 첫 공부로 삼으려 들다니! 아이에게 우리의 견해를 가르치기 전에 먼저 그것을 평가하는 법부터 가르쳐라. 광기를 이치라 여기는 것이 광기를 제대로 아는 것인가? 현명해지기 위해서는 현명하지 못한 것을 구별할 줄 알아야 한다. 여러분의 아이가 사람들의 판단을 판단할 줄도, 사람들의 잘못을 분별할 줄도 모른다면 어떻게 사람들을 알 수 있겠는가? 사람들이 생각하는 것이 참인지 거짓인지 모른다면, 사람들의 생각을 아는 것은 나쁜 일이다. 그러므로 우선 사물들이 그 자체로 무엇인지 가르쳐라. 그다음에 우리 눈에 그 사물들이 어떻게 비치는지 가르쳐 주어라. 이런 식으로 그는 평판을 진리에 비교할 줄 알게 되고 속된 군중을 넘어설 줄 알게 될 것이다. 왜냐하면 편견을 받아들이면 편견을 알아보지 못하고, 민중을 닮게 되면 그들을 이끌지 못하기 때문이다. 하지만 만약 여러분이 대중의 평판을 평가하는 법을 가르치기 전에 대중의 평판을 가르치는 것부터 시작한다면, 여러분이 어떤 수를 쓰든 그 평판이 아이의 견해가 되어 버려서 다시는 그것을 없애지 못하리라는 점을 명심하라. 내 결론은 젊은이를 분별 있는 사람으로 만들려면 우리의 판단을 강요하는 대신 그의 판단력을 잘 키워 주어야 한다는 것이다.

여러분도 알다시피, 지금까지 나는 내 제자에게 사람들에 대해서는 아무 말도 하지 않았는데 그 또한 양식이 충분하여 내 말을 듣지도 않았을 것이다. 동료들과의 관계는 그가 자신을 통해 다른 사람을 판단할 수 있을 만큼 아직 뚜렷하게 느껴지지 않는다. 그는 인간 존재라고는 자기 자신밖에 알지 못하는데, 심지어 자기 자신도 잘 알지 못한다. 하지만 자신에 대해 판단하지 못하더라도, 그는 최소한 올바른 판단만 내린다. 그는 다른 사람의 입장이 어떤지는 모르지만, 자기 자신의 처지를 깨닫고 거기에서 벗어나지 않는다. 우리는 그가 알 수 없는 사회의 법규 대신 필연성의 사슬로 그를 묶어 두었다. 그는 아직 거의 육체적인 존재에 불과하니 계속해서 그를 그렇게 다루도록 하자.

그는 자연의 모든 물체들과 인간의 모든 노동을 자신의 유용성, 안전, 자기 보존, 자신의 안락함과 그것들이 맺는 감각적 관계를 통해 평가해야 한다. 따라서 그가 보기에는 철이 금보다, 유리가 다이아몬드보다 훨씬 더 값어치가 큰 것이어야 한다. 마찬가지로 랑프뢰르,[18] 르블랑[19] 같은 사람이나 유럽의 모든 보석상인보다 제화공이나 벽돌공을 훨씬 더 존경한다. 그의 눈에는 특히 과자 만드는 사람이 매우 중요한 사람으로 보여서, 롱바르 거리의 하찮은 사탕 제조업자를 위해서라면 과학아카데미라도 전부 내줄 것이다. 그가 생각하기에 금은 세공사, 조각사, 금박 도장공, 수예사는 아무짝에도 쓸모없는 놀이를 즐기는 게으름뱅이에 지나지 않는다. 그는 심지어 시계 제조업도 대단하게 여기지 않는다. 이 행복한 아이는 시간의 노예가 되지 않고 시간을 즐긴다. 그는 시간을 활용하지만 그 값어치를 알지는 못한다. 아직 정념이 평온한 상태에 있어서 시간은 일정하게 흐르기 때문에, 그 평온함은 그에게서 시간을 욕구에 따라 측정할 수 있는 도구가 되어 준다.[20] 그를 울게 만들 때와 마찬가지로 그가 시계를 가졌다고 가정할 때도, 나는 내 설명이 유용하고 또 내 말을 이해할 수 있도록 평범한 에밀을 제시했다.[21] 왜냐하면 진짜 아이로 말하자면, 다른 아이들과 판이하게 다른 그런 아이는 그 무엇에도 본보기가 되지 못할 것이기 때문이다.

---

18 18세기의 이름난 보석상 — 옮긴이.

19 랑프뢰르와 마찬가지로 18세기의 이름난 보석상 — 옮긴이.

20 우리의 정념이 시간의 흐름을 제멋대로 조정하려 할 때 시간은 우리에게서 척도의 역할을 잃는다. 현자의 시계는 한결같은 기질과 평화로운 영혼이다. 현자는 항상 제시간에 있으며 언제나 제시간을 알고 있다.

21 몽모랑시에서 길을 잃었을 때 저자는 에밀이 울고 있고 시계를 가지고 있다고 가정했다는 점을 기억하자 — 옮긴이.

그만큼 자연스러우면서 한결 더 올바른 하나의 질서가 있다. 이 질서에 근거를 두고 사람들은 필연성의 관계에 따라 연결되는 기술들을 고려함으로써 가장 독립적인 기술들을 첫째로 두고, 훨씬 더 많은 다른 기술들에 의존하는 기술들을 마지막에 둔다. 일반적인 사회의 질서에 관하여 중요한 고찰을 제공하는 이 질서는 앞서 말한 것과 비슷한데, 사람들의 평가 속에서는 이 질서 역시 뒤집혀져 있다. 그리하여 원재료는 명예도 없고 거의 이득도 없는 직업들에서 사용되고, 그것이 사람들의 손을 많이 거치면 거칠수록 노동력의 가치는 오르고 더 높은 명성을 얻게 된다. 나는 사람들이 사용할 수 있도록 원재료를 가공하는 첫 번째 노동에서보다, 마지막 형태를 부여하는 정밀한 기술에서 발휘되는 솜씨가 더 대단하고 더 많은 보수를 받을 만한지 과연 그런지 아닌지 따질 생각은 없다. 다만 어떤 일에서나 가장 일반적이고 없어서는 안 되는 용도를 가진 기술이 이론의 여지 없이 가장 존경받을 만한 기술이며, 다른 기술들을 덜 필요로 하는 기술이 더 자유롭고 더 독립적인 만큼 종속성이 가장 높은 기술들보다 더 존경받아 마땅하다는 말만 해 두겠다. 이것이 바로 기술과 솜씨를 평가하는 진짜 기준들이다. 나머지는 모두 임의적이어서 사람들의 견해에 달려 있다.

모든 기술들 가운데 가장 존경할 만한 첫 번째 기술은 농업이다. 나는 대장간 일을 두 번째로, 목수 일을 세 번째로 두겠다. 세속적인 편견에 물들지 않은 아이라면 틀림없이 이렇게 판단할 것이다. 이 점에 대해 우리의 에밀은 그가 읽은 로빈슨에서 얼마나 많은 중요한 생각들을 끌어내겠는가! 기술이란 세분되어 서로 도구를 무한히 늘려 감으로써만 완성된다는 사실을 알면 그는 어떻게 생각할까? 그는 마음속으로 생각할 것이다. "이 사람들은 모두 헛똑똑이로군. 자기 팔과 손가락이 어떤 일에 쓰이는 것을 두려워하여 그것들 없이 지내려고 온갖 도구들을 만들어 내는 것 같아. 한 가지 기술을 써먹기 위해 수많은 다른 기술들에 얽매여 있어. 일꾼 한 사람 한 사람에게 도시 하나가 필요할 정도야. 내 동료와 나로 말하면 우리의 능력은 손재주에 있지. 우리는 어디든 가져갈 수 있는 연장들을 스스로 갖추고 있는 거야. 파리에서 자신의 재능을 자랑스러워하는 저 사람들은 우리의 섬에서는 아무것도 할 줄 몰라서 이번에는 그들이 우리의 수습생이 될 거야."

독자여, 여기서 우리 제자의 신체 단련과 손재주를 보는 데서 그치지 말고 그의 어린애다운 호기심을 어떻게 지도하는지 살펴보라. 감각과 창의력과 예측력을 살펴보고 우리가 그에게 어떤 머리를 만들어 줄 건지 생각해 보라. 보고 또 행하는 모든 일에서 그는 모든 것을 알고 싶어 할 것이고, 모든 것의 근거를 알고자 할 것이다. 이 도구에서 저 도구로, 그는 언제나 최초의 도구로 거슬러 올라가고 싶어 할 것이다. 가정만으로는 아무것도 받아들이지 않고 그에게 없는 선행지식을 요구하는 일은 배우려 들지 않을 것이다. 용수철 만드는 것을 보면 광산에서 철이 어떻게 채굴되었는지 알고 싶어 할 것이며, 상자를 짜 맞추는 것을 보면 나무를 어떻게 베었는지 알고 싶어 할 것이다. 또한 그가 직접 일을 할 때면 도구를 하나하나 사용할 때마다 틀림없이 이렇게 혼잣말을 할 것이다. "만약 이 연장이 없다면 이런 것을 만들기 위해, 혹은 그것 없이 일하기 위해 나는 어떻게 해야 할까?"

그런데 선생이 자신이 좋아해서 열중하는 일들을 하면서 피하기 어려운 잘못은 아이도 언제나 같은 취미를 가졌을 것이라고 가정하는 일이다. 여러분은 일의 재미에 빠져 정신이 없지만, 아이는 싫증이 나는데도 여러분에게 차마 내색을 못 하는 일이 없도록 조심하라. 아이는 일에 완전히 몰두해야 한다. 그러나 여러분은 아이에게 몰두하여, 아이가 눈치채지 못하게 끊임없이 그를 관찰하고 살펴야 하며, 미리 그의 모든 생각을 예측해서 그가 가져서는 안 될 생각은 아예 막아 주고 궁극적으로는 자신이 그 일에 쓸모가 있을 뿐만 아니라 자신이 하는 일이 무엇에 소용되는지 제대로 이해함으로써 그 일을 즐겨 할 수 있게끔 일에 몰두하게 해야 한다.

기술 사회는 솜씨의 교환으로, 상업 사회는 물건의 교환으로, 금융 사회는 증서와 돈의 교환으로 이루어진다. 이 관념들은 모두 서로 연결되어 있고 기본적인 개념들은 이미 잡혀 있다. 우리는 정원사 로베르의 도움을 받아 어려서부터 이 모든 것의 토대를 마련해 두었다. 이제 우리에게 남은 일은 단지 그 관념들을 일반화하여 더 많은 실례들로 확대하는 것이다. 먼저 그에게 그 자체로 파악된 교역 활동을 이해시키고, 다음에는 각 나라의 특산물에 관한 박물지의 세부사항들이나 항해에 관한 기술과 지식의 세부사항들을 통해, 마지막으로 장소가 멀어짐에 따라 또, 육지와 바다와 강 등의 입지 조건에 따라 운송의 불편이 커지거나 적어진다는 사실을 통해 현실감 있게 교역 활동을 이해시키는 것이다.

어떤 사회도 교환 없이 존재할 수 없고, 어떤 교환도 공통의 척도 없이는 불가능하며, 어떤 공통의 척도도 평등 없이는 존재할 수 없다. 따라서 모든 사회는 사람들과 관련해서건 사물들과 관련해서건 일종의 계약에서 나온 평등을 제1법칙으로 삼는다.

자연의 평등과는 매우 다른 인간들의 계약적 평등은 실정법, 즉 정부와 법률을 필수적인 것으로 만든다. 아이의 정치적 지식은 명료하고 제한적이어야 한다. 그는 일반정부에 대해서는 이미 그도 조금은 알고 있는 소유권에 관련된 내용만 알아야 한다.

사물들 사이의 계약적인 평등은 돈을 발명하게 만들었다. 왜냐하면 돈이란 여러 종류의 물건들의 가치에 대한 비교항일 뿐이기 때문이다. 이런 의미에서 돈은 사회의 진정한 결속체이다. 그런데 모든 것이 돈이 될 수 있다. 옛날에는 가축이 돈이었고 지금도 몇몇 나라에서는 조개껍질이 돈이다. 스파르타에서는 쇠가 돈이었고 스웨덴에서는 가죽이 돈이었으며 우리들 사이에서는 금과 은이 돈이다.

운송하기에 보다 쉬운 금속이 일반적으로 모든 교환의 매개물로 선택되었다. 그리고 사람들은 교환할 때마다 크기나 무게를 재는 수고를 덜기 위해 이 금속을 돈으로 바꾸었다. 돈에 찍힌 각인은 그 표시가 있는 화폐가 그 정도의 무게라는 증명에 불과하기 때문이다. 또한 오로지 군주만 국민 모두에게서 그의 보증이 권위를 갖도록 요구할 권리를 가졌기 때문에, 군주만 돈을 주조할 권리가 있다.

이 발명의 용도를 이렇게 설명하면 아무리 바보라도 다 알 수 있다. 성질이 다른 사물들, 가령 직물을 밀과 직접 비교하기는 어렵다. 하지만 공통의 척도, 다시 말해 돈을 찾아냈을 때 제조업자와 경작자가 교환하고 싶은 물건들의 가치를 이 공통의 척도에 따라 맞추기는 쉽다. 일정량의 모직물이 일정 액수의 돈과 등가이고 일정량의 밀이 또한 동일한 액수의 돈과 등가라면, 자신의 모직물을 주고 그 밀을 받는 상인은 공정한 교환을 하는 셈이 된다. 이처럼 여러 종류의 재화들이 같은 단위로 측정되어 서로 비교될 수 있는 것은 돈에 의해서이다.

이보다 더 나아가지 말라. 이러한 제도의 도덕적 효과에 대한 설명까지 들어가지 말라. 모든 일에서 오남용을 보여 주기 전에 먼저 그 유용성을 제대로 설명해 주는 것이 중요하다. 만약 여러분이 아이들에게 기호記號가 어떻게 사물을 잊게 만드는지, 돈에서 어떻게 평판의 온갖 환상이 생겨나는지, 또 돈이 많은 나라가 어떻게 모든 면에서 가난해져야 하는지 설명하려 한다면, 아이들을 철학자뿐만 아니라 현자로 취급하는 셈이 되며 철학자들조차 제대로 이해하지 못한 것을 아이들에게 이해시키려는 일이 될 것이다.

이런 식으로 한다면 제자의 능력이 미치는 범위 내에 있는 실제적이고 물질적인 관계들을 저버리지 않고, 그가 이해할 수 없는 단 하나의 관념도 그의 머릿속에서 생겨나지 않게 하면서, 그의 호기심을 풍부한 흥미로운 대상들에게로 돌릴 수 있지 않겠는가! 선생의 기술이란 제자가 무엇과도 관련 없는 하찮은 것들만 관찰하게 내버려 두지 않고, 시민 사회의 좋고 나쁜 질서를 제대로 판단하기 위해 언젠가 반드시 알아야 할 중대한 관계들에 그를 끊임없이 접근시켜 나가는 것이다. 그를 즐겁게 해주는 이야기들을 그의 타고난 기질에 맞출 줄 알아야 한다. 다른 아이라면 주의를 끌 수조차 없는 그런 질문이 여섯 달 동안 에밀을 괴롭히게 될 것이다.

우리는 어느 부잣집에 식사를 하러 간다. 연회 준비, 많은 사람들, 많은 하인들, 또 많은 요리와 우아하고 세련된 접대를 보게 된다. 즐거움과 잔치를 준비하는 이 모든 모습에는 거기에 익숙하지 않다면 머리를 황홀하게 만드는 무엇인가가 있다. 나는 내 어린 제자에게 미칠 이 모든 것의 효과를 미리 간파한다. 긴 시간 동안 식사가 계속되고 음식들이 연이

어 나오고 식탁 주위로 떠들썩한 많은 화제들이 난무하는 동안, 나는 그의 귀에 대고 이렇게 말한다. "이 식탁 위에 보이는 이 모든 것이 여기 나오기까지 얼마나 많은 손을 거쳤으리라고 생각하니?" 이 몇 마디 말로 그의 머릿속에 얼마나 많은 생각들이 일깨워지는가! 그 즉시 흥분에 들뜬 기운은 모두 사그라진다. 그는 생각에 잠겨 생각하고 따져 보고 동요한다. 술이나 어쩌면 옆에 있는 여자들 때문에 들떠 있던 철학자들이 허튼 소리를 하며 유치하게 구는 동안, 그는 이렇게 혼자 구석에서 철학을 하고 있다. 그가 내게 묻는다. 나는 대답하기를 거부하고 다음 기회로 미룬다. 그는 초조해하며 먹고 마시는 것도 잊어버리고 나와 마음껏 이야기를 나누기 위해 식탁에서 벗어날 생각만 한다. 그가 호기심을 갖기에 얼마나 멋진 소재인가! 그를 가르치기에 얼마나 훌륭한 주제인가! 세계의 모든 지역들이 공물 할당을 받고 아마도 이천만 명의 일손이 오랫동안 일해 왔을 것이며, 그 일 때문에 아마도 수천 명의 사람들이 목숨을 잃었으리라는 것, 이 모든 것이 그가 저녁이면 변기에 내다 버릴 것을 호사스럽게 차려 정오에 그에게 내놓기 위한 것임을 알게 되면, 무엇으로도 타락시킬 수 없었던 건전한 판단력을 지닌 그가 사치에 대해 과연 어떤 생각을 할까?

그가 마음속으로 이 모든 관찰에서 끌어내는 은밀한 결론들을 조심스럽게 몰래 살펴보라. 만약 여러분이 내가 생각하는 것만큼 그를 잘 지켜보지 않았다면, 그는 자신의 생각을 다른 방향으로 돌려, 자신의 점심 식사를 준비하기 위해 그처럼 많은 사람들이 합심하여 수고하는 것을 보고 자신이 세상에서 정말 중요한 인물이라 생각할 마음이 생길지 모른다. 그가 이렇게 생각하리라는 예감이 들면, 여러분은 그가 그런 생각을 하기 전에 쉽게 그것을 방지하거나 적어도 즉시 그런 인상을 지워 버릴 수 있다. 아직은 사물을 물질적인 쾌락을 통해서만 자기 것으로 삼을 줄 아는 그는 그것이 자신과 맞는지 맞지 않는지 감각적인 관계를 통해서만 판단할 수 있다. 운동이 준비하고 배고픔과 자유와 기쁨으로 맛을 낸 시골의 소박한 식사와 그토록 화려하고 격식에 치우친 연회를 비교하는 것만으로도, 그는 연회의 모든 겉치레가 그에게 아무런 실질적인 이득을 가져다주지 않으며, 재력가의 식탁에서 식사를 마치고 일어날 때나 농부의 식탁에서 일어날 때나 똑같이 배가 만족한 상태에서 그곳을 나서기 때문에, 그가 진정 자기 것이라 할 수 있는 것이 어느 한쪽 식탁에 더 많이 있지 않았다는 사실을 충분히 깨닫게 할 수 있을 것이다.

이런 경우에 교사가 그에게 할 수 있는 말을 생각해 보자. "이 두 식사를 잘 떠올려 보고 마음속으로 도련님이 어느 식사를 더 즐겁게 했는지 정해 보십시오. 어느 쪽에서 더 기쁨을 느꼈습니까? 어느 쪽에서 더 맛있게 먹고 더 즐겁게 마시고 더 진심으로 흥겹게 웃었습니까? 어느 식사가 오래 계속되어도 지겹지 않고 또 다른 요리가 나오지 않아도 견딜 만했나요? 또 한편 그 차이를 생각해 보세요. 도련님이 그토록 맛있다고 느낀 검은 빵은 농부가 수확한 밀로 만든 것입니다. 또한 검고 거칠지만 갈증을 풀어 주고 몸에 좋은 그 포도주는 농부의 포도원에서 나온 것이고. 식탁보는 그의 삼으로 만들어 아내나 딸, 혹은 하녀가 겨울에 지은 것입니다. 자기 가족 이외 누구의 손도 그의 식탁 차리는 일에 끼어들지 않았어요. 가장 가까운 방앗간과 옆에 있는 시장이 그에게는 세계의 끝이나 마찬가지입니다. 그러나 또 다른 식탁에서는 멀리 떨어진 땅에서 많은 사람들의 손을 거쳐 더 많은 것이 공급되었지만, 도련님은 그 모든 것을 실제로 도무지 즐기지 못했어요. 이 모든 것이 도련님에게 더 나은 식사를 전혀 마련해 주지 못했다면, 도련님이 그 풍성함에서 얻은 이득은 무엇이었습니까? 거기에 도련님을 위해 만들어진 것이 있었나요? 설령 도련님이 그 집의 주인이었다 하더라도 그 모든 것은 더더욱 도련님과 무관했을 것입니다. 왜냐하면 도련님의 즐거움을 남들 눈에 과시하려고 신경을 쓰다가 정작 본인의 즐거움은 빼앗겨 버렸을 것이기 때문입니다. 도련님은 고생만 하고 기쁨은 남들이 가져가는 셈입니다."

이런 이야기는 매우 근사할 수 있지만 에밀에게는 아무 가치가 없다. 그의 이해력을 넘어설 뿐만 아니라, 그가 해야 할 반성을 남이 일러 줄수는 없기 때문이다. 그러니 더 단순하게 말하라. 그 두 가지 경험을 하고 난 뒤 어느 날 아침 그에게 이렇게 말해 보라. "오늘은 어디서 점심을 먹을까요? 식탁의 4분의 3을 차지하는 산더미 같은 은 접시들과, 후식이 나올 때 거울 위에 차리는 종이꽃다발 화단 둘레에서? 도련님을 꼭두각시 인형 취급하며 도련님이 알아듣지도 못하는 말을 시키려는 커다란 페티코트를 입은 그 부인네들 속에서? 그도 아니면 이곳에서 이십 리 떨어진 마을, 우리를 그토록 즐겁게 맞이하고 너무나 맛난 크림을 먹여 주던 그 선량한 사람들 집에서?" 에밀의 선택은 의심의 여지가 없다. 왜냐하면 그는 수다쟁이도 아니고 경박하지도 않기 때문이다. 또한 거북한 것을 참을 수도 없고 우리가 먹는 산해진미도 전혀 좋아하지 않는다. 그는 언제나 들판을 뛰어다닐 준비가 되어 있으며, 맛있는 과일과 야채와 크림, 그리고 선량한 사람들을 무척 좋아한다.[22] 길을 가다가도 저절로 생

---

22 내 제자가 가졌을 거라 여기는 전원에 대한 취미는 그가 받은 교육의 자연스러운 산물이다. 게다가

각이 떠오른다. 나는 그 거창한 식사를 차리기 위해 일을 하는 무수히 많은 사람들이 헛되이 수고를 하거나, 아니면 우리의 즐거움에 대해 별로 생각하지 않는다는 것을 알고 있다.

내가 든 예들이 아마도 어떤 한 주제에는 적합하겠지만 다른 많은 주제에는 맞지 않을 수도 있을 것이다. 그 취지를 이해한다면 필요에 따라 예들은 변형시킬 수 있을 것이다. 선택은 아이 각자에게 고유한 타고난 재능의 연구에 따라 좌우되고, 그 연구는 우리가 아이들에게 제공하는 자기표현의 기회에 달려 있다. 우리가 여기서 채워야 할 삼사 년 동안, 설령 아무리 뛰어난 자질을 타고난 아이라 하더라도, 언젠가 자기 스스로 배울 수 있을 만큼 충분할 정도로 온갖 기술과 모든 자연 과학에 대해 개념을 심어 줄 수 있다고는 생각하지 않을 것이다. 그러나 우리는 이처럼 그가 알아야 할 모든 대상들을 그의 눈앞에 펼쳐 보임으로써, 그가 자신의 취미와 재능을 개발하고 타고난 재능이 이끄는 대상을 향해 첫걸음을 내디딜 수 있게 만들며, 그가 열어 가야 할 길을 우리에게 알려 주어 자연을 도울 수 있는 상황을 만들어 준다.

제한적이지만 정확한 지식들의 연계가 가져오는 또 다른 이득은 아이에게 그 지식들을 그 연관관계에 따라 보여 줘서 그것들을 모두 제자리에 둔 채 아이가 그것들을 평가할 수 있다는 것이며, 또 대부분의 사람들

여자들의 환심을 사는 잘난 체하고 겉멋 부리는 태도가 전혀 없기 때문에 그는 다른 아이들만큼 환영받지 못한다. 그 결과 그는 여자들과 함께 있는 것을 그다지 즐거워하지 않으며, 아직 매력을 느끼지 못하는 여자들과의 교제에서 타락하는 일도 적다. 나는 그에게 여자 손에 키스하는 법이나 그들에게 시시한 아첨을 늘어놓는 법도, 심지어 남자에 앞서 여자에게 표해야 할 경의를 보이는 법을 가르치려고 하지 않았다. 나는 그의 이성이 이해할 수 없는 것은 그에게 요구하지 않는다는 것을 불가침의 법칙으로 삼아 왔다. 또한 아이에게는 여자를 남자와 달리 취급해야 할 정당한 이유가 없다.

이 가진 편견 즉 자신이 일군 재능은 두둔하고 등한시한 재능은 무시하는 편견을 그의 마음속에서 미리 막아 준다는 것이다. 전체의 질서를 제대로 보는 자는 각 부분이 있어야 할 위치도 안다. 반면 한 부분을 제대로 보고 그것을 완전하게 아는 자는 학식이 높은 자가 될 수 있을 것이다. 그러나 전자는 판단력이 정확한 사람이다. 여러분도 기억하다시피 우리가 획득하고자 하는 것은 지식보다 판단력이다.

어쨌든 나의 방법은 내가 든 예들에 얽매이지 않는다. 나의 방법은 인간이 나이에 따라 갖는 능력을 측정하고, 그의 능력에 적합한 일을 선택하는 데 근거를 두고 있다. 나는 사람들이 더 나아 보이는 다른 방법을 쉽게 발견할 수 있을 것이라고 생각한다. 그러나 그것이 종족과 나이 그리고 성_性에 덜 적합한 방법이라면 같은 성공을 거둘 수 있을지 의심스럽다.

이 두 번째 시기를 시작하면서, 우리는 자기 밖으로 나가기 위해 욕구를 넘어서는 여분의 힘을 이용하였다. 우리는 하늘로 날아올랐고 땅을 측정했고 자연의 법칙을 끌어모았다. 한마디로 우리는 섬 전체를 돌아다녔다. 이제 우리는 다시 자기 자신에게로 돌아오고 있다. 모르는 사이에 우리의 거주지에 가까이 왔다. 집에 들어서면서 우리를 위협하고 우리 집을 차지하려고 준비하던 적이 아직 집을 차지하지 않았음을 보게 된다면 정말 다행이다!

우리를 둘러싸고 있는 것을 모두 관찰하고 나면 우리에게 남은 할 일은 무엇이겠는가? 우리가 우리의 것으로 삼을 수 있는 모든 것을 이용할 수 있게 바꾸고, 우리의 행복을 위해 호기심을 이용하는 일이다. 지금까지 우리는 무엇이 필요한지도 모른 채 온갖 종류의 도구들을 비축해 왔다. 어쩌면 우리 자신에게는 쓸모없는 우리의 도구들이 다른 사람들에게는 도움이 될 수 있을 것이다. 또 어쩌면 상황이 바뀌어 우리에게도 다른 사람들의 도구가 필요해질 수 있을 것이다. 따라서 우리는 모두 이 교환에서 득을 볼 것이다. 하지만 교환을 하려면 서로의 필요를 알아야 하며, 각자가 다른 사람들이 가진 것 중에서 자기에게 소용이 되는 것과 대신 그들에게 줄 수 있는 것을 알아야 한다. 각자 열 가지 종류의 필요를 가진 사람이 열 명 있다고 하자. 자기에게 필요한 것을 위해 각자가 열 가지 종류의 일에 전념해야 한다. 그러나 타고난 재능과 재주의 차이가 있으므로, 어떤 사람은 그중 어떤 일에서 성과를 덜 올릴 것이고 또 다른 사람은 다른 일에서 그러할 것이다. 각자 서로 다른 일에 적합한데도 모두가 같은 일을 하게 되면 필요를 제대로 충족시키지 못할 것이다. 이 열 명의 사람들로 하나의 사회를 만들자. 그리고 각자 자기 자신만을 위해서 그리고 나머지 아홉 명을 위해서 그에게 가장 적합한 종류의 일에 전념하게 하자. 그렇게 하면 마치 혼자 모든 재능을 가진 것처럼 누구나 다른 사람들의 재능을 이용하게 될 것이다. 또한 지속적인 훈련으로 자신의 재능을 완성시켜 나갈 것이다. 그래서 열 명 모두 필요한 것을 완벽하게 갖추고 게다가 다른 사람들을 위한 여분도 가지게 될 것이다. 이것이 우리의 모든 제도들의 표면적인 원칙이다. 여기서 그 결과를 검토하는 것은 나의 주제가 아니다. 그것은 다른 글에서 다루었다.[23]

이 원칙에 입각할 때, 도대체 아무것에도 매이지 않고 스스로 자족적이어서 자신을 고립된 존재로 보려는 인간은 비참할 수밖에 없을 것이

---

23 사회를 필요로 하는 분업에 대해서 루소는 이미 『인간 불평등 기원론』에서 언급한 바 있다 — 옮긴이.

다. 그는 생명을 부지하는 것조차 불가능할 것이다. 왜냐하면 소유권 때문에 대지 전체가 내 것과 네 것으로 덮여 있고 그의 것이라고는 자기 몸뚱이밖에 없으니, 그가 필요한 것을 어디서 끌어내겠는가? 자연 상태를 벗어남으로써 우리는 동료들도 거기서 벗어나도록 강요한다. 남들이 뭐라 하든지 무시하고 거기에 머물러 있을 수 있는 사람은 없다. 자연 상태에서 살아갈 수 없는데도 거기에 머무르고자 하는 것은 실지로 거기에서 벗어나는 것이나 마찬가지일 것이다. 왜냐하면 자연의 첫 번째 법칙은 자기를 보존하려는 배려이기 때문이다.

이런 식으로 아이가 실제로 사회의 능동적인 구성원이 되기도 전에, 아이의 머릿속에서는 사회관계에 대한 관념들이 조금씩 형성된다. 에밀은 자신에게 쓸모 있는 도구들을 갖기 위해 그 이상으로 다른 사람들에게 쓸모 있는 도구들도 그에게 필요하다는 것을 알게 된다. 그래야 자신에게 필요한데 다른 사람의 수중에 있는 물건을 교환을 통해 얻을 수 있기 때문이다. 나는 어렵지 않게 에밀이 이러한 교환의 필요를 깨닫고 그것을 이용할 수 있도록 이끈다.

자신의 천한 직업을 비난하는 어느 대신에게 한 불운한 풍자 작가가 "각하, 저는 살아야 합니다"라고 말했다. 그 대신은 "나는 그럴 필요를 모르겠네"라고 냉정하게 대꾸했다. 대신이 한 말로서는 훌륭한 이 대답이 다른 사람의 입에서 나왔더라면 무식하고 틀린 말이 되었을 것이다. 모든 인간은 살아야 한다. 각자의 인간성에 따라 강조하는 정도의 차이는 있겠지만, 이러한 논거는 내가 보기에 자기 자신과 관련하여 그렇게 말하는 사람에게는 반박의 여지가 없는 듯하다. 자연이 우리에게 일으키는 온갖 반감들 가운데 가장 혐오스러운 것은 죽음에 대한 것이다. 따라서 살기 위해 다른 가능한 수단을 갖지 못한 사람에게는 자연에 의해 모든 것이 허용된다는 결론이 나온다. 유덕한 인간에게 자기 생명을 경시하고 자신의 의무를 위해 목숨을 바치라고 가르칠 때, 그것이 근거한 원칙들은 이러한 원시적인 단순성과는 거리가 멀다. 노력하지 않고도 선량하고 미덕이 없이도 정의로울 수 있는 국민들은 얼마나 행복한가! 살면서 악을 행하지 않을 수 없고 시민들은 어쩔 수 없이 사기꾼이 되는 비참한 나라가 세상에 있다면, 목을 매달아야 할 사람은 악인이 아니라 악인이 될 수밖에 없도록 몰아넣은 자이다.

에밀이 생명이 무엇인지 알게 되면, 나의 첫 배려는 에밀에게 생명을 보존하는 법을 가르치는 일이 될 것이다. 지금까지 나는 신분, 지위, 재산을 구별하지 않았다. 인간은 모든 신분에서 동일하기 때문에 앞으로도 그것들은 구별하지 않을 것이다. 부자가 가난한 사람보다 위가 더 큰 것도, 소화를 더 잘 시키는 것도 아니기 때문이다. 또한 주인이 노예의 팔보다 더 길고 강한 팔을 가진 것도 아니다. 귀족이라고 해서 서민보다 키가 더 큰 것도 아니다.[24] 요컨대 자연의 욕구가 어디서나 동일한 만큼, 그것을 충족시키는 수단들도 어디서나 똑같아야 한다는 것이다. 인간의 교육을 인간이 아닌 것에 맞추지 말고 인간에게 맞추도록 하라. 여러분이 인간을 오로지 하나의 신분에 맞게 키우려 노력함으로써 그를 다른 모든 신분에서는 쓸모없는 사람이 되게 만든다는 사실을, 또 만약 그의 운명이 바뀌면 그동안 그를 불행하게 만들려고 애쓴 것밖에 되지 않

---

24 루소는 여기서 'grand'이라는 동음이의어로 말장난을 하고 있다. 'grand'은 명사로 쓰이면 '귀족'의 의미이고 형용사로 쓰이면 '키가 큰'을 의미한다 — 옮긴이.

는다는 사실을 모르겠는가? 거지가 되어 가난해졌는데도 출생에서 비롯된 편견을 그대로 간직하고 있는 귀족보다 더 우스꽝스러운 것이 있겠는가? 가난해지자 가난해서 받는 멸시를 기억하고 자신이 가장 못난 인간이 되었다고 느끼는 부자보다 더 비속한 것이 있겠는가? 살아가는 방편이라고 해 봐야 전자에게는 공공연한 사기꾼 노릇, 후자에게는 굽실거리는 하인 노릇뿐이다. "나도 살아야 한다"라는 그 근사한 말을 하면서 말이다.

여러분은 사회의 현재 질서가 혁명을 피할 수 없으며, 여러분의 아이들이 관련될 수도 있는 혁명을 예측하거나 미연에 방지하는 것이 불가능하다는 생각은 해 보지도 않고 현재의 사회 질서를 믿는다. 지체 높은 사람이 지체 낮은 사람이 되고 부자는 가난하게 되며 군주가 신하가 된다. 여러분이 나는 운명의 타격을 받지 않을 것이라고 기대할 수 있을 정도로 운명의 타격이 그렇게 드문 일인가? 우리는 위기의 상황과 혁명의 세기에 다가가고 있다.[25] 과연 그때 여러분이 어떻게 될지 누가 여러분에게 대답할 수 있을까? 인간이 만들어 낸 모든 것은 인간에 의해 파괴될 수 있다. 자연이 새겨 둔 글자 외에 지울 수 없는 글자란 없으며, 자연은 군주도 부자도 귀족도 만들지 않는다. 여러분이 오로지 부귀영화에 적합하게끔 가르친 호사 방탕한 폭군이 천한 신분으로 떨어진다면 도대체 어떻게 할 것인가? 오로지 호사를 누리며 사는 것밖에 모르는 금융업자는 가난해지면 무엇을 할 수 있을까? 자기 자신을 활용할 줄도 모르고 자기 존

---

25 나는 유럽의 대군주국들이 더 오래 지속되는 것이 불가능하다고 생각한다. 모두 다 번영을 누렸고, 번영하는 모든 국가는 쇠퇴하게 마련이다. 이 격언보다 더 특별한 이유들을 나는 생각하고 있다. 하지만 지금 그것을 말하는 것은 적절하지가 않고, 또 그 이유들은 누구나 너무도 잘 알고 있는 것들이다.

재를 자신과 무관한 것들에만 내맡기는 어리석은 호사가가 모든 것을 다 잃고 무엇을 할 수 있을까? 그때 자기를 버린 신분을 버릴 줄 알고, 운명을 무릅쓰고 인간으로 남아 있을 줄 아는 사람은 얼마나 행복한가! 미치광이가 되어 무너진 왕좌의 파편들 아래 묻히려는 패배한 왕을 찬양하고 싶은 사람은 마음껏 찬양하라. 나는 그를 경멸한다. 나는 그가 자신의 왕관에 의해서만 존재하며, 왕이 아닐 때 그는 도대체 아무것도 아니라는 것을 알고 있다. 하지만 왕관을 잃고 왕관 없이도 살아 내는 사람은 그때 왕좌보다 더 높은 곳에 있다. 그는 다른 사람과 마찬가지로 비겁한 자, 악인, 미치광이도 수행할 수 있는 왕의 지위에서 극소수의 사람들만 수행할 줄 아는 인간의 신분으로 올라간 것이다. 그때 그는 운명을 이기고 운명에 과감히 맞선다. 그는 자기 자신 외에 그 무엇에도 빚지지 않는다. 그리하여 보여 줄 것이라곤 자기 자신밖에 남지 않았을 때 그는 아무것도 아닌 게 아니라 그 무엇이다. 그렇다, 자신이 통치자가 아니라면 무엇이 될지 알지 못한 불운한 타르퀴니우스[26]보다, 코린토스에서 교사가 된 시라쿠사의 왕[27]이나 로마에서 법원 서기가 된 마케도니아의 왕[28]을 나는 백 배는 더 좋아한다. 또 이미 자기 힘을 벗어난 직업 이외에 다른 일은 할 줄을 몰라서, 그의 비참함을 감히 멸시하는 자들의 장난감이 되어 궁정에서 궁정으로 헤매 다니며 도처에서 도움을 청하고 도처에서 창

---

26 Lucius Tarquinius Superbus(?-기원전 510): 로마의 마지막 왕으로 사촌 타르퀴니우스 콜라티누스의 아내 루크레티아를 강간했다. 루크레티아가 자살하자 분개한 로마 시민이 반란을 일으켜 그를 폐위하고 공화정을 세웠다 — 옮긴이.

27 기원전 4세기, 디오니시오스 2세는 말년에 코린토스에서 교사 노릇을 했다 — 옮긴이.

28 기원전 2세기, 페르세우스왕의 아들 알렉산드로스는 168년 피드나에서 로마에 패배하여 실제로 법원 서기로 살았다 — 옮긴이.

피만 당하던, 세 왕국을 소유했던 왕의 상속인보다 나는 그들이 훨씬 더 좋다.[29]

인간이고 시민인 자는 그가 누구이든 자기 자신 외에 사회에 내놓을 다른 재산이 없으며, 그가 가진 다른 모든 재산은 그가 뭐라 하든 사회의 것이다. 어떤 사람이 부자라면 그는 돈을 쓰지 않아 자신의 부를 즐기지 못하거나 아니면 돈을 써서 공공대중도 역시 그 부를 함께 누리거나 두 경우 중의 하나이다. 그런데 첫 번째 경우 자신이 쓰지 않는 것은 남들에게서 훔친 것이 되고, 두 번째 경우 그는 남들에게 아무것도 주지 않는 셈이다.[30] 따라서 그가 자신의 재산만으로 보답하는 경우, 사회에 진 빚은 그에게 고스란히 남는다. 하지만 나의 아버지가 그 재산을 벌면서 사회에 봉사했으니… 그렇다, 그는 자신의 빚을 갚았지 여러분의 빚을 갚은 것이 아니다. 여러분은 유리하게 태어난 만큼 빈털터리로 태어난 경우보다 남들에게 더 많은 빚을 지고 있다. 어떤 사람이 사회를 위해 행한 일이 다른 사람이 사회에 진 빚을 덜어 주는 것은 정당하지 못하다. 왜냐하면 가진 것 전부가 빚인 사람은 자기를 위해서만 그 값을 치를 수 있으며, 어떤 아버지도 다른 사람들에게 쓸모없는 인간이 될 권리를 아들에게 넘겨줄 수는 없기 때문이다. 그런데 여러분의 의견에 따르면, 아버지는 노동의 증거이자 가치인 자신의 부를 아들에게 넘겨줌으로써 그렇게 하고 있다. 스스로 벌지 않은 것을 아무 일도 하지 않으면서 먹는 자

---

29 명예혁명으로 쫓겨난 영국 왕 제임스 2세의 손자 찰스 에드워드는 왕위 획득을 위해 각지에서 싸웠지만 패하여 말년을 이탈리아에서 보냈다 — 옮긴이.

30 모든 재산은 사회에 속하기 때문에 자신의 부를 사용하지 않는 인색한 사람은 그 사용하지 않는 부를 쓸데없이 사회에서 훔친 셈이 되고, 자신의 부를 사용하는 사람은 사회로부터 자신이 받은 부를 다시 사회에 돌려주는 것에 불과하기 때문에 사회에 무엇인가를 주는 것이 아니다 — 옮긴이.

는 그것을 훔치는 셈이다. 아무 일도 하지 않을 수 있도록 국가가 연금을 지불하는 연금생활자는, 내가 보기에는 행인들을 등쳐 먹고 사는 강도와 다를 바가 거의 없다. 사회 밖에서 누구에게도 빚진 것이 없는 고립된 인간은 자기 마음대로 살 수 있는 권리가 있다. 그러나 필연적으로 다른 사람들에게 신세 지며 살 수밖에 없는 사회 속에서 인간은 노동을 하여 그의 생계비를 갚아야 한다. 여기에는 예외가 없다. 노동을 한다는 것은 그러므로 사회적 인간에게는 필수적인 의무이다. 가난하든 부자이든, 강하든 약하든. 무위도식하는 시민은 누구나 다 사기꾼이다.

한편, 인간에게 생계를 제공할 수 있는 온갖 직업들 가운데 그를 자연 상태에 가장 근접케 하는 직업은 손으로 하는 노동이다. 다시 말해서 모든 사회적 신분들 가운데 운명과 사람들로부터 가장 독립적인 것은 장인의 신분이라는 것이다. 장인은 자신의 노동에만 의존한다. 따라서 그는 자유롭다. 농부가 예속될 수밖에 없는데 반하여 그는 자유롭다. 왜냐하면 농부는 자기 밭에 매여 있고 그가 거둔 수확은 다른 사람의 재량에 달려 있기 때문이다. 적이나 군주, 세력 있는 이웃, 소송이 그에게서 밭을 빼앗아 갈 수 있다. 그 밭을 가지고 온갖 수단으로 그를 괴롭힐 수 있다. 하지만 장인은 어디서든 남이 그를 괴롭히러 들면 곧 짐을 꾸린다. 노동할 수 있는 자기 팔을 갖고 떠나 버린다. 그렇다 하더라도 농업은 인간에게서 으뜸가는 일이다. 그것은 인간이 행할 수 있는 가장 정직하고 가장 유용하며 따라서 가장 고귀한 직업이다. 나는 에밀에게 농업을 배우라고 말하지는 않는다. 그래도 그는 농업을 잘 알고 있다. 전원의 일은 모두 그에게 익숙하다. 그가 가장 먼저 시작한 것도 그 일이고 끊임없이 다시 되돌아가는 곳도 바로 그 일이다. 따라서 나는 그에게 이렇게 말한다.

"도련님의 조상들이 유산으로 남겨 준 땅을 경작하세요. 그러나 도련님이 그 땅을 잃거나 소유하고 있지 않다면 어떻게 하겠습니까? 직업을 하나 배우세요."

"내 아들에게 직업을! 내 아들이 장인이 된다고! 선생님, 그렇게 생각하십니까?" "부인, 아드님을 경卿이나 후작, 공작밖에 될 수 없게, 그래서 언젠가는 별 가치 없는 사람으로 만들려는 부인보다 제가 더 생각을 깊게 한 것입니다. 저는 그가 잃어버릴 수 없는 지위, 언제나 그를 영광스럽게 만들 지위를 그에게 주려고 합니다. 그를 인간의 신분으로 올려 놓으려는 것이지요. 부인이 뭐라 하시든 당신에게서 얻게 될 모든 지위들보다 이 인간이라는 지위에서 그에게 비길 만한 사람이 더 적을 것입니다."

문자는 죽이고 정신은 살린다.[31] 하나의 직업을 알기 위해서라기보다 그 직업을 경멸하는 편견을 극복하기 위해 그 일을 배워야 한다. 여러분은 결코 먹고살기 위해 일을 할 수밖에 없는 처지에 놓이지 않을 것이다. 참으로 딱하다, 여러분에게는 정말 딱한 일이다! 하지만 상관없다. 필요 때문에 일하지 말고 명예 때문에 일을 하라. 여러분의 신분을 넘어서려면 장인의 신분으로 몸을 낮추도록 하라. 운명과 사물들을 여러분에게 복종시키려면, 먼저 여러분이 그로부터 독립하는 데서 시작하라. 평판으로 지배하기 위해서는 먼저 그것을 지배하는 데서 시작해야 한다.

내가 여러분에게 요구하는 것이 재능이 아니라는 점을 기억하라. 그것은 직업, 참된 직업으로서 손이 머리보다 더 많이 일하는 순전히 기계

---

31 『신약성서』, 「고린도전서」 — 옮긴이.

적인 기술이다. 그것은 큰 재산은 안겨 주지 못하지만 재산 없이도 살 수 있게 해 준다. 나는 끼니 걱정할 필요가 없는 집안에서도 아버지가 아이들을 교육시키는 정성에, 무슨 일이 있어도 사는 데에 활용할 수 있는 지식을 마련하는 배려를 더할 정도로 선견지명을 발휘하는 것을 본 적이 있다. 이런 혜안을 가진 아버지들은 많은 일을 하고 있다고 믿는다. 그러나 실은 아무 일도 하지 않는다. 그들이 자식들에게 마련해 준다고 생각하는 그 방책이라는 것도, 아이들이 극복할 수 있게 해 주려는 바로 그 운명에 달려 있기 때문이다. 따라서 그 훌륭한 모든 재능들을 가지고도 그것을 이용하기 유리한 상황에 놓여 있지 않다면, 아무런 재능도 없는 것과 마찬가지로 가난 때문에 죽게 될 것이다.

잔꾀나 술책으로 말하자면, 가난 속에서 이전의 자기 상태로 되돌아가는 수단을 되찾는 데 잔꾀나 술책을 사용하는 것과 마찬가지로 자신의 풍요로운 상태를 유지하는 데 그것을 사용하는 것도 가치가 있다. 만약 여러분이, 예술가로서 얼마만큼 명성을 떨쳤느냐에 성공 여부가 달려 있는 그런 예술을 연마하고 있다고 하자. 그리고 여러분이 남의 호의를 통해서만 얻을 수 있는 일자리에 적합한 사람이 된다고 치자. 그런데 마침 세상이 싫어져서 성공에 없어서는 안 될 수단을 경멸하게 되었을 때, 이 모든 것이 여러분에게 무슨 소용이 있겠는가? 여러분은 정치와 군주들의 이해관계를 연구했다. 그것은 굉장한 일이다. 하지만 여러분이 대신이나 궁중의 여인들, 국장에게 접근할 수 없다면 그런 지식을 가지고 여러분은 무엇을 할 것인가? 그리고 여러분에게 그들의 환심을 살 비결이 없다면, 또 모두가 여러분이 그들에게 적합한 사기꾼이라고 생각하지 않는다면? 여러분이 건축가나 화가라고 하자. 좋다. 그런데 여러분이 가진 재능을 알려야 한다. 아무런 준비도 없이 살롱에 작품을 전시하러 갈 생각인가? 오! 그렇게는 되지 않을 것이다! 아카데미 회원이 되어야 한다. 벽의 한쪽 귀퉁이 눈에 잘 띄지 않는 자리 하나 얻으려 해도 아카데미에서 후원을 받아야만 한다. 자와 붓은 나한테 내팽개치고 합승마차를 타고 이 집 저 집으로 뛰어다녀라. 그렇게 하면 명성을 얻을 것이다. 그런데 그 유명한 집들의 문에는 손짓에 의해서만 말을 알아들어서 귀가 손에 달린 수위나 문지기가 있다는 사실을 알아야만 한다. 여러분이 배운 것을 가르치려고, 지리나 수학, 어학, 음악, 데생 선생이 되기를 원한다? 그러기 위해서도 학생들, 결국 찬양자를 구해야 한다. 능숙한 전문가보다는 야바위꾼이 되어야 한다는 것을, 그리고 여러분이 자신의 직업밖에 모른다면 끝끝내 무식쟁이에 불과하리라는 것을 명심하라.

결국 이 모든 화려한 수단들이라는 것이 얼마나 부실한지, 그것을 이용하려면 다른 수단들이 여러분에게 얼마나 필요한지 알아 두도록 하라. 게다가 그런 비굴함 속에서 여러분은 무엇이 되겠는가? 잇따른 실패는 여러분에게 교훈을 주지 않고 여러분을 속되게 만든다. 그 어느 때보다도 더 대중들의 평판의 놀림감이 될 여러분이 어떻게 여러분의 운명을 좌지우지하는 편견을 딛고 올라설 수 있겠는가? 여러분이 살아남기 위해 필요한 비굴함과 악덕을 어떻게 경멸하겠는가? 여러분은 예전에는 부에만 의존했지만 지금은 부자들에게 의존한다. 자신의 노예 상태를 더욱 악화시키고 거기에 여러분의 빈곤을 덧붙였을 따름이다. 그리하여 여러분은 이제 자유롭지도 못한 채 가난하다. 이것은 인간이 빠질 수 있는 최악의 상태이다.

그러나 살기 위해 육신이 아닌 정신을 기르도록 만들어진 고상한 지식들에 매달리는 대신, 필요할 때 여러분의 손과 그 손으로 할 수 있는 일에 의지한다면 모든 어려움은 사라지고 온갖 잔꾀도 쓸모없어질 것이다. 자원은 그것을 이용해야 할 순간에 언제나 준비되어 있다. 정직과 명예는 더 이상 삶에 장애가 되지 않는다. 이제는 지체 높은 사람들 앞에서 비굴해지거나 거짓말할 필요도 없고 사기꾼들 앞에서 순순히 굽실거릴 필요도 없으며, 모든 사람들에게 비굴하게 아첨 떨 필요도, 채무자나 도둑이 될 필요도 없다. 아무것도 가진 것이 없을 때는 채무자나 도둑이나 거의 매한가지이다. 다른 사람들의 의견은 여러분과 아무런 상관도 없다. 누구에게도 굽실거릴 필요가 없다. 바보에게 아첨할 것도, 문지기의 동정을 얻을 일도, 화류계 여자에게 돈을 집어 주거나 설상가상으로 아첨해야 할 일도 없다. 불량배들이 나랏일을 이끌어 가더라도 여러분과는 상관이 없다. 그 때문에 여러분이 보잘것없는 생활 속에서 성실한 인간이 되어 생계를 버는 일이 방해받지는 않을 것이다. 여러분은 이제껏 배운 직업을 필요로 하는 가게에 아무 데나 들어간다. "주인님, 저는 일이 필요합니다." "이보게, 저기 가서 일하게나." 저녁 시간이 되기 전에 여러분은 저녁 식사 값을 번다. 만약 여러분이 부지런하고 검소하다면 일주일이 지나기 전에 다음 일주일을 살 수 있는 돈을 벌 것이다. 여러분은 자유롭고 건강하고 진실하며 부지런하고 올바르게 살게 될 것이다. 이렇게 시간을 버는 것은 자기 시간을 소모시키는 일이 아니다.

나는 진정으로 에밀이 하나의 직업을 배우기를 바란다. "적어도 괜찮은 직업을"이라고 말하겠는가? 이 말은 무슨 뜻인가? 공공대중에게 유익한 직업이라면 모두 괜찮지 않은가? 나는 에밀이 로크의 신사처럼 자수공이나 금도금공, 칠장이가 되기를 바라지 않는다. 음악가나 배우, 글쟁이가 되기를 바라지도 않는다.[32] 이런 직업이나 그와 유사한 다른 직업들을 제외하고, 그가 마음대로 직업을 선택하기 바란다. 나는 어떤 일에서도 그를 속박할 생각은 없다. 시인이 되는 것보다는 제화공이 되는 편이 차라리 낫다. 도자기 꽃 장식을 만드는 것보다 도로를 포장하는 편이 낫다. 하지만 여러분은 경관이나 스파이, 사형집행인도 다 쓸모 있는 사람들이라고 말할 것이다. 그들이 쓸모가 없는 것은 정부 때문이다. 그러나 그냥 넘어가자. 내가 틀렸다. 유용한 직업을 선택하는 것만으로 충분하지 않으며, 더 나아가 그 직업이 그 일을 하는 사람들에게 인간성과 양립할 수 없는 가증스러운 정신적 자질을 요구해서는 안 된다. 따라서 처음 했던 말로 되돌아가서, 괜찮은 직업을 갖도록 하자. 하지만 쓸모가 없이 괜찮은 것은 없다는 사실을 언제나 기억해 두자.

원대한 계획과 사소한 견해들로 가득 찬 책들을 쓴 이 시대의 한 유명한 저자[33]는 자기 교단의 모든 사제들처럼 정식 아내를 갖지 않기로 맹세했다. 하지만 사람들의 말에 의하면, 간통에서는 자신이 다른 사람들보다 더 양심적이라고 생각하면서 예쁜 하녀들을 두기로 결심했고, 그 무모한 서약으로 자신이 인류에게 끼친 손해를 그녀들과 함께 최선을 다해 배상했다고 한다. 그는 조국에 다른 시민들을 공급하는 것을 시민의 의무라 생각했고, 이 분야에서 그가 나라에 바치는 조세로 장인 계급의 인구를 늘렸다. 그 아이들이 일정한 나이가 되자 그는 그들 모두에게 자기

---

32 사람들은 "당신이 바로 그런 사람이다"라고 내게 말할 것이다. 자백하건대 불행히도 나는 그런 사람이다. 그러나 충분히 속죄했다고 생각하는 나의 잘못들이 다른 사람에게 그들이 비슷한 잘못들을 저지르는 이유가 되지 않는다. 내가 글을 쓰는 것은 나의 실수를 변명하기 위해서가 아니라 독자들이 내 실수를 흉내 내지 않도록 막기 위해서이다.

33 생피에르 신부를 말한다 — 옮긴이.

취미에 맞는 직업을 배우게 했다. 그러나 쓸데없거나 무익하거나 유행을 타는 직업 등은 제외시켰다. 가령 가발 제조업자 같은 직업이 그러한데, 이 직업은 결코 필수적이지 않을 뿐더러 자연이 거부하지 않고 우리에게 머리카락을 제공하는 한 날이 갈수록 무용지물이 될 수도 있다.

바로 이것이 에밀의 직업을 선택하는 데서 우리에게 지침이 되어야 할 정신이다. 더 정확히 말해서 선택을 하는 것은 우리가 아니라 그이다. 왜냐하면 그가 주입받은 준칙들이 쓸모없는 것들에 대한 자연적 경멸감을 그의 마음속에 간직하게 해서 그는 결코 아무런 가치도 없는 일에 시간을 쓰려 하지 않을 뿐더러, 사물의 가치에 대해서도 실제적인 유용성의 가치 외에 다른 가치를 인정하지 않기 때문이다. 섬에 사는 로빈슨에게 요긴했을 그런 직업이 그에게도 필요한 것이다.

어린아이 앞에 자연과 기술의 산물들을 펼쳐 놓고 하나하나 살펴보게 하면, 또 그의 호기심을 자극하고 호기심에 끌려가는 그를 뒤쫓아 가다 보면, 그 아이의 취미와 기질과 성향을 연구할 수 있는 이점과 아울러, 그에게 타고난 재능이 분명히 있다면 그것의 최초의 불꽃이 반짝이는 것을 보는 이점이 있다. 하지만 여러분이 경계해야 할, 흔히 저지르기 쉬운 잘못은 우연한 결과를 열의에 찬 재능 탓이라 여겨, 인간과 원숭이에 공통된 것으로서 무엇에 소용이 있는지도 모르고 무의식적으로 자신이 본 모든 것을 따라 하고 싶어 하는 모방 정신을 이런저런 기술에 대한 뚜렷한 소질로 간주하는 일이다. 세상에는 자신이 행하는 기술에 타고난 재능도 없으면서 어렸을 때부터 사람들에 떠밀려 그 일을 하게 된 장인들, 특히 예술가들이 너무도 많다. 그런데 사람들은 다른 사정들을 고려하여 결정을 내린 후 그들을 부추기기도 하고, 그들이 전혀 다른 기술을 보았다면 곧 마찬가지로 그들이 그 기술을 배우도록 이끌었을 표면적인 열성에 속아 그들을 부추기기도 한다. 어떤 사람은 북소리만 들어도 자신을 장군인 양 여긴다. 또 어떤 사람은 건물 짓는 것만 보고 건축가가 되고 싶어 한다. 누구나 자신이 본 직업이 존경받고 있다고 생각하면 그것에 이끌리기 마련이다.

나는 주인이 그림을 그리고 데생을 하는 것을 보고 자신도 화가가 될 생각을 한 어떤 하인을 알고 있다. 그렇게 결심한 순간부터 그는 연필을 잡았고, 붓을 다시 손에 잡고서야 연필을 손에서 놓았고 이후로 평생 붓을 손에서 놓지 않았다. 배우지도 않고 기법도 없이 그는 자신의 수중에 들어오는 모든 것을 닥치는 대로 그리기 시작했다. 삼 년을 꼬박 서투른 그림에 달라붙어 보냈는데, 근무할 때를 제외하고는 무슨 일이 있어도 그림에서 떨어지지 않았고, 보잘것없는 소질로 별다른 진전이 없는데도 물러서는 법이 없었다. 나는 그가 몹시 더운 여름에 6개월 동안, 지나가기만 해도 질식할 것 같은 작은 남향 방에서 온종일 지구의를 앞에 두고 의자에 앉아, 좀 더 정확히 말해 의자에 못 박혀서 불굴의 고집으로 끊임없이 그 지구의를 계속 되풀이해서, 그것을 그림이 아니라 완전히 환조丸彫[34]로 만들어 만족할 때까지 그리고 또 그리는 것을 보았다. 마침내 주인의 도움을 받고 어느 예술가의 지도를 받아 그는 하인 제복을 벗고 붓으로 생계를 꾸려 갈 수 있을 정도에 이르렀다. 어느 정도까지는 끈기가 재능을 보완해 준다. 그는 그 지점에 도달했지만 그것을 결코 넘어서지는 못할 것이다. 이 성실한 청년의 끈기와 경쟁심은 칭찬할 만하다. 그는

34　물체의 모든 형상을 두드러지게 하는 조각법의 하나 — 옮긴이.

언제까지나 자신의 부지런함과 성실함과 품성으로 존경을 받을 것이다. 그러나 문 위쪽의 장식밖에 그리지 못할 것이다. 그의 열성에 자칫 속아 그것을 진정한 재능으로 보지 않을 사람이 있었겠는가? 어떤 일을 좋아하는 것과 그 일에 적합한 것 사이에는 상당한 차이가 있다. 자신의 소질보다는 욕망을 훨씬 더 드러내 보이는 아이, 또 사람들이 소질을 연구할 줄 몰라서 늘 욕망을 보고 판단하는 아이의 진정한 재능과 취미를 확인하기 위해서는 생각보다 더 세심한 관찰이 필요하다. 나는 분별 있는 누군가가 우리에게 아이들을 관찰하는 기술에 관한 논문을 제공해 주었으면 한다. 그 기술을 아는 것은 매우 중요할 것이다. 그런데 아버지와 교사들은 아직 그 기술의 기본 원리조차 알지 못한다.

그러나 여기서 우리는 어쩌면 직업의 선택에 지나치게 중요성을 부여하고 있는지도 모른다. 손으로 하는 노동만 문제가 되는 만큼 에밀에게는 그 선택이 아무것도 아니다. 더구나 그의 수습은 지금까지 우리가 그에게 시켜 온 훈련에 의해 이미 반 이상 완료된 상태이다. 여러분은 그가 무엇을 하기를 원하는가? 그는 만반의 준비가 다 되어 있다. 벌써 가래나 괭이도 다룰 줄 안다. 또한 선반과 망치, 대패, 줄도 사용할 줄 안다. 온갖 직업에 쓰이는 도구들이 이미 그에게는 익숙하다. 이제는 그것을 이용하는 훌륭한 노동자들의 민활한 솜씨와 견줄 만하게 그 연장들 중 어느 것이든 능숙하고 신속하게 쓰는 법을 배우기만 하면 된다. 이 점에서 그는 누구보다 유리한 점을 가지고 있는데, 그것은 힘들지 않게 온갖 자세를 취하고 별다른 노력 없이도 온갖 동작을 오래 지속할 수 있을 만한 민첩한 몸과 유연한 사지를 가지고 있다는 점이다. 게다가 그는 정확하고 잘 훈련된 기관들을 가지고 있다. 기술들의 기계 장치도 이미 그는 모두 알고 있다. 우두머리로서 일을 할 줄 아는 데 있어 그에게 부족한 것은 익숙함뿐인데, 익숙함은 시간이 지나야만 획득된다. 그러므로 아직 우리에게 선택의 여지가 남아 있는 직업들 중에서, 그 일을 민활하게 할 수 있을 만큼 충분한 시간을 투입할 일은 어떤 것일까? 이제 문제는 이것뿐이다.

남자에게 자신의 성性에 맞는 직업을 주고, 젊은이에게 그의 나이에 맞는 일을 주도록 하라. 신체를 여자처럼 약하게 만드는, 집 안에 틀어박혀 가만히 앉아서 하는 일은 어떤 것이든 그의 마음에 들지도 않고 그에게 적합하지도 않다. 청년이 스스로 재단사가 되기를 바라는 경우는 결코 없었다. 남자에게 맞지 않는 여자들의 직업을 갖도록 남자를 이끌어 가려면 기술이 필요하다.³⁵ 바늘과 칼을 같은 손이 다룰 수는 없을 것이다. 내가 만일 군주라면 재봉과 바느질은 여자들과 여자들처럼 일할 수밖에 없는 절름발이들에게만 허용할 것이다. 설령 내시가 필요하다고 가정하더라도, 일부러 내시를 만드는 동양인들은 정말이지 제정신이 아니라고 생각한다. 그들은 자연이 만들어 낸 내시들, 자연이 용기를 품은 심장을 도려낸 저 많은 비겁한 남자들로 왜 만족하지 않는가? 그런 남자들은 필요하다면 얼마든지 있다. 약하고 무력하고 겁 많은 인간은 모두 자연에 의해 집 안에서 살도록 강요받는다. 그런 사람들은 여자들과 함께, 아니면 여자들처럼 살도록 만들어진 것이다. 그들을 여자에게 적합한 직업에 종사하게 하라. 그리고 만약 반드시 진정 내시가 있어야 한다면, 자신에게 적합하지 않은 일을 하면서 남성의 명예를 실추시키는 남자들을

---

35 고대인들 중에는 재단사가 없었다. 남성들의 옷은 집에서 여자들이 만들었다.

내시로 만들라. 그들을 선택하는 것은 자연의 실수를 널리 알리는 일이 된다. 어떻게든 그 실수를 교정하게 만들라, 그러면 그것은 언제든 좋은 일이 될 것이다.

나는 내 제자에게 건강을 해치는 직업은 금하지만 고통스러운 직업이나 위험한 직업은 금하지 않는다. 그런 일들은 힘과 용기를 동시에 강화시킨다. 따라서 남자에게만 적합한 일들이다. 여자들은 그런 일을 원하지도 않는다. 남자들이 여자들이 하는 일을 침해한다면 그러고도 어찌 부끄럽지 않겠는가?

> 맞붙어 싸우는 여자는 거의 없다, 장사壯士들의 빵을 먹는 여자도 별로 없다.
> 그대들은 실을 잣고, 일이 끝나면 그것을 바구니에 담아서 가져오고 …
>
> (유베날리스,[36] 『풍자시』, 2편)

이탈리아에서는 가게에 여자들이 보이지 않는데, 프랑스나 영국의 거리에 익숙한 사람들에게는 이 나라의 거리를 한번 둘러보는 것보다 더 우울한 일은 상상할 수도 없다. 양품점 주인남자들이 부인들에게 리본이나, 장식술, 망사, 비단 장식끈을 파는 것을 본 나는 이 섬세한 장신구들이 대장간 화덕에 불을 붙이고 모루를 두들기도록 만들어진 크고 투박한 손에 들려 있는 것이 우스꽝스럽다고 생각했다. 나는 속으로 생각했다.

---

36 Decimus Junius Juvenalis(50?-130?): 고대 로마의 시인으로 대표작 『풍자시집』에는 당대의 부패한 사회상에 대한 격렬한 분노가 담겨 있다 — 옮긴이.

"이 나라에서는 여자들이 그에 대한 보복으로 칼을 갈거나 무기 파는 가게를 열어야겠군. 거참! 누구나 자기 성에 맞는 무기를 만들어 팔게 해야 한다. 무기를 알려면 그것들을 사용해 보아야 하니."

젊은이여, 당신이 하는 일에 남자의 손자국을 찍도록 하라. 억센 팔로 도끼나 톱을 다루고 들보를 네모나게 다듬고, 지붕 꼭대기에 올라가 용마루를 얹고 버팀목과 이음보로 그것을 단단히 고정시키는 일을 배우라. 그러고 나서 누이가 당신에게 십자수를 해 달라고 말했던 것처럼, 당신도 누이더러 와서 당신의 일을 도우라고 소리쳐라.

내가 우리 시대의 상냥한 사람들에게 지나친 말을 하고 있다는 것은 나도 느낀다. 하지만 때로 나는 일관된 논리의 힘에 이끌려 가고 만다. 만약 누구든 손도끼를 들고 가죽 앞치마를 두른 채 사람들이 보는 앞에서 일하는 것을 부끄러워한다면, 나는 그를 좋은 일을 하고도 사람들이 성실한 사람들을 비웃기만 하면 곧 얼굴이 빨개지는 평판의 노예로밖에 보지 못할 것이다. 아무튼 아이들의 판단력에 해를 끼치지 않는다면 모두 아버지들의 편견에 양보하도록 하자. 유용한 직업들의 가치를 존중하기 위해서 그 일들을 다 할 필요는 없다. 어느 것이든 자신이 하기에 미흡한 일이라고 평가하지 않기만 하면 된다. 선택을 할 수 있으며 게다가 반드시 결정할 필요가 없다면, 왜 동일한 등급의 직업들 중에서 더 즐겁고 기질에도 맞고 적합한 것을 고려해 보지 않겠는가? 금속을 다루는 일들은 유용하여, 모든 일들 중에서 가장 유용하기까지 하다. 그렇지만 특별한 이유가 없는 한, 나는 여러분 아들을 제철공이나 열쇠업자, 대장장이로 만들지는 않겠다. 그가 키클롭스[37] 같은 얼굴로 대장간에 있는 것을 보고 싶지는 않기 때문이다. 마찬가지로 석공이나 하물며 제화공으로는 만들지 않을 것이다. 모든 직업은 다 있어야 한다. 하지만 선택할 수 있는 사람은 청결도 고려해야 한다. 왜냐하면 여기에는 전혀 평판이 개입되어 있지 않고, 이 점에서는 상식이 우리의 선택을 결정해 준다. 마지막으로 나는 솜씨도 없는 거의 자동인형 같은 노동자들이 손으로 똑같은 작업만 하는 그런 바보 같은 직업들도 좋아하지 않는다. 방직공, 양말 직공, 석공들이 바로 그들이다. 이런 직업에 분별력 있는 사람들을 쓰는 것이 쓸모가 있겠는가? 그것은 다른 기계를 움직이는 또 하나의 기계이다.

모든 점을 충분히 고려할 때, 내 제자의 취향에 맞으면서 내가 가장 좋아하는 직업은 목수의 직업이다. 그것은 깨끗하고 유용하며 집에서 할 수 있는 일이다. 또한 몸을 충분히 바쁘게 움직이게 하는 일이다. 일을 하는 사람에게 솜씨와 재주를 요구하며, 유용성으로 결정되는 제작물들의 형태에는 멋과 취미도 없지 않다.

만약 우연히도 여러분 제자의 타고난 재능이 이론적인 학문 쪽으로 쏠리는 것이 확실하다면, 그에게 자신의 기질에 맞는 직업을 갖게 하는 것을 비난하지 않을 것이다. 가령 그가 수학 기기나 안경 혹은 망원경 등을 만드는 법을 배우게 해도 좋다.

에밀이 직업을 배울 때는 나도 그와 함께 그 일을 배우려고 한다. 왜냐하면 나는 우리가 함께 배우는 것만 그가 제대로 배우리라고 확신하기 때문이다. 그리하여 우리는 둘이 같이 수습생활을 시작할 것이고, 우스갯소리가 아니라 신사 말고 진짜 수습생으로 대해 주기를 바랄 것이다. 진심으로 그렇게 되어서 안 될 이유라도 있는가? 표트르 대제는 공사장

---

37 그리스 신화에 나오는 외눈박이 거인 — 옮긴이.

에서는 목수였고 자신의 군대에서는 고수鼓手였다.[38] 여러분은 이 군주가 출신이나 공적에서 여러분만 못하다고 생각하는가? 이것이 내가 에밀에게 하는 말이 아님을 여러분도 알 것이다. 누구인지는 모르지만 여러분에게 하는 말이다.

불행히도 우리는 모든 시간을 작업대에서 보낼 수는 없다. 우리는 직공이 되기 위한 수습생이 아니라 인간이 되기 위한 수습생이다. 그런데 후자의 수습이 전자보다 더 힘들고 오래 걸린다. 그렇다면 어떻게 할 것인가? 춤 선생을 모셔 오듯이 하루 한 시간씩 대패 선생을 모실 것인가? 아니다. 우리는 수습생이 되지 않고 제자가 될 것이다. 우리의 야심은 목수 일을 배우는 것보다 목수의 신분으로 우리 자신을 높이는 일이다. 따라서 내 생각은 우리가 적어도 매주 한두 번씩 스승의 집에서 하루 온종일을 보내며 그와 같은 시간에 일어나 그보다 먼저 일을 시작하고, 그의 식탁에서 식사를 하고 그의 지시에 따라 일을 하고 그의 가족과 함께 저녁 식사를 하는 영광을 가진 뒤, 우리가 원할 경우 집에 돌아와 우리의 딱딱한 침대에서 잠을 자는 것이다. 이렇게 해서 우리는 동시에 몇 가지 직업을 배우고 다른 수습생활을 소홀히 하지 않고도 손으로 하는 일을 익히게 된다.

좋은 일을 하면서 소박해지자. 허영심에 맞서 싸우겠다는 생각으로 허영심을 또 만들어 내지 말자. 편견을 극복했다고 뽐내는 것은 편견에 굴복하는 것이다. 사람들 말에 따르면, 오스만 가문의 오랜 관습 때문에 터키 황제도 자기 손으로 일을 해야 한다고 한다. 왕의 손이 빚어낸 작품

---

38 표트르 대제는 젊었을 때 암스테르담에서 선박을 건조하는 일을 했다 — 옮긴이.

들이 걸작일 수밖에 없다는 것은 누구나 알고 있다. 따라서 그는 그 걸작들을 궁정의 고관들에게 요란하게 나누어 준다. 작품은 그것을 만든 사람의 신분에 따라 값이 치러진다. 여기서 내가 나쁘다고 생각하는 것은 이렇게 이른바 아랫사람을 골탕 먹이는 일이 아니다. 왜냐하면 그것은 오히려 좋은 일이기 때문이다. 백성들에게서 빼앗은 것들을 자기와 같이 나누어 갖도록 고관들에게 강요함으로써, 군주는 그만큼 백성들에게서 직접 약탈을 덜 해도 된다. 이는 전제정치에 필요한 일종의 완화제로서, 이것이 없다면 그 무서운 정부는 살아남지 못할 것이다.

이러한 관습의 진짜 폐단은 그로 인해 그 가련한 사람이 자신의 재능에 대해 갖게 되는 생각이다. 그는 미다스왕처럼 자신이 만지는 모든 것이 금으로 바뀌는 것을 보면서, 그 때문에 귀가 어떻게 자라나는지는 알아채지 못한다.[39] 우리 에밀에게는 짧은 귀를 간직할 수 있도록 그 값비싼 재능으로부터 그의 손을 지켜 주자. 그가 만들어 내는 작품이 제작자가 아니라 작품에서 제 가치를 끌어내게 만들라. 그의 작품으로 말하자면, 사람들이 훌륭한 대가의 작품과 그것을 비교한 후에만 판단을 하게 하라. 그의 작업이 그가 한 것이기 때문이 아니라 그가 한 작업 자체 때문에 높이 평가받을 수 있게 하라. 잘된 것에 대해서는 이렇게 말해 주라. "이것은 참 잘되었군요." 그러나 "누가 이것을 만들었지?" 하고 덧붙이지 말라. 만약 그가 자랑스러운 태도로 스스로 만족해서, "그것을 만든

---

39 미다스왕은 디오니소스에게서 그가 만지는 모든 것을 황금으로 바꾸는 권능을 받았다. 그러나 먹고 마실 수 없어 고통받다가 파크톨로스에서 목욕을 하고 겨우 그 권능에서 벗어날 수 있었다. 또 미다스왕은 마르시아스와 아폴로가 벌이는 어떤 시합에서 심판을 맡아 마르시아스에게 상을 주어, 아폴로가 그에 대한 복수로 미다스왕에게 당나귀의 귀를 붙여 주었다 ― 옮긴이.

건 나예요" 하고 말하면, 냉정하게 이렇게 덧붙여 말해 주라. "도련님이 건 다른 사람이건 상관없어요. 어쨌든 이 작업은 잘되었어요."

어진 어머니여, 특히 남이 당신을 위해 꾸며 대는 거짓말을 조심하라. 만약 당신의 아들이 아는 것이 많더라도 그가 아는 모든 것을 의심하라. 그가 불행하게도 파리에서 자라고 거기다 부자라면 그는 가망이 없다. 그곳에 솜씨 좋은 예술가들이 있는 한, 그도 그들이 가진 온갖 재능을 가지게 될 것이다. 그러나 그들에게서 멀어지면 그는 더 이상 아무런 재능도 갖지 못할 것이다. 파리에서 부자는 모든 것을 알고 있다. 가난한 사람 외에 무식꾼은 없다. 이 수도 파리는 기욤 씨[40]가 그의 색채들을 발명한 것처럼 자기 작품을 만들어 내는 예술 애호가들, 특히 여류 애호가들로 가득하다. 이 분야에서 나는 남자들 가운데 존경할 만한 세 명의 예외를 알고 있다. 더 있을지도 모르겠다. 하지만 여자들 중에서는 단 한 사람의 예외도 알지 못하며 또 있을 것이라 여기지도 않는다. 일반적으로 사람들은 법조계처럼 예술계에서도 명성을 얻는다. 법학 박사나 법관이 되듯이, 예술가가 되든지 예술비평가가 된다.[41]

만약 어떤 직업에 대해 아는 것이 바람직하다는 사실이 일단 확실해지면, 여러분의 아이들은 그 직업을 배우지 않고도 그 직업에 대해 알게 될 것이다. 그들은 취리히 시의원들처럼 거장으로 통할 것이다.[42] 에밀에게

---

40 작자 미상의 소극 『변호사 파틀랭』(1706)에 나오는 인물이다. 그는 "당신이 이 색채들을 발명했나요?"라는 질문에, "예, 내 염색업자와 함께요"라고 대답한다 — 옮긴이.

41 당시 법관직은 돈으로 살 수 있었다. 루소는 법학 박사들이 돈을 주고 남에게 학위논문을 쓰게 시키기도 했다는 사실을 암시하고 있다 — 옮긴이.

42 1483년부터 1489년까지 취리히의 시장인 한스 발드민은 동업조합에 정부 내에서의 우월적 지위를 부여했다. 대다수의 시의원들은 동업조합에서 선출되었고, 그 결과 시의원이 되기 위해서는 실제로 동업조합에 가입한 장인이어야 했다 — 옮긴이.

는 이러한 예식이 전혀 필요 없다. 겉치레는 없고 언제나 실질적인 것만 있다. 그가 알고 있다고 말해 주지 말고 그냥 잠자코 배우게 하라. 항상 걸작을 만들게 하고 결코 거장으로 통하게 하지는 말라. 그의 직함이 아니라 그의 작업을 통해 자신이 장인임을 보이게 하라.

지금까지 내가 한 말을 이해했다면, 사람들의 평가에 대한 그의 무관심과 평온한 정념에서 비롯된 게으름을 견제하기 위해 내가 어떤 식으로 나의 제자에게 신체를 단련하고 손으로 일하는 습관과 더불어 반성과 명상에 대한 취미를 넌지시 부여하는지도 이해할 것이다. 미개인처럼 게으름뱅이가 되지 않으려면 그는 농부처럼 일하고 철학자처럼 사고해야 한다. 교육의 중요한 비결은 신체 훈련과 정신 훈련이 항상 서로에게 휴식이고 기분전환이 될 수 있게 하는 것이다.

그러나 더 성숙한 정신을 요구하는 가르침을 앞질러 일러 주지 않도록 조심하자. 에밀은 장인이 된 지 얼마 되지 않아, 곧 처음에는 언뜻 보았을 뿐인 신분의 불평등을 스스로 느끼게 될 것이다. 내가 그에게 가르치고 또 그가 이해할 수 있는 준칙들에 의거하여 이번에는 그가 나를 심문하려 들 것이다. 모든 것을 나에게서만 전수받고, 자신이 가난한 사람들의 상태와 매우 가깝게 있음을 아는 그는 왜 내가 그런 상태에서 멀리 떨어져 있는지 알고 싶어 할 것이다. 그는 별안간 나에게 난처한 질문들을 해 올 수도 있다. "선생님은 부자입니다, 저에게 그렇게 말씀하셨고 또 저도 알고 있습니다. 부자도 인간인 이상 사회에서 노동의 의무가 있습니다. 그런데 선생님은 도대체 사회를 위해 무엇을 하고 있습니까?" 훌륭한 가정교사라면 이런 질문에 뭐라고 대답할까? 나도 모르겠다. 가정교사가 질문을 하는 아이에게 나는 너를 돌보고 있다고 말할 만큼 어리석을 수도 있을 것이다. 내 경우에는 작업장이 나를 곤경에서 구해 준다. "나의 에밀, 훌륭한 질문입니다. 도련님이 만족할 만한 대답을 스스로 하게 될 때 나도 대답을 하겠다고 약속하겠습니다. 그때까지 내가 필요 이상 가진 것은 도련님과 가난한 사람들에게 돌려주도록, 또 아무짝에도 쓸모없는 사람이 되지 않기 위해 일주일에 책상이나 걸상을 하나씩 만들도록 해 보겠습니다."

이렇게 해서 우리는 다시 우리 자신으로 되돌아왔다. 막 어린 시절을 벗어나려 하고 있는 우리의 아이는 개체로서의 자기 자신에게로 돌아간 것이다. 이제 그는 그 어느 때보다 자신을 사물과 연결시키는 필연성을 절실히 깨닫는다. 먼저 그의 신체와 감각부터 훈련시키고 나서 우리는 그의 정신과 판단력을 훈련시켰다. 마침내 우리는 그의 사지의 활동을 능력의 활용과 결합시켰다. 그리하여 행동하고 생각하는 존재를 만들어 낸 것이다. 인간을 완성시키기 위해 이제 우리에게는 사랑하고 느낄 수 있는 존재를 만드는 일, 다시 말해 감정에 의해 이성을 완성시키는 일만 남았다. 그렇지만 이 새로운 사물의 질서로 들어가기 전에, 우리가 막 벗어나고 있는 질서에 눈을 돌려 가능한 한 정확하게 우리가 어느 지점까지 와 있는지 살펴보도록 하자.

우리의 제자는 처음에 감각만 가지고 있었으나 지금은 관념들을 가지고 있다. 느끼기만 하다가 지금은 판단을 한다. 왜냐하면 연속적이거나 동시적인 여러 감각들의 비교에서 또 그것들에 대한 판단으로부터 일종의 혼합적인 혹은 복합적인 감각이 생겨나기 때문이다. 나는 그것을 관념이라 부른다.

관념을 형성시키는 방식은 곧 인간의 정신에 성격을 부여하는 방식이다. 오로지 실질적인 관계에 의거해서 관념을 형성시키는 정신은 견고한 정신이다. 외면적인 관계에 만족하는 정신은 피상적인 정신이다. 관계를 있는 그대로 보는 정신은 올바른 정신이다. 그것들을 잘못 평가하는 정신은 잘못된 정신이다. 실재하지도 보이지도 않는 상상의 관계들을 날조하는 정신은 미친 정신이다. 또한 비교하지 않는 정신은 멍청한 정신이다. 관념들을 비교하고 관계를 찾아내는 재능의 다소에 따라 사람들은 재치가 많기도 하고 적기도 하다 등등.

단순한 관념들은 비교된 감각들일 뿐이다. 단순한 관념이라 부른 복합적인 감각들과 마찬가지로 단순한 감각들 속에도 판단은 있다. 감각 속에서 판단은 순전히 수동적이어서 느껴지는 것을 느낀다고 확언한다. 지각이나 관념 속에서 판단은 능동적이어서, 감각이 결정짓지 못하는 관계들을 접근시키고 비교하고 결정짓는다. 이것이 차이의 전부이지만 그 차이는 매우 크다. 자연은 결코 우리를 속이지 않는다. 우리를 속이는 것은 항상 우리이다.

나는 여덟 살 된 아이에게 언 치즈를 먹이는 것을 본다. 아이는 그것이 무엇인지도 모르고 숟가락을 입으로 가져가다가 차가움에 놀라 소리를 지른다. "앗! 뜨거워!" 아이는 아주 강렬한 감각을 느낀다. 불의 열기보다 더 강한 감각은 알지 못하므로 그는 바로 그 감각을 느낀다고 생각하는 것이다. 그렇지만 그는 틀렸다. 갑작스러운 차가움이 그에게 고통을 주지만 화상을 입히지는 않는다. 이 두 감각은 그것을 둘 다 느껴 본 사람들이 혼동하지 않는 것으로 보아 비슷하지 않다. 그렇다면 그를 속이는 것은 감각이 아니라 그에 대한 판단이다.

거울이나 광학 기계를 처음 본 사람, 한겨울이나 한여름에 깊은 지하실에 들어간 사람, 혹은 미지근한 물에 아주 뜨겁거나 아주 차가운 손을 담근 사람, 엇갈린 두 손가락 사이로 작은 공을 굴려 본 사람의 경우도 마찬가지이다. 만약 그가 자신이 지각한 것, 느낀 것을 말하는 것에 만족한다면, 그의 판단은 순전히 수동적이므로 틀릴 수가 없다. 하지만 그가 사물을 외관으로 판단하게 되면, 그는 능동적이 되어 비교하고 자신이 지각하지 못한 관계들을 귀납에 의해서 확정한다. 그럴 때 그는 틀리거나 아니면 틀릴 수 있다. 잘못을 고치거나 예방하려면 그에게는 경험이 필요하다.

밤에 여러분의 제자에게 달과 그 사이로 지나가는 구름을 보여 주라, 그러면 그는 반대 방향으로 지나가는 것이 달이고 구름은 정지해 있다고 생각할 것이다. 그는 작은 물건이 큰 물건보다 대체로 더 잘 움직이는 것을 보아 왔고, 둘 사이의 떨어진 거리를 가늠할 수 없는 달보다 구름이 더 커 보이기 때문에 성급한 귀납을 통해 그렇게 생각할 것이다. 항해 중인 배 안에서 기슭을 다소 떨어져 바라볼 경우 그는 정반대의 오류에 빠져 땅이 달려가는 것을 본다고 생각할 것이다. 자신은 움직이지 않는다고 느끼고, 배나 바다 혹은 강, 지평선 전체를 움직이지 않는 전체로 여기면서 달려가는 듯이 보이는 강변을 그것의 일부분이라고 생각하기 때문이다.

물속에 반쯤 잠겨 있는 막대기를 처음 볼 때, 아이는 막대기가 꺾어진 것이라고 본다. 감각은 옳다. 그렇게 보이는 이유를 모른다 하더라도 감각은 여전히 옳다고 할 것이다. 그러므로 무엇이 보이느냐고 그에게 묻는다면 그는 "꺾어진 막대기요"라고 대답할 것이고, 그가 꺾어진 막대기에 대한 감각을 갖고 있음은 아주 확실하므로 그가 한 말은 옳다. 하지만 자기 판단에 속은 아이가 한술 더 떠서 막대기가 꺾어져 보인다고 단언한 후에 보이는 것이 실제로 꺾어진 막대기라고 우긴다면 그때는 틀리게 말하는 것이다. 왜 그런가? 이 경우 그는 능동적이 되어 그가 느끼지 않은 것을 단언함으로써, 즉 그가 한 감각에 의해 받은 판단이 다른 감각에 의해서도 확인될 것이라고 단언함으로써, 조사가 아닌 귀납에 의해 판단하고 있기 때문이다.

우리의 모든 오류가 우리의 판단에서 생겨나는 이상, 판단할 필요가 없어지면 배울 필요도 없어지리라는 것은 명백한 사실이다. 우리는 결코 틀릴 수 없을 것이다. 또한 우리의 지식으로 행복해질 수 있는 것 이상으로 무지에 의해 행복해질 것이다. 무지한 사람들이 결코 알지 못할 수많은 참된 사실들을 학자들은 알고 있다. 이것을 누가 부인하겠는가? 그러나 그 때문에 학자들이 진리에 더 가까이 있는가? 그와 정반대로 그들은 앞으로 나아갈수록 진리에서 멀어진다. 판단하려는 허영심이 지식보다 훨씬 더 발달하므로, 그들이 배우는 각각의 진리는 반드시 백 가지의 잘못된 판단을 동반하고 얻어지기 때문이다. 유럽 학자들의 단체들이 공공연한 거짓말 학교에 불과하다는 것은 매우 명백한 사실이다. 휴론족[43] 전체보다 과학 아카데미에 더 많은 오류가 있다는 것은 확실하다.

사람들은 많이 알면 알수록 더 많이 틀리므로, 오류를 피하는 유일한 방법은 무지이다. 판단하지 말라, 그러면 결코 틀리지 않을 것이다. 이는 이성의 가르침인 동시에 자연의 가르침이다. 사물이 우리와 맺고 있는 극소수의 매우 뚜렷한 직접적인 관계들을 제외하면, 본래 우리는 그 나

---

43 북아메리카 인디언의 한 부족 — 옮긴이.

머지 모든 것에 대해 깊은 무관심만 갖고 있다. 미개인이라면 아무리 근사한 기계 작동이나 전기가 일으키는 온갖 기적이라도 그것을 보러 가기 위해 발길을 돌리지 않을 것이다. "나와 무슨 상관인가?" 이 말은 무지한 자에게 가장 친근하고 현자에게 가장 적합한 말이다.

그런데 불행하게도 이 말은 이제 우리에게는 맞지 않는다. 우리가 모든 것에 종속된 이후로 모든 것이 우리에게 중요해졌다. 우리의 호기심은 우리의 욕구와 함께 필연적으로 확대된다. 바로 이 때문에 나는 철학자에게는 대단히 큰 호기심이 있고 미개인에게는 호기심이 전혀 없다고 본다. 미개인은 아무도 필요로 하지 않는다. 반면 철학자는 모든 사람들을, 특히 숭배자를 필요로 한다.

사람들은 내가 자연에서 벗어나고 있다고 말할 것이다. 나는 전혀 그렇게 생각하지 않는다. 자연은 자신의 도구와 규칙들을 평판이 아니라 필요에 따라 선택한다. 그런데 필요는 인간의 상황에 따라 달라진다. 자연 상태에서 사는 자연인과 사회 상태에서 사는 자연인 사이에는 많은 차이가 있다. 에밀은 아무도 살지 않는 오지로 쫓아내야 할 미개인이 아니라, 도시에서 살도록 만들어진 미개인이다. 그는 도시에서 자신의 필수품을 찾아내고 주민들을 이용할 줄 알아야 하며 그들처럼은 아니더라도 최소한 그들과 더불어 사는 법을 알아야 한다.

그가 의존하게 될 수많은 새로운 관계들 속에서 싫든 좋든 판단을 해야 할 것이므로, 그에게 제대로 판단하는 법을 가르쳐 주도록 하자.

제대로 판단하는 법을 배우는 가장 좋은 방법은 우리의 경험을 최대한 단순화하고, 나아가 오류에 빠지지 않고 오류 없이 지낼 수 있게 해 주려는 것이다. 이로부터 감각들의 관계를 서로 다른 감각을 통해 오랫동안 검증해 본 후에 각 감각의 관계를 다른 감각에 의존할 필요 없이 그 자체로 검증하는 법을 배워야 한다는 결과가 나온다. 그때 감각 하나하나는 우리에게 하나의 관념이 될 것이며, 이 관념은 언제나 진리와 일치할 것이다. 나는 인생의 제3기를 바로 이런 종류의 경험으로 채우려고 애썼다.

이렇게 전진하는 방법은 소수의 교사들만이 가질 수 있는 인내심과 신중함을 요구하는데, 그것이 없다면 제자는 결코 판단하는 법을 배우지 못할 것이다. 가령 제자가 막대기가 꺾어져 보이는 외형에 대해 잘못 생각할 때, 그의 잘못을 지적하기 위해 서둘러 물에서 막대기를 꺼내 잘못을 깨닫게 해 줄 수 있을 것이다. 하지만 그렇다면 여러분은 그에게 무엇을 가르쳐 주게 될까? 그가 스스로 곧 배우게 될 것 이외에는 아무것도 없다. 그런 일은 정말로 해서는 안 된다. 하나의 진리를 가르쳐 주는 것이 문제가 아니라, 언제나 진리를 발견하려면 어떻게 해야 하는지 보여주는 것이 더 중요하다. 그를 더 잘 가르치기 위해서는 당장에 잘못을 깨닫게 해 주어서는 안 된다. 에밀과 나를 예로 들어 보자.

첫째, 가정된 두 개의 질문 중 두 번째 것에 대해 정상적으로 교육을 받은 아이라면 반드시 긍정적으로 대답할 것이다. 그는 "그건 분명 꺾어진 막대기예요"라고 말할 것이다. 에밀이 나에게 같은 대답을 할지는 매우 의심스럽다. 유식할 필요나 유식해 보일 필요를 알지 못하는 에밀은 결코 서둘러 판단하지 않는다. 그는 명백한 것에 근거해서만 판단한다. 더욱이 원근법만 보더라도 외관에 의거한 우리의 판단이 얼마나 착각에 빠지기 쉬운지 알고 있는 그로서는 이런 경우 명백한 것을 결코 찾아내지 못한다.

게다가 내가 아무리 시시한 질문을 해도 거기에는 언제나 자신이 처음에 눈치채지 못하는 어떤 목적이 있다는 것을 그는 경험으로 알고 있기 때문에 경솔하게 대답하는 버릇이 없다. 반대로 그는 질문을 의심하고 거기에 주의를 집중하여, 대답하기 전에 매우 신중하게 그것을 검토한다. 스스로 답이 만족스럽지 않으면 결코 나에게 대답하지 않는데, 그를 만족시키기란 쉬운 일이 아니다. 요컨대 우리는 그도 나도 사물의 진리를 안다고 자랑하지 않고 다만 오류에 빠지지 않는다는 사실만 자랑스러워한다. 우리는 전혀 이유를 찾아내지 못하는 것보다, 적절하지 않은 이유에 만족하는 것을 훨씬 더 부끄러워할 것이다. "나는 모르겠어요"라는 말은 우리 두 사람 모두에게 너무도 잘 어울리고 또 매우 자주 반복하는 말이어서 이제는 우리에게 조금도 부담스럽지 않다. 그가 경솔한 대답을 하든, 우리에게 편리한 "모르겠어요"라는 말로 대답을 회피하든 내 대답은 동일하다. "자, 살펴보자, 검토해 보자."

반쯤 물에 잠긴 막대기는 수직으로 고정되어 있다. 그것이 보이는 것처럼 꺾어져 있는지 알아보려면, 그것을 물에서 꺼내기 전에 혹은 거기에 손을 대 보기 전에 해 볼 수 있는 일이 얼마나 많은가!

1. 우선 우리는 막대기 둘레를 전부 돌아보고 꺾어진 부분이 우리를 따라 돈다는 사실을 알게 된다. 따라서 그 꺾인 부분을 바꾸는 것은 우리의 눈뿐인데, 시선은 물체를 움직이게 하지는 못한다.
2. 물 밖으로 나와 있는 막대기의 끝에서 수직으로 바라본다. 그러면 막대기는 더 이상 구부러져 있지 않고 우리의 눈 가까이에 있는 끝이 정확하게 다른 끝을 가려 보이지 않게 된다.[44] 우리의 눈이 막대기를 반듯하게 편 것인가?

3. 수면을 저어 본다. 막대기가 여러 토막으로 구부러지고 지그재그로 움직이며 물의 출렁임을 따라 움직이는 것이 보인다. 우리가 물에 일으킨 움직임만으로도 이처럼 막대기를 꺾고 흐물흐물하게 만들고 녹이기에 충분한가?

4. 물을 빼내면 수위가 낮아짐에 따라 막대기가 차츰차츰 똑바로 펴지는 것이 보인다. 진상을 밝히고 굴절을 발견하기 위해 이 정도면 되지 않았을까? 따라서 시각이 우리를 속인다는 것은 사실이 아니다. 우리가 시각 탓으로 돌리는 오류를 바로잡기 위해 시각 이외에 다른 것이 필요하지 않기 때문이다.

이런 실험의 결과도 깨닫지 못할 정도로 어리석은 아이가 있다고 가정해 보자. 촉각에게 시각을 돕도록 요청해야 할 때가 바로 지금이다. 막대기를 물에서 꺼내지 말고 그냥 제자리에 놓아두라, 그리고 아이에게 한 끝에서 다른 끝까지 손을 대어 보라 하면 그는 각도를 전혀 느끼지 못할 것이다. 그러므로 막대기는 꺾어져 있지 않은 것이다.

여러분은 여기에 단지 판단만이 아니라 정식 추론도 있다고 내게 말할 것이다. 사실이다. 하지만 정신이 관념에 도달하기만 하면 곧 모든 판단은 추론이라는 사실을 모르는가? 모든 감각의 인식은 하나의 명제, 하나의 판단이다. 따라서 하나의 감각을 다른 감각에 비교하기 시작하면, 곧 추론을 하고 있는 것이다. 판단하는 기술과 추론하는 기술은 완전히 동

---

44 나는 이후로 더 정확한 실험을 통해 반대되는 사실을 알아냈다. 굴절은 원모양으로 작용하므로 막대기는 물속에 있는 끝이 다른 끝보다 더 굵어 보인다. 그러나 이러한 사실이 이 추론의 설득력에 영향을 미치지는 못하며, 그 결론은 여전히 옳다.

일하다.

에밀은 굴절광학을 전혀 모르지만, 알게 된다면 나는 그가 이 막대기 둘레에서 그것을 배우기를 바란다. 그는 곤충들을 해부해 보지 않을 것이다. 또한 태양의 흑점을 세지도 않을 것이다. 현미경이나 망원경이 무엇인지도 모를 것이다. 여러분의 박식한 제자들은 그의 무지를 비웃을 것이다. 그들의 잘못도 아닐 것이다. 왜냐하면 이런 도구들을 사용하기 전에 나는 그가 그것들을 만들어 보도록 요구할 텐데, 그런 일이 그다지 일찍 일어나지 않으리라는 것은 여러분도 쉽게 짐작할 것이기 때문이다.

이것이 내가 지금 이 부분에서 취하는 방법 전체의 취지이다. 어린아이가 엇갈린 두 손가락 사이로 작은 공 하나를 굴려 공이 두 개라고 느낀다면, 공이 하나뿐이라는 것을 그가 납득하기 전에는 그것을 보지 못하게 할 것이다.

지금까지 내 제자의 정신이 이룩해 온 진보와 이 진보를 따라온 길을 선명하게 표시하는 데 이 정도 설명이면 충분하리라고 생각한다. 하지만 여러분은 내가 제자 앞에 펼쳐서 보여 준 사물들의 양에 질릴지도 모른다. 내가 이렇게 많은 지식으로 그의 머리를 짓누르지 않을까 염려할 것이다. 정반대이다. 나는 그에게 그 지식들을 아는 법보다 오히려 모르는 법을 가르치고 있다. 나는 그에게 학문이 진리에 다가가는 쉬운 길을 보여 주고 있다. 그러나 그 길은 끝까지 가기에는 멀고 광대하고 시간이 오래 걸린다. 나는 그가 입구를 알아볼 수 있도록 첫걸음을 내딛게 한다. 그보다 더 멀리 가는 것은 결코 허용하지 않는다.

스스로 배울 수밖에 없는 그는 남의 이성이 아니라 자신의 이성을 사용한다. 왜냐하면 평판을 무시하기 위해서는 권위도 무시해야 하기 때문이다. 우리의 잘못은 대부분 우리 자신이 아니라 다른 사람들에게서 비롯된다. 이러한 지속적인 훈련에 의해 노동과 피로가 몸에 부여하는 활기와도 같은 정신의 활기가 생겨나게 될 것이다. 또 하나의 이점은 자기 힘에 비례해서 진보한다는 사실이다. 육체와 마찬가지로 정신도 짊어질 수 있는 것만 짊어진다. 이해력이 사물을 제 것으로 삼은 뒤 그것을 기억에 담아 두면, 나중에 기억에서 끌어내는 것은 그의 것이 된다. 반면에 자기도 모르는 상태에서 기억에 과도한 부담을 지우면 거기서 진짜 자기 것이라 할 만한 것은 아무것도 끌어내지 못할 우려가 있다.

에밀은 별로 지식을 가지고 있지 않지만 그가 가진 지식들은 진정으로 그의 것이다. 그에게 반쯤 아는 것은 없다. 그가 알고 있는, 제대로 알고 있는 소수의 사실들 중에서 가장 중요한 것은 그가 지금 모르고 있지만 언젠가 알 수 있는 것들이 많이 있고, 다른 사람들은 알고 있지만 그는 평생 알지 못할 것이 더욱더 많이 있으며, 누구도 결코 알지 못할 다른 것들도 무수히 많이 있다는 사실이다. 그는 지식에 의해서가 아니라 지식을 획득하는 능력에 의해 보편적 정신을 가지고 있다. 그것은 개방적이고 총명하며 모든 것에 준비가 되어 있는 정신, 몽테뉴가 말한 것처럼 배우지 않았어도 최소한 배울 수는 있는 정신이다. 나로서는 그가 자신이 하는 모든 일에 대해 "그것이 무엇에 소용이 있는가"라는 유용성을, 그가 믿는 모든 것에 대해 "왜"라는 이유를 찾아낼 줄 안다면 그것으로 충분하다. 왜냐하면 한 번 더 말하건대 나의 목표는 그에게 지식을 주는 것이 아니라 필요할 때 지식을 습득하는 법을 가르치고, 그가 그것의 가치를 정확히 평가하게 하는 것이며, 무엇보다 진리를 사랑하게 하는 것이기 때문이다. 이런 방법에 의거하면 그다지 큰 발전은 못 하겠지만 적어도 헛걸음은 내딛지 않을 것이며, 어쩔 수 없이 뒷걸음치는 일도 결코 없을 것이다.

에밀은 자연의 지식, 그것도 순전히 물리적인 지식만 가지고 있다. 그는 역사라는 명칭조차 알지 못하며 형이상학과 윤리학이 무엇인지도 모른다. 인간이 사물과 맺는 본질적인 관계는 알고 있지만, 인간이 인간과 맺는 도덕적인 관계는 전혀 알지 못한다. 관념들을 일반화하거나 추상화할 줄도 거의 모른다. 어떤 물체들의 공통된 성질은 알지만 그 성질 자체에 대해서는 추론하지 않는다. 기하학 도형의 도움으로 추상적인 넓이를 알고, 대수학 기호의 도움으로 추상적인 양도 알고 있다. 이 도형과 기호들은 그 추상들을 받쳐 주는 받침대로서 그의 감각들은 여기에 의거하고 있다. 그는 사물들을 그것의 본성이 아니라 오로지 그의 흥미를 끄는 관계들에 의해서만 알려고 든다. 자기 외부의 사물은 자기와의 관계에서만 평가한다. 그렇지만 그 평가는 정확하고 확실하다. 거기에는 변덕이나 관습이 조금도 끼어들지 못한다. 그는 자신에게 더 유용한 것을 더욱 존중한다. 이러한 평가 방식을 결코 저버리지 않는 그는 평판을 무시한다.

에밀은 부지런하고 절제할 줄 알며 인내심이 강하고 굳건하며 용감하다. 결코 흥분하지 않는 그의 상상력은 그에게 위험을 과장하는 법이 없다. 전혀 운명에 맞서 싸우도록 배우지 않았기 때문에 약간의 고통들만 느끼며 끈기 있게 참을 줄도 안다. 죽음에 대해서는 아직 죽음이 무엇인지 잘 알지 못하지만, 저항하지 않고 필연성의 법칙을 받아들이는 데 익숙한 그는 죽어야 할 때가 되면 울부짖거나 발버둥 치지 않고 죽어 갈 것이다. 이것이 모두가 싫어하는 죽음의 그 순간에 자연이 허용하는 전부이다. 자유롭게 살며 인간적인 것들에 그다지 집착하지 않는 것이 죽는 법을 배우는 가장 좋은 방법이다.

한마디로 말해서 에밀은 자기 자신과 관련하여 갖추어야 할 미덕은 모두 다 갖추고 있다. 이와 더불어 사회적인 미덕까지 갖추려면, 다만 그러한 미덕이 요구되는 관계들을 아는 일만 남아 있다. 그에게 부족한 것은 단지 지식인데, 그의 정신은 그 지식을 받아들일 만반의 준비가 되어 있다.

그는 다른 사람들을 신경 쓰지 않고 자신을 고려하며, 다른 사람들이 그를 조금도 생각해 주지 않아도 괜찮다고 생각한다. 그는 누구에게든 아무것도 요구하지 않으며 아무한테도 빚진 것이 없다고 생각한다. 그는 인간 사회에서 혼자이며 자기 자신만 믿는다. 또한 그는 사람들이 그 나이에 갖출 수 있는 모든 능력을 갖추었기 때문에 그에게는 그 누구보다 자기 자신을 믿을 권리가 있다. 그에게는 오류가 없다. 그것이 아니라면 우리에게 불가피한 오류만 갖고 있다. 또한 악덕이 없으며, 있다면 누구라도 피할 수 없는 악덕만 가지고 있다. 그는 건강한 신체와 민첩한 사지, 편견 없는 올바른 정신, 정념이 깃들지 않은 자유로운 영혼을 가지고 있다. 모든 정념들 가운데 가장 으뜸이고 가장 자연적인 이기심은 마음속에서 아직 거의 일깨워지지 않았다. 누구의 휴식도 방해하지 않고, 자연이 허락한 한도 내에서 그는 만족한 채 행복하고 자유롭게 살아왔다. 여러분은 이렇게 열다섯 살이 된 아이가 지난날들을 허비했다고 생각하는가?

에밀

Émile ou De l'éducation